仲裁法概説

An Overview of Arbitration Law

中村 達也
Nakamura Tatsuya

成文堂

はしがき

　本書は、筆者が大学、大学院で仲裁法に関する講義を行うために作成し、使用してきたテキスト、資料をベースに、仲裁法に関する先行研究、判例を整理し、若干の浅見を加え、仲裁法に関する論点、とりわけ、実務上重要な論点をできるかぎり網羅して執筆した仲裁法に関する概説書である。仲裁法に初めて接する方を対象とするのみならず、仲裁の実務に関与する方にも参考になればとの思いで執筆したものである。

　仲裁法は、平成の司法制度改革の一環として、平成15年に、仲裁法の国際標準とも言える国連国際商取引法委員会が1985年に作成した国際商事仲裁モデル法（モデル法）に準拠して制定された。その後、モデル法は、2006年に改正され、仲裁合意の書面要件の緩和・撤廃とともに、仲裁廷による暫定保全措置の類型、発令要件、暫定保全措置命令の執行等に関する規定が加えられ、それに対応した仲裁法の改正が望まれていたが、漸く、現在、政府による国際仲裁の活性化に向けた具体的取組みの中で、2006年のモデル法の改正に対応した仲裁法の改正が進められている。

　本書は、当初、仲裁法の改正を待って、それをカバーするものとして刊行する予定であったが、既に拙稿を書き終え、また、改正点は重要ではあるが、仲裁法の全体から見れば、決して多くの部分を占めるものではないことから、それを待たずして、先に平成15年の仲裁法に基づくものとして刊行することにした。仲裁法の改正点については、本書の改訂の際、加筆・修正したいと考えている。

　仲裁は、一般に、国内事案にも利用されているが、国際事案においては、訴訟に比べてメリットが大きいことから、世界各地で広く利用されている。わが国では、国内事案においてはほとんど利用されていないが、国際事案においては、わが国の企業においても、国内外で紛争解決の標準的手段として利用されている。また、現在、わが国の国際仲裁の活性化に向けた取組みが進む中、国内において国際仲裁の利用が増えることが期待されている。この国際仲裁の重要性に鑑み、本書では、国際仲裁に関する実務上重要な問題をできるかぎりカバーすることに心がけた。その結果、国際仲裁に紙面の多く

を割くことになったが、これが本書の特徴でもある。

　仲裁法に関する論点について、先行研究において十分に議論が尽くされていなものが多くあり、本書において、それらを取り上げるものの、筆者の浅学から理解が不十分な愚考となり、また、思わぬ過誤を犯していることをおそれつつも、本書が今後の議論や実務に少しでも参考になれば望外の喜びである。また、皆様のご意見、ご批判をお寄せいただければ幸いである

　最後に、本書の刊行に当たっては、その機会を与えてくださった成文堂、とりわけ、刊行までに大変お世話になった成文堂『刑事法ジャーナル』編集長、田中伸治氏に、この場をお借りして、心より謝意を表したい。

　2021年10月

中　村　　達　也

目　次

第1章　仲　裁　制　度

第2章　仲 裁 合 意

第3章　仲　裁　人

第4章　仲　裁　手　続

第5章　仲　裁　判　断

第6章　仲裁判断の取消しおよび承認・執行

第7章　国 際 仲 裁

凡　例

1　法令等の略語

仲裁法をカッコ内で引用するときは、条数のみを表示する。それ以外の法令等は、適宜、以下の略語を用いるほか、有斐閣『六法全書』の略語による。

- 旧法：公示催告手続及ビ仲裁手続ニ関スル法律（明治23年法律第29号〔民事訴訟法〕を平成8年法律第109号により改題）
- ADR法：裁判外紛争解決手続の利用の促進に関する法律
- 通則法：法の適用に関する通則法
- NY条約：外国仲裁判断の承認及び執行に関する条約（昭和36年条約第10号）
- ICSID条約：国家と他の国家の国民との間の投資紛争の解決に関する条約（昭和42年条約第10号）
- 条約法条約：条約法に関するウィーン条約（昭和56年条約第16号）
- モデル法：国連国際商取引法委員会（United Nations Commission on International Trade Law（UNCITRAL）1985年国際商事仲裁モデル法（同委員会はUNCITRALと略す）

2　判例集・雑誌の略語

概ね法律編集者懇話会『法律文献等の出典の表示方法』（2014年版）による。

3　主要文献の略語

【仲裁法関係】

- 中田・仲裁：中田淳一『特別訴訟手続　第一部(2)第3編　仲裁手続』（日本評論社、1938）
- 小山・旧仲裁：小山昇『調停法・仲裁法』（有斐閣、1958）
- 小山・忌避：小山昇『仲裁人の忌避について』（日本商事仲裁協会、1973）
- 小山・仲裁：小山昇『仲裁法〔新版〕』（有斐閣、1983）
- 小島＝高桑・注解仲裁：小島武司＝高桑昭編『注解仲裁法』（青林書院、1988）
- 青山・仲裁：谷口安平＝井上治典編『新・判例コンメンタール　民事訴訟法6』（三省堂、1996）615-750頁〔青山善充〕
- 河野・仲裁：斎藤秀夫ほか編『注解民事訴訟法(11)〔第2版〕』（第一法規出版、1996）381-598頁〔河野正憲〕
- 松浦＝青山・論点：松浦馨＝青山善充編『現代仲裁法の論点』（有斐閣、1998）
- 飯塚・契約的仲裁：飯塚重男『契約的仲裁の諸問題』（有斐閣、1998）
- 小島・仲裁：小島武司『仲裁法』（青林書院、2000）
- 高桑・国際商事仲裁：高桑昭『国際商事仲裁法の研究』（信山社、2000）

- **仲裁コンメ**：近藤昌昭＝後藤健＝内堀宏達＝前田洋＝片岡智美『仲裁法コンメンタール』（商事法務、2003）
- **出井＝宮岡・仲裁**：出井直樹＝宮岡孝之『Q&A新仲裁法』（三省堂、2004）
- **理論と実務**：三木浩一＝山本和彦編『新仲裁法の理論と実務』ジュリスト増刊（有斐閣、2006）
- **小島＝高桑・注釈仲裁**：小島武司＝高桑昭編『注釈と論点 仲裁法』（青林書院、2007）
- **小島＝猪股・仲裁**：小島武司＝猪股孝史『仲裁法』（日本評論社、2014）
- **山本＝山田・ADR仲裁**：山本和彦＝山田文『ADR仲裁法〔第2版〕』（日本評論社、2015）
- **中村・論点**：中村達也『仲裁法の論点』（成文堂、2017）
- **山本・ADR**：山本和彦『ADR法制の現代的課題 民事手続法研究Ⅲ』（有斐閣、2018）

【国際仲裁関係】
- **喜多川・国際商事仲裁**：喜多川篤典『国際商事仲裁の研究』（東京大学出版会、1973）
- **三木ほか・国際仲裁**：三木浩一＝手塚裕之＝弘中聡浩編『国際仲裁と企業戦略』（有斐閣、2014）
- **谷口＝鈴木・国際仲裁**：谷口安平＝鈴木五十三編『国際商事仲裁の法と実務』（丸善雄松堂、2016）
- **Fouchard Gaillard Goldman on International Commercial Arbitration**：Emmanuel Gaillard and John Savage (eds), Fouchard Gaillard Goldman on International Commercial Arbitration (Kluwer Law International 1999)
- **Comparative International Commercial Arbitration**：Julian D. M. Lew, Loukas A. Mistelis and Stefan Kröll, Comparative International Commercial Arbitration (Kluwer Law International 2003)
- **Comparative Law of International Arbitration**：Jean-François Poudret and Sébastien Besson, Comparative Law of International Arbitration (Sweet & Maxwell 2nd ed. 2007)
- **Redfern and Hunter on International Arbitration**：Nigel Blackaby, Constantine Partasides, et al., Redfern and Hunter on International Arbitration (Kluwer Law International; Oxford University Press 6th ed. 2015)
- **Born International Commercial Arbitration**：Gary B. Born, International Commercial Arbitration (Kluwer Law International 3rd ed. 2021)
- **Yearbook Commercial Arbitration**：Pieter Sanders (1976-1985), Albert Jan van den Berg (1986-2017), Stephan W. Schill (2018-2021) (ed), Yearbook Commercial

Arbitration (Kluwer Law International)
- **Domke Commercial Arbitration**：Martin Domke, Gabriel Wilner and Larry E. Edmonson, Domke on Commercial Arbitration (Thomson Reuters August 2018 Update)
- **Arbitration in Germany**：Karl-Heinz Böckstiegel, Stefan Kröll and Patricia Nacimiento (eds), Arbitration in Germany: The Model Law in Practice (Kluwer Law International 2nd ed. 2015)
- **Mistelis & Lew Pervasive Problems**：Loukas A. Mistelis and Julian D.M. Lew (eds), Pervasive Problems in International Arbitration, International Arbitration Law Library, Volume 15 (Kluwer Law International 2006)
- **Mistelis & Brekoulakis Arbitrability**：Loukas A. Mistelis and Stavros Brekoulakis (eds), Arbitrability: International and Comparative Perspectives, International Arbitration Law Library, Volume 19 (Kluwer Law International 2009)
- **Brekoulakis Third Parties**：Stavros L. Brekoulakis, Third Parties in International Commercial Arbitration (Oxford University Press 2010)
- **Goeler Third-Party Funding**：Jonas von Goeler, Third-Party Funding in International Arbitration and its Impact on Procedure (Kluwer Law International 2016)

【NY条約関係】
- **van den Berg NYC**：Albert Jan van den Berg, The New York Arbitration Convention of 1958 (Kluwer Law and Taxation Publishers 1981)
- **Pietro & Platte NYC Commentary**：Domenico Di Pietro and Martin Platte, Enforcement of International Arbitration Awards：the New York Convention of l958 (Cameron May 2001)
- **NYC Global Commentary**：Herbert Kronke, Patricia Nacimiento, et al. (eds), Recognition and Enforcement of Foreign Arbitral Awards: A Global Commentary on the New York Convention (Kluwer Law International 2010)
- **Wolff NYC Commentary**：Reinmar Wolff (ed), New York Convention: Convention on the Recognition and Enforcement of Foreign Arbitral Awards of 10 June 1958 Commentary (C.H. Beck・Hart・Nomos 2nd ed. 2019)
- **Haas & Kahlert NYC Commentary**：Ulrich Haas and Heiner Kahlert, New York Convention, in Frank-Bernd Weigand and Antje Baumann (eds), Practitioner's Handbook on International Commercial Arbitration (Oxford University Press 3rd ed. 2019)
- **ICCA NYC Guide**：International Council for Commercial Arbitration (ICCA), ICCA's Guide to the Interpretation of the 1958 New York Convention: A Handbook

for Judges（ICCA & Kluwer Law International 2011）

- **UNCITRAL NYC Guide**：UNCITRAL Secretariat Guide on the Convention on the Recognition and Enforcement of Foreign Arbitral Awards（New York, 1958）2016 Edition

【モデル法関係】

- **UNCITRAL Analytical Commentary**：Analytical Commentary on Draft Text of a Model Law on International Commercial Arbitration, Report of the Secretary-General, A/CN. 9/264, 25 March 1985

- **UNCITRAL Commission Report**：Report of the United Nations Commission on International Trade Law on the work of its eighteenth session 3-21 June 1985, A/40/17

- **UNCITRAL Digest**：UNCITRAL 2012 Digest of Case Law on the Model Law on International Commercial Arbitration（United Nations 2012）

- **UNCITRAL History and Commentary**：Howard M. Holtzmann and Joseph Neuhaus, A Guide to the UNCITRAL Model Law on International Commercial Arbitration: Legislative History and Commentary（Kluwer Law and Taxation Publishers 1989）

- **2006 UNCITRAL History and Commentary**：Howard M. Holtzmann, Joseph Neuhaus, et al., A Guide to the 2006 Amendments to the UNCITRAL Model Law on International Commercial Arbitration: Legislative History and Commentary（Kluwer Law International 2015）

- **Binder UNCITRAL**：Peter Binder, International Commercial Arbitration and Mediation in UNCITRAL Model Law Jurisdictions（Kluwer Law International 4th ed. 2019）

- **Roth UNCITRAL**：Marianne Roth, UNCITRAL Model Law on International Commercial Arbitration, in Frank-Bernd Weigand and Antje Baumann（eds）, Practitioner's Handbook on International Commercial Arbitration（Oxford University Press 3rd ed. 2019）

- **UNCITRAL Commentary**：Ilias Bantekas et al., UNCITRAL Model Law on International Commercial Arbitration: A Commentary（Cambridge University Press 2021）

【民事訴訟法関係】

- **注解民訴(1)**：斎藤秀夫＝西村宏一＝小室直人＝林屋礼二編『注解民事訴訟法(1)〔第2版〕』（第一法規出版、1991）

- **条解民訴**：兼子一（原著）＝松浦馨＝新堂幸司＝竹下守夫＝高橋宏志＝加藤新太郎＝上原敏夫＝高田裕成『条解 民事訴訟法〔第2版〕』（弘文堂、2011）

- **コンメンタール民訴Ⅰ**：秋山幹男＝伊藤眞＝加藤新太郎＝高田裕成＝福田剛久＝山本和彦『コンメンタール民事訴訟法Ⅰ〔第2版追補版〕』（日本評論社、2014）
- **新・コンメンタール民訴**：笠井正俊＝越山和広編『新・コンメンタール民事訴訟法〔第2版〕』（日本評論社、2013）
- **三木ほか・民訴**：三木浩一＝笠井正俊＝垣内秀介＝菱田雄郷『民事訴訟法〔第3版〕』（有斐閣、2018）
- **伊藤・民訴**：伊藤眞『民事訴訟法〔第6版〕』（有斐閣、2018）
- **新堂・民訴**：新堂幸司『新民事訴訟法〔第6版〕』（弘文堂、2019）
- **民訴講義**：中野貞一郎＝松浦馨＝鈴木正裕編『新民事訴訟法講義〔第3版〕』（有斐閣、2020）
- **中野＝下村・民執**：中野貞一郎＝下村正明『民事執行法〔改訂版〕』（青林書院、2021）
- **高桑＝道垣内・国際民訴**：高桑昭＝道垣内正人編『新・裁判実務大系 第3巻 国際民事訴訟法（財産法関係）』（青林書院、2002）
- **本間ほか・国際民事手続**：本間靖規＝中野俊一郎＝酒井一『国際民事手続法〔第2版〕』（有斐閣、2012）
- **コンメンタール破産**：中野貞一郎＝道下徹編『基本法コンメンタール 破産法』（日本評論社、1997）
- **福永・倒産**：福永有利『倒産法研究』（信山社、2004）
- **伊藤・破産**：伊藤眞『破産法〔第4版補訂版〕』（有斐閣、2006）
- **条解・破産**：伊藤眞＝岡正晶＝田原睦夫＝中井康之＝林道晴＝松下淳一＝森宏司『条解破産法〔第3版〕』（弘文堂、2020）
- **兼子＝竹下・裁判法**：兼子一＝竹下守夫『裁判法〔第4版補訂〕』（有斐閣、2002）

【国際私法関係等】
- **注釈国際私法Ⅰ**：櫻田嘉章＝道垣内正人編『注釈国際私法 第1巻』（有斐閣、2011）
- **注釈国際私法Ⅱ**：櫻田嘉章＝道垣内正人編『注釈国際私法 第2巻』（有斐閣、2011）
- **澤木＝道垣内・国際私法**：澤木敬郎＝道垣内正人『国際私法入門〔第8版〕』（有斐閣、2018）
- **道垣内・準拠法**：道垣内正人『国際契約実務のための予防法学——準拠法・裁判管轄・仲裁条項——』（商事法務、2012）
- **国際法辞典**：国際法学会編『国際関係法辞典〔第2版〕』（三省堂、2005）
- **酒井ほか・国際法**：酒井啓亘＝寺谷広司＝西村弓＝濱本正太郎『国際法』（有斐閣、2011）
- **伊藤・憲法**：伊藤正己『憲法〔第3版〕』572–573頁（弘文堂、1995）
- **佐藤・憲法**：佐藤幸治『日本国憲法論』（成文堂、2011）
- **内田・民法Ⅰ**：内田貴『民法Ⅰ〔第4版〕』（東京大学出版、2008）

・内田・民法Ⅱ：内田貴『民法Ⅱ〔第3版〕』（東京大学出版、2011）
・内田・民法Ⅲ：内田貴『民法Ⅲ〔第4版〕』（東京大学出版会、2020）
・江頭・会社法：江頭憲治郎『株式会社法〔第9版〕』（有斐閣、2021）
・条解弁護：日本弁護士連合会調査室『条解弁護士法〔第5版〕』（弘文堂、2019）

【雑誌論文等】

・青山・判批：青山善充「判批」リマークス1995（下）170-175頁
・青山ほか・座談会：青山善充（司会）＝三木浩一＝中野俊一郎＝中村達也＝松元俊夫＝内堀宏達「〈座談会〉新仲裁法の制定について」判タ1135号（2004）140-168頁
・出井ほか・座談会：出井直樹＝近藤昌昭＝中野俊一郎＝中村達也（司会）「〈座談会〉新仲裁法について（上）」JCA50巻10号（2003）18-30頁
・阿川・NY条約（上）：阿川清道「外国仲裁判断の承認及び執行に関する条約について（上）」ジュリ231号（1961）18-23頁
・阿川・NY条約（下）：阿川清道「外国仲裁判断の承認及び執行に関する条約について（下）」ジュリ232号（1961）42-49頁
・安達・執行決定：安達栄司「外国仲裁判断の取消、承認・執行──とくに執行決定手続について──」JCA51巻12号（2004）67-72頁
・安達・開示義務：安達栄司「仲裁判断取消申立ての裁量棄却について──仲裁人の開示義務違反の場合、ドイツ法の新展開──」春日偉知郎古稀『現代民事手続法の課題』（信山社、2019）696-717頁
・伊藤・破産仲裁：伊藤眞「破産債権確定手続と外国訴訟手続および仲裁手続の交錯──国際化時代の破産式確定──」金法2140号（2020）32-39頁
・猪股・仲裁可能性：猪股孝史「仲裁合意の本旨そして仲裁可能性」JCA53巻7号（2006）2-10頁
・猪股・仲裁判断権：猪股孝史「仲裁判断権の法理とこれをめぐる手続的規整」桐蔭ロー創刊号（2006）5-32頁
・猪股・忌避：猪股孝史「仲裁人の忌避手続」新報113巻9・10号（2007）1-49頁
・猪股・和解的仲裁判断：猪股孝史「和解的仲裁判断──仲裁判断との同質性と異別性──」桐蔭ロー3号（2009）3-97頁
・猪股・請求異議：猪股孝史「執行判決・執行決定と請求異議事由」新報119巻9・10号（2013）113-147頁
・猪股・判批：猪股孝史「判批」新報126巻7・8号（2020）67-101頁
・上野・人的範囲：上野泰男「仲裁契約及び仲裁判断の人的範囲」関法35巻3・4・5号（1985）657-694頁
・大隈・判批：大隈一武「判批」西南26巻3号（1994）40-64頁
・大塚・判批：大塚明「元地回収B/L裏面約款の仲裁条項──平成20年東京地高裁判決をめぐって──」海法217号（2012）2-8頁

- 大橋・渉外的相殺：大橋圭造「国際民事訴訟法に関する実務上の諸問題──渉外的相殺の成否および相殺の準拠法──」澤木敬郎＝青山善充編『国際民事訴訟法の理論』（有斐閣、1987）535-551頁
- 川上・仲裁：川上太郎「仲裁」国際私法学会編『国際私法講義　第 3 巻』（有斐閣、1964）840-881頁
- 川嶋・ADR前置合意：川嶋隆憲「ADR前置合意の効力に関する一考察」春日偉知郎古稀『現代民事手続法の課題』（信山社、2019）719-748頁
- 日下部・忌避：日下部真治「忌避及び利害関係情報開示に関する諸問題」仲裁ADRフォーラム 1 号（2007）53-67頁
- 小梁・管轄合意：小梁吉章「船荷証券の管轄合意条項の荷受人への効力:チサダネ事件判決再考」広島ロー10号（2014）27-64頁
- 杉山・スポーツ仲裁：杉山翔一「日本スポーツ仲裁機構の現在地と今後の課題」仲裁とADR12号（2017）43-55頁
- 高桑・渉外的仲裁：高桑昭「新たな仲裁法と渉外的仲裁」曹時56巻 7 号（2004）1589-1614頁
- 高杉・実体準拠法：高杉直「国際商事仲裁における仲裁判断の準拠法──仲裁法36条に関する覚書──」同志社商学65巻 5（2014）599-616頁
- 高杉・準拠法：高杉直「国際取引契約における仲裁合意の成立・効力の準拠法──妨訴抗弁の局面を中心に──」帝塚山26号（2014）45-93頁
- 高杉・ウィーン売買条約：高杉直「国際商事仲裁におけるウィーン売買条約の適用」立命2015年5・6号（363・364号）296-317頁
- 高杉・準拠法違反：高杉直「国際商事仲裁における実体準拠法決定の違反と仲裁判断の取消」国際公共政策研究21巻 1 号（2016）51-61頁
- 高杉・投資仲裁：高杉直「国際投資仲裁判断の執行──国際商事仲裁との比較──」日本国際経済法年報26号（2017）52-73頁
- 高杉・開示義務：高杉直「国際商事仲裁における仲裁人の開示義務違反と仲裁判断の取消」三谷忠之古稀『市民生活と現代法理論』（成文堂、2017）247-265頁
- 高橋・仲裁適格：高橋宏司「渉外的な個別労働関係紛争の仲裁適格（仲裁可能性）および仲裁合意の有効性──準拠法決定と仲裁法附則 4 条適用のプロセスに関する考察──」JCA59巻12号（2012）10-18頁
- 田邊・仲裁適格：田邊誠「民事紛争の仲裁適格について」民訴42号（1996）69-107頁
- 谷口・少数意見：谷口安平「仲裁判断における少数意見について」論叢138巻 1・2・3 号（1996）52-69頁
- 堤・仲裁適格：堤龍弥「いわゆる仲裁適格について」神院20巻 1 号（1990）177-212頁

- **道垣内　国際仲裁**：道垣内正人「国際商事仲裁——国家法秩序との関係——」国際法学会編『日本と国際法の100年』（三省堂、2001）79-102頁
- **道垣内・投資仲裁**：道垣内正人「投資紛争仲裁へのニューヨーク条約（外国仲裁判断の承認及び執行に関する条約）の適用可能性」財団法人国際貿易投資研究所・公正貿易センター『投資協定仲裁研究会報告書（平成21年度）』93-105頁
- **豊田・仲裁鑑定**：豊田博昭「マーチン・ボロウスキー『コモンローの仲裁鑑定』(Nomos Verlagsgesellschaft, Baden-Baden 2001)」修道27巻1号（2004）157-190頁
- **豊田・忌避（上）**：豊田博昭「仲裁人の忌避（上）」JCA53巻9号（2006）2-11頁
- **豊田・忌避（下）**：豊田博昭「仲裁人の忌避（下）」JCA53巻10号（2006）10-22頁
- **長田・判批**：長田真理「判批」平成27年度重判解（2016）298-299頁
- **中野・判批**：中野俊一郎「判批」リマークス1999（上）164-167頁
- **中野・準拠法**：中野俊一郎「仲裁契約の準拠法と仲裁法」JCA51巻11号（2004）68-74頁
- **中野・国際独禁**：中野俊一郎「独占禁止法に基づく請求と国際仲裁」仲裁とADR7号（2012）107-113頁
- **中野・分離独立性**：中野俊一郎「仲裁合意の分離独立性について」仲裁とADR9号（2014）12-18頁
- **中村・仲裁可能性**：中村達也「国際仲裁における仲裁可能性と絶対的強行法規の適用について」国士舘53巻（2020）31-92頁
- **西・資金提供**：西理広「Third Party Funding（紛争解決費用の第三者提供）の仕組みと国際潮流」ビジネス法務19巻6号（2019）118-123頁
- **西岡・仲裁適格**：西岡和晃「ニューヨーク条約における仲裁適格の準拠法と公序——競争請求を題材に——」国際118巻4号（2020）49-73頁
- **西谷・絶対的強行法規**：西谷祐子「消費者契約及び労働契約の準拠法と絶対的強行法規の適用問題」国際私法年報9号（2007）29-67頁
- **二瓶・仲裁適格**：二瓶ひろ子「特許の有効性をめぐる紛争の仲裁適格（下）——日本における国際仲裁のさらなる活用に向けて——」JCA66巻6号（2019）17-27頁
- **野村・外国仲裁判断**：野村美明「外国仲裁判断の承認と執行：ニューヨーク条約と二国間条約の適用関係」阪法62巻3・4号（2012）29-52頁
- **藤下・附則4条**：藤下健「仲裁法附則4条の渉外的労働紛争への適用について」判時2192号（2013）3-13頁
- **古田・和解的仲裁判断**：古田啓昌「仲裁法38条に基づく決定の効力」仲裁・ADRフォーラム1号（2007）29-51頁
- **松浦・外国仲裁判断**：松浦馨「外国仲裁判断の承認と執行の問題点」染野義信古稀『民事訴訟法の現代的構築』（勁草書房、1989）219-241頁
- **松下・倒産仲裁**：松下淳一「倒産法制と仲裁（4・完）」JCA41巻7号（1994）15-21

頁

・**三木・課題**：三木浩一「仲裁法制定と理論的課題」法時77巻 2 号（2005）41-47頁

・**三木・改正モデル法**：三木浩一「UNCITRAL国際商事仲裁モデル法2006年改正の概要（下）」JCA54巻7号（2007）12-22頁

・**森下・開示義務**：森下哲朗「仲裁人の開示義務・調査義務と仲裁判断の取消し」澤田壽夫追悼『国際取引の現代的課題と法』（信山社、2018）559-597頁

・**森下・判批**：森下哲朗「判批」平成20年度重判解（2009）301-302頁

・**渡部・既判力**：渡部美由紀「仲裁判断の既判力」志林101巻 2 号（2004）1-40頁

・**Di Pietro NYC Award**：Domenico Di Pietro, What Constitutes an Arbitral Award Under the New York Convention ?, in Emmanuel Gaillard and Domenico Di Pietro (eds), Enforcement of Arbitration Agreements and International Arbitral Awards: The New York Convention in Practice（Cameron May 2008）139-160

・**Hochstrasser Mandatory Rules**：Daniel Hochstrasser, Choice of Law and "Foreign" Mandatory Rules in International Arbitration, 11(1) Journal of International Arbitration（1994）57-86

・**Mayer Mandatory Rules**：Pierre Mayer, Mandatory Rules of Law in International Arbitration, 2(4) Arbitration International（1986）274-293

・**Radicati di Brozolo Competition Law**：Luca G. Radicati di Brozolo, Arbitration and Competition Law: The Position of the Courts and of Arbitrators, 27(1) Arbitration International（2011）1-26

・**Rau Mandatory Rules**：Alan Scott Rau, The Arbitrator and "Mandatory Rules of Law", in George A. Bermann and Loukas A. Mistelis（eds）, Mandatory Rules in International Arbitration（Juris 2011）77-129

第 1 章

仲 裁 制 度

1 仲裁とは何か

(1) 日常用語としての仲裁と法律用語としての仲裁

仲裁とは何か。国語辞典を引くと、「争いの間に入り、双方を和解させること。仲直りの取持ち」という意味に加え、「法的には、当事者を直ちに拘束する点が、当事者の承諾をまって拘束する調停と異なる」と説明されている[1]。この説明によれば、仲裁には2つの意味がある。後者の意味の言わば法律用語としての仲裁は、当事者が争いの判断を第三者に委ね、その判断に服する合意に基づく紛争解決手続である。旧法に当たる明治23年（1890年）の民事訴訟法の制定により（仲裁は第8編（仲裁手続）に規定されていた）、訴訟に代替する紛争の終局的解決手続としてわが国に初めて導入された制度である[2]。これに対し、前者の意味の言わば日常用語としての仲裁は、民事訴訟法の制定前から使用されていた用語であり[3]、日常的には、「喧嘩の仲裁」という表現で一般に用いられていることが多い。

現行の仲裁法も、仲裁を、当事者が紛争の解決を第三者（仲裁人）に委ね、かつ、その判断（仲裁判断）に服する旨の合意（仲裁合意）に基づく紛争解決手続とし（2条1項参照）、公正な仲裁人（18条1項2号参照）が当事者に

（1） 新村出編『広辞苑〔第7版〕』（岩波書店、2018）1889頁。

（2） 江戸時代においては、紛争の解決は、親類、村役人、寺院等の第三者である扱人が仲介する話合いによる内済が奨励され、これによるのが通例であったとされるが、これは第三者の関与による和解であり、調停であって仲裁ではない。この点に関し、石井良助『日本法制史』（青林書院、1959）272-273頁を参照。また、同書272頁は、中世武家法上の所務沙汰における「和与」も内済と趣旨を同じくするという。

（3） 日本国語大辞典第二版編集委員会・小学館国語辞典編集部編『日本国語大辞典〔第2版〕第8巻』（小学館、2001）1459頁参照。

対し公平に主張・立証する機会を与え（25条）、審理、判断した結果である仲裁判断に確定判決と同一の効力を与えている（45条 1 項）。

(2)　仲裁以外の ADR、訴訟との異同

　仲裁は、ADR（裁判外紛争解決手続（Alternative Dispute Resolution））の 1 つである。ADRは、訴訟手続によらずに紛争の解決をしようとする当事者のため、公正な第三者が関与して、その解決を図る手続をいう（ADR法 1 条）。仲裁以外にも調停、あっせんといった手続がある。ADRは、当事者の合意に基づく紛争解決手続であるから、ADRを利用するには常に当事者の合意、言わば入口の合意が必要となる。これに対し、訴訟は、当事者間に紛争を訴訟により解決する合意がなくても、当事者の一方が訴訟による解決を求めることができるので、この点において訴訟との違いがある。

　もっとも、裁判所が行う民事調停法に基づく民事調停、家事事件手続法に基づく家事調停および労働審判法に基づく労働審判手続における労働調停については、調停手続による旨の合意がなくても、調停の申立てができ（民調 2 条、家事257条、労審 5 条）、不出頭の当事者に対しては過料の制裁がある（民調34条、家事51条 3 項、労審31条）。

　また、仲裁以外のADRは、第三者が紛争の解決に関与するが、当事者間に和解（争いをやめる合意）が成立して初めて紛争が解決することになり、この点において当事者間の交渉による紛争解決と違いがない。これに対し、仲裁は、当事者の和解による紛争解決ではなく、訴訟と同様に、当事者を拘束する第三者の判断によって終局的に紛争を解決する制度である。

　もっとも、この点に関しても、民事調停、家事調停および労働審判手続における労働調停の場合、調停によって当事者間に和解が成立したときは、その合意調書に確定判決と同一の効力が付与される（民調16条、民訴267条、家事268条、労審29条 2 項による民調16条の準用）。

2　仲裁の起源と史的発展

　人が生活する社会においては必ず紛争がある。人が自己の見解と対立する相手と話合いによって解決することができない場合、その相手に対し自ら実力行使して一定の行為を遂行するのではなく、これを社会の権威者や信頼す

る第三者の判断に委ねることによって平和的に解決することは、人類の歴史とともに自然に始まったものであると考えられる[4]。

　古代ギリシャ、ローマにおいては、今日と変わらない仲裁が行われていたと言われる[5]。仲裁は、領土紛争といった国家間紛争にも用いられてきたが、その一方で、中世ヨーロッパにおける商工業や交易の発達に伴い、商事、海事関係の紛争が増え、商人間の自主的な紛争解決手段として画一的で煩雑、鈍重な訴訟手続に代わる簡易、迅速、低廉な仲裁が普及し、広く利用されてきたと言われる[6]。そして、仲裁は、20世紀に入り国際取引が拡大することに伴い、その重要性は更に増大し、その制度の国際的法整備が求められる中、仲裁合意の効力を国際的に認めるとともに、仲裁判断の承認・執行を国際的に確保するための条約が作成され（⇨**4(2)**）、現在、仲裁は、国際取引紛争のみならず投資家と投資受入国との間の国際投資紛争を解決するための必要不可欠な制度として広く利用されている（⇨**4(2)(c)**）。

3　国家の司法制度における仲裁の位置付け

(1)　国家の仲裁への介入・関与

　このように仲裁は人類の歴史とともに始まり、発展し、国家の訴訟制度が確立された後も紛争の解決に利用されてきているが、国家の仲裁に対する介入・関与の仕方は、訴訟制度との関係で時代と社会によって異なる[7]。

　たとえば、商業の繁栄とともに商事仲裁が発展してきた英国では、国王裁判所が自己の裁判権の拡大を図るため、仲裁を敵視し、当事者による仲裁合意の一方的撤回を認め、仲裁合意によっても裁判所の裁判権を排除することができない立場をとってきたが、1889年の仲裁法によって、当事者が現在お

（4）　谷口安平＝鈴木五十三「国際商事仲裁の概念・歴史・理論」谷口＝鈴木・国際仲裁11頁参照。Domke Commercial Arbitration § 2:1 は、紀元前18世紀中頃に制定されたハムラビ法典にも仲裁が行われていた事実が頻繁に言及されているという。

（5）　Domke Commercial Arbitration § 2:2.

（6）　Domke Commercial Arbitration § 2:4；Born International Commercial Arbitration 29-34. また、森井清『国際商事仲裁』（東洋経済新報社、1970）22−30頁。

（7）　国家の仲裁に対する態度や仲裁と訴訟との関係一般については、青山善充「仲裁と裁判所」民訴36号（1990）100頁以下参照。

よび将来の紛争を仲裁に付託する旨の合意の効力が認められることになったとされる[8]。また、英国では、法体系を統一するため、伝統的に法律問題に関し仲裁判断に対する上訴制度が設けられてきたが、現在でも英国仲裁法は他方当事者の同意がある場合または裁判所の許可がある場合、仲裁判断に対する上訴制度を定めている（英国1996年仲裁法69条）。英国以外でも、たとえば、フランスでは、当事者の合意がある場合に限られるが、国際仲裁を除く国内仲裁について仲裁判断を実質的に再審査する上訴制度が設けられている（フランス民事訴訟法1489条）。このように国家は仲裁を紛争解決手段として法認しつつ一定の介入・関与を行い、その介入・関与の仕方、度合いは国により異なり、また時代とともに変遷を辿る。

　仲裁は、当事者の必要に応じ自主的紛争解決手段として発展してきたが、現在では、国家の司法資源の節約（裁判所の負担軽減）等の観点から訴訟を補完しそれに代替する紛争解決手段として位置づけられる。そして、国家は訴訟を補完しそれに代替する終局的紛争解決手続として法認し、仲裁人の判断に判決と同等の効力を与える以上、仲裁手続を実施するために国家の裁判所により必要な援助・監督を行うが、その介入・関与の仕方、度合いは、国家の考え方により異なる。わが国においては、裁判所は、仲裁手続に関しては、仲裁法に規定がある場合に限り、その権限を行使することができると定め（4条）、裁判所の仲裁手続への介入・関与は仲裁法に規定がある場合に限られ、それを超えた介入・関与は許されず、自主的紛争解決手段である仲裁制度の独立性を保障している。

⑵　国家による自国への国際仲裁の誘致合戦

　仲裁は訴訟に代替する終局的紛争解決手続であるが、紛争が複数の国と関係する国際的紛争の解決は、仲裁が訴訟に比べて多くのメリットがあることから（⇨6⑴）、仲裁が広く一般に標準的紛争解決手段として利用されてい

（8）　Julian D. M. Lew and Melissa Holm, Development of the Arbitral System in England, in Julian D. M. Lew, Harris Bor, et al. （eds）, Arbitration in England with chapters on Scotland and Ireland （Kluwer Law International 2013）; Born International Commercial Arbitration 34-38. 中田・仲裁61-63頁、喜多川・国際商事仲裁107-108頁参照。

る。したがって、この分野においては、仲裁は訴訟と競合することは少なく、仲裁同士が競合関係にある。いずれの国の仲裁制度を利用するか、また、いずれの仲裁機関（⇨**7**(1)、**8**(1)）を利用するかは紛争当事者の選択に委ねられており、前者については、現在、諸外国、とりわけアジア諸国において、自国に国際仲裁を誘致することが自国の国益に繋がるという考え方の下、仲裁関連法制の整備、自国の仲裁機関に対する財政支援、仲裁手続に必要な物的施設の充実等が常に間断なく図られており、国家間で自国へ国際仲裁を誘致するための熾烈な競争が繰り広げられている。

　また、後者については、各仲裁機関が組織の改革、仲裁規則の改正等による仲裁サービスの質向上を図っている。国によっては、とりわけアジア諸国においては、自国へ国際仲裁を誘致するため、自国の仲裁機関に財政面等で支援を行ってきている。

　わが国においては、次に述べるように、国際的標準とも言えるモデル法に準拠して2003年に仲裁法が制定されたが、それ以外特に国による国際仲裁を誘致するための施策が実行されてこなかったところ、近時漸く、具体的に実行され始めた（⇨**8**(2)(b)(イ)）。

4　仲裁法の法源

(1)　仲　裁　法

　わが国で最初に制定された仲裁法は、1890年の民事訴訟法（1891年1月1日施行）第8編であるが、これは1877年のドイツ民事訴訟法第10編を翻訳的に継受したものである[9]。その後、1世紀以上にわたり実質的な改正がされてこなかったが、1999年7月に内閣に設置された司法制度改革審議会が2001年6月に意見書を取りまとめ、その中で、国際的動向を見つつ仲裁法制を早期に整備すべきである、との提言がなされ、それを受けて、司法制度改革推進本部事務局内において仲裁検討会が設置され、その検討を踏まえ、2003年、仲裁法（平成15年法律第138号）が制定された（2004年3月1日施行）。

（9）　この制定の経緯については、菊井維大「明治期仲裁管見」法時54巻8号（1982）8－9頁を参照。

　仲裁法は、国際商事仲裁の活性化を視野に入れ国際的標準に合致したものとするため、国際連合国際商取引法委員会（United Nations Commission on International Trade Law（UNCITRAL））が1985年に採択したUNCITRAL国際商事仲裁モデル法（UNCITRAL Model Law on International Commercial Arbitration）に準拠し、わが国はモデル法の第45番目の採用国となった[10]。モデル法採用国等によって採用方式は異なり、モデル法に修正を加えることなくそのままの形で採用する国等もあるが、わが国は、モデル法の内容に準拠しつつ、一部追加、変更を加えている。

(2)　条　　約

(a)　ジュネーヴ議定書、ジュネーヴ条約

　国際取引の発展に寄与するための条約として、第一次世界大戦後の1919年に設立された国際連盟の主催の下、2つの条約が作成されている。すなわち、第4回国際連盟総会の承認を得て1923年9月24日ジュネーヴで署名された「仲裁条項ニ関スル議定書（Protocol on Arbitration Clauses）」（昭和3年条約第3号）、通称、ジュネーヴ議定書、および、第8回国際連盟総会の承認を得て1927年9月26日ジュネーヴで署名された「外国仲裁判断の執行に関する条約（Convention on the Execution of Foreign Awards）」（昭和27年条約第11号）、通称、ジュネーヴ条約の2つの条約である[11]。前者は、既に生じている現在の紛争のみならず、将来生じる紛争を対象とする仲裁合意の効力を国際的に認めることを主な目的とする。後者は、前者が定める仲裁合意に基づく外国仲裁判断の承認・執行を目的とする（仲裁判断の承認・執行の意義については⇨第6章2(1)、(2)）。

　前者のジュネーヴ議定書は、それぞれ異なる締約国の裁判権に服する当事者間の仲裁合意の効力を承認するとし（同議定書1条）、後者のジュネーヴ条約は、前者の適用対象となる仲裁合意に基づき締約国の領域でなされた仲裁判断を適用対象としており、仲裁判断の適用範囲が狭い。また、ジュネーヴ

---

(10)　UNCITRAL, https://uncitral.un.org/en/texts/arbitration/modellaw/commercial _arbitration/status（last visited 29 October 2021）によれば、モデル法は85か国、118の法域の仲裁法に採用されている。

(11)　阿川・NY条約（上）18頁参照。

条約では、仲裁判断を援用する当事者が主張、立証すべき仲裁判断の承認・執行要件として、仲裁判断が仲裁判断地国で確定したこと（final）が求められ（同条約1条2項(d)）、外国仲裁判断の承認・執行のために仲裁判断地国の執行許可および執行地国の執行許可の2つが必要となる（二重の執行許可（double exequatur））、承認・執行要件が厳しいという問題があった[12]。

(b)　ニューヨーク条約（NY条約）

　これを是正するため、第二次世界大戦後の1945年に設立された国際連合において1958年6月10日に、「外国仲裁判断の承認及び執行に関する条約（Convention on the Recognition and Enforcement of Foreign Arbitral Awards）」（昭和36年条約第10号）、通称、ニューヨーク条約（NY条約）が採択された。NY条約は、ジュネーヴ条約の不備を改善し、国際取引から生じた紛争を訴訟ではなく仲裁により解決する場合における仲裁判断の執行力を国際的に保障することにより国際取引の実務の要請に応えるとともに、その発展に寄与することを目的として、1958年5月20日から6月10日までの期間、ニューヨークの国際連合本部で開催された「国際商事仲裁会議（United Nations Conference on International Commercial Arbitration）」において、外国仲裁判断の承認・執行および仲裁合意の承認を促進するための条約として作成されたものである[13]。現在168か国が締約国となっている[14]。

　外国仲裁判断の承認・執行に関しては、多数国間条約のほか、わが国が締結している二国間条約の中で規定されているものがある。たとえば、1953年に締結された日米友好通商航海条約は4条2項において、両国の国民・会社間の仲裁合意に基づく仲裁判断の執行を保障するための規定を置いている[15]。

　外国仲裁判断の承認・執行に適用される条約が複数ある場合、NY条約と他の条約との適用関係が問題となる（⇨第7章**3**(3)(b)、**8**(2)、(**4**)）。

---

(12)　See Wolff NYC Commentary 12.
(13)　See Wolff NYC Commentary 4; ICCA NYC Guide 14-15. 阿川・NY条約（上）18 －19頁参照。
(14)　UNCITRAL, https://uncitral. un. org/en/texts/arbitration/conventions/foreign_ arbitral_awards/status 2（last visited 29 October 2021）.
(15)　小島＝高桑・注解仲裁307－337頁〔高桑昭〕参照。

(c)　投資紛争解決条約

　また、主として発展途上国に対する外国からの投資をめぐる紛争の解決の
ため、1965年 3 月に国際復興開発銀行いわゆる世界銀行が中心となって作
成し、翌年10月に発効した「国家と他の国家の国民との間の投資紛争の解決
に関する条約（Convention on the Settlement of Investment Disputes between
States and Nationals of Other States）」（昭和42年条約第10号）、通称、投資紛争
解決条約（ICSID 条約）がある。この条約は、投資紛争解決国際センター
（International Centre for Settlement of Investment Disputes（ICSID））を創設し
（同条約 1 条）、同センターの管轄は、締約国と他の締約国の国民との間で投
資から直接生じる法律上の紛争に及ぶとし（同25条 1 項）、同センターの金銭
上の義務を命じる仲裁判断を条約の締約国において確定判決とみなして執行
することを締約国に義務付けている（同54条 1 項）。この条約の締約国は現在
164か国に上る[16]。

　この投資紛争解決国際センターに申し立てられた仲裁事件の件数は、1996
年まで年に数件程度であったが、国際的な直接投資の増加に伴い、投資家と
投資受入国との投資紛争の解決を ICSID 等の仲裁により解決する仕組みを
設ける二国間投資協定（Bilateral Investment Treaty（BIT））等に基づく投資
仲裁（投資受入国は、条約上の義務として予め仲裁に同意しており、投資家が仲
裁を申し立てることによって両者間で仲裁合意が成立する）が急増し、その結果、
ICSID への仲裁申立件数は、現在、年数十件で推移している（第 7 章 **9**(1)）[17]。

5　仲裁法の解釈基準

(1)　民事訴訟法の類推適用の適否

　旧法下においては、民事訴訟法の規定といえどもそれが民事の裁判手続一
般に通ずる普遍的法則を表現していると考えられる限り、仲裁手続にも類推
適用する余地がある旨の見解が示され[18]、旧法である「公示催告手続及ビ仲

---

(16)　ICSID, https://icsid. worldbank. org/en/Pages/about/Database-of-Member-States.
　　aspx（last visited 29 October 2021）.
(17)　ICSID, The ICSID Caseload-Statistics Issue 2020-2, p. 7.
(18)　中田・仲裁141頁、河野・仲裁490頁。

裁手続ニ関スル法律」1条は、「別段ノ規定アル場合ヲ除クノ外公示催告手続及ビ仲裁手続ニ関シテハ其性質ニ反セザル限リ民事訴訟ニ関スル法令ノ規定ヲ準用ス」と規定していた。

　現行法である仲裁法は、このような準用規定を置かず、裁判所が仲裁法の規定により行う手続に関して、民事訴訟法の規定を準用すると規定しているので（10条）、民事訴訟法の規定が準用される範囲は、「裁判所が行う手続」に限られる[19]。もっとも、仲裁は国家が法認した訴訟と並ぶ紛争の終局的紛争解決手続であるので、訴訟と同じ裁判手続として仲裁にも妥当すべきルールについては、民事訴訟法の規定を類推適用することになると考える。

(2)　モデル法、NY条約の解釈

　わが国の仲裁法は、モデル法に準拠して制定されたものであり、前述したように、モデル法は、現在、80か国以上の国の仲裁法に採用されている。モデル法2A条1項は、「この法律の解釈に当たっては、その国際的起源およびその適用における統一性の促進の必要性ならびに信義誠実の遵守を考慮しなければならない」と定める。したがって、モデル法に準拠して制定された仲裁法の解釈においては、他のモデル法の採用法域の判例を参照し、モデル法の統一的解釈に向けた考慮を払う必要があり[20]、わが国の仲裁法の解釈においても適宜、モデル法の解釈を参照することになる。

　また、仲裁判断の承認・執行に関するモデル法の規定はNY条約に準拠するとともに[21]、仲裁判断の取消しと承認・執行の可否を同一の基準により判断する立場をとっている[22]。したがって、モデル法に準拠する仲裁法が定める仲裁判断の承認・執行および取消しに関する規定の解釈・適用に当たって

---

(19)　東京高決平30・8・1判時 2415号24頁は、「わが国の仲裁法……は、『公示催告手続及ビ仲裁手続ニ関スル法律』と異なり、仲裁廷が行う手続に民事訴訟に関する法令の規定を準用するという規定を意識的に置かないという方針の下に立案され、その方針に従って成立した」と判示する。

(20)　See UNCITRAL Digest, Introduction to the UNCITRAL 2012 Digest of Case Law on the Model Law on International Commercial Arbitration（1985, with amendments as adopted in 2006), para. 10.

(21)　UNCITRAL History and Commentary 1055.

(22)　See UNCITRAL History and Commentary 915.

は、モデル法の法域、NY条約の締約国における解釈を適宜参照し、その統一的解釈に向けた考慮を払うとともに、共通の解釈が見られる場合には、これに従った解釈をすべきである[23]。

(3)　仲裁の訴訟代替性

仲裁は国家が法認した訴訟に代替する紛争の終局的解決手続であるから、訴訟で解決することができる紛争が原則として仲裁でも解決することができることになるので、仲裁合意の対象となる「民事上の紛争」（2条1項）の範囲については、この訴訟代替性の観点から解釈すべきである（⇨第2章2）。また、国際仲裁においては、仲裁合意の成立、効力等の準拠法の決定が問題となるが、この訴訟代替性から、仲裁廷と裁判所は、両者の判断に齟齬が生じないよう、同一の準拠法を適用すべきである（⇨第7章4(11)(a)）。

6　仲裁制度の特徴

当事者が紛争の解決手段として、訴訟に代えて仲裁を選択する理由は何か。訴訟と比較した仲裁には、以下のメリットとともに、デメリットがある。

(1)　仲裁制度のメリット

(a)　柔　軟　性

(i)　手　続　準　則

訴訟では、その公益性から、任意訴訟または便宜訴訟の禁止という原則があり、手続のルールについて当事者が合意により決めることが原則として認められていないが、仲裁では、当事者の合意を基礎とする紛争の自主的解決手段であるので、当事者は、手続保障に反しない限り（25条）、手続準則を自由に取り決めることができる（26条1項）。

たとえば、一般に、訴訟手続で使用できる言語は、訴訟を行う国の公用語

---

(23)　この問題に関し、東京高決平30・8・1判時2415号24頁は、「多くの諸外国が仲裁に関する法令を国際商事仲裁モデル法に準拠して定めており、わが国の仲裁法の規定が、諸外国の仲裁法の規定と共通する点が非常に多くなることを意図している。この点において、仲裁に関する国内法の規律を、可能な限り諸外国と共通の内容にするという立法者意思が示されている。そうすると、わが国の仲裁法の解釈においては、国内民事訴訟手続に関する緻密な法令の解釈の傾向に流されることなく、諸外国の仲裁法と共通の解釈，国際的に通用する解釈を心掛けるべきである」と判示する。

に限られる。わが国の場合、裁判所法74条は、「裁判所では、日本語を用いる」と規定している。これに対し、仲裁では、当事者が使用言語を自由に取り決めることができる（30条１項）。

(ii)　国際仲裁代理

一般に、訴訟の場合、代理人は、その国の弁護士に限られるが、仲裁の場合には、自国の弁護士に代理させることが認められている。わが国の場合、外国弁護士による法律事務の取扱いに関する特別措置法５条の３により、外国法事務弁護士は、国際仲裁事件の手続についての代理を行うことができる。外国弁護士についても、同58条の２が、一定の要件の下、弁護士法72条の規定にかかわらず、国際仲裁事件の手続についての代理を行うことができる旨を定めている（⇨第７章５）。

(iii)　送達の不要

訴訟において送達（訴状等裁判上の書類を了知させる目的で行う行為）は、裁判権の作用であり、名宛人が外国に所在する場合には、その国が容認する場合にのみ実施することができる[24]。わが国の民事訴訟法108条は、外国にいる被告に対する送達は、当該国の管轄官庁または当該国に駐在するわが国の大使、公使もしくは領事に嘱託してすると定め、わが国が当事国となっている「民事訴訟手続に関する条約」（昭和45年条約第６号）や「民事又は商事に関する裁判上及び裁判外の文書の外国における送達及び告知に関する条約」（昭和45年条約第７号）等の国家間の合意に基づく国際司法共助によって実施されている。しかし、送達には、国や送達方法によって異なるが、数か月から長い場合、１年以上の期間を要する[25]。

これに対して、仲裁は、国家主権の行使ではなく、このような国際司法共助による面倒な送達は要せず、訴状に当たる仲裁申立書は、通常、受領の確認ができる民間の国際宅配便（クーリエ便）等により送付される。

(b)　専　門　性

仲裁は、訴訟と違い、当事者は、裁判官に当たる仲裁人を自由に選ぶこと

---

(24)　条解民訴490頁〔竹下守夫＝上原敏夫〕。

(25)　高桑昭＝山崎栄一郎「送達」高桑＝道垣内・国際民訴207頁、古田啓昌『国際民事訴訟法入門』（日本評論社、2012）106－107頁。

ができる（16条、17条）。したがって、紛争の事案に最も適した専門知識・経験を有する公正、中立で信頼できる者を仲裁人に選ぶことによって、公正、迅速な手続による適切な判断を期待することができる。たとえば、建設工事紛争の場合、その分野の専門家を仲裁人に選任することができる。また、国際取引紛争の場合、外国法が契約の準拠法となることがあり、その場合、国内の裁判所が紛争の解決に適しているとは言えない。これに対し仲裁では、契約の準拠法が外国法であり、当該外国法の解釈・適用が争点となっている場合、それに精通した裁判官、弁護士を仲裁人に選任することができる。

(c)　非公開性と当事者の秘密保持義務

訴訟が一般に公開で行われるのに対して、仲裁は、非公開で行われる。わが国では、憲法82条1項が、「裁判の対審及び判決は、公開法廷でこれを行ふ」と規定し、裁判の公開を保障している。これに対し仲裁は、一般に、訴訟と違い、その性質上、当事者の合意がない限り、第三者がその手続に参加することはなく、手続は非公開となる。

仲裁の非公開に対し、当事者が仲裁手続に関する情報について秘密保持義務を負うか否かという問題がある。この問題について、諸外国において、判例・学説とも見解が分かれている[26]。仲裁法に明文の規定を置くものがあるが[27]、わが国では、この問題に関する判例はなく、また仲裁法上も規定が置かれていない。

この当事者の秘密保持義務については、次の単純な例からも明らかなように、仲裁手続の非公開の原則から導くことができよう。すなわち、当事者に秘密保持義務がないとした場合、当事者が口頭審理の模様をすべてビデオカメラで撮影した映像をリアルタイムで第三者に開示することは許容されることになる。当事者がこのような開示をした場合、第三者が口頭審理に参加していることと実質的に同じ状態を作出することになり、仲裁手続の非公開の原則が失われてしまう。仲裁手続の非公開の原則を維持するには、当事者の秘密保持義務が必要不可欠である。したがって、当事者の秘密保持義務は仲

---

(26)　中村達也「仲裁手続の非公開と秘密保持について」JCA43巻5号（1996）34-36頁。
(27)　たとえば、香港仲裁令18条、ニュージーランド1996年仲裁法14条以下。

裁手続の非公開の原則から当然に導かれると解される⒇。このように、仲裁
合意の当事者は、仲裁手続の性質上、当然に仲裁手続に関する情報について
秘密保持義務を負うことになる。

　もっとも、株式を上場している会社の場合、投資者保護等の要請から、訴
訟の提起を受けた場合等、その内容を適時に開示することが求められている
（たとえば、東京証券取引所の場合、東京証券取引所有価証券上場規程（令和3年
8月31日施行）402条2号dに規定されている）。したがって、仲裁の場合も、
公益保護のため、訴訟と同様に、この適時開示義務により、仲裁手続に関す
る一定の情報が公表されることになる。また、投資仲裁（⇨第7章9(1)）の
場合、その性質上、公益性が高く、透明性が要求されるので、当事者名、仲
裁申立てに関する情報等が公表される⒇。

(d)　仲裁判断の国際的効力

　国際事件においては、相手方が仲裁判断に任意に従わない場合、仲裁判断
に基づき外国に所在する相手方の財産に対し強制執行する必要が生じる。そ
の場合、当該財産が所在する国の裁判所に対し仲裁判断の執行を求めること
になる。また、外国の訴訟手続において仲裁判断の効力を援用する必要が生
じることがある。このような場合、現在160か国以上もの国が締約国となっ
ているNY条約によりその承認・執行を求めることができる。これに対し、
訴訟の場合には、現在、NY条約のような多数の国が参加する外国判決の執
行に関する多数国間条約は存在しない。

　したがって、外国判決の承認・執行については、国内法によることになる
が、外国判決の承認・執行制度を設けていない国もあれば、かかる制度が設

---

(28)　緑川芳江「仲裁における守秘義務 〜黙示の守秘義務をめぐる海外の判例からの示
　　唆〜」際商43巻6号（2015）837-838頁は、民事訴訟法92条により訴訟記録の閲覧等が
　　制限される場合と同様の状況になることから、当事者の守秘義務を導くことが一応でき
　　るという。
(29)　また、スポーツ仲裁の場合、日本スポーツ仲裁機構（⇨8(1)(b)(v)）の仲裁手続は
　　非公開とされるが、仲裁判断の内容を広く社会に認識させるとともに、競技団体に対し
　　仲裁判断の履行を促すことに加え、仲裁判断が研究対象となるため、仲裁人候補者の資
　　質の向上や、わが国のスポーツ法の発展、紛争予防に寄与することから、仲裁判断は公
　　開されている。この点に関し、杉山・スポーツ仲裁45-46頁を参照。

けられていても、国によって承認・執行要件の緩厳の違いがあり、外国判決
の承認・執行の要件として、外国判決の内容を実質的に再審査をする国もあ
る。このように、外国における判決の承認・執行には困難を伴うことがある。
わが国の裁判例として、たとえば、中国とわが国との間には、外国判決の承
認について定める民事訴訟法118条の 4 号の承認要件である相互の保証がな
いとして、中国の判決の効力を否定したものがある[30]。

　もっとも、NY 条約に相当する外国判決の承認・執行に関する条約として、
2005年 6 月にハーグ国際私法会議（Hague Conference on Private International
Law）第20会期において、「管轄合意に関する条約（Convention on Choice of
Court Agreements）」が採択され、2015年10月 1 日発効している。この条約
により、締約国の裁判所を指定する専属的裁判管轄合意は、条約の定める要
件を具備する限りその効力が認められるとともに、かかる管轄合意に基づき
締約国の裁判所で下された判決は、他の締約国において、条約が定める承
認・執行拒絶事由がない限り、承認・執行される[31]。しかし、現在、締約国
は少なく、EU 加盟国、英国、メキシコ、シンガポール等に限られている[32]。

(e)　中　立　性

　これも国際事件について言えることであるが、訴訟の場合、裁判所は国家
が運営している紛争解決機関であるので、一般に、裁判官は、その国の国籍
を有し、相手方が所在する国の裁判所での裁判は、相手方に有利な判断がさ
れるのではないかという懸念が生じる。実際に不利な裁判を受けるかは別と
しても、相手国の裁判による紛争解決には、このような外観上の中立性を欠
く。また、国によっては、裁判官が腐敗している国もあり、そのような国に
おいては、中立な裁判は期待できない。

　これに対し、仲裁では、一般に、仲裁手続を行う国の国籍とは関係なく、

---

(30)　大阪高判平15・4・9 判時1841号111頁、東京高判平27・11・25判例集未登載（2015
　　WLJPCA11256007）。
(31)　この条約については、道垣内正人編『ハーグ国際裁判管轄条約』（商事法務、2009）
　　305 – 312頁、青木大「シンガポール国際商事裁判所活用への追い風──ハーグ管轄合意
　　条約批准のための法案が成立」NBL1074号（2016）76 – 79頁を参照。
(32)　Hague Conference on Private International Law, https://www.hcch.net/en/
　　instruments/conventions/status-table/?cid = 98 (last visited 29 October 2021).

仲裁人を自由に選ぶことができるので、仲裁人の中立性を確保して、仲裁人の公正な判断を求めることができる。国際仲裁において仲裁機関を利用する機関仲裁の場合、仲裁機関が単独仲裁人、仲裁人が3人の場合の第三仲裁人を選任するときは、外観上の中立性を確保するため、通常、当事者の国籍と異なる国籍を有する者が選任されている（⇨第7章**6(1)**）。

(f)　迅速性・低廉性

仲裁のメリットとして、従来から手続の迅速性、費用の低廉性が挙げられている。確かに、訴訟の場合は、上訴という制度があるのに対し、仲裁の場合には、通常、1回限りの手続であるため、この点を考慮すると、訴訟と比べて紛争解決までに要する時間は短くて済むが、手続自体が訴訟と比べて迅速に進むかというと、必ずしもそうとは言えない。事件の複雑さによっても異なるが、仲裁手続でも数か月から1年、あるいは、それ以上の時間を要することもある。

仲裁手続に要する費用についても、国際仲裁においては、仲裁人の報酬を含め決して低廉であるとは言えない。とりわけ、代理人弁護士の報酬・費用が当事者の大きな負担となる。近時、国際仲裁において、仲裁判断の取消しをおそれて、仲裁人が必要以上に慎重な審理を行い、その結果、手続が遅延し、費用も高額化する傾向にあるとも言われ、その改善が求められている。もっとも、代理人弁護士の報酬・費用については、国際訴訟でも同様の問題が生じ、また、上訴審の期間を考慮すると、当事者の負担は仲裁より大きくなることもある。

以上のメリットに対し、デメリットとしては以下の点が挙げられる。

(2)　仲裁制度のデメリット

(a)　仲裁合意の必要性

仲裁は、それを利用するには必ず当事者間に仲裁合意が必要となる。通常、当事者が既に生じている紛争を解決するために仲裁合意を締結することは困難であるから、当事者は、契約の締結時に契約の一条項として仲裁条項を定め、将来において生じる紛争を対象とする仲裁合意を締結することになる。したがって、通常、契約関係のない相手との紛争、たとえば、特許侵害事件を仲裁によって解決することはできず、その終局的な解決は、訴訟によ

ることになる。

(b)　上訴制度がない（単審制）

前述したように、仲裁は、通常、1回限りの手続であるため、上訴制度のある訴訟と違い、その分紛争解決に要する時間を短縮でき、紛争の早期解決が図れる。仲裁判断に対しては裁判所による取消制度があるが、取消事由は、公序違反や手続保障違反といった事由に限られ、裁判所は、仲裁判断の実質的再審査をして、仲裁廷が正しく事実を認定しなかった、あるいは、正しく法を解釈、適用しなかったことを理由に仲裁判断を取り消すことができない（実質的再審査の禁止の原則）。

したがって、当事者は、仲裁判断の内容に不服であっても、原則として、裁判所で仲裁判断を取り消すことはできず、単審制に不安のある当事者にとっては、それがデメリットとして働くことになる。

(c)　費用負担

訴訟の場合、当事者は、裁判所の物的・人的施設を維持するための費用の一部として訴えの手数料のほか、具体的事件の審理のため送達に必要な費用等を負担しなければならないが、仲裁の場合には、通常、仲裁人の報酬・費用を含め手続に要する費用はすべて当事者の負担となる。

もっとも、当事者が負担する費用のうち最も大きな割合を占めるものは、代理人弁護士の報酬・費用であり、前述したように、これは、訴訟の場合にも同様に当事者の負担となるが、仲裁は単審制であるため、その分負担は軽減される。また、わが国では、代理人弁護士の報酬・費用は、原則として、訴訟費用には含まれないので（民訴155条2項、民訴費2条10号）、当事者は勝訴しても自己の代理人弁護士の報酬・費用を相手方に負担させることができないが、仲裁の場合、国際仲裁では、通常、代理人弁護士の報酬・費用が仲裁費用に含まれるので、有利な仲裁判断を得た当事者は、自己の代理人弁護士の報酬・費用を相手方に負担させることができる（⇨第4章**13**(2)、(5)(a)）。

(3)　裁判所の国際化

国際事件に関しては、近時、裁判所の国際化が進んでおり、シンガポールでは、高等法院の一部としてシンガポール国際商事裁判所（Singapore International Commercial Court（SICC））が創設され、2015年1月5日から始

動している。SICCは、国際仲裁の遅延・費用の高額化、判断の一貫性の欠如、上訴手続の欠如等の問題点が指摘されている状況の下、国際仲裁を補完する紛争解決手続として創設された裁判所である。当事者の管轄合意に基づき国際商事事件を管轄する。

　SICCの裁判では、シンガポールの裁判官に加え、外国の適格者により構成される国際裁判官が事件を審理するほか、当事者の合意により上訴権を放棄することができ、当事者の申立てにより、シンガポールの証拠法の適用を排除し、他の証拠法を適用することもできる。また、シンガポールと実質的関連性を欠く一定の事件（オフショア事件）については、裁判所の判断により、審理を非公開とすることができるなどの特徴を有する[33]。このように、仲裁のメリットを訴訟に生かす斬新な制度が構築されている。また、SICCに続き、それと同様の国際裁判所は、中国やフランス、ドイツ等でも設立され、SICCが国際裁判所のモデルとなっているとされる[34]。このような裁判所の国際化の動きは、国際仲裁と併せて、国際訴訟を自国に誘致するための国家政策の表れと見ることができよう。

　以上、仲裁制度のメリット、デメリットと併せ、裁判所の国際化の動きを見た。当事者は、契約を締結するに際し、契約の種類、内容、規模等に応じて、適宜、訴訟、仲裁、いずれを紛争の終局的解決手続として選択するかを決めることになる。国際事件に関しては、現状、国際仲裁にメリットが大きいため、多くの国際契約において仲裁条項が規定されており、国際契約から生じる紛争については、広く訴訟ではなく仲裁により解決されている。

7　機関仲裁とアド・ホック仲裁

　仲裁は、実務上、機関仲裁（institutional arbitration）とアド・ホック仲裁（ad hoc arbitration）の２つに大別される。

---

(33)　松下外「Singapore International Commercial Court（SICC）の設立とその実務（１）」JCA62巻７号（2015）３-11頁。
(34)　ナタリー・ヤップ「シンガポール紛争解決の最前線（３）シンガポール国際商事裁判所」JCA67巻８号（2020）25-29頁。

⑴　機関仲裁

　機関仲裁とは、仲裁機関を利用する仲裁である。仲裁機関とは、仲裁手続に関与し、それを管理し、仲裁手続に必要な役務を提供する機関をいう。そのため、仲裁機関は、仲裁手続を行うための独自の仲裁規則を用意し、その規則に従って、仲裁手続の開始から仲裁判断までの一連の手続が支障なく効率的に行われるよう手続全体を専門の職員によって管理する。仲裁手続の管理には、仲裁人の選任・忌避、仲裁判断の審査・点検、仲裁人の報酬額の決定、仲裁手続に必要な費用に充当するため当事者が支払う予納金の管理のほか、仲裁手続における口頭審理で必要な施設、通訳の手配等、ロジ関係の役務がある。このように仲裁機関は手続に関与し、それを管理するが、その内容は機関によって異なる。

　言うまでもなく、仲裁判断をするのは仲裁人であり、仲裁機関ではない。機関仲裁のことは、仲裁手続を管理するということから、administered arbitration と呼ばれている。仲裁機関は、世界各地に設立されており、国際事件を専門に扱う機関や海事事件を専門に扱う機関もある。

⑵　アド・ホック仲裁

　これに対して、アド・ホック仲裁は、仲裁機関が関与しない仲裁である。したがって、仲裁手続のルールは仲裁人の選任を含めすべて当事者が決定することができるので（26条1項）、当事者のニーズに応じた柔軟な手続ができるいわばテイラー・メイドの仲裁であると言える。機関仲裁では、仲裁機関に対し管理料金という手数料を支払う必要があるが、アド・ホック仲裁ではそのような手数料は発生しないので、その分費用は少なくて済む。

　しかし、仲裁法自体は詳細な手続ルールを定めておらず、仲裁機関が関与しないので、手続上の問題が生じ、それを当事者または仲裁人が協議し、迅速に処理することができなければ、これによって手続が遅延することになる[35]。仲裁人の選任についても、仲裁人の数が1人の場合、通常、当事者が合意により仲裁人を選任することは困難であり、当事者間で仲裁人が選任できなければ、裁判所にその選任を求めざるを得ないが（17条3項）、これによる手続の遅延が懸念される。また、仲裁人の報酬についても、当事者は仲裁人と直接協議して決めなければならないが、この協議が上手くいくとも限

らない。当事者と仲裁人との間で協議が調わない場合、仲裁人が自ら「相当な」額の報酬を決めることになるが（47条2項）、報酬額の相当性をめぐって当事者と仲裁人が対立すれば、この問題の解決も裁判所に求めざるを得ない。

　したがって、アド・ホック仲裁でも、実際に仲裁手続を進める上で、仲裁規則が必要となり、国際仲裁では、通常、仲裁規則として、UNCITRAL仲裁規則が使われている。この規則は、国際連合国際商取引法委員会（UNCITRAL）が1976年にアド・ホック仲裁のために作成し、30年以上改正されてこなかったが、2010年、実務の変化に対応し、より効率的な手続を目指して大幅な改正がされている。

8　わが国における仲裁の実情
(1)　主な仲裁機関
(a)　公 的 機 関
(i)　建設工事紛争審査会
　建設工事紛争審査会は、建設工事請負契約に関する紛争が多く、その解決に建築、土木、電気、設備等の専門知識を要し、工事中に発生することが多く迅速な解決の必要が高いため、かかる紛争の解決のため、1956年に建設業法の改正によって国土交通省および各都道府県に設置された紛争解決機関である。同審査会による紛争解決方法は、あっせん、調停および仲裁である（建設25条2項）。あっせん、調停の違いは、前者が、あっせん委員が当事者双方の主張を聴き、当事者間の歩み寄りを勧め、解決を図る手続であるのに対し、後者は、当事者双方の主張を聴き、争点を整理し、場合によっては調

(35)　この問題が実際に生じた事案として次のものがある。国際代理店契約に関する紛争がアド・ホック仲裁に付されたが、仲裁人の報酬額等について仲裁人と当事者との間で折り合いがつかず、仲裁人が辞任し、後任の仲裁人の選任については、当事者間で揉めて仲裁手続が進まず、当事者の一方が契約違反に基づく損害賠償および仲裁条項の失効の確認を裁判所に求めた。これに対し、東京地判平3・8・28判タ779号276頁は、仲裁条項の存在を認め、給付請求の訴えを却下し、仲裁条項の失効の確認を求める訴えを棄却した。このように、アド・ホック仲裁では、紛争の解決が上手く進まなくなることがある。

停案を勧告して解決を図る手続である[36]。仲裁の申立件数は、年度によりばらつきがあるが、現在、年20〜30件で推移している[37]。

(ii)　公害等調整委員会

　公害等調整委員会は、公害紛争の迅速、適正な解決を図るため、1970年の公害紛争処理法の制定によって公害紛争を解決する機関として設置された紛争解決機関である。公害等調整委員会は、公害等調整委員会設置法により、国家行政組織法3条2項に基づく総務省の外局として設置されている行政委員会である。公害等調整委員会のほか、都道府県に公害審査会等が置かれている（公害紛争3条、13条、20条）。公害等調整委員会、公害審査会等は、あっせん、調停、仲裁を行う（同3条、14条）。あっせんは、あっせん委員が紛争の当事者間に入り、交渉が円滑に行われるよう仲介することにより、当事者による紛争の自主的解決を援助、促進する手続である。これに対し、調停は、あっせんと異なり、調停委員会が調停案を作成、提示するなど当事者間で合意が成立するよう積極的に当事者間に介入する手続である。

　公害等調整委員会は、このほか裁定を行う（同3条）。裁定は、原因裁定と責任裁定の2つがあり、前者は、加害行為と被害との間の因果関係について裁定委員会が法律判断を行うことにより、後者は、損害賠償問題に関する紛争について、裁定委員会が損害賠償責任の有無および賠償額について法律判断を行うことにより、それぞれ紛争解決を図る手続である。責任裁定については、それに不服のある者が、30日以内に責任裁定に係る損害賠償に関する訴えを提起しないとき、またはその訴えを取り下げたときは、その損害賠償に関し、当事者間に責任裁定と同一の内容の合意が成立したものとみなされる（公害紛争42条の20）。また、責任裁定およびその手続に関してされた処分については、行政訴訟によって取り消すことができない（同42条の21）。仲裁の申立件数は、公害等調整委員会に対し1975年に1件、都道府県公害審査会等に対し1972年から1974年の3年間で4件あったが、それ以後はないよう

---

(36)　中央建設工事紛争審査会事務局「中央工事紛争審査会における建設工事紛争処理手続の手引」（令和3年1月）3頁。

(37)　中央建設工事紛争審査会「建設工事紛争取扱状況（令和2年度）」別添（第1表　申請件数及び取扱件数）。

である[38]。

(iii)　国民生活センター

国民生活センター（国民生活センター法に基づき1970年に設立され、2003年10月、独立行政法人国民生活センター法に基づき独立行政法人となる）は、国民生活の安定および向上に寄与するため、国民生活に関する情報の提供および調査研究を行うとともに、2008年5月、独立行政法人国民生活センター法が改正され、消費者・事業者間の紛争を裁判外で簡易・迅速に解決するための仕組みが整備され、2009年4月から、和解の仲介と仲裁による重要消費者紛争（消費者と事業者との間で起こる紛争のうち、その解決が全国的に重要であるもの）の解決を行っている。紛争解決のための申請件数は2018年度までに累計で1,533件に上るが、そのうち仲裁の申請件数は3件に過ぎない[39]。

(iv)　そ　の　他

このほか、土地収用法15条の7以下に規定されている都道府県知事が任命する仲裁委員による土地等の取得に際する補償金のみに関する紛争の仲裁、電気通信事業法155条に規定されている電気通信紛争処理委員会による電気通信事業者間の協定・契約に関する紛争等の仲裁がある。前者の仲裁申立件数は、年1、2件程度であるとされる[40]。また、後者の電気通信紛争処理委員会による仲裁申立件数は、これまで3件あるが、いずれも当事者間に仲裁合意がなく、仲裁は実施されていない[41]。

したがって、公的機関が行う仲裁については、現在、建設工事紛争審査会によるもの以外はほとんど利用されていないのが実情である。また、建設工事紛争審査会の仲裁の場合、建設業法34条に基づき国土交通大臣の諮問機関である中央建設業審議会が建設業における契約の対等化、明確化を図るため

---

(38)　公害等調整委員会「平成29年度年次報告」7頁。

(39)　独立行政法人国民生活センター「国民生活センターADR制度開始後10年の申請状況等について（平成31年4月25日）」1‐2頁。

(40)　実際の利用を紹介するものとして、徳島県県土整備部用地対策課「土地収用法の仲裁による用地取得について」用地ジャーナル2010年（平成22年）3月号13頁がある。

(41)　電気通信紛争処理委員会「紛争処理件数（平成13年11月30日～令和3年3月31日）」（http://www.soumu.go.jp/main_sosiki/hunso/case/number.html（2021年10月29日最終閲覧））。

に、標準的な契約約款を作成し、その実施を勧告しているが、同審議会が作成し、国や地方自治体が発注する公共工事の契約に用いられている、公共工事標準請負約款には、発注者および受注者は、仲裁合意書に基づき、同審査会の仲裁に付し、その仲裁判断に服する旨が規定されている。また、この指導方針を受けて作成され、主に民間の建築工事に用いられている、民間（旧四会）連合協定工事請負契約約款にも、これと同様の規定がされており[42]、これら約款の利用が同審査会の仲裁の利用に繋がっていると考えられる。

(b)　民間仲裁機関

(i)　日本海運集会所

　現在、仲裁手続の管理業務を提供しているわが国の民間仲裁機関について見ると、まずわが国最古の仲裁機関として、日本海運集会所がある。日本海運集会所は、1921年に海運業者の組織として株式会社海運集会所が設立され、1926年より仲裁業務を開始した。その後、1933年、株式会社を解散して公益法人として社団法人日本海運集会所が設立された（2013年、一般社団法人へ改組）。日本海運集会所は、傭船契約、船舶売買契約、造船契約等の海事に関する契約、船舶の衝突等から生じる紛争を専門に扱う、わが国唯一の常設海事仲裁機関である。仲裁申立件数は、年10件前後であり、その多くは、国際仲裁事件である。

(ii)　日本商事仲裁協会

　主に国際商事紛争を扱う仲裁機関として、日本商事仲裁協会がある。1950年、戦後わが国の産業経済の再生に不可欠であった外国貿易の促進のため、日本商工会議所を中心に経済団体連合会等、主要経済7団体が発起人となって、主に国際商事紛争の解決に資するための機関として、国際商事仲裁委員会が日本商工会議所内に設置されたのが始まりである。その後、国際取引の発展に伴う事業の拡大と業務の充実のため、1953年に同商工会議所から独立し、社団法人国際商事仲裁協会として発展改組された（2003年、名称を社団法人日本商事仲裁協会に改め、2009年には、一般社団法人へ改組）。仲裁申立件数は、年20件前後であり、そのほとんどが国際仲裁事件である。

（42）　大本俊彦「建設仲裁」法時87巻4号（2015）38頁。

⒤　日本知的財産仲裁センター

　知的財産権に関する紛争を専門に扱う仲裁機関として、日本知的財産仲裁センターがある。日本知的財産仲裁センターは、日本弁理士会と日本弁護士連合会が1998年に工業所有権に関する紛争を仲裁、調停より処理することを目的として「工業所有権仲裁センター」として設立した機関である。その後、2001年に名称を「日本知的財産仲裁センター」と改め、取り扱う紛争の範囲を工業所有権（産業財産権）から知的財産権に拡大した。仲裁、調停以外に、インターネットで使用するJPドメイン名の登録に関する登録者と第三者との紛争を解決する機関でもある。また、特許発明の技術的範囲等について判定を行っている。

　調停、仲裁の申立件数は、年10件未満で推移し、そのうち仲裁事件の占める割合は4％と少ない[43]。

⒥　弁護士会紛争解決センター等

　主に少額の民事紛争を解決する仲裁機関として、弁護士会が運営している紛争解決センターがある（2020年7月現在、全国で38センター（35弁護士会）に設置され、同センターの名称は、「仲裁センター」、「あっせん・仲裁センター」、「紛争解決センター」、「ADRセンター」等と呼ばれている）[44]。事件のほとんどは、仲裁ではなく、調停であり、紛争は当事者間の和解によって解決されている[45]。

　また、住宅の品質確保の促進等に関する法律67条に規定されている指定住宅紛争処理機関による住宅の請負・売買契約に関する紛争の仲裁がある。この指定住宅紛争処理機関として弁護士会が指定されているが、仲裁の申請件

---

(43)　日本知的財産仲裁センター「事件統計」(https://www.ip-adr.gr.jp/outline/case-ctatistics/（2021年10月29日最終閲覧))。

(44)　日本弁護士連合会「紛争解決センター（ADR）」(https://www.nichibenren.or.jp/legal_advice/search/other/conflict.html（2021年10月29日最終閲覧))。

(45)　日本弁護士連合会ADR（裁判外紛争解決機関）センター編『仲裁ADR統計年報（全国版）2020年度（令和2年度）版』(2021)25-26頁によれば令和2年度に38のセンターで受理された事件数の合計は1023件であり、また、同年度に解決した事件数は合計381件、そのうち、当事者の合意に基づき和解の内容を仲裁判断とした事件が1件、仲裁合意に基づき仲裁人が仲裁判断をした事件が1件であり、あっせん等による和解が圧倒的に多い。

数は年1、2件程度である(46)。

（v）　日本スポーツ仲裁機構

スポーツに関する紛争を扱う仲裁機関として、日本スポーツ仲裁機構がある。日本スポーツ仲裁機構は、2003年4月、日本オリンピック委員会、日本体育協会、日本障害者スポーツ協会の三団体を母体として、スポーツ競技者と競技団体等の紛争の仲裁、調停による解決等によりスポーツの健全な振興を図ることを目的として設立された。その後、2009年4月、一般財団法人日本スポーツ仲裁機構として法人化され、2013年4月には公益認定を受け、公益財団法人日本スポーツ仲裁機構となる。仲裁に関しては、競技団体が行った代表選手選考や選手、監督等の資格・登録停止等の処分等に関する紛争のほか、日本アンチ・ドーピング規律パネルの決定等を争うドーピング紛争等を扱う。仲裁申立件数は、前者が年数件程度、後者が年1件程度である(47)。なお、これらスポーツ仲裁が仲裁法の適用を受ける仲裁であるか否かについては争いがある（⇨第2章2(4)(b)(エ)）。

（2）　仲裁の利用状況の推移と現状

（a）　仲裁の利用状況の推移

（ア）　明治から昭和初期

1891年に民事訴訟法が施行され仲裁制度が始まったが、その後、仲裁の利用状況はどうであったか。仲裁の実情を知る有用な資料として、昭和14年当時、神戸地方裁判所の裁判官であった村上一男氏が調査、研究し、司法省調査部が、司法部内における執務上の参考資料として配付するため、便宜上筆写に代えて印刷した貴重な報告書「我国仲裁制度の実情に就て」（昭和14年10月26日提出）がある(48)。旧法下では、仲裁判断の原本は裁判所に預け置くこととなっていたが（旧法799条2項）、この報告書が調査の対象とした仲裁

---

(46)　公益財団法人住宅リフォーム・紛争処理支援センター「紛争処理の実施件数など（2020年3月31日現在）」（https://www.chord.or.jp/foundation/trend.html（2021年10月29日最終閲覧））。
(47)　杉山・スポーツ仲裁43頁以下参照。
(48)　村本一男「我国仲裁制度の実情に就て」〔司法研究報告書第28輯6〕（司法省調査部、1940）。

判断は、昭和13年12月末において各裁判所において保管されてある仲裁判断の原本によるものである。この報告書によれば、以下の実情を窺い知ることができる。

　本邦最古の仲裁判断は、東京民事地方裁判所に預け置かれた錨爪乗場に対する損害金事件についての明治26年（1893年）12月18日付裁定である（受付番号が明治26年第1号）。仲裁は、現在と同様、現在生じている紛争を仲裁に付する旨の合意に基づく仲裁は少なく、将来において生じる紛争を対象とする仲裁合意に基づく仲裁が一般的である。仲裁合意は、当事者が契約書に仲裁条項を規定する場合のほか、仲裁条項が規定された普通契約約款を利用する場合もある。また、仲裁は、アド・ホック仲裁と機関仲裁の2つが行われてきたが、後者には、予め定款、仲裁規程に仲裁人の選任その他仲裁手続に関する規定を定める商工会議所、各種同業組合その他の実業団体における仲裁がある。たとえば、東京商工会議所の定款に基づく仲裁手続、同会議所の定款・羊毛及羊毛製品ノ取引ニ関スル仲裁規程に基づく仲裁、日本毛織物輸出組合定款・同仲裁判断規程に基づく仲裁等があるが、東京商工会議所の定款に基づくものとして、明治38年（1905年）1月20日付の仲裁判断がある。

　しかし、わが国においては、欧米のように、紛争を団体仲裁に付する旨の仲裁条項のある契約書（普通契約約款）の使用が一般に普及しておらず、また、各種団体の仲裁規定が一般に強制仲裁（団体の構成員間で紛争が生じた場合、定款の定めにより当事者の一方のみの申請により相手方の同意を得ず仲裁を行うことができる仲裁）の制度を採用していないため、団体仲裁が活用されていなかったとされる。また、現在の仲裁と同様に、仲裁人が調停を行いそれによって成立した和解の内容を仲裁判断とした例もある。仲裁に付された紛争は、売買代金請求、貸金請求、傭船料請求、運送契約違反による損害賠償請求、代理権存否確認請求、建物明渡賃料請求等、多岐にわたっており、また、当事者、仲裁人が外国人の事件、仲裁判断が英語で作成されたものもある。

　明治24年（1891年）から昭和13年（1938年）までの間に裁判所に預け置かれた仲裁判断の原本の数は209であるが、実際に裁判所に預け置きされていない仲裁判断があり、また、仲裁判断の原本の保管の不備による散逸もあり、実際はこれよりも多く、その実数は、1.3倍以上に上るとも推測される。

また、209の仲裁判断のうち、明治期のものは29、大正期のものは88、昭和期のものは92であるので、この数字を1.3倍したものを実数と推定すると、仲裁事件数は、明治期では、年平均2件程度、大正期では、年平均8件程度、昭和期では、年平均9件程度となる。

(イ)　昭和中期以降

その後の預置件数については、最高裁判所事務総局民事局調べによるものとして、1953年から1980年までの件数が公表されている[49]。また、1893年から1937年および1953年から1995年までの預置件数については、国際商事仲裁システム高度化研究会報告書（1996年6月）に公表されている[50]。これらの統計的数字によれば、仲裁判断の預置件数は、1965年までは、1958年の10件以外を除くとすべて一桁であるが、1975年以降伸び、1978年からは、年20件以上で推移し、1988年以降は、年平均30件以上となっている。

　また、各種事業者団体による仲裁については、太平洋戦争の後、連合軍占領下の1948年に「事業者団体法」が制定され、その直後の「海事仲裁等に関する法律」により日本海運集会所の仲裁を除き、事業者団体の行うその構成員である事業者その他の者の間の紛争を扱う仲裁は、独占禁止政策に反するとして禁じられ、占領終了後の1953年には「事業者団体法」が廃止されたが[51]、一旦失われた事業者団体による仲裁の実務は十分に復活することはなく、このことが、今日の仲裁の利用状況に影響を及ぼしているようにも思われる[52]。

(b)　現　　　状

(ア)　利用の低迷

　このような経緯を経た現在、仲裁の利用状況はどうか。現行法下では、仲

---

(49)　最高裁判所事務総局民事局調べ「〔資料〕仲裁手続の実情調査統計表（地方裁判所）」法時54巻8号（1982）100頁。
(50)　国際商事仲裁システム高度化研究会『国際商事仲裁システム高度化研究会報告書（1996年6月）』JCA43巻8号（1996）92頁。
(51)　同上91-92頁。
(52)　同上92頁参照。また、わが国が明治に導入した仲裁法の母法国であるドイツでは、古くから業界団体による仲裁が標準契約約款中の仲裁条項に基づき仲裁が行われている。この点に関し、Arbitration in Germany 795-815を参照。

裁判断の預置制度がないため、預置件数から利用状況を把握することはできない。機関仲裁の利用状況については、仲裁機関が公表している仲裁申立件数により、利用状況のおおよそは把握することができる、これに対し、アド・ホック仲裁の利用状況については、仲裁が非公開であるため知り得ないが、機関仲裁の利用状況から推測するに、アド・ホック仲裁の利用が多いとは決して言えないであろう。したがって、推測の域を出ないが、多く見積もっても、わが国における現在の仲裁の利用件数は、年間数十件程度で、100件にも届かず、諸外国の状況と比べても、仲裁の利用は少ないのが実情である[53]。

　このうち、外国との関係がない仲裁（国内仲裁）については、そのほとんどが、建設工事紛争審査会の仲裁であり、同機関の仲裁が国内仲裁として唯一機能していると言っても過言ではない。建設工事紛争審査会の仲裁の場合、工事請負契約で用いられる契約約款で仲裁による紛争解決が定められており、これがその利用の大きな要因の１つとなっているように思われるが[54]、建設工事以外の分野においては、取引実務として、契約書に仲裁条項を規定することは極めて少なく、これが仲裁の利用が少ない大きな要因であろう。

㈠　国際仲裁の低迷とその改善のための方策

　国際仲裁事件については、国際商業会議所（ICC）国際仲裁裁判所といった外国の仲裁機関による仲裁も僅かながらあるが[55]、これらを合わせても、国際事件を扱っている日本海運集会所、日本商事仲裁協会の２つの仲裁機関

---

(53)　諸外国、たとえば、韓国においては、大韓商事仲裁院（Korean Commercial Arbitration Board（KCAB））の2020年の年次報告書によれば、同機関が2020年に扱った仲裁事件数は405件で、そのうち国内事件は336件である。

(54)　建設工事紛争審査会の仲裁を指定する民間（旧四会）連合協定工事請負契約約款中の紛争解決条項の規定は、仲裁合意の成否が裁判所で争われたことを契機として、その不備を是正するため、改正が重ねられてきたが、現在の規定は、当事者は、紛争の解決を建設工事紛争審査会のあっせん、調停等に付し、それによる解決ができないときは、仲裁合意書に基づき、同審査会の仲裁に付することができる旨を定めている。この点に関し、中村達也「妨訴抗弁と仲裁合意の存否」国士舘52号（2019）100頁脚注㉟を参照。

(55)　同仲裁裁判所に申し立てられる仲裁事件のうち、仲裁地が日本国内にある仲裁の申立件数は、年数件程度である。ICC Dispute Resolution 2019 Statistics（2020）によれば、仲裁地が日本国内に定められた2019年の仲裁申立件数は４件である。

に対し申し立てられる仲裁件数は、諸外国に比べて極めて少ないのが実情である[56]。

　この国際仲裁の低迷という問題に対しては、30年以上前からそれを打開するための方策について研究がされ、そのための提言もされてきたが、それに対する十分な実行はされず[57]、その間、アジアの諸外国、とりわけ、シンガポール、韓国においては、政府が仲裁振興政策を進め、その結果、国際仲裁件数は飛躍的に伸びてきている。このような状況において、漸く、2017年6月の日本政府の「経済財政運営と改革の基本方針2017」、いわゆる「骨太の方針」において、「国際仲裁の活性化に向けた基盤整備のための取組」が日本のこれからの重要政策の1つと位置付けられ、2017年9月に内閣官房に「国際仲裁の活性化に向けた関係府省連絡会議」が設置され、翌2018年4月、「国際仲裁の活性化に向けて考えられる施策」（中間とりまとめ）が取りまとめられた。

　その中で、人材育成、広報・意識啓発、仲裁専用施設の整備といった基盤整備に向けて、官民が連携して積極的に取り組んでいくべきであるとの指摘がされたほか、仲裁法制の見直しについても検討すべきであるとされた。これを受け、アジアの国際仲裁推進国との競争において、遅きに失した感がなくはないが、日本政府が中心となり、国際仲裁を活性化するためのハード、ソフトの両面におけるインフラ整備の実行に向けた取り組みが開始された。

　2018年2月には、国際仲裁手続に必要な施設の提供等を目的とする一般社団法人日本国際紛争解決センターが設立され、同センターは、同年5月から、大阪中之島合同庁舎の一角を仲裁審問施設や仲裁関連イベントの開催場所として運営する業務を開始し（2021年4月大阪府立国際会議場に移転）、2020年3月からは、東京虎ノ門において、政府予算措置を受け、最新の仲裁審問

---

(56)　たとえば、アジアの仲裁機関について見ると、シンガポール国際仲裁センター（Singapore International Arbitration Centre（SIAC））の2020年の年次報告書によれば、同センターが2020年に申立てを受けた仲裁件数は1,080件（そのうち17件は仲裁人選任）で、2019年の479件から2倍以上に増加し、そのうち、1,018件が国際事件である。また、大韓商事仲裁院（KCAB）の2020年の年次報告書によれば、同仲裁院が2020年に扱った国際仲裁事件は69件である。

(57)　中村達也「日本の国際仲裁のこれから」三木ほか・国際仲裁492-506頁参照。

専用施設の提供を開始するととともに、国際仲裁活性化のための人材養成、
啓発活動等の業務を行っている[58]。

　また、仲裁法制の見直しについては、2020年、外国弁護士による法律事務
の取扱いに関する特別措置法の改正により、国際仲裁代理の範囲の拡大等が
図られ（⇨第7章**5**）、これに加えて、仲裁法についても、現在、モデル法の
2006年改正に対応した仲裁廷による暫定保全措置に執行力を付与することや
仲裁合意の書面要件を緩和すること等を目的とする法改正が進められてい
る[59]。

　以上、わが国における仲裁の利用状況について見たが、国際仲裁について
は、わが国は人口減という深刻な問題に直面しており、国内マーケットの縮
小による日本企業のグローバル化が急速に進展している中、それに伴い国際
仲裁の需要が増えていくことは確実であり、わが国における仲裁インフラが
整備され、競合国と競争し得るものになれば、その利用が増えることが期待
される。

　これに対し、国内仲裁については、国際仲裁と違い、政府による具体的な
仲裁振興政策は全く示されておらず、訴訟に対抗し得る潜在的メリットが国

(58)　松井信憲「国際商事仲裁の現状」ジュリ1535号（2019）16頁、早川吉尚「国際仲裁
　　　に関するわが国の新たな政策と日本国際紛争解決センター」仲裁とADR15号（2020）
　　　12頁参照。もっとも、わが国の国際仲裁の活性化とは、言い換えれば、日本商事仲裁協
　　　会（JCAA）の国際仲裁件数を増加させることであり（国際仲裁を自国へ積極的に誘致
　　　している諸外国の状況を見ても、自国の仲裁機関の国際仲裁件数がICC等の外国仲裁機
　　　関の国際仲裁件数と比べて圧倒的に多い）、そのためには、諸外国が実行してきている
　　　ように、JCAAの国際的評価の向上に向けたJCAA仲裁の拡充・活性化を図るために必
　　　要な直接的な財政面での支援等が必要不可欠であるが、今般の活性化の取組みにはこれ
　　　が盛り込まれておらず、この点には疑問を禁じ得ない。この問題を指摘する見解として、
　　　柏木昇「日本国際仲裁調停活性化座談会の補足説明」法支201号（201）42−45頁がある。
(59)　法制審議会仲裁法制部会において、モデル法の2006年改正に対応する暫定保全措置
　　　に関する規律、仲裁合意の書面性に関する規律のほか、国際仲裁の活性化の観点から、
　　　仲裁関係事件手続における外国語資料の訳文添付の省略とともに、仲裁関係事件手続に
　　　おける管轄について、裁判所における専門的な事件処理態勢を構築し、手続の一層の適
　　　正化、迅速化を図るため、東京地方裁判所と大阪地方裁判所に競合管轄を認めるための
　　　改正作業が進められてきたが、2021年10月8日に開催された第13回会議において、「仲
　　　裁法の改正に関する要綱案」が取りまとめられ、同年10月21日に開催された法制審議会
　　　総会で原案どおり採択され、同日、法務大臣に答申されている。

内仲裁にあるとしても、仲裁利用者、とりわけ企業に対し、訴訟よりも有効な紛争解決手段としての革新的なモデルが打ち出されない限り、その発展を期待することは難しいように思われる。

第 2 章

仲 裁 合 意

1　仲裁合意とは何か

(1)　仲裁合意の定義

　仲裁法は2条1項で、仲裁合意を「既に生じた民事上の紛争又は将来において生ずる一定の法律関係（契約に基づくものであるかどうかを問わない。）に関する民事上の紛争の全部又は一部の解決を一人又は二人以上の仲裁人にゆだね、かつ、その判断（以下「仲裁判断」という。）に服する旨の合意をいう」と定義する。したがって、仲裁により紛争を解決するには、当事者が現在生じている紛争または将来生じる一定の法律関係に関する紛争の解決を第三者に委ね、かつ、その判断に服する旨の合意が必要となる。当事者が締結する仲裁合意に「仲裁」という文言が使われていなければならないというものではないが、当事者間にこの定義に従った仲裁合意の存在が認められなければならない。

(2)　仲裁合意の性質

(a)　訴訟契約説、実体契約説、混合契約説

　仲裁合意の性質については、学説は旧法下から、裁判を受ける権利が放棄により消滅し、第三者が当事者間の法律関係を決定する権限を授与され、第三者の争い解決の判断が確定判決と同一の効力を有し、これらの法律効果はいずれも訴訟法上の効果であることから、仲裁合意を訴訟契約と見る見解（訴訟契約説）[1]と、仲裁合意は、仲裁人の裁断行為に服し、争いをやめさせることを目的とする点において、当事者の法律関係を確定することを目的と

---

(1)　小山・旧仲裁61頁、中田・仲裁116頁。大審院のものではあるが、大判大7・4・15民録24輯865頁。

する和解契約に類似するところがあり、債権契約に類似の性質を有するとし、実体契約と見る見解（実体契約説）[2]とに大別される。このほか、仲裁合意を訴訟契約と実体契約とが混合した特殊な契約であるとする見解（混合契約説）もある[3]。

(b)　性質論の意義

　仲裁合意は、仲裁法上、紛争の解決を第三者（仲裁人）に委ね、かつ、その判断（仲裁判断）に服する旨の合意をいい（2条1項）、かかる合意により仲裁合意の当事者は、仲裁人の判断の結果である仲裁判断に従う義務を負っており、和解契約の性質を有するが、その一方で、仲裁法は、仲裁合意に基づく第三者の判断に確定判決と同一の効力を付与し（45条1項）、仲裁を訴訟に代替する紛争の終局的解決手続として法認し、その結果、仲裁合意は訴訟手続を排除する効力を有し（14条1項）、訴訟法上の効果を生じさせる契約であるので、管轄の合意や不起訴の合意と同様に訴訟契約の性質を有する。

　したがって、この意味において、仲裁合意は、実体契約、訴訟契約の両者の性質を有する混合契約と見ることもできようが、仲裁法上の個別の問題が仲裁合意の性質から演繹的に決まるものではない[4]。

2　仲裁合意の対象となる紛争

(1)　仲裁法の規定

　仲裁は訴訟に代替する紛争の終局的解決手続であり、訴訟代替性という性質を有するので、訴訟で解決することができる紛争が原則として仲裁でも解決することができることになるが、仲裁法は、「既に生じた民事上の紛争又は将来において生ずる一定の法律関係（契約に基づくものであるかどうかを問わない。）に関する民事上の紛争」を仲裁合意の対象と定めるとともに（2条1項）、仲裁合意は、「法令に別段の定めがある場合を除き、当事者が和解をすることができる民事上の紛争（離婚又は離縁の紛争を除く。）を対象とする場合に限り、その効力を有する」と定める（13条1項）。

（2）　川上・仲裁849頁、喜多川・国際商事仲裁14頁。
（3）　小島＝猪股・仲裁55-56頁。
（4）　山本＝山田・ADR仲裁307-308頁参照。

　したがって、仲裁により解決することができる紛争は、「民事上」の紛争であって、かつ、離婚・離縁の紛争を除き「当事者が和解をすることができる」紛争であることを要し、これらの要件を具備しなければ、紛争を仲裁で解決することができない。この紛争の性質に着目して仲裁により解決することができる紛争であるか否かは、講学上、仲裁可能性（仲裁適格、仲裁付託適格性等）と呼ばれる。また、将来において生じる紛争については、「一定の法律関係に関する」ものでなければ、仲裁合意の対象とすることができない（仲裁合意の許容性）。

(2)　「民事上」の紛争とは何か

　まず、仲裁合意の対象となる紛争は、「民事上の紛争」でなければならず、「民事上」の紛争の意味内容が問題となる。この点に関し仲裁法立案時の検討過程において特に議論されていない。この問題に関し、裁判外紛争解決手続の利用の促進に関する法律（ADR法）1条は、「……裁判外紛争解決手続（訴訟手続によらずに民事上の紛争の解決をしようとする紛争の当事者のため、公正な第三者が関与して、その解決を図る手続をいう……）」と規定し、民事上の紛争を裁判外紛争解決手続の対象とし、ここにいう「民事上の紛争」とは、「刑事」に対する最広義の概念であるとされる[5]。この1条が規定する裁判外紛争解決手続には仲裁も含まれるので、これは仲裁法の解釈としても妥当し、行政事件も含まれよう[6]。

(3)　非訟事件と民事上の「紛争」

　仲裁は訴訟に代替する紛争解決手続であるから、仲裁合意の対象となる紛争は、原則として訴訟事件となるが、裁判所は、権利義務の存否を確定する訴訟事件のほか、権利の具体的態様を裁量的判断により定める非訟事件について裁判をする。この非訟事件が仲裁合意の対象となるか否かという問題が

（5）　内堀宏達『ADR法（裁判外紛争解決手続の利用の促進に関する法律）概説とQ&A』別冊NBL101号（2005）6頁。
（6）　行政事件が「民事上の紛争」に含まれるとする見解として、原田大樹「投資協定仲裁と行政救済法理論」社会科学研究69巻1号（2018）190頁がある。また、民事調停法上、民事調停の対象は「民事に関する紛争」であるが（民調1条）、行政事件も同条の対象となる民事紛争であるとされる。この点に関し、石川明＝梶村太市編『注解　民事調停法〔民事調停規則〕【改訂】』（青林書院、1993）56頁〔萩原金美〕を参照。

ある。

　非訟事件については、紛争性（争訟性）のある争訟的事件と紛争性（争訟性）を有しない非争訟的事件の2つに分かれる。このうち、非争訟的非訟事件については、紛争性（争訟性）がないので、民事上の「紛争」ではなく、仲裁合意の対象とすることはできない。しかし、争訟的非訟事件については、民事上の「紛争」であり、仲裁が裁判に代替する紛争解決制度であるから、仲裁により解決することができると解される。したがって、仲裁合意の対象となる。たとえば、会社非訟事件のうち、株式買取価格の決定（会社144条2項、470条2項等）や借地条件の変更（借地借家17条1項）等の借地非訟事件（借地借家41条以下）は、仲裁合意の対象となる民事上の紛争である[7]。

(4)　「民事上の紛争」は「法律上の争訟」でなければならないか

(a)　多数説が妥当か

　仲裁が、国家が法認した訴訟に代替する紛争解決手続であることから、民事上の紛争であっても、仲裁合意の対象は、裁判所法3条1項が定める「法律上の争訟」の範囲に限定されるか否かという問題がある。

　訴訟の場合、裁判所法3条1項が「裁判所は、日本国憲法に特別の定のある場合を除いて一切の法律上の争訟を裁判し、その他法律において特に定める権限を有する」と規定し、裁判所の司法権の範囲は、「法律上の争訟」に限定される[8]。仲裁の場合にも、仲裁がもともと民事訴訟法中に規定されており、訴訟に代わる紛争解決制度であるとし、裁判所の判決に親しむ事項のみが、法認される仲裁判断の対象たる適格を有するとし、その対象は法律上の争訟に限られるというのが従来からの多数説である[9]。

　これに対し、仲裁法2条1項が定める仲裁合意の対象である「民事上の紛争」とは、旧法下において仲裁合意の対象となる「争い」（旧法786条）より広い範囲の紛争を含む概念であるとして、厳密な意味では、法律上の争訟と

（7）　青山・仲裁625頁、小島＝猪股・仲裁72-73頁参照。
（8）　「日本国憲法に特別の定のある場合」としては、国会の各議院の行う議員の資格に関する争訟の裁判（憲55条）、弾劾裁判所による裁判官の弾劾裁判（同64条）がこれに当たる。また、「その他法律において特に定める」ものとしては、行政事件訴訟法に定める民衆訴訟（行訴5条）、機関訴訟（行訴6条）がこれに当たる。この点に関し、佐藤・憲法592頁、伊藤・憲法564頁を参照。

はいえなくても、当事者間の利害の対立が認められるような事項であれば仲裁の対象になるという見解が有力に主張されているが(10)、「民事上の紛争」が「争い」より広い概念である理由については、具体的に示されていない。

　多数説も指摘するように、仲裁は、訴訟に代替する紛争の終局的解決手続として国家が法認した制度であることから、原則として、仲裁合意の対象も「法律上の争訟」に限定されることになると考える。しかし、以下で見るように、訴訟では法律上の争訟でないことを理由にその対象とし得ない紛争であっても、当事者の合意に基づく自主的紛争解決手続であるという仲裁制度固有の性質から、仲裁による解決を認めるべきものがあり、その場合には、紛争が「法律上の争訟」に該当しなくても、仲裁合意の対象とすることができると考える。

(b) 「法律上の争訟」とは何か

　この「法律上の争訟」の意義について、判例は、当事者間の具体的な権利義務ないし法律関係の存否に関する紛争で（事件性）、かつ、それが法令の適用によって終局的に解決できるもの（法律性）をいい(11)、この2つの要件を欠く場合には、法律上の争訟には当たらないとし、学説もこれを支持して

(9)　旧法下のものとして、中田・仲裁107-108頁、山木戸克己『民事訴訟理論の基礎的研究』（有斐閣、1961）163-164頁、小山・仲裁50頁、小島・仲裁91頁、上野泰男「仲裁可能性」松浦＝青山・論点104頁、青山善充「仲裁契約」高桑＝道垣内・国際民訴427頁等がある。また、大審院のものではあるが、大判大13・3・29民集3巻207頁がある。これに対し、旧法下において、堤・仲裁適格192-193頁は、仲裁を専ら訴訟の代替物とみる特殊西洋法（とりわけドイツ法）的思考の産物以外の何物でもないということもいえなくもない、と批判し、旧法786条は、単に「争」いと規定しているのみで、それが事実に法律を適用して解決し得る、いわゆる法律上の争いに何ら限定していない、という。また、現行法である仲裁法の下でも法律上の争訟を要求するものとして、理論と実務68頁〔近藤昌昭発言〕、小島＝高桑・注釈仲裁43頁〔猪股孝史〕、道垣内正人「スポーツ仲裁をめぐる若干の論点」仲裁とADR3号（2008）84頁等がある。
(10)　山本＝山田・ADR仲裁310頁、理論と実務〔山本和彦発言〕59頁。同旨、小島＝猪股・仲裁71頁。
(11)　河野敬「事件性」芦部信喜編『講座 憲法訴訟（第1巻）』（有斐閣、1987）228-229頁。判例として、たとえば、最判昭56・4・7民集35巻3号443頁は、「裁判所がその固有の権限に基づいて審判することのできる対象は、裁判所法3条にいう『法律上の争訟』、すなわち当事者間の具体的な権利義務ないし法律関係の存否に関する紛争であって、かつ、それが法令の適用により終局的に解決することができるものに限られる」と判示する。

いる[12]。

(ア)　事件性の要件

「事件性」の要件については、「具体的な」権利義務ないし法律関係の存否に関する紛争でなければならないので、「抽象的な」法令の解釈、効力に関する紛争は、この事件性を欠き[13]、実際に紛争の解決が求められることはまずないが、訴訟を代替する仲裁においても、これは仲裁合意の対象から外れることになる。

また、事実の存否に関する紛争については、訴訟における請求内容は、権利義務ないし法律関係の存否に関する紛争でなければならないので、原則として裁判所の司法権に属さない[14]。

仲裁の場合、法律関係の前提となる事実関係をめぐる紛争を第三者の判断に委ね、その判断に服する旨の合意は、仲裁合意と区別し仲裁鑑定契約と呼ばれている。仲裁鑑定には、事実を事実として確定する純然たる事実の存否の鑑定のほか、物品の品質等を評価する鑑定、事実が一定の法概念に該当するかどうかを確定する鑑定（事故と損害との因果関係の存否、加害者の過失の存否等）等がある。このような事実の存否に関する紛争であっても、仲裁合意の対象となり得ると解される（⇨**9(4)**）。

(イ)　団体内部における処分に関する紛争の事件性

(i)　憲法が保障する団体の自律権と裁判を受ける権利との調整

団体も個人と同様、国家法秩序の中に存在し、法的規制の対象となり[15]、法によって規律される関係、すなわち法律関係にあると解され、団体とその構成員が拘束される団体の内部規則の解釈は、法解釈として裁判所の権限に含まれ得ることになる[16]。しかし、団体の内部的事項に関しては、原則として団体の自治的措置に委ねられ、司法裁判権が及ばない領域であると解されている[17]。

(12)　伊藤・民訴175−176頁、安福達也「法律上の争訟性をめぐる裁判例と問題点（上）」判タ1334号（2011）28頁。
(13)　佐藤・憲法585頁、新堂・民訴247頁。
(14)　伊藤・民訴186頁。
(15)　中野貞一郎「判批」判タ704号（1989）80頁。
(16)　山本和彦「審判権の限界」判タ1010号59頁参照。

　この問題に関し、憲法は21条で、特定の多数人が政治、経済、宗教、芸術、学術、社交等の様々な共通の目的をもって継続的に結合し、組織された意思形成に服する団体について「結社の自由」を保障し[18]、この結社の自由により、団体内部規律等の問題はその自律的措置に委ねられ、公権力の介入（司法的介入）は原則として許されない、すなわち、公権力は、原則として、団体の意思形成行為を抑制し、これに介入してはならないとされ[19]、団体内部の自律性を尊重することになる。また、憲法21条とは別に宗教上の結社については憲法20条、労働組合については憲法28条、大学については憲法23条、地方議会については憲法93条にそれぞれ自律性・自主性を支える根拠を置いているとされる[20]。

　しかし、その一方で、団体の自律権は、憲法32条が保障する「裁判を受ける権利」との衡量、調整が必要となり、一定の範囲で司法権の介入が認められることになる。すなわち、団体の自律的決定と団体構成員の権利、利益が衝突し、紛争となった場合、「結社の自由」と「裁判を受ける権利」との両者の調整が必要となる[21]。

　この問題について、判例・学説によれば、団体の自律性を尊重するため、単なる内部規律等の問題に関しては、司法権は及ばず、そうではない一般市民法秩序と直接の関係を有する事項に関しては、具体的権利義務関係に関する紛争であるとして司法審査の対象となると解されている[22]。この基準によって紛争を二分し、後者については、事件性の要件を具備する紛争であるとする。

(ii)　仲裁合意と団体の自律性

　前述したように、団体内部の紛争については、団体の自律性を尊重し、保障するため司法権の介入が許されない場合があるが、仲裁は、当事者の合意に基づく紛争解決手続であり、団体内部の紛争について当事者が、その団体

(17)　佐藤・憲法595頁。
(18)　佐藤・憲法292頁。
(19)　佐藤幸司『憲法訴訟と司法権』（日本評論社、1984）79頁。
(20)　佐藤幸司「審判権の範囲と限界」ジュリ971号（1991）202頁。
(21)　民訴講義15-16頁〔中野貞一郎〕、新堂・民訴245頁。
(22)　佐藤・憲法595頁、新堂・民訴250-251頁。

の内部規則により、あるいは、別段の合意により、その解決を第三者である仲裁人に委ね、その判断に服することによって解決することは、団体の自律的な判断に基づくものであり、団体の自律性を侵害するものではなく、仲裁による解決は許容されるものと解される[23]。

(ウ)　法律性の要件

　法律上の争訟の要件を満たすには、紛争は、事件性のみならず、法令の適用によって終局的に解決できるもの（法律性）でなければならない。したがって、たとえば、当事者間の紛争が、自然科学や社会科学等の学問の領域における学説の当否や、政治の方針、政策の是非についての争いである場合、法を適用することによって終局的に解決することができず、法律性の要件を欠くことになる[24]。

　この問題に関する最高裁判例として、国家試験合格変更等を求める請求に関する最判昭41・2・8民集20巻2号196頁は、「法令の適用によつて解決するに適さない単なる政治的または経済的問題や技術上または学術上に関する争は、裁判所の裁判を受けうべき事柄ではないのである。国家試験における合格、不合格の判定も学問または技術上の知識、能力、意見等の優劣、当否の判断を内容とする行為であるから、その試験実施機関の最終判断に委せられるべきものであつて、その判断の当否を審査し具体的に法令を適用して、その争を解決調整できるものとはいえない」と判示し、判定自体の当否が争われている場合、法律性の要件を欠くことになると判断した。

　このような試験の合格、不合格の判定は、試験実施機関の裁量に委ねられるべきものであるから、その裁定が終局性を有し、その当否は法によって解決できないものと解されよう。もっとも、試験手続の瑕疵により受験者が不利益を被った場合や、合否判定において考慮すべきでない事項が考慮（他事

---

(23)　堤・仲裁適格205頁は、「国家の裁判所が、宗教上の教義に係わる事実問題を鑑定を使って処理することは、まさに憲法20条、21条の信教の自由、結社の自由を侵害する恐れが生じうる。これに対し、当事者の合意により選任される仲裁人の場合には、そのような問題が生じない」という。
(24)　佐藤功「憲法問題の視点と論点(29) 宗教上の教義と裁判所——創価学会『板まんだら』事件判決」法セ317号（1981）18頁、同「『法律上の争訟』と司法権の限界」民事研修237号（1977）10頁。

考慮）された場合等は、法により違法な判定と判断すべきであるから、法律性の要件を満たすと解されよう。したがって、このような場合には、仲裁による解決も可能となる。

　㈑　**スポーツ競技団体による競技大会へ出場する代表選手選考決定の取消しを求める競技者と競技団体との紛争**

　法律上の争訟の要件である事件性に関しては、スポーツ競技団体による代表選手選考決定の取消しを求める競技者と競技団体との紛争が法律上の争訟性を有するか否かという問題がある。

　これを否定する見解もあるが[25]、少なくとも、現在、スポーツ基本法の前文で謳われているように、スポーツは、我々の国民生活において多面にわたり重要な役割を果たしており、オリンピック等の国際的競技大会や全国的規模の競技大会に出場する代表選手を選考する競技団体による決定は、学校の運動会で行われる競技への出場者の決定とは違い、団体内部の問題にとどまらない、社会一般の問題と見ることができる。すなわち、これらの大会に出場する選手の権利は、競技団体内部にとどまる選手の権利ではなく、社会一般において認められるべき選手の権利であると解することができよう。

　したがって、一般市民法秩序と直接の関係のある法律関係に関する紛争として、事件性の要件を具備することになる[26]。その場合、競技団体の決定は、団体内部の自律的処分であるが、その処分の実体面、手続面から違法性が判断されることになる[27]。

　また、競技団体が実施した競技中の審判の判定については、その性質上、審判の裁量に委ねられ、審判の判定に終局性があるが、審判が買収等により不正な判定を行った場合には、法により違法な判定と判断すべきであるか

(25)　道垣内正人「スポーツ仲裁・調停」道垣内正人＝早川吉尚編『スポーツ法への招待』（ミネルヴァ書房、2011）64頁。
(26)　山本・ADR405－406頁参照。また、肯定説として、小川和茂「スポーツ仲裁」法時87巻4号（2015）34－35頁、清水宏「スポーツ仲裁判断の執行可能性について」洋法61巻1号（2017）242－243頁がある。もっとも、事件性の要件を具備しない場合であっても、前述したように、団体内部の紛争については、仲裁による解決は許容されると解される。
(27)　竹下守夫「判批」民商102巻3号（1990）357－358頁。

ら、このような場合には、法律性の要件を満たすと解されよう。したがって、競技団体による代表選手選考決定取消しを求める競技者と競技団体との紛争がこのような審判の判定に基づくものである場合には、事件性の要件を満たすときは、法律上の争訟となろう[28]。

(5)　和解可能性

(a)　和解可能性の意義

仲裁法は、「仲裁合意は、法令に別段の定めがある場合を除き、当事者が和解をすることができる民事上の紛争（離婚又は離縁の紛争を除く。）を対象とする場合に限り、その効力を有する」と規定し（13条1項）、和解可能性のある紛争に仲裁可能性を認める。仲裁法制定前の旧法下においても、仲裁合意は、「当事者カ係争物ニ付キ和解ヲ為ス権利アル場合ニ限リ其効力ヲ有ス」（旧法786条）と定め、和解可能性を基準に仲裁可能性を判断することとし、仲裁法13条1項の規定は、この旧法の規定と同趣旨の規定であるとされる[29]。

もっとも、旧法とは違い、「法令に別段の定めがある場合」を除くと定め、立法政策上の判断から、法令により、当事者が和解をすることができない紛争に仲裁可能性を認め、あるいは、当事者が和解をすることができる紛争に仲裁可能性を認めないことを明文で許容し、後者に関しては、附則4条の将来において生じる個別労働関係を対象とする仲裁合意がこれに当たる[30]。

ここにいう「和解」の意義に関しては、旧法の立法過程においては民法上の和解と考えられていたが[31]、学説は従来から訴訟上の和解とする説等の諸説がある[32]。また、仲裁法上、仲裁法独自の概念として「和解」を捉える見

---

(28)　スポーツ仲裁が対象とする紛争には、競技団体による選手等の資格・登録停止等の処分に関する紛争、競技者に資格停止等の制裁を課す日本アンチ・ドーピング規律パネルの決定を争うドーピング紛争等があるが、これらの紛争が法律上の争訟性を有するか否かについても、代表選手選考に関する紛争と同様に解することができよう。また、仲裁法の適用の可否について、山本・ADR398頁によれば、スポーツ競技団体による選手に対する懲戒処分の取消しの申立てを受けた日本スポーツ仲裁機構の仲裁において、仲裁合意の存否が争われ、その存在を認めた仲裁廷の中間的判断に対し、大阪地裁は、平成27年9月7日、仲裁法23条5項に基づき仲裁権限を否定する決定をしている。

(29)　仲裁コンメ46頁。

(30)　同上48頁。出井ほか・座談会29頁〔近藤昌昭発言〕参照。

解が有力に主張されている[33]。

　当事者は、実体法上、紛争の対象である権利関係ないし法律関係について自由に処分し得る場合には、合意によって直接的にそれを確定することができるが、合意による紛争解決に代えて、紛争の解決を第三者に委ね、その判断に服する旨の合意によってもそれを間接的に確定することができる。したがって、仲裁法13条１項は、当事者が自由に処分することができる権利関係ないし法律関係に関する紛争を仲裁合意の対象とすることができるとし、政策的判断から、当事者に処分可能性のない紛争に仲裁可能性を肯定し、あるいは、逆に当事者に処分可能性のある紛争に仲裁可能性を否定する必要がある場合には、「法令に別段の定めがある場合」により処理することとしたと解することができよう。

　また、当事者間で自由に処分することができない権利関係ないし法律関係に関する紛争には、利害関係を有する第三者との関係で画一的に確定する必要があるものがあるが、仲裁は、当事者の仲裁合意に基づく当事者間の紛争の解決を目的とし、その制度上、訴訟とは違い、仲裁判断には対世効が生じる余地はないので、この点からも仲裁合意の対象を当事者が自由に処分できる紛争に限定していると解されよう。

(b)　離婚、離縁事件

　仲裁法13条１項は、仲裁合意の対象から離婚または離縁の紛争を除いている。この理由について、離婚、離縁事件における裁判上の和解については、民事訴訟法265条等の適用を除外し、身分関係の変動を本人の意思に委ねるべきであり、第三者の判断に委ねる態様の和解可能性を否定し、第三者が離婚、離縁の紛争を解決するには、必ず訴訟でその原因の有無を審理判断することを要するとの考え方によるものとされる[34]。

(31)　法務大臣官房司法法制調査部監修『日本近代立法資料叢書22巻（民事訴訟法草案議事筆記）』（商事法務研究会、1985）589頁。
(32)　小島＝猪股・仲裁75頁。
(33)　山本＝山田・ADR仲裁311頁、出井ほか・座談会28頁〔三木浩一発言〕、理論と実務52頁〔上野泰男発言〕、猪股・仲裁可能性７頁。
(34)　仲裁コンメ47頁。また、小島＝猪股・仲裁79頁、猪股・仲裁可能性５頁を参照。

　しかし、民事訴訟法265条等の適用排除は、裁判上の和解において当事者の意思確認をより慎重に行う必要があるため、当事者が第三者の判断に委ねる方法による和解は認められないとしたものであるが、この和解の態様と紛争を仲裁に付託し得るか否かという仲裁可能性とは別問題であり、和解の態様による和解可能性の否定が仲裁可能性を否定する根拠にはならないと解される。この仲裁可能性を否定する理由は、離婚訴訟等については、提訴前に家事調停が前置され、また訴訟手続の中でも家庭裁判所調査官が活用されるなど独特の訴訟手続がとられていることから、裁判所に判断権を集中する政策判断がとられたものと解することになろう[35]。

(6)　仲裁可能性が問題となる紛争

(a)　公序良俗違反と仲裁可能性

　私法上の財産関係に関する権利関係ないし法律関係については当事者に自由処分権があり、和解可能性が肯定されるので、仲裁可能性が認められるが、公序良俗に反する和解は無効であるので、公序良俗違反の存否に関する紛争の仲裁可能性については、これを否定するのが従来の通説であるとされる[36]。しかし、公序良俗に反する行為を違反としない処分権は否定されるが、反対に、公序良俗に反しない行為を違反とする処分権は否定されないと解されるので[37]、第三者との間で画一的に法律関係を確定する必要がある場合とは異なり、自由処分権が全面的に否定されるわけではなく、和解の内容により、それが公序良俗に反する場合、無効となり、かかる処分権は当事者に認められないが、そうでない場合には、和解可能性は否定されず、かかる処分権が当事者に認められることになる。

　したがって、公序良俗違反の存否に関する紛争については、和解可能性が全面的に否定されるわけではなく、かかる観点から和解可能性を基準とする仲裁可能性を肯定すべきか否かを検討する必要がある。その場合、国家が訴訟に代替する紛争の解決制度として仲裁を法認していることに鑑みると、公

---

(35)　山本＝山田・ADR仲裁312頁。

(36)　上野泰男「仲裁可能性」松浦＝青山・論点107頁参照。

(37)　山本和彦「狭義の一般条項と弁論主義の適用」太田知行＝中村哲也編『民事法秩序の生成と展開』（創文社、1996）82-84頁参照。

序良俗違反の存否が当事者間で紛争になったからといって常に裁判所の専属的な管轄権に服せしめて仲裁による解決を否定すべきではない。しかし、仲裁が仲裁合意の当事者間の紛争を解決することを任務とし、当事者は仲裁判断に服することになる一方、仲裁判断の結果、公序良俗に反する法状態が作出されることがあるので、公序維持の観点から、仲裁判断の取消手続等において裁判所の司法審査が必要となる（⇨第6章1⑼⒡⑴）。

(b)　知的財産関係事件――特許の有効性――

(ア)　学　　説

次に、具体的事件の仲裁可能性を個別的に見ると、まず、知的財産関係事件については、特許権侵害事件等に係る仲裁手続において特許の無効が主張されることがあり、その場合、仲裁廷がこれを判断することができるかが問題となる。学説は従来から、仲裁判断の前提問題である場合には、特許有効性の仲裁可能性を肯定するのが多数説であり[38]、その実質的根拠として、特許権者が特許権を自由に処分し得ることや仲裁判断に相対効しかないこと等が挙げられている[39]。

特許の有効性自体を仲裁判断の対象とすることについては、特許の有効性は特許庁の無効審判に専属することを理由に仲裁可能性を否定する見解[40]がある一方で、近時、特許処分は私権たる特許権を発生させるものであり、特許処分によって特許権が発生した後は、特許権は特許処分とは独立した存在となり、「特許権の無効」は行政処分たる「特許処分の無効」とは別個に実体権として観念することができるとして[41]、あるいは、行政処分の違法性が重大でその瑕疵が「重大かつ明白」である場合、行政処分は無効となり、特許法123条に列挙された無効理由はこれに当たり、特許処分の公定力の適用はないと解し、私権たる特許権は当事者が自由に処分し得るものであり、和

(38)　田邊・仲裁適格106頁、上野泰男「仲裁可能性」松浦＝青山・論点112頁、青山善充「仲裁契約」高桑＝道垣内・国際民訴430頁等。
(39)　二瓶・仲裁適格20頁。
(40)　上野泰男「仲裁可能性」松浦＝青山・論点113頁、青山善充「仲裁契約」高桑＝道垣内・国際民訴430頁等。
(41)　二瓶・仲裁適格20頁。

43

解可能性があるとして(42)、特許の有効性ついて、当事者間の相対効に限って確認することは、特許権の有効性を対世的に判断する特許庁に許容されている作用と抵触せず、前提問題としてのみならず、有効性自体について仲裁可能性は肯定されるという見解がある。

(イ)　特許法104条の3第1項が定める特許権の権利行使の制限との関係

この問題に関し、最判平12・4・11民集54巻4号1368頁、いわゆるキルビー特許事件最高裁判決は、権利濫用の法理によって「特許の無効審決が確定する以前であっても、特許権侵害訴訟を審理する裁判所は、特許に無効理由が存在することが明らかであるか否かについて判断することができると解すべきであり、審理の結果、当該特許に無効理由が存在することが明らかであるときは、その特許権に基づく差止め、損害賠償等の請求は、特段の事情がない限り、権利の濫用に当たり許されないと解するのが相当である」とし、無効理由は、専ら無効審判手続によって審理判断されるという、大審院以来100年にわたるドグマを破ったと評される(43)。これに続く、平成16年の特許法改正によって、「特許権又は専用実施権の侵害に係る訴訟において、当該特許が特許無効審判により無効にされるべきものと認められるときは、特許権者又は専用実施権者は、相手方に対しその権利を行使することができない」（104条の3第1項）と定められたため、現在、侵害訴訟において特許の無効理由について判断することが可能となった。

これにより、特許の有効性を実質的に判断し得ることになったとも言えようが、上記最高裁判決は、権利濫用の法理によって特許権行使が許されないとしたのであり、また、特許法104条の3第1項も、特許が特許無効審判により無効にされるべきものと認められるときは、特許権に基づく権利行使を許さないと定めるものであり、特許の無効理由を判断することを可能にしたが、無効理由の存在により特許が無効であるという判断をすることまでをも認めたものであるとは解されない。すなわち、特許権は特許処分によって生じる私権であり、特許権者に自由な処分権が認められているが、特許法上、

(42)　岡田洋一「特許の有効性に関する仲裁適格」法論89巻1号（2016）130-131頁、134-137頁。
(43)　高部眞規子「キルビー判決10年」金商1338号（2010）8頁。

特許の無効化の手続が無効審判に限られることから生じる問題を解決するため、上記最高裁判決は権利濫用の法理を用い、その後特許法の改正に至ったが、それでもなお、無効理由の存在による特許権の権利行使を許さないとするにとどまり、特許無効の判断を認めるまでには至っていないと考える。

また、仲裁の場合、訴訟に代替する紛争解決手続であるので、訴訟で認められる以上の判断を許容することはできないと解される。

したがって、特許法104条の3第1項を仲裁に類推適用し、仲裁手続においても、侵害事件等において、無効の抗弁が主張された場合、特許が特許無効審判により無効にされるべきものと認められるときは、特許権者が相手方に対しその権利を行使することができない、との判断を示すことができるにとどまり、特許無効それ自体の判断を示すには立法的解決を要すると解すべきである。

なお、特許侵害事件等に係る仲裁手続において、仲裁被申立人から特許の無効が抗弁として主張されたが、仲裁廷がそれを斥けて仲裁申立人の請求を認容する仲裁判断をした後、特許無効審判において当該特許を無効にすべき旨の審決が確定した場合、審決には遡及効があるため（特許125条）、仲裁判断の基礎となった行政処分が後の行政処分により変更されたことになり、仲裁判断は、訴訟における再審事由に相当し（民訴338条1項8号）[44]、手続的公序違反に当たるとして取り消されることになるが（⇨第6章1(9)(f)(ウ)(ii)）、これでは紛争の1回的解決が図れない。このような問題に対処するため、訴訟については、平成23年の特許法改正により、再審の制限の規定が設けられ（特許104条の4）、特許侵害訴訟の終局判決の確定後、当該訴訟の当事者であった者は再審の訴えにおいて、当該特許無効審決が確定したことを主張することができないことになった。仲裁についても、特許法104条の4を類推適用し、訴訟の場合と同様に、仲裁判断の取消しを制限すべきであろう。これに対し、仲裁判断によって仲裁申立人の請求が棄却された後、無効審判において当該特許を維持すべき旨の審決が確定した場合には、仲裁判断の基礎となった行政処分が後の行政処分により変更されないので、再審事由とはな

---

(44) 近藤昌昭＝齊藤友嘉『司法制度改革概説2』（商事法務、2004）62-63頁。

らない。

(c)　独占禁止法関係事件

　知的財産関係事件と同様に実際に仲裁可能性の有無が問題となるものとして、独禁法関係事件がある。独禁法関係事件については、独占禁止法違反による差止請求権（独禁24条）や損害賠償請求権（独禁25条、民709条）は、当事者が処分可能な私法上の権利であることを理由に、仲裁可能性は肯定されるが[45]、その前提問題である独禁法違反の存否に関しては、仲裁可能性が問題となる。また、独禁法違反による差止請求や損害賠償請求ではなく、独禁法違反により民法90条の公序良俗に反するとして契約の無効が抗弁として主張される場合も、同様に仲裁可能性が問題となる。

　独禁法違反の存否に関しては、当事者間の紛争解決にとどまらず社会一般の利益、とりわけ、経済秩序維持という公益に影響を及ぼし得るという紛争の性質上、和解可能性がない紛争と解する余地がある一方で、仲裁は訴訟に代替する国家が法認した紛争の終局的解決手続であるので、独禁法違反の存否が当事者間で紛争となった場合、かかる紛争を仲裁により終局的に解決する利益をも考慮する必要がある。したがって、独禁法違反について刑罰規定のあるものに関しては仲裁可能性を否定する見解があるが[46]、公序良俗違反の存否が問題となる場合と同様に、仲裁可能性を否定せず、公益確保の問題は、仲裁判断の取消手続等における司法審査に委ねるべきであると考える（⇨第6章1(9)(f)(イ)(iii)）。

---

(45)　青山・仲裁624頁、河野・仲裁408頁、小島＝猪股・仲裁82頁、山本＝山田・ADR仲裁312頁等。このうち、差止請求権については、被害者の救済にとどまらず、違反行為者に是正措置をとらせて競争秩序を回復させるという公益を確保する面もあるが、公益確保については、公正取引委員会による排除措置等によるとして、当事者に自由処分権があると解されようか。この点に関し、たとえば、村上正博『独占禁止法〔第9版〕』（弘文堂、2019）479-480頁、501頁を参照。当事者の自由処分権が肯定されないとしても、以下の理由から仲裁可能生は肯定されよう。

(46)　土佐和生「独占禁止法に係る紛争の仲裁適格について──公益的規制と私的紛争処理の衝突──」香川13巻1号（1993）137-141頁。東京地判平19・8・28判時1991号89頁は、独禁法24条の差止請求権を被保全権利とする申立てについて、相手方は仲裁合意の存在を主張していなかったが、日本に本案管轄を認めつつ、被保全権利の疎明がないとして申立てを却下し、独禁法上の請求については、仲裁可能性を有しないという立場に立っているようにも解される。

(d)　会社関係事件

　会社関係事件については、実際に仲裁可能性の有無が問題となることはないと思われるが、会社設立無効確認請求（会社828条）、株主総会の決議不存在・無効確認請求（会社830条）、株主総会の決議取消請求（会社831条）等については、和解可能性を肯定する見解もあるが[47]、法律関係の画一性を確保するため請求を認容する判決に対世効が生じるので（会社838条）、仲裁判断に仲裁手続に関与し得る仲裁合意の当事者に対してのみ効力が及ぶ相対効しかない仲裁による解決はできないと解されよう[48]。

(e)　人事訴訟事件

　人事訴訟事件については、第三者との関係で画一的に確定する必要があることから、離婚、離縁を除き、当事者の自由な処分が許されず、和解可能性がなく（人訴19条2項、37条、44条、民訴267条）、仲裁可能性は否定される[49]。

(f)　行 政 事 件

　行政事件についても、実際に仲裁可能性の有無が問題となることはないと思われるが、仲裁合意は「民事上の」紛争を対象とし、その意義は広く、行政事件も「民事上の」紛争となると解されるので、仲裁可能性の有無が学理上問題となる。

　訴訟上の和解に関し抗告訴訟において行政庁が原告との間で、係争行政処分の取消し、変更する処分をする旨の合意をすることについて、行政庁の裁量の範囲内であれば和解を認めるなど和解可能性を肯定する立場があるが、通説は、行政処分が権限ある行政庁が法律に基づき公権力の行使として、互譲の精神ではなく、行政庁自らの公益判断により一方的に行うものであるから、行政庁が私人との和解契約により行政処分の内容を取消し、変更するこ

(47)　伊藤・民訴492頁、500−501頁。
(48)　小島＝猪股・仲裁81頁、青山・仲裁624頁等。これに対し山本＝山田・ADR仲裁312頁は、対世効が認められる会社関係事件ついても、それだけで直ちに仲裁適格が否定されるものではなく、会社が処分の効果を一方的に撤回できるようなものである場合には、広い意味では「和解可能性」があるといってよく、仲裁適格を認めてよいという。
(49)　山本＝山田・ADR仲裁312頁、小島＝高桑・注解仲裁58頁〔小島武司＝豊田博昭〕。境界画定事件については、通説、判例は、当事者の処分を許さない性質を有する公法上のものであり、仲裁可能性を否定する。この点について、青山・仲裁624頁を参照。

とは行政処分の本質に反するなどを理由に、行政処分を内容とする和解を否
定する[50]。

　判例は、この問題に関し僅か2件しか見当たらない。横浜地判昭35・11・
19行集11巻11号3219頁は、公務員の免職処分の取消訴訟において、行政庁が
職権で原告に対する免職処分を取り消して依願退職処分に改める旨の合意を
和解内容とすることについて、「行政行為の取消はその成立に瑕疵がある場
合に許されるが、この場合に限らず、本件の場合の如く瑕疵の存否について
当事者間に争いがあるため、その争いを止めるため互に譲歩して和解が締結
され、譲歩の方法として行政行為の取消がなされることもまた許されるもの
と解すべきである」と判示し、行政処分の瑕疵の存否について当事者間に争
いがある場合、それを取り消し、変更する内容の和解可能性を肯定した。

　また、長崎地判昭36・2・3行集12巻12号2505頁は、行政庁の原告らに対
する建物除却命令および原状回復命令等の執行の猶予と原告らの訴えの取下
げを内容とする和解について、「行政訴訟においても、当事者が訴訟物およ
びこれに関連する公法上の法律関係を処分し得る権能を有する限り、裁判上
の和解をすることが可能であると解するを相当とすべく、特に行政庁の右処
分権能については、すくなくとも自由裁量が認められる範囲内の事項に属す
る限り、これを肯定すべきである」と判示し、当事者が処分権能を有し、行
政庁の自由裁量が認められる範囲内の事項に属する限り、行政処分を取り消
し、変更する内容の和解可能性を肯定した。

　このように、和解可能性の可否については見解が分かれるが、通説に従え
ば、和解可能性は否定されるので、仲裁可能性も否定される。これに対し、
私法上の法律関係と同様に、行政処分をめぐる公法上の法律関係であって
も、その処分が特定の相手方に対するものであり、利害関係を有する第三者
との関係で画一的に確定する必要がなく、行政庁が行政処分を取り消す、変
更する内容の和解を私人と締結し、それに従い処分を行うことが許容される

（50）　室井力ほか編『コンメンタール行政法II　行政事件訴訟法・国家賠償法〔第2版〕』（日
　　　本評論社、2006）104−106頁〔曽和俊文〕、南博方＝高橋滋編『条解　行政事件訴訟法〔第
　　　3版補正版〕』（弘文堂、2009）194−195頁〔齋藤繁道〕、南博方ほか編『条解　行政事件
　　　訴訟法〔第4版〕』（弘文堂、2014）209頁〔村上裕章〕。

と解し得る場合には、和解可能性は肯定され、仲裁可能性も肯定されよう[51]。

　なお、普通地方公共団体においては、地方自治法96条1項12号の定めにより、仲裁合意を締結するには議会の議決を必要とする。

　また、国家賠償法に基づく国等に対する損害賠償請求事件についても、その請求権自体は、私法上の法律関係であり[52]、和解可能性が肯定されるので[53]、仲裁可能性も認められようが、その前提問題として行政処分の違法性が争われる場合には、仲裁可能性の有無が問題となり、行政処分の取消し、変更の場合における仲裁可能性と同様に解することになろう。

(7)　「将来において生じる一定の法律関係に関する」紛争

(a)　趣　　旨

　仲裁法2条1項の定義によれば、仲裁合意は、既に生じている紛争と将来生じることのある紛争の2つが対象となる。実務上、後者による場合が圧倒的に多いが、この後者については、仲裁合意は一定の法律関係に関する紛争でなければならない。これは、仲裁合意によって当事者はその対象となる紛争について訴訟により解決することができなくなるという重大な効果が生じることから（14条1項）、紛争の範囲を特定する必要があるためであるとされる[54]。したがって、当事者間で生じることのあるすべての紛争を対象とすることはできないが、契約に基づくものであるかどうかを問わないので、不法行為に基づく紛争であっても一定の法律関係に関するものであれば、仲裁合意の対象とすることができる。また、売買契約といった法律関係を特定す

(51)　小島＝猪股・仲裁74-75頁は、行政庁の処分権能に自由裁量が認められる範囲であるならば、制限的であるにせよ、和解を許してよい、と解すれば、一定の行政上の手続を踏む必要があるが、行政訴訟事件について、仲裁可能性を認めてよいという。また、山本＝山田・ADR仲裁312頁は、対世効が認められる行政事件についても、それだけで直ちに仲裁適格が否定されるものではなく、国等が処分の効果を一方的に撤回できるようのものである場合には、広い意味では「和解可能性」があるといってよく、仲裁適格を認めてよいという。これに対し、否定的な見解として、大橋真由美「行政とADR」仲裁とADR6号（2011）110-111頁がある。
(52)　東京地判昭39・3・16下民集15巻3号532頁は、行政処分の効力が前提問題となっていても、損害賠償請求といった訴訟物が私法上の法律関係であれば、民事件であるという。
(53)　深見敏正『国家賠償訴訟』（青林書院、2015）276頁。
(54)　仲裁コンメ6頁。

れば足り、そこから生じ得る個別の紛争を特定する必要まではない。

(b)　当事者の予見可能性を確保するための規定か

　この規定は、モデル法が7条1項で規定する「『仲裁合意』とは、契約によるか否かを問わず、一定の法律関係に関し、当事者間で既に生じたか又は生じ得るすべての又は特定の紛争を仲裁に付託する旨の当事者の合意をいう」と実質的に同じ内容を定めたものであるが[55]、旧法も将来の紛争を対象とする仲裁合意について、一定の権利関係およびその関係から生じる紛争に関するものであることを要求していた（旧法787条）。また、裁判管轄合意についても、同様の規定が置かれている（民訴3条の7第2項、11条2項）。

　仲裁合意が対象とする紛争の範囲を一定の法律関係に限定する趣旨は、管轄合意と同様に、当事者の予測可能性を確保するためであると解されている[56]。しかし、紛争の範囲を無限定にした場合であっても、当事者間で生じる紛争はすべて訴訟ではなく仲裁によって解決することになり、仲裁合意の対象となる紛争について当事者の予測可能性が確保されていないとは言えない[57]。したがって、この規定の趣旨は、仲裁合意には訴訟を排除する重大な効果があり、当事者が誤って紛争の範囲を無制限とする仲裁合意を締結することを防ぐために定められたものと考えることができよう。もっとも、通常、実務において当事者が紛争の範囲を無制限とする仲裁合意を締結することはないとしても、かかる当事者の合意を一律禁じることは、当事者の合意を尊重する仲裁の制度趣旨と合致するものではないであろう[58]。

(8)　消費者仲裁合意・個別労働仲裁合意の特則

(a)　趣　　旨

　わが国において仲裁が訴訟に代替する紛争の終局的解決手段であることが今日においても社会一般に広く普及し定着しているとは必ずしも言えず、消費者が仲裁の意味を十分に理解せずに仲裁合意を締結し、訴権を放棄する結

---

(55)　仲裁コンメ4頁。

(56)　小島＝高桑・注釈仲裁44頁〔猪股孝史〕、小島＝高桑・注解仲裁88頁〔小島＝豊田博昭〕。管轄合意に関しては、コンメンタール民訴Ⅰ178頁。

(57)　山本和彦「仲裁合意、管轄合意及び不起訴合意について」JCA67巻2号（2020）6頁参照。

(58)　See Born International Commercial Arbitration 295-296.

果になってしまうリスクを防止する必要がある。また、消費者が仲裁の意味を十分に理解していたとしても、一般に、事業者との交渉力の格差から、事業者が提示する契約条項で定められた仲裁合意を拒否することが困難であるため、同様の問題が生じる。

　この問題は、消費者のみならず労働者においても生じ、一般に、消費者と同様に、仲裁の意味を十分に理解している労働者は少なく、また、それを十分に理解していたとしても、労使間の著しい経済的格差から、労働者が事業主から提示された仲裁合意を受け入れなければ、就労を断念することにもなり、消費者に比べてより深刻な事態が生じることになる。したがって、消費者、労働者に対し憲法32条が保障する裁判を受ける権利を確保する必要があり、そのため仲裁法は、附則3条、4条において、消費者、労働者が当事者の一方となる仲裁合意について特則を置いている。

(b)　消費者保護規定

　消費者に関しては、附則3条に規定を置き、消費者は、自らが仲裁手続の仲裁申立人となった場合を除き、消費者と事業者との間の将来において生じる民事上の紛争を対象とする仲裁合意（消費者仲裁合意）を解除することができる（附則3条2項）。

　これに対し、事業者が仲裁申立人になった場合は、仲裁廷が構成された後、遅滞なく口頭審理の実施の申立てをしなければならず、その場合、仲裁廷は、仲裁手続における他のすべての審理に先立って口頭審理を実施しなければならず、また、その実施を決定し、当事者双方にその日時、場所を通知しなければならない（同3項、4項）。その場合、消費者である当事者に対する通知は、書面によって行い、仲裁判断の効力、仲裁合意の妨訴抗弁としての効果、消費者が消費者仲裁合意を解除することができること等を、できる限り平易な表現により説明しなければならない（同5項）。また、口頭審理の期日においては、消費者である当事者に対しこれと同様の説明をしなければならず、これに対し消費者である当事者が解除権を放棄する意思を明示しないときは、消費者仲裁合意は解除されたものとみなされる（同6項）。さらに、消費者である当事者が口頭審理の期日に出頭しないときも、消費者仲裁合意は解除されたものとみなされる（同7項）。

(c)　労働者保護規定

　労働者に関しては、附則4条において規定を置き、将来において生じる個別労働関係紛争を対象とする仲裁合意（個別労働仲裁合意）は無効となる。

　個別労働関係紛争の意義については、個別労働関係紛争の解決の促進に関する法律1条の定義による。すなわち、労働条件その他労働関係に関する事項についての個々の労働者と事業主との間の紛争（労働者の募集および採用に関する事項についての個々の求職者と事業主との間の紛争を含む）が対象となる。労働関係とは、労働契約または事実上の使用従属関係から生じる労働者と事業主との関係をいう[59]。また、個々の労働者と事業主との間の紛争が対象となり、労働組合と事業主間の集団的労働関係紛争は対象とならない[60]。

(d)　両者の保護規定の違い

　このように個別労働仲裁合意は無効であるとするが、それは、個別労働関係紛争については仲裁が利用されておらず、仲裁合意を無効としても労働者に不利益になることはなく、また、労働関係においては、消費者関係と異なり、事業主との使用従属関係が継続していることから、労働者が解除権を行使することが難しいと考えられたからである[61]。

　これに対し消費者仲裁合意は無効とせず消費者に解除権を与えるにとどまるが、それは、実際に消費者が事業者との建設工事紛争を契約時の仲裁合意に基づき建設工事紛争審査会の仲裁により解決しているものがあり、消費者仲裁合意を無効とすることは、消費者が利用している仲裁を制限することになり、かえって、消費者の利益にならない場合があると考えられたからである[62]。

　いずれも、将来において生じる紛争を対象とする仲裁合意が規律の対象であり、紛争発生後に締結される仲裁合意については、特に消費者、労働者を保護する必要はないので、特則は置かれていない。また、いずれの特則も、「当分の間」適用される（附則3条1項、4条）暫定的な措置であるが、現在

---

(59)　仲裁コンメ313頁。
(60)　同上。
(61)　仲裁コンメ315-316頁、理論と実務423頁〔近藤昌昭発言〕。
(62)　仲裁コンメ308-309頁、理論と実務423頁〔近藤昌昭発言〕。

のところ、見直し、改正の動きはない。

3　仲裁付託の意思

　前述したように、仲裁法上、仲裁合意の対象とすることができる紛争は、既に生じた民事上の紛争または将来において生じる一定の法律関係に関する民事上の紛争で、かつ、原則として当事者が和解をすることができるものでなければならない。

　しかし、仲裁合意の対象とする紛争がこのような要件を具備していても、当事者間にかかる紛争の解決を第三者に委ね、かつ、その判断に服する旨の合意がなければ、仲裁合意は成立しない。

(a)　紛争の解決を第三者に「委ねる」合意

　したがって、まず、紛争の解決を第三者に「委ねる」合意、すなわち、紛争を第三者に委ねる義務を当事者に課す合意でなければならない。かかる義務ではなく、紛争の解決を第三者に委ねる権利を当事者に与える合意では仲裁合意は成立しない[63]。

(b)　第三者の判断に「服する」旨の合意

　また、仲裁合意が成立するには、第三者の判断に「服する」旨の合意が必要である[64]。訴訟によらない旨の意思と第三者に服する旨の意思のいずれにおいても、意思が合致することが必要であるとされるが[65]、仲裁法の定義上、前者の「訴訟によらない旨の意思」の合致は、仲裁合意の成立要件ではないと解される[66]。

(c)　紛争の解決を「第三者」に委ねる合意

　さらに、紛争の解決を「第三者」に委ねる合意でなければならず、当事者が合意した第三者が当事者と独立した関係になく、仲裁手続の公正に反することが明らかである場合には、第三者性を欠き、たとえば、当事者の法定代

(63)　旧法下の判例として、東京地判昭50・5・15判時799号62頁がある。
(64)　旧法下の判例として、大阪高判昭61・6・20判タ630号208頁がある。
(65)　小島＝猪股・仲裁95頁、山本＝山田・ADR仲裁316頁、小山・仲裁28頁。
(66)　旧法下の学説・判例として、大隈・判批41頁、滝井繁男『建設工事契約』（ぎょうせい、1991）282頁、大阪高判昭62・6・26金商795号24頁がある。

理人、当事者である法人の代表者、役職員を仲裁人とする合意を含む仲裁合意は成立し得ないと考える[67]。

　また、この紛争の解決を第三者に委ね、その判断に服する旨の合意があれば、それ以外の、仲裁地や仲裁人の選任方法等、仲裁手続に関する事項は、仲裁合意の成立に必要な要件ではない[68]。

(d)　仲裁法上の「仲裁」合意

　もっとも、「仲裁」という文言が使われていても、そもそも当事者が仲裁法上の仲裁を合意していなければ、仲裁合意は成立しない。すなわち、わが国の仲裁制度は、1890年の民事訴訟法第8編（仲裁手続）により導入されたが、その前から、仲裁という用語は、争いの間に入り、双方を仲直りさせるという日常用語としての意味で使われており[69]、今日においてもその意味で広く社会で認識、理解されている。これに対し、仲裁法上の法的意味としての仲裁は、とりわけ国内事件については、建設工事紛争審査会による建設工事仲裁を除きその利用がほとんどなく、今日においても社会一般に広く普及し定着しているとまでは言えないように思われる。このことから、当事者が「仲裁」という用語を用い、仲裁合意を締結しているように見えても、日常用語としての仲裁を意図していると推認される場合には、当事者間に仲裁合意は成立しないことになる。

4　仲裁合意の成否の解釈

(1)　解釈の基準

　仲裁合意は、実務上、契約書とは別に仲裁合意書が作成され、それに基づいて成立する場合があるが、それ以外に、当事者が交渉の上、個別に作成し

---

(67)　小島武司＝猪股孝史「仲裁契約の成否(1)〈総合判例研究〉──仲裁契約の一断面──」判タ683号（1989）26頁参照。
(68)　小島＝猪股・仲裁106－107頁参照。旧法下の判例として、東京地判昭63・8・25海法87号32頁は、仲裁契約の成立に最小限不可欠の要素は仲裁付託の意思であり、仲裁機関および仲裁手続の定めは、仲裁契約の任意的内容であって、仲裁契約の成立に最小限度必要な要素ではないと判示する。
(69)　日本国語大辞典第二版編集委員会・小学館国語辞典編集部編『日本国語大辞典〔第2版〕第8巻』（小学館、2001）1458－1459頁参照。

た仲裁条項を含む契約書により仲裁合意が成立する場合、当事者が契約書として仲裁条項を含む定型書式を用い、それにより仲裁合意が成立する場合、当事者が仲裁条項を含む定型書式を契約書に添付し、あるいは、仲裁条項を含む定型書式を契約書で引用して仲裁合意が成立する場合等が考えられる[70]。

　これらいずれの場合も、仲裁合意が成立しているか否かは、仲裁合意は契約の一種であるから、契約の解釈問題となる[71]。

　契約の解釈は、当事者の主観的意思（真意）を探求し、当事者間に主観的意思（真意）の合致がある場合、これにより契約の成否が決まり、かかる意思の合致がない場合には、当事者の意思表示の客観的解釈によって契約の成否を決することになると考えられる[72]。

　したがって、仲裁合意の成否を判断するに当たっては、まず、契約解釈の問題として、契約締結時の状況や経緯、業界の慣行、当事者の社会的地位・職業等の属性、当事者の取引経験等、諸般の事情を総合的に考慮して、当事者の主観的意思を探求することになると考える[73]。その場合、当事者が仲裁合意の内容を認識し、それを理解し、かつ、それに拘束される意思を有していたかという、当事者の主観的意思の合致が認められるか否かによって仲裁合意の成否を判断することになると解される[74]。

　当事者間に主観的意思の合致が認められない場合、仲裁合意の成否は、客観的解釈によって、当該契約の客観的事情から仲裁合意の意思があったものと擬制するのが合理的であるときには、仲裁合意の成立を認めることになる

---

(70)　このほか、スポーツ競技団体と競技者等の紛争を解決する仲裁（⇨第1章**8(1)(b)(v)**）については、スポーツ競技団体が、その決定に対し不服の競技者等から日本スポーツ仲裁機構による仲裁の申立てがあったときは、これに応じる旨の条項（自動応諾条項）を採択している場合、競技者等が仲裁を申し立てることによって仲裁合意が成立する。このような一方の当事者が予め仲裁合意に拘束される意思を表示し、他方の当事者が仲裁申立てをすることによって成立する仲裁合意は、投資協定仲裁にも見られる（⇨第7章**9(1)**）。

(71)　小島＝猪股・仲裁98頁参照。

(72)　内田・民法Ⅰ269-273頁、中田裕康『契約法』（有斐閣、2017）105-107頁参照。

(73)　小島＝猪股・仲裁99頁、山本＝山田・ADR仲裁317頁参照。近時の判例として、東京地判令元・6・17判例集未登載（2019WLJPCA06178003）を参照。

(74)　小山昇「判解」昭和57年度重判解（1983）133頁。

と考えられる[75]。

(2)　実体法上の契約の解釈と異なるか

この仲裁合意の成否の解釈に際しては、仲裁合意は、憲法32条が保障する裁判を受ける権利の放棄を内包する合意であり、仲裁合意の成否の判断は慎重にしなければならないとされる[76]。判例も、仲裁条項の成否は、裁判を受ける権利に重大な制約を加えることを理由に、それ以外の条項である主たる契約に比してより一層慎重に当事者の意思を探求して決すべきであるとするものがある[77]。

確かに、仲裁合意の成否は、仲裁合意が訴権放棄の効果を生じさせることから、当事者の意思を慎重に解釈、判断しなければならないことは言うまでもないが、その一方で、仲裁合意は不起訴の合意と違い、権利救済の途を閉ざすものではなく、事案によっては、その専門性故に訴訟に代えて仲裁による紛争解決が選択される場合もある。また、実体法上の契約においても、当事者にとって極めて重大な影響を与える契約、たとえば、当事者が企業の場合、その存続に関わる重大な契約もあり、仲裁合意が実体法上の契約に比して常により重大な契約であると確言することはできないと考える[78]。したがって、国家の裁判権を排除する合意であるから、その成否について慎重な解釈、判断が求められるが、これは実体法上の契約の成否についても言えることである[79]。

(75)　小山昇「判批」民商68巻4号（1973）660頁。また、小山昇「判批」判時992号（1981）170頁は、「仲裁付託の意思ありと相手方が信ずるのが当然であるような外的事実を惹起させた場合には、仲裁付託の意思がなかったときでも、仲裁による解決を拒否することができないという評価をすべき場合もあろう」という。この点を明示した判例として、神戸地判昭32・9・30下民集8巻9号1843頁がある。
(76)　山本＝山田・ADR仲裁317頁。旧法下においても、これと同じ立場を示すものとして、大隈・判批45-46頁がある。また、田尾桃二「判解」曹時25巻1号（1973）181頁は、黙示による仲裁合意の成立は、原則的に否定されるべきであるという。
(77)　東京地判昭55・11・11判時1019号105頁、東京高判平25・7・10判夕1394号200頁。
(78)　青山善充「判批」法時41号（1981）8頁は、両者の差は所詮相対的なものに過ぎないという。また、原茂太一「判批」判時1034号（1982）177頁は、「商人の利益にとって、契約内容はすべて重要であるといえる」という。
(79)　西村宏一「仲裁契約の効力の客観的範囲」東海13号（1994）11頁参照。

(3)　約款法理の適用の可否

　仲裁条項が普通取引約款中に定められている場合、約款法理の適用の可否
が問題となる。すなわち、最判昭42・10・24裁判集民 88号741頁は、保険契
約者が、保険会社の普通保険約款を承認の上保険契約を申し込む旨の文言が
記載されている保険契約の申込書を作成して保険契約を締結したときは、反
証のないかぎり、約款の内容を知らなかったとしても、なお上記約款による
意思があったものと推定すべきものであるとの判断を示し、この法理が約款
中の仲裁条項にも適用されるか否かが問題となる。この法理を約款中の仲裁
条項に適用した判例は見当たらないが[80]、学説は、仲裁条項の特殊性、とり
わけ、仲裁条項を含め約款による契約の締結が一般的でないことのほか、仲
裁合意の重要性、独立性を挙げ、約款の法理の適用を否定するものがある[81]。

　仲裁条項は、約款中に含まれていても、仲裁法13条６項により、その他の
契約条項、すなわち、主たる契約と別に扱われるという分離独立性の原則が
働くので（⇨**7(6)**）、約款中の仲裁条項による仲裁合意の成否は、主たる契
約の成否とは別個独立に判断されることになる。したがって、主たる契約に
ついて、約款法理の適用によって約款による意思が推定されることがあって
も、約款中の仲裁条項については、かかる推定は働かないと考えられる[82]。

　この約款による契約の成立については、民法の一部を改正する法律（平成
29年法律第44号）によって「定型約款」に関する規定が新たに設けられ、改
正民法548条の２第１項によれば、定型取引（ある特定の者が不特定多数の者
を相手方として行う取引であって、その内容の全部又は一部が画一的であること
がその双方にとって合理的なものをいう）を行うことの合意をした者は、定型

---

(80)　約款法理を適用せず判断した旧法下の判例として、東京地判昭48・10・29判時736
　　　号65頁、東京高判昭56・４・27判タ448号104頁等がある。
(81)　小林秀之「判批」ジュリ658号（1978）111頁、滝井繁男『逐条解説 工事請負契約
　　　約款〔５訂新版〕』（酒井書店、1998）316頁等。
(82)　管轄合意についても、仲裁合意と同様に分離独立性の原則が働くとされる。この点
　　　に関し、条解民訴112頁〔新堂幸司＝高橋宏志＝高田裕成〕、コンメンタール民訴Ⅰ175
　　　頁等を参照。また、大阪高決昭40・６・29下民集16巻６号1154頁も、民事訴訟の管轄に
　　　関する合意は、たとい私法上の取引契約と同時に締結されようとも、その要件・効果は
　　　民事訴訟法25条〔現11条〕によって規律されると判示する。

約款（定型取引において、契約の内容とすることを目的としてその特定の者により準備された条項の総体をいう）を契約の内容とする旨の合意をしたとき、あるいは、定型約款を準備した者が予めその定型約款を契約の内容とする旨を相手方に表示していたとき、定型約款の個別の条項についても合意したものとみなされることになる。

　この場合も、定型約款中に仲裁条項が規定されていたとしても、仲裁合意の分離独立性の原則により、仲裁合意の意思は擬制されないと解される。もっとも、約款中に仲裁条項が定められている場合、裁判所が、個別の事案において経験則（経験から帰納された事物に関する知識や法則）を用いて仲裁合意の成立を認定することはある。

5　仲裁合意の方式

(1)　要式性とモデル法

　仲裁合意は契約の一種であり、仲裁合意は当事者の申込みと承諾の意思表示が合致する必要があるが、それに加えて仲裁合意の方式として書面性が要求される（13条2項）。旧法下では仲裁合意の成立に方式は要求されていなかったが、モデル法に準拠する仲裁法は、仲裁合意の方式として書面性を要求する。

　すなわち、仲裁法はモデル法7条2項に対応して13条2項ないし5項で仲裁合意の書面要件を定める。これは、仲裁合意が憲法が保障する裁判を受ける権利を放棄する効果を生じさせることから、当事者の軽率な意思表示を防止し、慎重な意思形成を確保する（注意喚起機能）とともに、仲裁合意の成立、内容に関し後に争いが生じないよう、それを明確にして証拠を確保する（証拠確保機能）ためである[83]。

(2)　仲裁法13条2項の書面要件

(a)　当事者が署名した文書、当事者が交換した書簡等による場合

　仲裁法13条2項は、「仲裁合意は、当事者の全部が署名した文書、当事者が交換した書簡又は電報（ファクシミリ装置その他の隔地者間の通信手段で

---

(83)　三木・改正モデル法12-13頁、山本＝山田・ADR仲裁318頁等参照。

文字による通信内容の記録が受信者に提供されるものを用いて送信されたものを含む。）その他の書面によってしなければならない」と定める。

　まず、「当事者の全部が署名した文書」とは、たとえば、仲裁条項を含む契約書に当事者の全部が署名した場合がこれに当たり、この場合、仲裁合意は書面要件を具備することになる。また、「当事者が交換した書簡又は電報（ファクシミリ装置その他の隔地者間の通信手段で文字による通信内容の記録が受信者に提供されるものを用いて送信されたものを含む）」とは、たとえば、一方の当事者が仲裁条項を含む注文書を他方の当事者に送付して契約の申込みをし、他方の当事者が注文請書を返送してそれを承諾する場合がこれに当たり、この場合、当事者の署名を要せず仲裁合意は書面要件を具備することになる。これはモデル法7条2項中段の規定に対応する。

　この規定によれば、仲裁合意が書面要件を具備するためには、当事者が仲裁条項が記載された契約書に「署名」し、あるいは、仲裁合意の申込みと承諾を書面により「交換」することを要し、仲裁合意を締結する当事者の意思が書面に記載されていなければならない。換言すれば、書面の記載から当事者の仲裁合意を締結する意思が認められなければならないと考える。その場合、書面に記載された当事者の意思は、書面外の事情を考慮して認定することができると解されるが、当事者が口頭で意思を表示し、それによって仲裁合意の成立が認められる場合は、その成立過程において当事者が、仲裁条項が記載された書面を引用していたとしても、その書面自体から当事者の仲裁合意を締結する意思を認めることはできず、仲裁合意の成立を推認するための証拠となっても、ここにいう書面には該当しないことになる。また、当事者が口頭で仲裁合意を締結した後、仲裁合意の内容を書面で記録したとしても、仲裁合意を締結する意思が書面に記載されていないので、仲裁合意の書面要件は具備しない[84]。

　したがって、仲裁合意が有効に成立するには、仲裁合意の実質的成立要件

---

(84)　モデル法上、このような場合、書面要件を具備するとの判断を示した判例として、たとえば、William Company v. Chu Kong Agency Co. Ltd. and Guangzhou Ocean Shipping Company,［1993］HKCFI 215, 17 February 1993, High Court, Hong Kong があるが、これは妥当な解釈とは言えない。

として、当事者の仲裁合意を締結する意思が認められなければならないが、これに加えて、仲裁合意の形式的成立要件として、かかる意思が書面の記載から認められなければならない。

⒝　「その他の書面」とは何を指すか

また、この規定によれば、実務上、海上運送契約において運送人が発行する船荷証券中に記載された仲裁条項によって仲裁合意が締結される場合、仲裁合意の書面要件を具備し得なくなるという問題が生じる[85]。

このような場合であっても、実務上仲裁合意が書面要件を具備する必要があることは、仲裁法立案時の検討過程における議論において指摘され、それに対処するための規定を設けることになった[86]。

仲裁法は、13条2項において、モデル法の規定に追加して「その他の書面」を定めている。その意味について、仲裁合意が書面要件を具備するためには、それが記録された書面で後に証拠とし得るものであれば足り、書面は、「当事者の全部が署名した文書」である必要はなく、「当事者が交換」することまで要するものではなく、船荷証券は、その性質上、「その他の書面」に当然に含まれるとされるので[87]、これがそのために設けられた規定であると解される。

したがって、海上運送契約において一方の当事者である運送人が作成する船荷証券に仲裁条項が記載されている場合、これより仲裁合意の申込みの意思表示は書面性を満たす一方で、他方の当事者である荷送人が仲裁合意に同意する旨の承諾の意思表示については書面性を満たさず、仲裁合意の成立に書面による意思表示の交換はされていないが、この場合であっても、「その

---

(85)　仲裁法が準拠したモデル法上も同様の問題が生じるが、モデル法の作成作業において、このような場合もモデル法が定める書面要件を具備するための規定が提案されたが、NY条約が定める書面要件との整合性を欠くなどから採用されなかったという経緯がある。この点に関し、UNCITRAL History and Commentary 260-261、UNCITRAL Commission Report para. 85-86を参照。

(86)　司法制度改革推進本部・仲裁検討会第12回議事録（https://www.kantei.go.jp/jp/singi/sihou/kentoukai/tyuusai/dai12/12gijiroku.html（2021年10月29日最終閲覧））。

(87)　仲裁コンメ50頁。この見解に立つ判例として、東京地判平20・3・26海法216号61頁がある。

他の書面」によって書面要件を具備することになる。もっとも、仲裁合意の書面性の機能のうち、証拠確保機能は確保されているのに対し、注意喚起機能については、運送人によって発行された船荷証券が荷送人に交付されることによって荷送人は仲裁合意に承諾しない旨あるいはこれに関し異議を述べることができるので、その限りで注意喚起機能は働いているが、荷送人が仲裁合意を書面により承諾する場合と比べて、かかる機能は後退する。

このように、仲裁法7条2項の「その他の書面」は、海上運送契約における船荷証券の交付により仲裁合意が成立する場合のように、実務上、仲裁合意を締結する当事者の一方の意思が書面に記載され、それが他方の当事者に交付されることにより仲裁合意が成立する場合に対処するために設けられたものであると解されよう[88]。

(3)　13条4項の電磁的記録による場合

仲裁法は、実務の要請に対応するため2006年のモデル法の改正に先行して、13条4項で、モデル法の規定に加え、仲裁合意がその内容を記録した電磁的記録によってされたときは、その仲裁合意は、書面によってされたものとすると定める。これは、後述する2006年改正モデル法のオプションⅠの7条4項の規定と実質的に同じ内容を定めているとされる[89]。この規定により、インターネットを利用した電子メールやウェブサイト上で仲裁合意が締結される場合、書面要件を具備することになる。

この場合、音声による電磁的記録、たとえば、当事者が音声による仲裁合意の申込みの内容を記録した電磁的記録によって仲裁合意の申込みを行う場

---

(88)　仲裁合意の場合と同様に裁判管轄合意にも書面性が要求されているが（民訴法11条2項、3条の7第2項）、国際裁判管轄合意に関する最判昭50・11・28民集29巻10号1554頁は、船荷証券中の専属的管轄合意について、「国際的裁判管轄の合意の方式としては、少なくとも当事者の一方が作成した書面に特定国の裁判所が明示的に指定されていて、当事者間における合意の存在と内容が明白であれば足りると解するのが相当であり、その申込と承諾の双方が当事者の署名のある書面によるのでなければならないと解すべきではない」と判示し、この判旨は、当事者の一方のみの意思表示が書面によってされている場合であっても、当事者間に管轄合意の成立が認められるときは、管轄合意は書面によってされたものになるとの判断を示したものと解される。同旨、大須賀虔「判批」ジュリ臨増642号（1977）121頁。
(89)　三木・改正モデル法14頁。

合、13条 4 項の電磁的記録によってされたことになるのかという問題があり、仲裁法の解釈は分かれる[90]。

　仲裁法13条 2 項は、仲裁合意は、当事者が交換した書簡または電報（ファクシミリ装置その他の隔地者間の通信手段で文字による通信内容の記録が受信者に提供されるものを用いて送信されたものを含む）によってされた場合、書面性を具備すると定め、仲裁合意を締結する当事者の意思が文字により表示されていることを要し、音声によるものを除外している[91]。したがって、仲裁合意が電磁的記録によってされた場合も、これと同様に解し、その意思表示が音声によるときは、当事者のより慎重な意思表示を求める書面性の趣旨から、13条 2 項の書面要件を具備しないと解すべきである[92]。

(4)　仲裁法13条 3 項の「仲裁条項が記載された他文書の引用」による場合

　仲裁法13条 3 項は、「書面によってされた契約において、仲裁合意を内容とする条項が記載された文書が当該契約の一部を構成するものとして引用されているときは、その仲裁合意は、書面によってされたものとする」と規定し、仲裁条項が記載された他文書を引用する契約についても、書面性を要求している。この規定は、モデル法 7 条 2 項後段の規定と同じ内容を定めている。

　仲裁条項が記載された他文書を引用する契約に要求される書面性についても、仲裁合意と同様に、13条 2 項、 4 項の規定が要求する書面要件を具備しなければならないと解される[93]。

(a)　一般的指示文句と特定的指示文句

　13条 3 項が適用される場合も、仲裁合意を締結する当事者の意思が書面に記載されていなければならないが、仲裁合意の内容については、それを示す仲裁条項が記載される場合のほか、仲裁条項が記載された他文書が引用される場合もあり、13条 3 項はこの場合について規定する。

　この引用には、仲裁条項が記載されている文書を引用する一般的指示文句

---

(90)　理論と実務63頁参照。
(91)　仲裁コンメ50頁。
(92)　山本＝山田・ADR仲裁319頁参照。
(93)　See UNCITRAL History and Commentary 263-264.

による場合と仲裁条項を特定して引用する特定的指示文句による場合の2つの方法があるが、モデル法は、一般的指示文句による場合で足りるとしているので[94]、モデル法に準拠した仲裁法の解釈としても、一般的指示文句による場合も書面要件を具備することになると解すべきである。

(b)　仲裁条項が記載された文書が「当該契約の一部を構成するものとして引用されているとき」の意味

その場合、13条3項は、仲裁条項が記載された文書を契約の一部を構成するものとして引用されていることを要求しているので、仲裁条項が記載された他文書の引用から、他文書中の仲裁条項を契約に合体させる当事者の意思が認められなければならないと解される[95]。したがって、これは実質的成立要件にも関わる主観的要件であるが、当事者が他文書に記載された仲裁条項の存在を認識していた、あるいは、認識しているべきであった場合には、かかる当事者の意思を認めるべきであると考える[96]。

他文書の引用が特定的指示文句による場合、たとえば、当事者が署名した契約書において契約の一方の当事者が作成した普通契約約款に記載された仲裁条項を特定して引用する場合、他方の当事者もかかる仲裁条項の存在を認識し、仲裁条項を契約に合体させる意思を有しているものと認められるので、仲裁合意は書面要件を具備することになる[97]。また、仲裁合意を締結するため一方の当事者が、他文書に記載された仲裁条項を特定して引用する注文書を他方の当事者に送付して契約の申込みをし、他方の当事者が書簡によりそれを承諾する場合も、両当事者とも仲裁条項の存在を認識し、それを契約に合体させる意思を有しているものと認められるので、仲裁合意は書面要

(94)　UNCITRAL Analytical Commentary 23; UNCITRAL History and Commentary 264. See Binder UNCITRAL 108.
(95)　See UNCITRAL History and Commentary 264; Comparative Law of International Arbitration 178. また、松浦馨「他文書の引用による仲裁条項の合体」松浦＝青山・論点166頁を参照。東京地判平20・3・26海法216号61頁、東京高判平22・12・21判時2112号36頁のいずれも、特にこの点に言及することなく、書面要件を具備すると判示している。
(96)　See ICCA NYC Guide 46; van den Berg NYC 216; NYC Global Commentary 90.
(97)　See Comparative Law of International Arbitration 170; van den Berg NYC 216; NYC Global Commentary 90.

件を具備することになると解される。

　これに対し、かかる引用が一般的指示文句による場合はどうか。たとえば、当事者が署名する契約書の裏面に仲裁条項が記載されている場合には、当事者は仲裁条項の存在を認識し、あるいは認識しているべきであったと解されようが[98]、このような場合以外でも、契約締結時の状況や経緯、業界の慣行、当事者の取引経験等、諸般の事情を考慮して当事者の意思を探求し、当事者が他文書に記載された仲裁条項の存在を認識し、あるいは認識しているべきであったと認められる場合には、仲裁合意は書面要件を具備するものと解される[99]。

⑸　仲裁法13条5項により書面要件を具備する場合

　仲裁法13条5項は、「仲裁手続において、一方の当事者が提出した主張書面に仲裁合意の内容の記載があり、これに対して他方の当事者が提出した主張書面にこれを争う旨の記載がないときは、その仲裁合意は、書面によってされたものとみなす」と規定する。

　この規定は、当事者間に仲裁合意の存在に争いがない場合において、書面要件を欠くために仲裁手続を進められない不都合を回避するためのものであるとされる[100]。また、モデル法の解釈としても、これと同様の見解が示されている[101]。しかし、仲裁合意に書面性を要求する立法趣旨は、注意喚起機能と証拠確保機能を確保することにあり、当事者が仲裁手続前に書面によらず口頭等によって仲裁合意を締結し、仲裁手続開始後、仲裁合意の書面性を満たす必要があるため、事後的に書面要件を具備すると定めることは、当事者が慎重に仲裁合意を締結するためにその合意に書面性を要求する趣旨を没却することになるので、このような場合に対処する規定であると解することはできない。

　したがって、この規定は、仲裁合意の存在について当事者間に争いがある場合において、一方の当事者が仲裁手続を開始し、主張書面において仲裁合

（98）　See van den Berg NYC 216; NYC Global Commentary 90.

（99）　See van den Berg NYC 221; NYC Global Commentary 90-93.

（100）　仲裁コンメ53頁。理論と実務65頁〔出井直樹発言〕参照。

（101）　UNCITRAL History and Commentary 264. See Binder UNCITRAL 262.

意の存在を主張し、他方の当事者が主張書面においてそれを争わないとき
は、主張書面の記載から仲裁合意を締結する当事者の意思が認められ、仲裁
法13条2項によっても書面性を具備しようが、これを明確にするものと解さ
れる[102]。

　もっとも、仲裁合意を締結する当事者の意思が合致し、仲裁合意が実質的
に成立していることに当事者間に争いはないが、形式的には書面要件を具備
していない場合においても、13条5項によって書面要件を具備することにな
る。

(6)　妨訴抗弁の局面

　また、仲裁合意の対象となる紛争について訴えが提起されたのに対し、被
告が準備書面において仲裁合意の存在を主張し、原告が準備書面においてそ
れを争わなかった場合も、準備書面の記載から仲裁合意を締結する当事者の
意思が認められ、仲裁合意は、13条2項により、書面要件を具備することに
なる。

(7)　モデル法の2006年改正とそれに対応する仲裁法の改正

　仲裁法が準拠したモデル法は、UNCITRALが1985年に採択したものであ
るが、モデル法は、情報通信技術の進歩や取引形態の多様化に対応するため
2006年に改正し、仲裁合意の書面性について、これを緩和するオプションⅠ
と仲裁合意の書面性を撤廃するオプションⅡを定めている[103]。

　オプションⅠは、7条2項で仲裁合意は書面によらなければならないとし
た上で、7条3項で、「仲裁合意は、その内容が何らかの方式で記録されて
いるときは、仲裁合意または契約が口頭、行為またはその他の方法により締
結されたとしても、書面によるものとする」と定める。この規定は、仲裁合
意の書面要件として、1985年のモデル法およびNY条約の規定とは違い、仲
裁合意を締結する当事者の意思が記録されている必要はなく、仲裁合意の内
容だけが記録されていることで足りるとする[104]。

　したがって、一方の当事者が仲裁合意が記載された注文書を他方の当事者

---

(102)　See Wolff NYC Commentary 132.
(103)　三木・改正モデル法12頁参照。
(104)　2006 UNCITRAL History and Commentary 33; Binder UNCITRAL 138.

に送付し、他方の当事者が口頭でそれを承諾した場合、仲裁合意は書面要件を具備することになる。また、当事者が口頭で仲裁合意が記載された定型書式を引用して契約を締結した場合も書面要件を具備するが、仲裁規則を引用した場合には、仲裁条項が記載された文書を引用しているとは言えず、書面要件を具備しないことになるとされる[105]。

　また、7条4項で、仲裁合意が後の参照の用に供し得る電子的通信による場合も書面要件を具備すると定める。これに対し7条5項は、仲裁合意は、一方の当事者が仲裁合意の存在を主張し、他方の当事者がこれを否認しない申立てと答弁の交換に含まれるときは、書面要件を具備すると定め、1985年の規定から変更していない。7条6項は、1985年の規定が、当事者が書面による契約で仲裁合意が記載された文書を言及し、その言及が当該契約の一部とするものである場合、仲裁合意は書面要件を具備すると定めていたのに対し、当事者が仲裁合意が記載された文書を言及する契約に書面性を要求していない。これら7条4項ないし6項の規定は、7条3項が定める書面要件を例示する規定であるとされる[106]。

　仲裁法は、現在、国際仲裁の活性化に向けた基盤整備の取組の一環として、このオプションⅠに対応する改正が進められている（⇨第1章8(2)(b)(イ)）。

6　仲裁合意の当事者に関わる有効要件
(1)　当事者能力

　仲裁は国家が法認した訴訟に代替する紛争解決制度であるから、訴訟において当事者能力を有する者は、仲裁においても当事者となることのできる一般的資格（仲裁における当事者能力）を有することになると考える。したがって、訴訟において当事者能力を有する者は、仲裁合意の主体となり、仲裁手続において申立人または被申立人となり仲裁判断の効力を受けることになる。

　権利能力を有する者は当事者能力を有するので（民訴28条）、自然人および法人は仲裁においても当事者能力を有し、法人でない社団または財団で代

---

(105)　2006 UNCITRAL History and Commentary 36-37.
(106)　三木・改正モデル法14頁参照。

表者または管理人の定めがあるものにも、当事者能力が与えられているので（民訴29条）、これらのものは、仲裁においても当事者能力を有する[107]。

(2)　仲裁合意締結能力

仲裁合意を締結するに当たっては、それを締結する能力（仲裁合意締結能力）が必要となり、この問題についても仲裁法は規定を置いていないが、実体法上の契約と同様に、意思能力、行為能力が必要となる。

また、仲裁合意の訴訟契約としての性質から仲裁合意を締結するには訴訟能力を有していることが必要であり、未成年者および成年被後見人は、原則として、訴訟能力がなく、法定代理人によってのみ訴訟行為をすることが許され（民訴31条）、未成年者、成年被後見人が締結した仲裁合意は、追認のない限り（民訴34条2項）、無効となり、また、被保佐人、仲裁合意を締結することについて補助人の同意を要する被補助人は、それぞれ保佐人、補助人の同意を得て仲裁合意を締結することができるが（民13条1項5号、17条1項）、保佐人、補助人の同意を得ないで締結した仲裁合意もまた、追認のない限り（民訴34条2項）、無効であると解されている[108]。

しかし、妨訴抗弁の局面において仲裁合意の有効性が問題となる場合、有効な仲裁合意は訴えを却下する効果を有するので、仲裁合意締結能力は訴訟法上の問題ではあるが、だからと言って必然的に訴訟能力を必要とするものではないと考える。なぜならば、仲裁手続を遂行するには、判断能力が十分でなく、十分に攻撃防御する能力のない者を保護するため訴訟能力を必要としようが、仲裁合意の締結には、訴権の放棄という効果を考慮しても、実体法上の契約と別異に扱う必要はないからである。

したがって、仲裁合意を締結するには意思能力、行為能力を有するだけで足りると解される。このように解する場合、法定代理人の同意を得ないで未成年者が締結した仲裁合意、成年被後見人が締結した仲裁合意、保佐人の同意を得ないで被保佐人が締結した仲裁合意、仲裁合意を締結することについて補助人の同意が必要な場合において補助人の同意を得ないで被補助人が締

---

(107)　小島＝猪股・仲裁64頁、山本＝山田・ADR仲裁308-309頁参照。
(108)　小山・仲裁38頁、青山・仲裁625頁、小島＝猪股・仲裁63頁、山本＝山田・ADR仲裁309頁等。

結した仲裁合意は、それぞれ取り消されるまで有効である（民5条2項、9条、13条4項、17条4項）。その場合、仲裁手続、訴訟手続の安定が害されるおそれがあるが、この不安定な状態は、仲裁合意を締結した相手方による催告権行使により解消されることになる（民20条）。

(3)　仲裁合意締結権限

仲裁合意を締結する権限を他人に委ねる代理権（仲裁合意締結代理権）についても、実体法上の代理権で足りよう[109]。法人等の場合には、自ら仲裁合意を締結することができないので、代表者または代表者から授権された者が仲裁合意を締結する権限を有する[110]。また、仲裁合意の締結権限を有しない者が締結した仲裁合意は、無効であるが、表見代理の法理が適用される（民109条、110条、112条）[111]。

なお、仲裁合意の締結が重要な行為に当たるため、破産管財人が仲裁合意を締結するには、裁判所の許可が必要となる（破78条2項11号）。また、後見人が仲裁合意を締結するには、後見監督人の同意を要する（民864条、13条1項5号）。

(4)　意思表示の瑕疵

仲裁合意は、実体法上の契約と同様に、申込みと承諾の意思表示の合致によって成立するが、意思表示に瑕疵がある場合には、たとえば、詐欺による場合、意思表示は、取り消すことができる（民96条）。

7　仲裁合意の効力

(1)　仲裁合意の積極的効力

仲裁合意が書面要件の具備を含め有効に成立すると、その効力が生じる。仲裁合意が有効に成立すると、当事者は仲裁合意に基づき紛争を訴訟ではなく仲裁により終局的に解決することになる。仲裁合意は、紛争の解決を仲裁人に委ね、かつ、その判断に服する旨の合意であり（2条1項）、当事者は紛争を仲裁により解決する義務を負う。

（109）　山本＝山田・ADR仲裁309頁、小島＝猪股・仲裁65－66頁参照。
（110）　小島＝猪股・仲裁66頁、山本＝山田・ADR仲裁309頁参照。
（111）　同上参照。

しかし、仲裁合意の一方の当事者によって開始された仲裁手続に他方の当事者が応じなかったとしても、一方の当事者の主張・立証に基づき、仲裁人が審理し、仲裁判断をすることができ（33条3項）、その結果、当事者間の紛争は終局的に解決され（45条1項）、仲裁合意の目的は達せられる。したがって、これが仲裁合意の積極的効力となり、仲裁合意の当事者の義務を実体法上の義務と解し、その違反によって解除権や損害賠償請求権を認めるまでの必要はない[112]。

(2) 仲裁合意の消極的効力

(a) 妨訴抗弁

仲裁法14条1項本文は、「仲裁合意の対象となる民事上の紛争について訴えが提起されたときは、受訴裁判所は、被告の申立てにより、訴えを却下しなければならない」と規定する。ただし、仲裁合意が無効、取消しその他の事由により効力を有しないとき（1号）、仲裁合意に基づく仲裁手続を行うことができないとき（2号）、または、当該申立てが、本案について、被告が弁論をし、または弁論準備手続において申述をした後にされたものであるとき（3号）は、訴えは却下されない（同項ただし書）。この被告の申立ては妨訴抗弁と呼ばれる。

したがって、訴えの却下を求める被告の申立ては、口頭弁論（民訴87条）または口頭弁論の準備として行われる弁論準備手続（口頭弁論の準備として当事者に立ち会う機会が保障された争点・証拠の整理を行う手続（民訴168条））において、原告の請求の当否についての法律上、事実上の主張をする時までにしなければならない。旧法下においても、本案について弁論した時に仲裁合意の抗弁は失権するとするのが、裁判例の大勢であった[113]。ただし書2号については、実際に問題となることはほとんどないと思われるが、たとえば、特定の者を仲裁人とする合意があったが、その者が死亡した場合、仲裁合意は履行不能となり、この2号に当たる[114]。

---

(112)　青山善充「仲裁契約」高桑＝道垣内・国際民訴422頁、小島＝猪股・仲裁123頁、小山・仲裁79－80頁、河野・仲裁425頁参照。これに対し、中田・仲裁118頁は実体法上の義務を肯定する。

(113)　小島＝猪股・仲裁118頁。

　仲裁合意の存在については、裁判所が職権で調査すべき事項ではなく、被告が主張すべき抗弁事項であり、また、証明責任を負うが、ただし書1号が列挙する仲裁合意の無効、取消し等については、原告が主張・証明責任を負う。もっとも、仲裁可能性の有無については、その性質上、裁判所の職権調査事項であると解される。

(b)　答弁書の陳述擬制

　ただし書3号により、被告は、本案について弁論、申述、すなわち、口頭で現実に陳述する時までに仲裁合意の存在を主張しなければならない。しかし、答弁書（訴状の送達を受けた被告が最初に提出する準備書面）の陳述擬制（被告が口頭弁論または弁論準備手続の最初の期日に欠席した場合、準備書面（当事者が口頭弁論において陳述する事項を記載した書面（民訴161条））に記載した事項は陳述したものとみなされる（民訴158条、170条5項））については、現実に期日に出頭して陳述していないので、3号にいう本案についての弁論、申述には当たらないと解される[115]。したがって、被告は、その後、本案について、口頭で現実に陳述する時までに仲裁合意の存在を主張することができる。

　もっとも、被告が口頭弁論または弁論準備手続に欠席した場合において、たとえば、原告が訴状等の記載により被告との間で成立した仲裁合意を合意解除した事実を主張しているときは、答弁書の記載からこれを争うことが明らかでない限り、自白したものとみなされるので（擬制自白の成立（当事者が口頭弁論、弁論準備手続に欠席した場合、相手方主張の事実について自白した（認めた）ものとみなされる（民訴159条3項本文、170条5項）））、被告の妨訴抗弁が認められないことはある。

(c)　抗弁権の失効

　これに対し、被告が応訴せず、口頭弁論期日に出頭せず、答弁書を含め準備書面を一切提出しない場合、被告が仲裁合意の成立を後に主張し得るか否かという問題があるが、仲裁手続における仲裁被申立人が仲裁権限を後に争

(114)　仲裁コンメ56−57頁参照。
(115)　東京地判平24・8・7判例集未登載（LEX/DB25496039）。また、旧法下のものとして、東京地判昭45・7・15判時614号73頁がある。なお、応訴管轄についても、同様に解されている（条解民訴111頁〔新堂幸司＝高橋宏志＝高田裕成〕）。

う場合と同様に、被告にはもともと管轄権を有しない裁判所に提起された訴訟に応訴する義務はなく、これを肯定し得ると解される。

なお、この妨訴抗弁の提出期限までに被告が仲裁合意の存在を主張し得なかったことにつき被告に責めに帰すべき事情がないときは、抗弁権は失効しないと解すべきであろう[116]。

(d)　相殺の抗弁

訴訟手続において、被告から相殺の抗弁が提出されることがあるが、その場合、反対債権が仲裁合意の対象となるときは、原告が妨訴抗弁を主張することによって相殺の抗弁は却下されるが、反対債権の存否等について弁論等をしたときは、相殺の抗弁は却下されない（⇨第4章**9**(6)(b)(イ)）。

(e)　訴訟判決の効果

裁判所が妨訴抗弁を認めて訴訟要件を欠くとして訴えを不適法却下する判決（訴訟判決）をする場合、仲裁合意の存在について既判力（当事者および他の裁判所に対する拘束力）が生じると解される[117]。この既判力によって当事者は当該紛争について仲裁合意の存否を争うことができなくなるとともに、後訴の裁判所も仲裁合意が存在しないという判断をすることはできなくなる。

また、訴訟判決確定後の仲裁手続において仲裁廷が仲裁合意の不存在を認め、仲裁手続の終了決定をする場合（23条4項2号）、当事者は訴訟、仲裁のいずれにおいても権利救済を受けることができなくなるので、既判力によって当事者は、当該紛争について仲裁手続において仲裁合意の不存在を主張できないとともに、仲裁が訴訟に代替し、訴訟と並ぶ紛争の終局的解決手続である以上、仲裁廷も仲裁合意が存在しないという判断ができなくなると解す

---

(116)　小島＝猪股・仲裁119頁参照。これに対し、山本＝山田・ADR仲裁321頁は、このような場合は、実際上、ほとんど想定できず、そのような例外扱いは認める必要がないという。

(117)　小島＝猪股・仲裁120頁、小島＝高桑・注釈仲裁77頁〔豊田博昭〕等参照。また、条解民訴514頁〔竹下守夫〕は、既判力を認めるのが通説であるという。旧法下の判例として、東京地判昭60・8・30判時1194号92頁は、仲裁合意の存在を認めて訴えを却下した訴訟判決の既判力は、訴訟が仲裁合意の存在により訴訟要件を欠くことについてのみ生じたものではなく、その判決により、当事者は、仲裁合意の不存在、無効による仲裁判断の取消しを主張することができない旨の判断を示す。

べきである[118]。

(f)　妨訴抗弁を主張できる手続

　妨訴抗弁は、手形・小切手訴訟（民訴350条以下）を含む本案訴訟において提出できるが[119]、民事保全手続では提出できない（15条）。また、督促手続（民訴382条以下）では、支払督促に対する督促異議の申立てとともに、仲裁合意の抗弁を主張することができる[120]。訴訟手続以外に、非訟手続（非訟事件手続法による簡略、柔軟な手続）による争訟的非訟事件についても（⇨ **2**(**3**)）、妨訴抗弁は認められる。

　請求異議訴訟（民執35条）、第三者異議訴訟（民執38条）については、いずれも強制執行を許さない旨を宣言する判決を求めるものであり、これには仲裁可能性は認められず[121]、訴え自体が妨訴抗弁により却下されることはない。しかし、異議事由、たとえば、弁済、相殺といった請求異議事由に関する争いが仲裁合意の対象である場合、仲裁鑑定契約の対象となる事項が請求の前提問題となっているときと同様に（⇨ **9**(**2**)）、原告は、仲裁廷による判断がされるまで裁判所はそれを審理、判断することができず、請求し得る地位にないということで請求は棄却され、仲裁判断後に再訴することになろう。その場合、民事執行法36条を類推適用して執行停止の裁判を求めることができると解すべきであろう[122]。

(g)　仲裁廷の手続続行権

　仲裁法14条2項は、「仲裁廷は、前項の訴えに係る訴訟が裁判所に係属する間においても、仲裁手続を開始し、又は続行し、かつ、仲裁判断をすることができる」と規定し、仲裁廷の手続続行権を定めている。これは、仲裁手

---

(118)　小島＝猪股・仲裁120頁、上田徹一郎「却下・棄却判決の既判力」鈴木忠一＝三ヶ月章監修『実務民事訴訟講座2』（日本評論社、1979）84頁、小島＝高桑・注釈仲裁77頁〔豊田博昭〕、猪股孝史「訴訟と仲裁合意」小島武司古稀『民事司法の法理と政策（下巻）』（商事法務、2008）323頁参照。

(119)　小山・仲裁82頁、青山・仲裁637頁等参照。また、旧法下の判例として、東京地判昭48・10・24下民集24巻9＝12号808頁、東京地判昭52・5・18判時867号110頁がある。

(120)　小山・仲裁82頁、中田・仲裁123頁、小島＝猪股・仲裁120－121頁等参照。

(121)　小島＝高桑・注解仲裁45頁〔小島武司＝豊田博昭〕、河野・仲裁409頁参照。

(122)　猪股・請求異議135頁、安達・執行決定70頁参照。

続の遅延を目的する裁判所への訴訟提起を抑止し、かつ、仲裁手続の迅速な進行と紛争解決を可能にする必要があるために設けられた規定である⁽¹²³⁾。

　もっとも、仲裁廷は、仲裁手続が無駄にならないよう、仲裁合意が訴訟において無効とされない蓋然性が極めて高いと考えられる場合を除き、手続を中止することになろう。

(h)　ADR前置合意は妨訴抗弁として働くか

(ア)　ADR前置合意とは何か

　契約において、当事者が仲裁、訴訟による紛争の終局的解決の前に、交渉や調停等の裁判外紛争解決手続（ADR）により紛争の解決を試み、これによって紛争が解決されない場合に初めて、仲裁、訴訟を提起して紛争を解決するという、交渉、ADRを仲裁、訴訟に前置させる合意（ADR前置合意）が紛争解決条項として（国際仲裁では多層的紛争解決条項（multi-tiered dispute resolution clauses）と呼ばれることがある）定められる場合がある。ADR前置合意は、当事者に仲裁、訴訟による紛争解決を行う前に交渉、ADRを義務付け、それを履践することが仲裁、訴訟を提起する前提条件となる。したがって、当事者は仲裁、訴訟に前置するADRを履践し、それを経なければ、仲裁、訴訟を提起することができない。

　したがって、当事者が訴訟に前置するADR前置合意をした場合、かかる合意を尊重し、被告の申立てにより、ADR前置合意に基づき訴えは却下されるべきであるが、この点について、見解が分かれている。

(イ)　判　　　例

　この問題を扱った判例として、東京高判平23・6・22判時2116号64頁は、紛争解決手続として訴訟に先立ち交渉、調停による一定の手続を義務付ける合意（本件契約）の訴訟法上の効力について、訴訟に関する合意に本案判決をするための要件（訴訟要件）の欠缺という訴訟上の効力を認めるには、当該効力が日本国憲法32条に規定する国民の裁判を受ける権利の喪失を来すものであることも考慮しなければならない、と述べた上で、①本件契約が規定する訴訟に前置する交渉、調停は、仲裁と異なり、いずれも紛争を最終解決

に導く保障を有せず、双方当事者は、これにより紛争を最終解決させる義務を負わず、時効中断効（時効完成猶予効）もなく、②訴訟に前置する交渉、調停の手続を履践しない訴えを不適法却下することは、認証紛争解決手続による紛争解決の合意がある場合、当事者の共同の申立てがあるときに限り、受訴裁判所が訴訟手続を中止することができる旨を定めるADR法26条1項2号の規定と整合性を欠き、③訴えを不適法却下した場合、本訴請求債権の時効中断（時効完成猶予）の措置がとれなかったり、再訴した際、訴提起手数料を二重にとられたりするという予測困難な不利益を当事者が被ることになり、当事者に酷な結果が生じるとして、実定法上明文の規定を欠く不適法却下は適切でないと結論付けた。また、仮に本件契約に何らかの訴訟上の効力を認めるとしても、ADR法26条の規定を類推適用して、当事者共同の申立てがある場合に4か月の限度で訴訟手続を中止する権能を受訴裁判所に認めるにとどめるべきものであると述べた。

　これに対し、原審の東京地判平22・12・8判時2116号68頁は、当事者の合意は、紛争解決手続として訴訟手続に先立ち一定の手続を義務付け、当事者がその手続を履践するまでは訴権を制限したものであると解するのが合理的であり、公序良俗に反するなどの事情は認められず、また、仮に、本件において、自主的紛争解決が期待できないような事情があるとしても、直ちに当事者間の合意に反して、訴訟提起を認めることが相当であるとはいえず、そもそも訴訟によらない自主的紛争解決が全く不可能であるとまでは認めるに足りない旨判示し、訴えは不適法であるとした。

(ウ)　学　　　説

　学説は、この判例を契機に議論されているが、ADR前置合意の訴訟法上の効力について、仲裁合意の場合、仲裁手続において確実に紛争が最終的に解決されることになるので、訴えの利益を問題とせず、当然に訴え却下の効果が生じるが（14条1項）、ADR手続を経ないで訴えを提起することを両当事者に許さない合意（訴権制限合意）については、訴えの利益を一般的な形で否定して訴え却下の結論に至ることは原則として相当でなく、個々の事件において、たとえば、ADRにおける話合いが成立する蓋然性が高いなど特段の事情がある場合に限り、例外的に訴えの利益がないと判断されるべきも

のであり、訴訟法上の効力については、訴えを却下するのではなく、ADR
法26条等の規定を類推して、訴訟手続の中止等の措置をとるべきであるなど
とする見解が主張されている[124]。

㈑　当事者の意思を尊重した訴訟法上の効果

　ADR前置合意は、訴訟手続に先立ち一定の紛争解決手続を義務付け、当
事者がその手続を履践するまでは訴権を制限する一時的不起訴の合意であ
る。不起訴の合意について、訴えは却下されるが、判例は、訴えを提起しな
いとの不作為義務を負わせる私法上の契約であるとしつつ、この不作為義務
に違反して提起された訴えは、その利益を欠き不適法であるとの見解（私法
契約説）に立ち、学説もこれを支持するものがあるが、その一方で、仲裁合
意と同様に、特定の紛争について国家の裁判所の裁判権を排除する趣旨の契
約であり、違反の効果を直截に訴訟に反映させて訴え提起を不適法とする見
解（訴訟契約説）が近時の多数説とされる[125]。いずれの立場によっても、不
起訴の合意に違反する訴えは不適法却下される。

　したがって、ADR前置合意も、仲裁合意と違い、紛争を終局的に解決す
る手続ではないが、この当事者の意思に従った訴訟法上の効果を認めるべき
であり、不起訴の合意の場合と同様に、ADR前置合意に反する訴えは不適
法却下すべきである[126]。その場合、一時的であっても、裁判を受ける権利
を奪うものであるから、その成否、内容は、合意に至る経緯等の事情を総合
的に考慮して慎重に判断しなければならないことは言うまでもない[127]。ま

(124)　山本・ADR216-217頁。川嶋・ADR前置合意744頁は、訴えが提起されるに至っ
た諸般の事情を考慮した上で、所定のADR手続を先行させることが適当と認められる
場合には、訴訟手続を暫時中止するという。
(125)　条解民訴736頁〔竹下守夫〕、新・コンメンタール民訴554頁〔名津井吉裕〕。
(126)　池田辰夫「訴訟係属前後の訴訟上の合意の適法性——訴訟審理における当事者自
治とその限界」木川統一郎古稀『民事裁判の充実と促進』（判例タイムズ社、1994）226
頁は、「訴訟前の当事者間の休戦合意には、これを裁判所としても尊重し、かかる合意
違反の提訴には、理論構成を別とすれば、結論的には、訴えを不適法却下するなどとい
う形で応えるということになる。これにはおそらく異論がないであろう」という。
(127)　ADR前置合意も契約である以上、その給付内容が確定できない場合、確定性の要
件を具備しないとしてその法的効力は否定される。この確定性の要件については、中村・
論点205頁以下を参照。

た、ADR前置合意の当事者は、交渉、調停等によって紛争を解決する法的義務を負い、これにより紛争が解決されないときは、最終的に訴訟、仲裁による解決を図ることになるが、当事者はどのような場合に交渉、調停を終了させ、訴訟、仲裁を提起することができるかという問題がある(128)。

　私法契約説に立ち訴えの利益を問題にする場合であっても、訴訟手続に先立つ紛争解決手続において、当事者間に和解が成立する蓋然性等の諸事情を訴えの利益の判断において考慮することは、当事者の意思に反するものであり、妥当ではないと考える。もっとも、時効の完成猶予については、当事者がADR前置合意において、自己の権利を放棄してまで交渉、ADRによる紛争解決を試みるという合意をすることは通常考えられず、かかる明示の合意がない限り、当事者は自己の権利を行使する必要がある場合には、訴えを提起することは妨げられないという当事者の意思を推認することになろう。

　(オ)　**民事調停法、家事事件手続法およびADR法26条が定める中止規定との関係**

　ADR前置合意の訴訟法上の効果について、民事調停、家事調停において調停前置（民調24条の2、家事257条）の規律に反して提訴された場合、裁判所は、原則として職権で事件を調停に付し、訴訟手続を中止することができ（民調20条の3、家事275条）、また、ADR法26条も、訴訟手続中に当事者間でADR利用の合意がされた場合、裁判所は、当事者の共同の申立てに基づき訴訟手続を中止することができるとし、いずれも訴えを却下しない規律をしており、この点を参酌すれば、訴えの却下は過剰な規制であり、相当でないとの見解が主張されている(129)。

　しかし、民事調停、家事調停における規律は、紛争の性質等を考慮した法政策に基づいて、当事者に訴訟手続に先立ち調停手続を義務付けるものであって、その手続を履践するまで訴権を制限するという当事者の一時的不起

(128)　当事者間に別段の合意がない場合、当事者が交渉、調停等による紛争解決手続を履践したが、紛争解決の見込みのない行き詰まり状態に陥った場合、交渉、調停等は終了し、当事者は訴訟、仲裁を提起することができよう。この問題については、中村・論点214頁以下を参照。

(129)　山本・ADR216-217頁、川嶋・ADR前置合意744頁、上田竹志「判批」法セ690号（2012）144頁、中野俊一郎「判批」判評636号（2012）25頁。

訴の合意に基づくものではないので、両者に本質的違いがある。したがって、ADR前置合意にこれと同じ規律を適用する根拠とはならない。

　また、ADR法26条は、訴訟手続中に当事者がADRによる紛争の解決を試みる場合、当事者の共同の申立てにより訴訟手続を中止するものであるが、これは、ADRを試みても、それにより紛争が必ず解決されるものではなく、その場合には、訴訟手続に戻り、それによる終局的な紛争解決が必要となるため、訴訟手続を一旦中止する制度を設けたのである。これに対しADR前置合意は、当事者間で紛争が生じた場合、直ちに訴訟を提起するのをやめ、その前に、当事者が交渉、調停等の話合いによる紛争解決を試み、それによって和解の解決を目指すものであるので、ADR法26条が目的とする訴訟手続の中止とも本質的に異なる。したがって、ADR法26条の規定を考慮してこれと同様の中止措置を講じる根拠とはならない。

⑶　仲裁合意の効力の主観的範囲

⒜　学　　説

　仲裁合意は契約の1つであり、その効力は、仲裁合意をした当事者に及ぶことになるが、仲裁合意の効力がその当事者以外の者に及ぶことがあるか。諸外国、とりわけ米国では判例法が形成されており、代理の法理（theory of agency）やエクイティ上の禁反言の法理（equitable estoppel）により、またフランスではグループ会社の法理（doctrine of group companies）により、それぞれ仲裁合意の当事者以外の者にも仲裁合意の効力が及ぶことがある[130]。

　わが国ではこの問題について、リングリング・サーカス事件において、東京高判平6・5・30判時1499号66頁が、法人が当事者となる仲裁合意の準拠

---

[130]　中村・論点145−162頁参照。また、越智幹仁「仲裁合意の第三者に対する拡張を正当化する理論の研究」神戸71巻1号（2021）237頁によれば、フランスでは、1980年代に、グループ会社の一部が締結した契約中の仲裁条項の効力が当事者の共通の意思から、契約に関与した他のグループ会社にも及ぶとする判例が登場し、その後、判例の変遷があり、グループ会社に関するもの以外の事案においても、契約の関与から、仲裁合意の存在を認識し、それを承諾した意思を推認する判例がある一方、2000年以降、当事者の意思に言及せず契約の関与から仲裁条項の効力が及ぶとするものが登場するが、最近の判例においては、再び、契約の関与から、仲裁合意の存在を認識し、承諾する意思を推認するものに戻っているとされる。

法である米国法の解釈として法人の代表者にも仲裁合意の効力が及ぶと判断
し、この判例を契機として若干議論されている。

　学説は、法人の代表者等は、その組織の中核的存在であり、その組織の資
格に基づいて契約を締結し、履行しているので、その行為はまさしく組織体
の行為であり、法人の代表者等との紛争が法人との紛争と実質的に同一であ
る場合、代表者等に対し訴えを別に提起することを許すことは、仲裁合意の
趣旨が、実質上、容易に踏みにじられることにもなりかねず、法主体如何に
よって仲裁と訴訟とに紛争解決手段が分かれるのでは、仲裁合意によって達
成しようとした紛争解決が困難となり、これは、仲裁合意を締結した当事者
の合理的意思にそぐわないとして、米国法の解釈は、日本法の解釈において
も妥当し、同様に解すべきであるという見解が示されている[131]。この見解
は、法人の代表者等にも法人の締結した仲裁合意の効力が及ぶ根拠を仲裁合
意の趣旨に求めつつ、かかる効力を否定することは、仲裁合意を締結した法
人と相手方当事者との意思にそぐわないというが、仲裁合意も契約として、
その拘束力は当事者の合意に依拠するものであるから、当事者の合意を超え
て、紛争の実質的同一性等が仲裁合意の効力を代表者等へ及ぼし得る根拠と
して妥当し得るかは疑問である。

　また、法人に対する契約上の損害賠償請求についての仲裁を潜脱するため
に、代表者を相手として不法行為に仮託して裁判所に提訴することは許され
ないため、代表者の行為が法人の契約締結または履行の一部としてなされた
ような場合には、仲裁合意の効力の代表者への拡張を認めるべきであるとい
う見解がある[132]。しかし、この見解についても、法人の代表者に対する不
法行為に基づく損害賠償請求の訴えが、法人に対する契約上の損害賠償請求
をその代表者の不法行為に仮託するものである場合、提訴者の主張する権利
が根拠を欠き権利保護の必要性が低いなどの理由で訴権の濫用に当たるとし

（131）　小島＝猪股・仲裁128－129頁。

（132）　青山・仲裁635頁。また、山本＝山田・ADR仲裁323頁は、法人の構成（同族会社
　　　か否か等）や合意締結の状況などに鑑み、役員等に対して別訴を提起することが訴権の
　　　濫用に当たる場合や役員等が提訴することが禁反言に当たる場合には、例外的にこれら
　　　の者も仲裁合意に拘束されるという。

て不適法却下すべきであっても(133)、これが、法人の締結した仲裁合意の効力がその代表者に及ぶ十分な根拠となるかは疑問である。

(b)　判　　例

日本法人と英国法人との間で締結された仲裁条項を含む代理店契約に関し、日本法人が英国法人による代金未払いに対し、英国法人の取締役社長と取締役が契約製品を詐取する目的で契約を締結したものであるとして、英国法人、その取締役社長および取締役を被告として損害賠償請求訴訟を提起した事案において、名古屋地判平7・10・27海法150号33頁は、統一的判断の必要から、条理に従い、被告法人が原告と締結した仲裁合意の効力がその取締役社長および取締役にも及ぶとしたが、上記学説と同様に、仲裁合意を締結していない者にその効力を及ぼし得る根拠とし妥当し得るかは疑問である。

これに対し、仲裁条項を含む通信設備のリース等に関する契約に基づき取引関係にあった原被告会社間で、原告会社が有する銀行への預金債権を被告会社およびその代表者が違法に仮差押えたために損害を被ったとして、同人らを相手に損害賠償を請求した事案において、東京地判平16・10・27判例集未登載（2004WLJPCA10270005）は、仲裁合意の解釈に適用される仲裁合意の準拠法を日本法と認定した上で、統一的判断の必要のほか、被告会社の代表者の行為、仲裁合意の意義、当事者の公平等に照らした結果、仲裁合意の合理的解釈として、被告会社が原告会社と締結した仲裁合意の効力がその代表者である被告個人にも及ぶとした。仲裁合意の合理的解釈により、その効力が代表者にも及ぶとするが、仲裁合意の当事者でない代表者がその意思に依拠せず仲裁合意に拘束されることには疑問がある。

また、日本法人（被告）がベトナム企業と共同で設立したベトナム法人である合弁会社と日本法人（請負人・原告）との仲裁条項を含む工事請負契約に関し、原告が、被告が合弁会社の工事代金債務を保証したとして、保証債務の支払い等を求めた事案において、東京地判平14・11・25判例集未登載（2002WLJPCA11250007）は、被告が工事請負契約の交渉に関与した事情等を考慮して、仲裁合意の効力が原告・被告間の黙示の合意によって被告の原告

(133)　条解民訴31頁〔新堂幸司＝高橋宏志＝高田裕成〕。

に対する保証債務にも及ぶとした。結論の当否は措き、当事者の黙示の合意により仲裁合意の成立を認めたことは妥当であろう。

(c)　当事者の意思解釈の問題

このように、学説、判例には、当事者の意思に依拠せずに仲裁合意の効力がそれを締結していない者にも及ぶことがあるとするものがあるが、仲裁は当事者の合意に基づく紛争解決手段であり、仲裁合意に拘束される根拠は、まずは当事者の意思に求めることになる。その場合、実体法上の契約と同様に、仲裁合意の成否は当事者の意思解釈によって決することになる。

(ア)　第三者のためにする契約

第三者のためにする契約として、契約から生じる権利を契約当事者以外の第三者に直接帰属させることが認められている（民537条）。契約から生じる権利ではないが、契約当事者が契約から生じる紛争を仲裁で解決する手続上の権利についても、これを第三者に直接取得させることは許容されると解され、法人が締結する契約において役職員に法人の相手方との紛争を仲裁により解決する権利を与えた場合、法人の役職員は仲裁合意を援用して法人の相手方との紛争を仲裁により解決することができると考える[134]。

また、契約当事者が第三者に対し、契約当事者との紛争を仲裁により解決することを条件として権利を取得させることを合意した場合、契約の利益を享受する意思を表示した第三者は、契約当事者との紛争を仲裁により解決することが強いられることになると考えられる。

(イ)　工事請負契約中の仲裁条項に監理者は拘束されるか

工事請負契約に関し設計管理者が発注者と請負人との間の仲裁合意に拘束されるかという問題がある。管理者も、請負契約上の当事者であるとして、発注者、請負人、管理者間の三面契約であるという見解があるが、監理者は、請負契約上の当事者ではなく、監理業務の専門性に鑑み、発注者の代理人として協力する地位を確認するために記名押印しているに過ぎないというのが多数説である[135]。

---

(134)　小島＝猪股・仲裁133頁は、第三者のためにする契約に仲裁合意があるときは、第三者は、これに拘束されるというが、疑問である。

　また、権利能力のない社団、財団の代表者が締結した仲裁合意は、他の構成員に及ぶとされるが[136]、この場合、仲裁合意の締結について他の構成員からの授権があることが前提になると考える[137]。

(d)　当事者の意思に依拠しない場合

　当事者の意思に依拠しない場合であっても、信義則により仲裁合意の効力が仲裁合意を締結していない者に及ぶことがあると考えられる。信義誠実の原則（民1条2項）の類型の1つとして禁反言の法理が認められ、権利の行使または法的地位の主張が、先行行為と直接矛盾する故に、または先行行為により惹起させた信頼に反する故に、その行使を認めることが信義に反するとされる場合があるとされる[138]。

　したがって、仲裁条項を含む契約の当事者でなくても、仲裁条項に拘束されるという印象を相手方に与え、相手方がそれを正当に信頼し、仲裁合意を援用する場合には、仲裁合意に拘束されないという主張をすることは、禁反言の法理により許されないであろう[139]。また、法人格が濫用される場合または法人格が形骸化している場合において、法人格を当該法律関係に限って否認することで事案の衡平な解決を図るための法人格否認の法理が適用されるときは[140]、法人の支配者に仲裁合意の効力が及ぶことになる。

---

(135)　小島＝猪股・仲裁134頁。これは契約の解釈の問題であるが、判例は、建設工事紛争審査会の仲裁に付する旨の仲裁条項を定めている民間（旧四会）連合協定工事請負契約約款を用いた注文者と請負人の請負契約および注文者と管理技師の監理委任契約に関し、東京地判昭48・10・29判時736号65頁が、三者間に仲裁合意が成立している旨の判断を示したのに対し、大阪高判昭51・3・10判時829号60頁は、注文者と管理技師との間の紛争は、注文者と請負人との間の紛争と関連性はあるが、仲裁合意は、専ら注文者と請負人との間に生じた紛争に適用されるものであるとし、工事請負契約約款中の仲裁合意が管理技師には及ばないと判示した。

(136)　小島＝猪股・仲裁130頁、小島＝高桑・注釈仲裁91頁〔小島武司＝清水宏〕。

(137)　理論と実務74頁〔三木浩一発言〕参照。

(138)　谷口友平＝石田喜久夫編『新版 注釈民法(1)〔改訂版〕』（有斐閣、2002）98頁〔安永正昭〕。

(139)　See Otto Sandrock, The UK Supreme Court Misses the Point: Estoppel Applies Without the Existence of a Common Intention, 23 American Review of International Arbitration（2012）183-184; Tobias Zuberbühler, Non – Signatories and the Consensus to Arbitrate, 26(1) ASA Bulletin（2008）33.

(140)　江頭・会社法41－48頁参照。

(4)　仲裁合意上の地位の移転

(a)　包括承継

　包括承継は、当事者の権利義務のすべてを一体として受け継ぐものであるから、仲裁合意において反対の合意がない限り、包括承継によって仲裁合意上の地位も包括承継人が当然受け継ぐことになる。したがって、仲裁合意の当事者が死亡した場合、当該権利義務を相続により承継する者は仲裁合意に拘束される。また、仲裁合意の当事者である法人が合併により消滅した場合、合併によって設立された法人または合併後に存続する法人に仲裁合意上の地位が移転することになる。もっとも、仲裁合意の対象となる権利義務が一身専属的である場合には、仲裁合意上の地位は包括承継人に移転しない。たとえば、民法881条の扶養請求権は、弁済期が到来したものを除き、一身専属的権利であり[141]、これを対象とする仲裁合意上の地位が包括承継人に移転することはない。

　仲裁手続において、当事者の権利が一身専属的であるか否かが争われた場合、仲裁廷がこれを審理し、一身専属的権利であると判断したときは、かかる権利は承継人に移転せず、仲裁合意上の地位もまた承継人に移転しないと判断し、仲裁手続の終了決定をすることになる（23条4項2号）。

(b)　債権譲渡

(i)　学説・判例

　仲裁合意の対象となる権利が譲渡された場合、これと併せて、仲裁合意上の地位も譲受人が承継することになるか。この問題は、仲裁法に規定がなく、解釈問題となる。

　学説は、これを肯定する立場と否定する立場とに見解が分かれており、肯定説は、仲裁による紛争の解決を期待していた債務者の地位を債権譲渡によって一方的に侵害することは許されない[142]、特定承継人は、仲裁合意の付着した権利義務を、実体法上そのような変更が加えられたものとして承継している[143]などを根拠とする[144]。これに対し否定説は、権利のみ第三者に

(141)　内田貴『民法Ⅳ〔補訂版〕』（東京大学出版、2004）293頁。
(142)　青山・仲裁635頁、理論と実務73頁〔山本和彦発言〕。

譲渡され義務が引き受けられていないときは、仲裁合意の効力は譲受人には及ばない[145]、仲裁合意の対象となる契約から生じた債権が譲渡された場合、譲受人が国家の裁判所に提訴することができなくなるという拘束（不利益）を顧慮して、特定承継による仲裁合意の拘束力の拡張は、承継人の同意またはそれと同旨すべき事情が存在することを必要とする[146]などを根拠とする。

　判例は、古いものではあるが、東京地判大7・10・19評論7巻民訴295頁が、仲裁合意の目的たる特定の法律関係に基因する債権の承継人もその仲裁合意に覊束されると述べ、仲裁合意の効力は譲受人に及ぶとするが[147]、大阪区判大6・4・30新聞1268号23頁は、これを否定する[148]。

---

(143)　小島武司＝猪股孝史「＜総合判例研究＞(2)仲裁判断の効力・取消および執行判決」判タ763号（1991）27頁。

(144)　山本＝山田・ADR仲裁323－324頁は、契約上生じた債権が譲渡された場合、債務者が異議なき承諾（民468条1項（平成29年法律第44号（令和2年4月1日施行）による改正前）をしたときを除き、原則として譲受人との関係でも仲裁合意は効力を有するという。改正民法468条1項は、「債務者は、対抗要件具備時までに譲渡人に対して生じた事由をもって譲受人に対抗することができる」と改めたので、この見解によれば、改正民法468条1項の下では、譲受人との関係でも仲裁合意は効力を有することになろう。これに対し青山・仲裁635頁は、債務者が同意すれば仲裁合意のない債権として移転することもできるが、かかる同意は、民法467条（改正後も実質的に同じ）の承諾によって当然に得られたことにはならないという。また、小梁・管轄合意63頁は、「契約の譲渡や債権譲渡の場合には、契約や当該債権の原因となった契約を『承知のうえで』譲受人は譲り受けていると想定されるから、これも紛争解決条項の効力がおよぶことに異論はないと思われる」という。また、肯定説は、同じ訴訟契約である管轄合意の効力に関しても見られ、注解民訴(1)350－351頁〔高島義郎＝松山恒昭＝小室直人〕は、「管轄合意は、性質上は訴訟法上の合意として実体的権利関係とは区別されるが、内容的にはその権利関係に不可分に附着せしめられた、いわば権利行使の条件として、その属性をなすとも考えられ」、「権利関係が記名債権のように、当事者が自由にその内容を定めうる性質のものであれば、譲受人はそのような内容の権利を譲り受けたものとみて、合意の効果をこれに及ぼしてもさしつかえない」といい、管轄合意の効力は譲受人に及ぶとする。同旨、伊藤・民訴89頁、新堂・民訴121－122頁、条解民訴116頁〔新堂幸司＝高橋宏志＝高田裕成〕。国際的には、債権譲渡によって自動的に仲裁合意上の地位も譲受人に承継されるという考え方、いわば自動承継説（automatic assignment rule）が広く支持されているとされる（Brekoulakis Third Parties 29）。

(145)　小山・仲裁89頁。同旨、上野泰男「仲裁判断の効力の主観的範囲について」名城42巻別冊（1992）388－399頁、理論と実務72頁〔上野泰男発言〕。

(146)　河野・仲裁429頁。

(147)　管轄合意に関し、東京高決平15・5・22判タ1136号259頁。

(ii)　**債権者、債務者および譲受人の三者の利益衡量**

このように見解が分かれるが、債権譲渡によって仲裁合意の効力が譲受人に及ぶという肯定説（自動承継説）は、その根拠として、仲裁により紛争を解決する債務者の利益保護のほか、仲裁合意がそれを含む主たる契約上の権利に付随し、両者が不可分一体の関係にあることを挙げる。

確かに、仲裁合意は、主たる契約上の権利関係から生じる紛争を解決する合意であり、主たる契約の存在なくして存在し得ず、主たる契約に付随し、その権利関係と密接な関係があることは明らかであるが、これが常に不可分一体の関係にあるかというと、当事者がそのように定めている場合は格別、そうでないときは、債権譲渡に仲裁合意上の地位の譲渡が必要不可欠であると言うわけではなく、また、仲裁合意は、債権に関連はするが、債権とは性質の違う紛争解決に関する合意であり、常に両者の間に不可分の関係があるとまでは言えず、不可分一体の関係を理由に債権譲渡に伴い仲裁合意上の地位も自動的に譲受人に承継されるとまでは言い切れないと考える。

これに対し、否定説は、譲受人の提訴権を考慮して譲受人の同意またはそれと同旨すべき事情が存在することを必要とすると言うが、債権譲渡を受けるかどうかは譲受人の選択に委ねられており、譲受人の同意等を必要とすることには疑問がないではない。

したがって、この問題は、譲渡人、債務者、譲受人の三者の利益を衡量して妥当な結論を導くことにより解決すべきであると考える[149]。すなわち、債権譲渡は、譲渡契約により行われるが、債権譲渡と併せて仲裁合意の効力も譲受人に及ぶか否か、これは、債権者と譲受人のみが自由に処分し得る譲渡契約上の問題でなく、債権者、債務者、譲受人の三者間に仲裁合意上の地位を移転する合意がある場合は格別、そうでない場合には、これら三者の利益を衡量して決すべき問題ではないかと考えられる。

その場合、債権者は、債権譲渡がされることによって、かかる債権に関し

---

(148)　本件では、債権者（譲渡人）と債務者との間の仲裁合意の成否が争われていたが、裁判所は、仲裁合意が成立していたとしても、仲裁合意は、譲受人と債務者との間に何らの拘束力も生じないとした。

(149)　上野・人的範囲676－677頁参照。

ては仲裁合意により何らの影響も受けないので、債権者の立場を考慮する必要はない。債務者については、譲受人に仲裁合意の効力が及ばないならば、債権に関する紛争を仲裁により解決することを選択した債務者の利益は害されることになる一方、譲受人については、仲裁合意の効力が及ぶことになると、債権の譲渡を受けることにより提訴権が奪われてしまうことになる。しかし、そうであっても、譲受人は、仲裁合意の付着した債権の譲渡を受けるか否かを自ら決し得る立場にある。仲裁により紛争を解決する権利を一方的に奪われてしまう債務者の立場と比較すると、債務者が同意すれば仲裁合意のない債権として移転することもできるが、そうでない限り、譲受人の提訴権は、債務者の仲裁により紛争を解決する利益に譲るべきであると考える。

　したがって、債権者と債務者との間の仲裁合意の効力は譲受人に及び、譲受人は、仲裁合意の付着した権利を譲り受けるか否かを自ら決し得ることで満足しなければならない(150)。もっとも、債権譲渡によって債権者と債務者との間の仲裁合意の効力は譲受人にも及ぶが、債権者と債務者との間で譲渡債権以外の権利関係に関する紛争が生じた場合には、これが仲裁合意の対象に含まれる限り、仲裁により解決されることになる。また、債権者と債務者との間で仲裁合意上の地位の譲渡を禁じる合意がある場合には、仲裁合意の効力は譲受人には及ばないことはもとより、仲裁合意が特定の団体に所属する会員の地位においてなされるいわば会員間仲裁の場合においても、会員から非会員への債権譲渡によって仲裁合意の効力が非会員に及ぶことはないと解される(151)。

　また、肯定説が援用する民法468条1項については、譲渡人に対する事由は、狭義の抗弁権にとどまらないが、債権の成立、存続、行使を阻む一切の事由を指すと解されており(152)、債権の成立等に影響を及ぼさない紛争解決に関する合意である仲裁合意は、この抗弁事由には当たらないのではないか

(150)　猪股孝史「仲裁合意の効果とその効力範囲」JCA53巻12号（2006）20頁参照。
(151)　中田・仲裁126頁、青山・仲裁635頁、小島＝高桑・注解仲裁78頁〔小島武司＝豊田博昭〕参照。
(152)　内田・民法Ⅲ284頁。なお、民法468条1項について、令和2年4月1日施行の民法改正により、債務者保護に欠けるとして抗弁の切断についてのルールを廃止している。

と考える。

(c)　手形債権の譲受人

　手形債権に関して、学説は、承継人が手形債権を裏書の方法によりこれを譲り受けた場合、手形債権は、手形の流通性を確保するために定型化されており、手形債権に付着している仲裁合意の効力は、たとえ仲裁合意の存在を知っていたとしても、仲裁合意の重大性に鑑み、譲受人には及ばないとする[153]。

　この問題について、判例・通説によれば、流通を予定する手形の本質から、手形の内容は一見して明瞭でなければならないとして、手形法に規定のない事項については、それが手形に記載されても、手形法上の効力を有せず、このような無益的記載事項は、手形外の当事者間の合意としてのみ、その効力が認められ、善意の手形取得者に対しては、手形法17条の人的抗弁となるに過ぎないとされる[154]。仲裁合意は、無益的記載事項と解する考え方もあろうが[155]、債権譲渡の場合と同様に、人的抗弁は、手形債権の成立等を阻む事由であり、仲裁合意は人的抗弁には当たらないと解されよう[156]。

　したがって、手形面に記載された仲裁合意により振出人と受取人との間で成立した仲裁合意の効力は、手形の性質上、その後の譲受人には及ばないと解される。もっとも、振出人が手形上に仲裁合意を記載した場合、これは、以後の手形取得者全員に対する仲裁合意の申込みの意思表示となり、以後の手形所持人が振出人に対し承諾の意思表示をしたときは、両者の間に仲裁合

(153)　上野・人的範囲680－682頁、河野・仲裁429頁。また、管轄の合意に関しても、手形債権、物権等の場合、その内容が法律上定型化されていて、当事者がこれを変更しても当事者間限りの効力しか持ち得ず、管轄の合意の効力も当事者間限りのものと解すべきであるとする。この点に関し、新堂・民訴122頁、伊藤・民訴89頁、条解民訴116頁〔新堂幸司＝高橋宏志＝高田裕成〕を参照。

(154)　早川徹『基本講義　手形・小切手法〔第2版〕』（新世社、2018）98頁、132頁。

(155)　弥永昌生『リーガルマインド　手形法・小切手法〔第3版〕』（有斐閣、2018）50頁。

(156)　大阪高判昭59・5・29判タ533号166頁は、仲裁合意の抗弁は、手形法17条の人的抗弁であるとする。また、大阪高判昭59・5・31金法1077号35頁は、手形の裏書譲渡を受けた所持人が、振出人と受取人との間の仲裁合意の効力を受けるためには、受取人との間で仲裁合意上の地位を承継する旨の合意をすることが必要であるとしたが、受取人と所持人との間の合意だけで振出人と受取人との間の仲裁合意上の地位を移転することはできないと解する。

意が成立すると見ることができよう。

(d)　債務引受人

(i)　免責的債務引受

　債務者が交替する債務引受について、債務を対象とする仲裁合意が債権者と債務者との間にある場合、引受人に仲裁合意の効力が及ぶか否かが問題となる。

　免責的債務引受については、債権者、債務者、引受人との三面契約によるほか、債権者と引受人との契約によってすることができる（民472条2項）。また、債務者と引受人とが契約をし、債権者が引受人に対して承諾をすることによってもすることができる（同3項）。

　免責的債務引受の債権者、債務者、引受人となる者との三者間で、その債務について債権者と債務者との間の仲裁合意上の地位を引受人に移転する合意が認められる場合、引受人は、債務の引受と併せて仲裁合意上の地位を承継することになるが、かかる合意が認められない場合には、当事者の合意によって仲裁合意上の地位が承継されることはない。また、債権者と引受人との間の合意による場合には、債権者が引受人と新たな仲裁合意をすることは許されるが、債権者と債務者との間の債務についての仲裁合意上の債務者の地位を債権者と引受人との合意によって引受人に移転することはできない。

　このように三者間の合意によって債務についての仲裁合意上の地位を引受人が承継することはあるが、そうでない場合には、債務引受に伴い仲裁合意上の地位を引受人が承継するか否かは、債権譲渡の場合と同様に、三者の利益を衡量した上で決すべき問題であると考えられる。

　債務者は、免責的債務引受がされることによって、かかる債務に関しては仲裁合意により何らの影響も受けないので、債務者の立場を考慮する必要はない。債権者については、債権譲渡における債務者の立場と異なり、自らの意思で債務引受契約をするのであるから（債務者と引受人とが契約する場合も、債権者の承諾が要件となるので同じことが言える）、引受人に仲裁合意上の地位が移転されなくても、債務に関する紛争を仲裁により解決する利益が一方的に害されるわけではない。したがって、引受人の利益を考慮するまでもなく、債権者と債務者との間の仲裁合意の効力は引受人に及ばないと解され

よう。

　債権者が仲裁合意の存続を望むのであれば、これを債務引受契約の条件とし、また、両者が仲裁による解決を望む場合は、新たに仲裁合意を締結することになると考える。その場合、債権者と引受人の紛争が、債務引受前の状態を前提としてこれにつき生じたときは、引受人に仲裁合意の効力が生じるが、引き受けられた債務の存在を前提としてこれから生じる紛争については、引受人に仲裁合意の効力は及ばないと解されよう[157]。

(ii)　併存的債務引受

　併存的債務引受についても、債権者、債務者、引受人の三面契約のほか、債権者と引受人との契約によってすることができる（民470条2項）。また、債務者と引受人との契約によってもすることができる（同3項）。その場合、引受人は、債権者と債務者との債務を承継するのではなく、同一の内容の別の債務を引き受けるのであるから、債権者と債務者との仲裁合意上の地位を承継する余地はないと解されよう。これと同様に、主たる債務者の締結した仲裁合意上の地位も、保証人に移転することはなく、また、連帯債務者の1人のした仲裁合意上の地位も、他の連帯債務者に移転することはない[158]。

(e)　契約上の地位の譲受人

　仲裁合意が付随する契約上の地位が移転した場合、譲受人が仲裁合意上の地位を承継するか。この問題は、まず、当事者が何を譲渡の対象としたか、また、当事者が仲裁合意の譲渡を制限し、あるいは禁止する合意をしていたか、すなわち、当事者の意思解釈によって決すべきであると考えられる。たとえば、売買契約について、契約の両当事者と売主または買主の地位の承継人の三者間の合意により契約上の地位が移転した場合、契約に付随する仲裁合意上の地位も、譲受人に移転するか否か、すなわち、実体契約上の地位と併せて仲裁合意上の地位も移転するか否かは、譲渡契約の定め、解釈によっ

（157）　小山・仲裁89頁参照。
（158）　小島＝猪股・仲裁133頁、山本＝山田・ADR仲裁323頁参照。また、判例も、神戸地判昭32・9・30下民集8巻9号1843頁が、保証債務は主たる債務と同一の内容を有するが、主たる債務とは別個のものであるから、主たる債務についての仲裁合意が保証債務に当然に及ぶとは解し難いという。

て決せられることになるが、当事者の意思解釈としては、通常、譲受人が承継することになると解されよう。

　もっとも、売買契約の当事者間に仲裁合意上の地位の移転を禁じる旨の合意がある場合には、仲裁合意上の地位を移転することはできない。また、契約上の地位を譲渡する契約が無効、取消しその他の事由により効力を有しない場合であっても、これにより仲裁合意上の地位の譲渡も当然に効力を有しないことにはならず（13条6項）、仲裁合意上の地位が有効に移転していると認められる場合、前者の問題に関し紛争が生じた場合、これが仲裁合意の客観的範囲に含まれる限り、その解決は仲裁によることになる[159]。

　また、契約の当事者の一方が第三者との間で契約上の地位を譲渡する旨の合意をした場合において、その契約の相手方がその譲渡を承諾したときは、契約上の地位は、その第三者に移転する（民539条の2）。この場合も、契約に付随する仲裁合意上の地位も第三者に移転するか否かが問題となるが、譲渡契約の定め、承諾の内容、解釈によって決せられよう。

　当事者間に仲裁合意上の地位を移転する合意が認められない場合には、当事者の合意によっては仲裁合意上の地位が移転することなく、実体契約上の地位のみが承継されることになる。この場合、仲裁合意上の地位が契約上の地位と一緒に移転するか否かは、契約当事者、承継人の三者の利益を衡量して決すべきであり、前述した免責的債務引受の場合と同様に、承継人には仲裁合意の効力は及ばないと考える。

　これに対し、合意により契約上の地位が移転するのではなく、たとえば、仲裁合意が付随する不動産賃貸借契約の賃貸人の地位の移転は、賃貸不動産が譲渡されれば、賃借人の承諾を要しないで、譲渡人と譲受人との合意だけで生じるが（民605条の3）、仲裁合意も譲受人に移転することになるか。この場合、仲裁による紛争解決を選択した賃貸借契約の相手方当事者の利益を保護する必要があるから、相手方当事者が反対の意思を示さない限り、譲受人は、仲裁合意上の地位を承継することになると解すべきであると考える[160]。もっとも、この場合も、賃貸借契約の当事者間に反対の合意がある場合に

---

(159)　See Born International Commercial Arbitration 1583.

は、仲裁合意上の地位が譲受人に移転することはないと考えられる。

(f)　海上運送契約の荷受人

(i)　学説・判例

　実務上、債権譲渡における譲受人以外にも、運送人と荷受人との間の海上物品運送契約中の仲裁合意の効力が、荷受人にも及ぶか否かが問題となる。学説は、仲裁合意、管轄合意に関し、物権や手形債権のごとくその内容が法律上定型化されており変更できない場合と異なり、本来は自由に権利関係を決定し任意的記載をなし得る船荷証券における管轄の合意の効力は、その特定承継人にも及ぶという見解[161]がある一方で、裁判管轄条項は訴訟法上の合意を目的とするものであり、通常の運送条件とは異なることを理由に、船荷証券が第三者に譲渡された場合に、当然に第三者を拘束するか、疑問を呈する見解もある[162]。

　判例は、東京地判平20・3・26海法216号61頁が、国際海上運送契約における元地回収船荷証券中の仲裁条項に関し、運送人は、荷受人が荷送人の権利を取得するのであるから（商581条）、荷送人に対して主張し得たすべての抗弁を対抗できるものと解されるとして、仲裁合意の存在を対抗できるとした[163]。

（160）　古い判例として、大阪地判大8・1・29新聞1525号20頁は、仲裁合意が付随する傭船契約の船舶を買い受けた者は、反証がない限り、仲裁合意の権利義務も承継したものと認められるという。

（161）　大塚・判批6頁は、船荷証券中の仲裁条項は、船荷証券上の権利そのものに付着した条件として、船荷証券上の権利と共に移転し、権利承継人はこれに拘束されるという。管轄合意に関し、溜池良夫「判批」海事判例百選〔別冊ジュリ15号〕（1967）203頁、川又良也「船荷証券における裁判管轄約款」海報会誌復刊9号（1962）68頁。

（162）　中村眞澄＝箱井崇史『海商法〔第2版〕』（成文堂、2013）274頁。

（163）　控訴審である東京高判平20・8・27海法215号50頁もほぼ同旨の内容を判示する。これ以外にも海上運送契約中の仲裁合意の効力が荷受人に及ぶとした判例として、大阪地判昭34・5・11下民集10巻5号970頁があるが、特にその理由を示していない。国際裁判管轄に関するものであるが、神戸地判昭38・7・18下民集14巻7号1477頁は、「国際的裁判管轄の合意は、訴訟上の合意であるが、その対象とされた法律関係が当事者間においてその内容を自由に定められる性質のものである限り、右法律関係の特定承継人に対しても右合意の効力が及ぶと解せられる」と判示する。

(ii)　三者の利益衡量――仲裁合意上の地位は荷受人に移転する――

　債権譲渡の場合と同様に、仲裁合意が運送契約上の権利と不可分一体の関係にあると解する自動承継説の立場からは、荷受人は運送契約上の権利と併せて仲裁合意の効力を受けることになると考えられるが、債権譲渡に関し述べたように、両者の間に常に不可分一体の関係があるとまでは言えず、この場合もまた、荷送人、運送人、荷受人の三者の利益を衡量して決すべきであると考える。

　その場合、運送人については、荷受人に仲裁合意の効力が及ばないならば、仲裁による紛争解決を選択した利益が害される一方、荷受人については、仲裁合意の効力が及ぶことになると、運送契約上の権利を取得することにより提訴権が奪われてしまうことになるが、債権譲渡における譲受人の立場と同様に、荷受人は仲裁合意の付着した運送契約上の権利を取得するかどうかを自ら決し得る立場にあるのであるから、仲裁により紛争を解決する利益を一方的に奪われる運送人の立場と比較すると、荷受人に仲裁合意の効力が及ぶべきであると考える。また、上記判例は、荷受人が荷送人の権利を取得するのであるから（商581条）、荷送人に対して主張し得たすべての抗弁を対抗できるとするが、かかる抗弁は、運送契約の成否等に関する事由であり、紛争解決に関する合意である仲裁合意は、この抗弁事由には当たらないと解される。

(g)　保険代位、代位弁済、債権者代位等

　上記以外にも、保険代位における請求権代位の保険者、代位弁済における代位弁済者、債権者代位における代位債権者にも仲裁合意上の地位が移転するか否かが問題となる。

　保険代位に関しては、保険法25条によれば、保険者は、保険給付を行ったときは、保険事故による損害が生じたことにより被保険者が取得する債権について当然に被保険者に代位し、保険者は第三者に対する被保険者の権利を取得するが、保険者が請求権代位によって被保険者の債権を取得した場合、当該債権を対象とする被保険者と第三者との仲裁合意の効力が保険者にも及ぶか否かが問題となる。

　学説、判例は当然に承継するという立場を示している[164]。保険者が仲裁

合意上の地位を承継する根拠についても、仲裁合意が当該権利と不可分一体の関係にあるとする自動承継説の立場からは、仲裁合意上の地位も保険者が承継するということになると考えられるが、不可分一体の関係を否定する立場が妥当であり、この場合もまた、保険者、被保険者、債務者の三者の利益を衡量して決すことになり、保険者は、仲裁合意の付着した債権について被保険者と保険契約をするか否か、これを自ら選択、決定することができるのであるから、仲裁による紛争解決を選択した債務者の利益を優先させ、保険者は仲裁合意上の地位を承継すると解すべきであると考える。

　また、これと同様に、代位弁済（民499条）の場合、三者の利益衡量により代位弁済者は被代位者の仲裁合意に拘束される[165]。債権者代位（民423条）の場合も、管轄合意に関し、当事者の権利を行使する第三者を拘束するとされるが[166]、三者の利益衡量により代位債権者は、債務者と第三債務者の仲裁合意に拘束されると解される[167]。また、代位債権者と同様に、取立権を行使する差押債権者も差押債務者と第三債務者との仲裁合意に拘束されよう[168]。

(h)　破産管財人、破産債権者

(ア)　債務者の仲裁合意上の地位は破産管財人に移転する

　破産管財人、破産債権者が破産者の仲裁合意に拘束されるかという問題について、旧法下より多数説は、破産法上、破産債権者に対する破産者の法律上の地位を破産財団に属する財産の管理処分権を有する破産管財人が交替し、債務者の承継人としての地位に立つことから、破産管財人は破産者が締

---

(164)　小梁・管轄合意28頁、大塚・判批7頁。

(165)　管轄合意について、大阪地判昭55・7・15判タ421号121頁が特に理由を示さず特定承継人に対し管轄合意の効力が及び、法定代位弁済者が被代位者の管轄合意に拘束されるとする。

(166)　注解民訴(1)350頁〔高島義郎＝松山恒昭＝小室直人〕。

(167)　宮崎地判平27・1・23裁判所ウェブサイト（2015WLJPCA01239003）は、不法行為に基づく損害賠償請求権を行使する被害者が債権者代位に基づき加害者に代わって加害者が締結していた損害賠償責任保険契約に基づく保険金請求権を保険者に対し代位行使する事案において、特に理由を示すことなく、保険契約中の仲裁合意の効力が代位債権者にも及ぶとする。

(168)　注解仲裁79頁〔小島武司＝豊田博昭〕、山本＝山田・ADR仲裁324頁参照。反対、小島＝猪股・仲裁136頁。

結していた仲裁合意に拘束されるとする[169]。

　破産法上、破産手続開始決定により破産者の総財産について破産者の管理処分権が剥奪され、その総財産が清算目的のために破産管財人の管理下に置かれ、破産者に管理処分権が残るものを除き破産財団に属する財産の管理処分権は破産管財人に専属することになる（破78条1項）。したがって、破産管財人は、この管理処分権を行使する前提として、破産者の締結した契約上の地位を引き継ぐことになり、法律行為の当事者としての権利義務を破産者から承継することになるとともに、その権利義務を確定するための仲裁合意についても、破産管財人がその地位を承継すると解される。

　したがって、まず、財団債権および破産財団に属する財産に関する紛争については、破産者の締結した仲裁合意に破産管財人が拘束され、財団債権および破産財団所属債権の存否や額は、訴訟手続ではなく、それに代替する仲裁手続により確定することになる。

　㈠　**破産管財人は仲裁合意の解除権を有するか**

　仲裁合意上の地位を承継した破産管財人は、仲裁合意は仲裁手続開始前の段階においては双方未履行双務契約であるとして仲裁合意の解除権を有し（破産53条1項）、訴訟と仲裁の選択権を有するという見解がある[170]。しかし、53条1項は、破産財団の負担となる財産的法律関係を解消することを目的として定められたものであるとされるので[171]、実体的権利義務関係を確定するための手続について定める仲裁合意は、53条1項が対象とする双方未履行双務契約には当たらないと解されよう。また、破産管財人が破産法53条1項に基づき契約を解除した場合であっても、仲裁合意は主たる契約から分離独立しており、仲裁合意が無効となるとは解されない。

　㈡　**破産債権者は仲裁合意に拘束されるか**

　破産債権については、届出、調査、確定手続が定められており（破111条

(169)　条解・破産919頁。
(170)　福永・倒産288-293頁、斎藤秀夫ほか編『注解破産法〔第三版〕（下巻）』（青林書院、1999）533頁〔中島弘雅〕、小山・仲裁167頁等。
(171)　伊藤・破産460頁、伊藤・破産仲裁38頁、山本和彦「倒産事件における各種訴訟の立法論的課題」島岡大雄ほか編『倒産と訴訟』（商事法務、2013）484-485頁、松下・倒産仲裁15頁参照。

以下）、破産債権者はこの手続によることになり、破産債権の額または優先的破産債権、劣後的破産債権もしくは約定劣後破産債権であるかどうかの別（額等）について破産管財人が認め、かつ届出破産債権者が異議を述べなかった場合は、当該破産債権は確定するが、額等について破産管財人が認めず、または届出破産債権者が異議を述べた場合には、確定せず、この場合、無名義債権について、破産債権査定決定手続ではなく仲裁手続により解決することができるかが問題となる。

　この問題について、まず、破産者が破産債権について締結した仲裁合意に他の破産債権者が拘束されるか否かが問題となる。学説は、破産債権の相手方たる地位が破産者から他の破産債権者に交替し[172]、あるいは、異議を述べた破産債権者は債務者の地位をその異議の限りで承継する[173]として、他の破産債権者も破産者の仲裁合意に拘束されるという立場[174]がある一方で、他の債権者が仲裁合意に拘束される理由はないという立場[175]があり、見解が分かれている。

　破産債権者は、破産者に代わって、破産債権の存否、額を争う権利を与えられており、その限りにおいて、破産管財人と同様に、破産者の地位を承継していると見ることができ、破産債権を争う他の破産債権者は、契約上の地位と併せ、それに付随する仲裁合意上の地位も承継していると考えることができよう。

（ｉ）　仲裁手続が破産手続開始時に係属している場合

　このように解する場合、まず、仲裁手続が破産手続開始時に係属しているときは、仲裁は訴訟に代替し、それに並ぶ紛争解決手続であるから、訴訟が係属する場合と同様に、訴訟経済の観点から、これを利用することが合理的であるので、破産債権者は、破産管財人および異議を述べた届出をした破産

(172)　小山昇「仲裁法の基本問題」（講演記録）全国建設工事紛争審査会連絡協議会会報18号（1985）48頁。
(173)　松下・倒産仲裁20頁。
(174)　斎藤秀夫＝麻上正信編『注解破産法〔改訂第二版〕』（青林書院、1994）1005頁〔住吉博〕、コンメンタール破産279頁〔栗田隆〕等。
(175)　小島＝高桑・注解仲裁117頁〔谷口安平〕、小島＝猪股・仲裁135－136頁。杉山悦子「倒産手続における仲裁合意」仲裁とＡＤＲ10号（2015）10頁。

債権者（異議者等）の全員を相手方とする仲裁手続により異議等のある破産
債権の額等を確定すべきである。また、異議者等の手続関与の機会を保障す
るため、異議者等が仲裁手続に関与し、仲裁手続を受継することができるよ
うになるまで仲裁手続を中断する必要があるので、訴訟手続の中断、受継に
関する破産法44条、127条の規定を仲裁手続に類推適用すべきであると考え
る[176]。

(ii)　仲裁手続が破産手続開始前に係属していない場合

これに対し、仲裁手続が破産手続開始時に係属していない場合には、破産
債権査定決定手続に仲裁手続が代替し得るか。この点については見解が分か
れている。

旧法が設けていた破産債権確定訴訟が破産手続の遅延の一因として批判さ
れ、これを是正し、迅速な審理を確保するため、破産債権査定決定手続を導
入し、現行法下においても、旧法下と同様に、破産債権について仲裁合意が
ある場合には、仲裁手続が破産債権査定決定手続に代替するという見解[177]
がある一方、仲裁手続によれば当事者が仲裁人に相当額の手数料や報酬を支
払わなければならないこともあり、このような負担を破産財団が負担しなけ
ればならないとするのは、伝統的な破産債権確定訴訟に代えて破産債権査定
という簡易・迅速な手続を設けた立法者意思に反するというべきであるか
ら、仲裁法13条1項にいう「法令に別段の定めがある場合」に該当し、一旦
破産手続が開始されれば、破産管財人が仲裁契約を解除するまでもなく、破
産債権に関する仲裁合意は当然に失効するという見解[178]が主張されており、
この見解によれば、破産債権に関する紛争は、仲裁法13条1項により、破産
法によって、仲裁可能性を有しないことになると考えられる。

---

(176)　伊藤・破産460頁、松下・倒産仲裁17頁参照。
(177)　伊藤・破産460-461頁。もっとも、伊藤・破産仲裁39頁は、破産管財人は、費用
　　と時間等の要素を考慮し、仲裁に応じることが破産財団にとって著しい負担となると判
　　断するときは、裁判所の許可（破78条2項15号）を得て、届出破産債権者に対し、異議
　　の申立てをなすように促すことができ、破産管財人の促しにもかかわらず、届出債権者
　　がそれを拒絶して、仲裁手続を開始し、仲裁判断がなされてもその効力は認められない
　　という。
(178)　条解・破産920頁。

㈍　仲裁合意と破産法固有の争点

　破産者が破産手続開始前に締結した仲裁合意の効力は破産管財人および破産債権者に及ぶとして、その場合、破産管財人および破産債権者が仲裁により解決し得る紛争は、破産者の地位を承継する関係から、破産者が仲裁により解決し得る紛争の範囲に限定されると解される。

　したがって、たとえば、破産者が破産手続開始前にした法律行為を否認すること（破160条以下）は、破産法が破産管財人に対し破産債権者の代表者として特別に与えた、法律行為の当事者性からは導くことのできない特別の権能であり[179]、否認権に関する紛争は、破産法固有の問題である。否認権は、そもそも破産者が破産前に有していた権利ではなく、破産者に処分権がない。したがって、破産者は否認権に関する紛争を仲裁合意の対象とすることはできないと解される[180]。また、破産債権が優先的破産債権、劣後的破産債権、約定劣後破産債権のいずれであるかについても、破産法が定める破産債権者間の破産債権の優劣関係であり、破産者が破産前に破産債権について締結した仲裁合意の対象から外れると解される[181]。

　このように解する場合、破産法固有の争点については、仲裁による解決はできず、訴訟による解決となる一方で、破産者の契約上の権利義務関係に関する争いについては、仲裁による解決となり、両者の解決が訴訟、仲裁により二分されるという事態が生じてしまうことになる[182]。この問題について、相手方の仲裁による紛争解決利益を考慮しても、訴訟と仲裁とで紛争解決手続が二分した場合における手続経済上の問題と併せて、それによって生じ得る判決と仲裁判断との矛盾抵触を回避するため、破産債権者の地位に由来する破産固有の争点と債務者の地位に由来する争点との両方が問題となる紛争

---

(179)　山本和彦ほか『倒産法概説〔第2版〕』（弘文堂、2010）200頁〔沖野眞己〕。

(180)　理論と実務74頁〔山本和彦発言〕、青山・仲裁675頁参照。管轄合意に関し、札幌高決昭57・7・12下民集33巻5＝8号927頁は、否認権は破産目的のために破産管財人の特殊な地位に照らして特別に付与された権利であるから、その行使に基づく訴については、破産管財人は、破産前になされた管轄合意に拘束されないとした。吉野正三郎「判批」新倒産判例百選〔別冊ジュリ106号〕（1990）93頁参照。なお、現行法の下では、否認訴訟については破産裁判所が専属管轄を有するので（破173条2項）、管轄合意の効力は問題とならない。

については、管財人は仲裁合意には全体として拘束されず、訴訟において両方を主張することができるという見解⁽¹⁸³⁾に対し、独立の否認権等を認めることで、手続の分断を生じることになってもやむを得ないという見解⁽¹⁸⁴⁾もある。

　このような事態を、平時において債務者が第三者と締結した契約上の権利義務に関する紛争を仲裁により解決する当事者の個別の利益（私益）と破産法が定める破産時の集団的債務処理手続に係る一般的利益（公益）とが衝突する一場面であると解した場合、後者が前者に優先すべきことになり⁽¹⁸⁵⁾、契約上の紛争についても、仲裁法13条1項の「法令に別段の定めがある場合」に該当するとして、仲裁可能性を否定すべきではないかと考えられる。

(i)　書 面 要 件

(ア)　債権譲渡等の場合

　仲裁法上、仲裁合意は書面でしなければならないが（13条2項以下）、この

---

(181)　コンメンタール破産279頁〔栗田隆〕参照。傭船契約の当事者である原告（船主）が更生手続開始決定を受けた被告（傭船者）に対し、傭船料債権は会社更生法により共益債権に当たるとしてその支払いおよび同債権が共益債権であることの確認を求めて訴えを提起したのに対し、被告が、原告の請求は、ロンドンを仲裁地とする傭船契約中の仲裁合意の対象になるとして妨訴抗弁を主張した事案において、東京地判平27・1・28判時2258号100頁は、当事者の意思解釈として、本件訴訟の本案に係る紛争についてまで、仲裁に付託するとの合意をしたものとは解されないとして、妨訴抗弁を斥けた。この立場を支持する見解があるが（中野俊一郎「判批」リマークス53（2016（下））137頁）、この問題についても、そもそも、更生手続前の更生会社と相手方との間で生じ得る紛争ではなく、更生会社から仲裁合意上の地位を承継した更生管財人と相手方との仲裁合意の対象とはなり得ないのではないか。また、会社更生手続固有の紛争について仲裁可能性を欠くことを根拠に妨訴抗弁は斥けられるとする見解として、高杉直「判批」ジュリ1493号（2016）117頁、長田・判批299頁がある。
(182)　竹下守夫「訴訟契約の研究(3)」法協81巻4号（1964）378-379頁、松下・倒産仲裁18頁、福永・倒産288頁参照。
(183)　松下・倒産仲裁18頁。
(184)　山本和彦「倒産事件における各種訴訟の立法論的課題」島岡大雄ほか編『倒産と訴訟』（商事法務、2013）486頁。
(185)　See Stefan Kröll, Arbitration and Insolvency proceedings – Selected Problems, in Mistelis & Lew Pervasive Problems 360; Klaus Sachs, Insolvency Proceedings and International Arbitration, in Collected Courses of the International Academy for Arbitration Law, Year 2011, Volume 1 (2013) 16.

書面要件が仲裁合意上の地位の譲渡にも要求される否かが問題となる。

　債権譲渡の場合、三者の合意により仲裁合意上の地位を譲渡する場合は格別、そうでない限り、三者の利益を衡量した上、譲受人が債権者と債務者との間の仲裁合意上の地位を承継すべきであるので、既に成立している書面による仲裁合意の存在を前提に仲裁合意上の地位を譲受人が承継すべきか否かという問題であり、譲受人の意思とは関係なく仲裁合意上の地位が移転するのであるから、債権譲渡に書面性を要求する理由はないと考える。このことは、海上運送契約の荷受人、代位弁済者等についても妥当しよう。

　⑷　**仲裁合意上の地位を譲渡する場合**

　仲裁法が仲裁合意に書面要件を課す理由は、仲裁合意は提訴権を失うという当事者にとって重大な効果を生じさせるので、軽率な意思表示を防止し、慎重な意思形成を確保するとともに（注意喚起機能）、仲裁合意の成立、内容に関し後に争いが生じないよう、それを明確にして証拠を確保するため（証拠確保機能）である。したがって、契約上の地位の移転の場合のように、三者の合意により仲裁合意上の地位を譲渡する局面においても、原契約当事者間の仲裁合意の成否の局面における場合と同様に、書面性を要求すべきであると考えられる。

　⑸　**仲裁手続係属中における仲裁合意上の地位の移転**

　仲裁合意上の地位の移転は、原当事者間で仲裁手続が係属している場合にも生じる。その場合、破産手続に関しては前述したが、訴訟手続の場合と同様に、承継人によるまたは承継人に対する新たに仲裁手続が開始されることになると、手続費用の増加、手続の遅延が生じるのみならず、当事者間の公平にも反することになるので、承継人が被承継人の仲裁手続上の地位を取得し、仲裁手続を引き継ぐべきである。また、承継人が仲裁手続を受継し、仲裁手続上の当事者として手続に関与し、仲裁判断がされると、仲裁判断の既判力は仲裁手続の当事者である承継人に当然に及ぶことになる。

　この場合、既に仲裁廷が成立しているときは、承継人の仲裁人選任権が問題となる。承継人の仲裁人選任権を確保するため、仲裁廷の構成をやり直すことも考えられるが、その場合、手続費用の増加、手続の遅延が生じることになる。承継人は、仲裁廷が構成していることを前提に権利義務関係を承継

するのであるから、承継人に仲裁人選任権を確保しなくても、承継人に不公平とはならない[186]。また、仲裁手続に要した費用に関しては、相続、法人の合併の場合を除き、承継人は、仲裁手続承継後の費用を負担し、それまでに生じた費用は、被承継人が負担すべきことになると考える[187]。

(5)　仲裁合意の効力の客観的範囲

仲裁合意は、既に生じた民事上の紛争または将来において生じる一定の法律関係に関する民事上の紛争を対象とし（2条1項）、前者については、仲裁に付託する紛争は具体的に特定されているが、後者については、仲裁に付託する紛争は一定の法律関係に関するものでなければならず、通常、当事者が契約中の仲裁条項においてその範囲を決めることになる。

実務上、この仲裁合意が対象とする紛争の客観的範囲について当事者間で争われる場合、当事者の意思解釈の問題となるが、通常、当事者が契約に関する紛争を仲裁に付託する旨の合意をしている場合には、特定の紛争を除外する明示の合意がない限り、契約違反のみならず、契約の無効、失効、契約に関する不法行為等を原因とする請求も、仲裁合意の対象になり、また、仲裁条項を含む契約と関連する仲裁条項を含まない契約にも、仲裁条項の適用を排除する明示の合意がない限り、仲裁合意の効力は及ぶと解されよう[188]。

(6)　仲裁合意の分離独立性

仲裁法は13条6項において「仲裁合意を含む一の契約において、仲裁合意以外の契約条項が無効、取消しその他の事由により効力を有しないものとされる場合においても、仲裁合意は、当然には、その効力を妨げられない」と規定する。これは仲裁合意の分離独立性（自立性、独立性）と呼ばれる。この原則は、仲裁法制定前から学説、判例が認めてきたものであるが[189]、仲裁法が準拠したモデル法が、16条1項中段、後段において分離独立性の原則を明文で定めていることから、仲裁法に明文の規定が置かれることになった。

---

(186)　See Brekoulakis Third Parties 44-45; Stephen Jagusch and Anthony Sinclair, The Impact of Third Parties on International Arbitration – Issues of Assignment, in Mistelis & Lew Pervasive Problems 311-313.

(187)　See id.

(a)　分離独立性の根拠

(ア)　仲裁合意の性質に求める立場

　この分離独立性を認める根拠としては、主たる契約が当事者間の実体法上の法律関係ないし権利義務関係を定めたものであるのに対し、仲裁合意は実体法上の法律関係ないし権利義務関係から生じる紛争を仲裁により終局的に解決するという紛争解決手続に関する合意であり、両者の性質の違いに分離独立性の原則の根拠を求める見解がある[190]。この見解に立てば、国際私法上も、仲裁条項の準拠法は主たる契約の準拠法とは別個に決定されることになると考えられる[191]。

(イ)　当事者の意思に求める立場

　また、主たる契約の有効性が争われている場合であっても、仲裁合意の効力は主たる契約の有効性に依存しないという当事者の意思を推定し、かかる争いは仲裁に付託し得ると解し、分離独立性の原則を当事者の意思にも求める立場がある[192]。

---

(188)　小島＝猪股・仲裁136－137頁、山本＝山田・ADR仲裁321－322頁、札幌高判昭34・12・18高民集12巻10号508頁参照。東京高判平2・10・9金商863号42頁は、追加請負契約は、基本契約との一体性等から、基本契約の仲裁合意の効力を受けるとしたが、東京地判昭57・10・20判タ489号84頁は、付帯工事、追加・変更工事については、その関連する事実を総合勘案して、主体工事についての仲裁合意の効力は及ばないとした。また、仲裁条項を含む契約から生じた紛争について当事者間に和解が成立したが、その後、和解契約から紛争が生じた場合、かかる紛争にも仲裁条項の効力が及ぶかが問題となる。この場合も当事者の意思解釈の問題となるが、通常、仲裁条項の適用を排除する明示の合意がない限り、仲裁合意の効力が及ぶと解されるのではなかろうか。反対、猪股・和解的仲裁判断75－76頁。また、山本＝山田・ADR仲裁355頁は、和解内容が全く新たな契約関係を創設するようなものである場合において、その権利関係をめぐって事後に新たな争いが生じたようなときは、仲裁合意の効力は及ばないとする。この問題に関し、理論と実務330－332頁〔三木浩一、山本和彦、近藤昌昭発言〕を参照。See also Born International Commercial Arbitration 1487-1488.

(189)　河野・仲裁413－414頁、最判昭50・7・15民集29巻6号1061頁。

(190)　川上太郎「渉外仲裁契約」契約法大系刊行委員会編『契約法大系Ⅵ（特殊の契約2）』（有斐閣、1963）255頁、中野・分離独立性16頁。

(191)　高桑・渉外仲裁9－10頁、高杉・準拠法90頁等。これに対し、国際私法上、仲裁合意の分離独立性を否定する見解として、高橋宏司「仲裁合意・管轄合意の独立性原則──準拠法決定プロセスにおける再検討」民商147巻3号（2012）265頁、中村秀雄「当事者間に明示の合意がないときの仲裁合意の準拠法」JCA61巻5号（2014）9頁。

(ウ)　仲裁制度の趣旨に求める立場

　被告の妨訴抗弁に対し原告が主たる契約の効力を争う場合、たとえば、売買契約から紛争が生じ、買主である原告が売主である被告の債務不履行を理由に契約を解除し、代金の返還を求める訴えを提起し、被告が売買契約中の仲裁条項に基づき妨訴抗弁を主張し、訴えの却下を求めた場合、仲裁条項が主たる契約と運命を共にするということになれば、裁判所は、仲裁合意が失効しているか否かを判断するために、本来、仲裁で審理、判断されるべき本案である売買契約の解除の有効性について審理、判断しなければならないことになるが、これでは仲裁制度の実効性が失われてしまうことになる。したがって、仲裁の制度趣旨からも分離独立性の原則を認め得ると考えられ、この立場に立っているものと解される見解もある[193]。

(b)　仲裁法13条6項の規定の趣旨

　これらの根拠はいずれも分離独立性の原則を認める立法趣旨となり得るが、仲裁法13条6項の規定の文言によれば、この規定は、当事者の意思に依拠する意思推定規定（意思表示の解釈を推定する）であると解するのではなく、仲裁合意の性質、仲裁制度の実効性の確保という制度趣旨から、分離独立性の原則を認めたものと解すべきであろう[194]。

　また、仲裁法13条6項の規定は、強行規定であるとされるが[195]、仲裁合意の性質上、当事者はその内容を公序に反しない限り、自由に取り決めることができるので、当事者は合意により、仲裁合意の分離独立性の原則を否定することができる任意規定であると解されよう[196]。

(c)　分離独立性が機能する（しない）場合

　仲裁法13条6項の趣旨から仲裁条項は主たる契約とは性質の異なる別個独

(192)　中田・仲裁126－127頁、小島武司＝猪股孝史「仲裁契約の成否(4)〈総合判例研究〉──仲裁契約の一断面──」判タ687号（1989）18頁、細川潔「仲裁契約に関する一考察」福岡25巻2・3・4合併号（1980）274－275頁等。
(193)　青山・仲裁636－634頁、河野・仲裁413頁、415頁、小林秀之「判批」法協94巻10号（1977）1561頁。
(194)　意思推定規定の場合、「期限は、債務者の利益のために定めたものと推定する。」（民136条1項）や「違約金は、賠償額の予定と推定する。」（同420条3項）の規定に見られるように、「推定する」旨の文言が置かれることになると考えられる。
(195)　仲裁コンメ131頁。

立した契約であると扱われ、仲裁合意は主たる契約と運命を共にせず、妨訴抗弁の局面において、原告が主たる契約の効力を争ったとしても、裁判所は、仲裁法13条 6 項により、当事者間に別段の合意がなく、かつ、仲裁合意自体の効力が争われていない限り、分離独立性の作用によって、主たる契約の効力について審理、判断することを要せず、妨訴抗弁を認めて訴えを却下することになる[197]。

これに対し、主たる契約の効力とは別に、あるいは、主たる契約の効力と併せて仲裁合意自体の効力が争われている場合には、分離独立性の原則が働く余地はないことになる。

たとえば、通常、主たる契約が申込みに対する承諾が認められず成立していない場合、仲裁条項も成立していないことになろうが、これはあくまでも、主たる契約と併せて仲裁条項についても申込みに対する承諾が認められず成立していない、すなわち、申込みに対する承諾が認められないという事実が主たる契約と仲裁条項の両者の不成立の原因となっている場合であって[198]、主たる契約の不成立という事実をもって仲裁条項が不成立となるわけではない。この場合、原告が主たる契約の不成立と併せて仲裁条項の不成立を主張するときは、裁判所は仲裁条項の成否について審理、判断することになるが、かかる主張がない場合には、裁判所は被告の妨訴抗弁の主張を認めて訴えを却下することになる。

また、主たる契約を締結する権限を有しない者が締結した主たる契約は無効となり、この場合、分離独立性の原則によって、仲裁条項が当然に無効となるわけではないが、通常、仲裁条項自体も締結権限がないことを理由に無効となろう[199]。しかし、主たる契約を締結する権限は与えられていないが、

---

(196)　旧法下の判例ではあるが、最判昭50・7・15民集29巻 6 号1061頁は、「仲裁契約は主たる契約に付随して締結されるものであるが、その効力は、主たる契約から分離して、別個独立に判断されるべきものであり、当事者間に特段の合意のないかぎり、主たる契約の成立に瑕疵があっても、仲裁契約の効力に直ちに影響を及ぼすものではない」と判示する。この点を明文で規定する仲裁法として、たとえば、1996年英国仲裁法 7 条がある。
(197)　東京地判平17・10・21判時1926号127頁。
(198)　See Born International Commercial Arbitration 470, 494-495は、このような場合を、cases of "double relevant" facts or "identities of defects" と呼んでいる。

仲裁条項については、それを締結する権限が与えられている場合には、仲裁合意は効力を有することになることも言うまでもない。これに対し、意思能力を欠く者が主たる契約を締結した場合、主たる契約とともに仲裁合意も意思能力を欠くことにより無効となることは言うまでもないが、この場合も、主たる契約の無効の効果として仲裁合意も無効となるのではなく、仲裁合意自体も意思能力を欠く者によって締結されたため無効となる。これと同様に、主たる契約の取消しに関しては、たとえば、銃口を突き付けられて主たる契約を締結させられた場合、主たる契約は強迫による取消しが認められようが、これと同時に、仲裁合意も強迫により取消しが認められよう[200]。

　これに対し、詐欺による主たる契約の取消しに関しては、たとえば、売買契約において、売主が、品質が契約条件と違うことを知りながらそれを隠し、契約条件に従った義務を履行し得るとの詐欺的表示を行い、それによって買主が契約を締結させられた場合、買主は主たる契約を詐欺を原因に取り消すことができても、分離独立性の原則によって、それ自体が仲裁合意の取消しを導くわけではなく[201]、仲裁合意の取消しには、それ自体の取消事由が存しなければならない。しかし、このような詐欺的表示と併せて、買主が、たとえば、仲裁は訴訟提起の前提条件に過ぎない旨の詐欺的説明により仲裁合意に同意させられたと主張して、仲裁合意自体の取消事由が争われた場合には、分離独立性の原則が働く余地はなく、裁判所は、その存否を審理、判断することになる[202]。

　このように、分離独立性の原則は、仲裁条項が、主たる契約の無効、失効、不成立の直接の効果として無効、失効、不成立とならないことを定めたものであり、分離独立性の原則の意義はそれ以上でもそれ以下でもない。したがって、原告が主たる契約の成立、効力を争っている場合であっても、かかる争いが仲裁条項の範囲に含まれるときは、裁判所は仲裁合意に基づく妨訴抗弁を認め、訴えを却下し、紛争の解決は仲裁によることになる。これに対

(199)　See Born International Commercial Arbitration 470.
(200)　See id.
(201)　See Born International Commercial Arbitration 468.
(202)　中野・分離独立性14頁。

し、原告が仲裁合意自体の成立、効力を争っている場合には、裁判所はこれを審理し、仲裁合意に不成立、無効、失効の原因が認められるときは、妨訴抗弁の主張を斥け、本案審理を進めることになり、他方、かかる原因が認められないときには、妨訴抗弁の主張を容れ、訴えを却下することになる。

(d)　分離独立性の原則と仲裁廷の仲裁権限判断権との関係

　仲裁法13条6項が定める分離独立性の原則は、前述したとおり、モデル法16条1項の中段および後段に対応する規定であるが、モデル法は、仲裁手続において仲裁廷が自己の仲裁権限の有無についての判断権を有すること、すなわち、仲裁廷の仲裁権限判断権（Competence-Competence）を定める16条1項の条文の中で、仲裁権限判断権のために分離独立性の原則を規定するのに対し[203]、仲裁法は仲裁合意の一般的な効力として規定している。その理由について、仲裁合意の独立性が問題となるのは、仲裁手続において仲裁権限の有無が争われる場合に限らず、仲裁合意の対象となる紛争について訴訟が提起され、被告から仲裁合意の存する旨の主張がされた場合にも、同様に問題となるからであると言われる[204]。

　この仲裁権限判断権と分離独立性の原則との関係について、仲裁廷が主たる契約が無効であると判断した場合であっても、仲裁合意はなお有効であり、仲裁廷は仲裁権限を維持することになるとされ[205]、また、分離独立性の原則が認められない場合には、仲裁廷は、主たる契約が無効であると判断することによって仲裁権限の根拠を失ってしまい、主たる契約が無効であるとの判断をすることができない[206]、とも説かれる。

　しかし、仲裁廷が主たる契約が無効であると判断することによって仲裁条

(203)　モデル法16条1項は、"The arbitral tribunal may rule on its own jurisdiction ……. For that purpose, an arbitration clause which forms part of a contract shall be treated as an agreement independent of the other terms of the contract." と規定する。もっとも、Born International Commercial Arbitration 403は、このような制限的な規定の趣旨は明らかでなく、一般的な規定と解すべきであるという。
(204)　仲裁コンメ53頁。
(205)　Binder UNCITRAL 254.　また、高杉・準拠法89頁も、分離独立性の原則は、仲裁廷の本案判断に関する管轄権を保護するためであるという。
(206)　道垣内・国際仲裁81頁。

項も遡及的に無効となるとしても、仲裁廷には、当事者の合意ではなく、仲裁権限判断権を定める仲裁法23条1項により自己の仲裁権限の有無について判断する権限が与えられており、仲裁廷は自己が仲裁権限を有する旨の判断のみならず、自己が仲裁権限を有しない旨の判断を示すことが認められているので（23条4項）、仲裁法13条6項が定める分離独立性の原則が適用されなくても、主たる契約と併せて仲裁条項が無効であると判断することができると解される。

　したがって、仲裁権限判断権は分離独立性の原則に依存するものではなく、また、分離独立性の原則も仲裁権限判断権によって承認されるものではない[207]。

8　仲裁合意の無効・失効

(a)　無効・取消事由

　仲裁合意は有効要件を欠く場合、無効あるいは取り消されることになる。したがって、前述したように、たとえば、仲裁合意を締結する意思能力を有しない者が単独で締結した仲裁合意は無効であり、また、仲裁合意を締結する意思表示に瑕疵がある場合は、仲裁合意は取り消すことができる。

(b)　解　　除

　当事者は合意によって仲裁合意を解除することができる。仲裁合意に解除条件や期限が付されている場合には、その解除条件の成就、期限の到来により、仲裁合意は失効する。

　また、仲裁合意の一方の当事者により開始された仲裁手続に他方の当事者が応じない場合は、紛争を仲裁により解決する義務に反することになるが、この義務は、前述したように、実体法上の義務ではなく、その違反によって解除権は生じないと解されよう。なお、消費者仲裁合意については、消費者は、将来において生じる紛争を対象とする仲裁合意を解除することができる（附則3条2項）。

---

(207)　See Born International Commercial Arbitration 504, 1166　また、中野・分離独立性13-14頁参照。

(c)　妨訴抗弁と失効

　既に生じている特定の紛争を仲裁に付託する仲裁合意が当事者間にあるにもかかわらず、一方の当事者がその紛争について裁判所に提訴し、他方の当事者も妨訴抗弁を提出せず本案について主張したときは、抗弁権を喪失し、仲裁合意は失効することになると解されよう[208]。これに対し、将来において生じる紛争を対象とする仲裁合意については、一方の当事者がその対象となる紛争の一部について裁判所に提訴し、他方の当事者も妨訴抗弁を提出せず本案について主張したときは、仲裁合意は、かかる紛争について失効するが、将来生じる他の紛争については依然効力を有し続けることになる。

(d)　仲裁判断と失効

　従来からの多数説は、仲裁合意は、仲裁判断によってその目的を達成し失効するのが原則であるとする[209]。しかし、仲裁判断後、仲裁判断が取り消される場合があり、その場合、紛争は未解決の状態となり、仲裁判断によって仲裁合意の目的は達成されなかったことになる。

　したがって、仲裁合意は、仲裁判断によって失効しないと解すべきである。このように解する場合、仲裁判断が取り消されたとき、仲裁合意が失効するか否かという問題が生じるが、仲裁合意が効力を有しないことを理由に仲裁判断を取り消す決定が確定した場合は、仲裁合意は失効するが、それ以外の理由で仲裁判断が取り消された場合には、仲裁合意を締結した当事者の意思解釈の問題となる。その場合、通常、当事者間に別段の合意がない限り、仲裁合意は失効せず存続するという当事者の意思を推認することができるであろう（⇨第6章1(10)(h)(ｱ)）。

9　仲裁鑑定契約

(1)　仲裁鑑定契約の意義

　仲裁鑑定契約は、仲裁法に規定はないが、一般に、当事者が法律関係の前

（208）　青山・仲裁675頁、青山＝松浦・論点184頁〔松浦馨〕、小島＝猪股・仲裁152頁参照。
（209）　中田・仲裁128頁、小山・旧仲裁68頁、注解仲裁83頁〔小島武司＝豊田博昭〕、同160頁〔福永有利〕、青山・仲裁675頁、小島＝猪股・仲裁151頁、山本＝山田・ADR仲裁360頁等。

提となる事実の確定を第三者（仲裁鑑定人）の判断に委ね、その判断に服する旨の合意をいう(210)。仲裁鑑定（expert determination）という呼称は、主として特殊の知識経験を必要とする業務に関し、その道の専門家の鑑定を依頼するために利用されるからであるとされる(211)。したがって、仲裁人が法律関係の確定を任務とするのに対し、仲裁鑑定人は事実の確定を任務とし、この点に両者の違いがある。仲裁鑑定の例としては、事実を事実として確定する純然たる事実の存否の鑑定、物品の品質等を評価する鑑定、事実が一定の法概念に該当するかどうかを確定する鑑定（事故と損害との因果関係の存否、加害者の過失の存否等）等が挙げられる(212)。

　仲裁鑑定は、諸外国では広く利用されているが(213)、わが国では、たとえば、保険約款中に保険価額または損害額の評価のための仲裁鑑定条項（評価条項とも呼ばれる）(214)によるもののほか、品質鑑定については、（財）日本綿花裁定協会（平成23年、㈳日本綿花協会（平成25年、一般社団法人へ移行）に吸収合併されている）の綿花品質裁定規則によるものが利用されていたが、前者については、2010年の保険法の改正に伴い保険約款が改訂された際、約款中から仲裁鑑定条項が削除され、また、後者についても、現在、利用されていないようである。

(2)　仲裁鑑定契約の効力

　仲裁鑑定契約が有効に成立すると、事実の確定は、仲裁鑑定によって行われることになる。また、当事者が仲裁鑑定を経ずにそれを前提問題とする請求について訴えを提起する場合、仲裁法14条1項に基づき、被告の申立てにより訴えが却下されることはない。

(210)　中田・仲裁112−113頁、小山・旧仲裁59頁、青山・仲裁619頁、河野・仲裁433−434頁、山本＝山田・ADR仲裁296頁、小島＝猪股・仲裁58頁等。
(211)　中田・仲裁113頁。
(212)　小山・旧仲裁59頁、小山・仲裁25頁、飯塚・契約的仲裁17頁等参照。
(213)　豊田・仲裁鑑定180−181頁。
(214)　保険毎日新聞社『火災保険の裁定実務〔改定新版〕』（保険毎日新聞社、1987）65−66頁によれば、保険価額または損害額の評価について、保険会社と被保険者との間で評価上の争いがある場合、双方から選定された1名ずつの評価人の判断に任せ、その2人の評価人の間で意見が一致しないときは、さらに評価人双方が選んだ1名の裁定人の裁定によって評価額が決められる、という条項を評価条項という。

この場合、鑑定がされていない以上、請求の存否の判断の前提事実が未確定であり、裁判所は、これについて判断することができないため、仲裁鑑定契約の抗弁があるときは、請求を棄却することになり[215]、原告は、条件または期限付契約に基づく訴えが条件未成就または期限未到来においては棄却されるのと同様に[216]、仲裁鑑定後、その結果を提出して、再訴を提起することになると解される。

　また、このことは、訴訟手続ではなく仲裁手続の局面においても、基本的に妥当しようが、仲裁の場合には、仲裁廷は、再度仲裁を申し立てる当事者の負担等を考慮して、請求を棄却するのではなく、仲裁手続の準則の問題として仲裁法26条2項により仲裁手続を停止することが妥当であろう。

(3)　裁定の効力と仲裁鑑定手続

　仲裁鑑定契約は、鑑定により事実を確定することは、当事者間にその事実を要件とする法律効果としての法律関係を確定するので、私法上の権利の内容の形成を目的とする実体法上の契約であると見ることができるが[217]、その一方で、判決、仲裁判断の基礎となる事実の確定方法に関する当事者の合意、すなわち、証拠契約であると解することができる。

　すなわち、当事者が自由に処分し得る権利義務ないし法律関係の存否・内

---

(215)　中田・仲裁114頁、小山・旧仲裁60頁、飯塚・契約的仲裁37頁参照。これに対し、小島＝猪股・仲裁60頁は、後日、再訴の提起の必要や当事者の手続的負担を考慮し、仲裁鑑定の結果が出るまで手続を停止しておくことが、実際上は原則として妥当であろうという。同旨、河野・仲裁436頁。また、高橋宏志「既判力と再訴」中野貞一郎ほか『民事手続法学の革新（中巻）』（有斐閣、1991）541頁は、仲裁鑑定の未存在の場合、裁判所が仲裁鑑定提出の期限を設定し、期限内に仲裁鑑定が提出されないときは、請求を最終的に棄却するとすべきだとするドイツの学説について、考え方としてはこの説が合理的であるという。なお、保険証券の「損失若ハ損害額ニ付キ当事者間ニ誤議ヲ生スルトキハ其誤議ハ之ヲ仲裁判断ニ付シ、右仲裁判断ヲ受クルコトハ本保険証券ニ依ル訴権ノ取得若ハ訴訟提起ノ前提要件タル」旨の定めがある場合に、仲裁判断を経ることなく提起された訴えを却下した東京控判大15・9・29新聞2629号9頁がある。この判決について、青山善充「判批」損害保険判例百選〔別冊ジュリ70号〕（1990）123頁は、保険証券中の上記条項の前段は仲裁鑑定契約であるのに対し、後段は、仲裁鑑定を経ることを訴権行使の条件とする不起訴の合意であると解され、条件付不起訴の合意がある場合、訴えは却下すべきであるので、本件の結論自体は妥当であるという。
(216)　中田・仲裁114頁、伊藤・民訴562頁参照。
(217)　中田・仲裁113-114頁、小山・旧仲裁59頁参照。

容を仲裁鑑定により定まる事実を前提にして決めることは、当事者間で争い
のある権利義務ないし法律関係を間接的に処分することにほかならないの
で、その対象となる事実の存否・内容について、仲裁鑑定以外の証拠方法に
よる証明が許されないとともに[218]、裁判官、仲裁人も仲裁鑑定の結果に拘
束されることになり[219]、判決、仲裁判断の基礎となる。

　また、仲裁鑑定契約がなければ、裁判所、仲裁廷がかかる事実をも確定す
ることになるのであるから、事実を確定するための仲裁鑑定手続について
も、裁判外紛争解決手続として、その性質に反しない範囲で仲裁法の規定が
類推適用されるべきであると考える[220]。

(4)　事実の存否に関する紛争を仲裁合意の対象とすることができるか

　従来からの多数説によれば、仲裁は訴訟に代替する紛争解決手続であり、
仲裁合意の対象は法律上の争訟に限定され、事実の存否に関する紛争を仲裁
合意の対象とすることはできないが[221]、以下の理由から事実の確定を仲裁
合意の対象とすることができるのではないかと考える。

　すなわち、裁判所の司法権の範囲について法律上の争訟は、事件性の要
件、すなわち、紛争が当事者間の具体的な権利義務ないし法律関係の存否に
関するものであることを要求するが、その基本的理由は、国が法によって認
められる国民個人の権利を保障し、市民法秩序を維持することにあり、具体

(218)　飯塚・契約的仲裁46頁参照。
(219)　新堂・民訴603頁、小山・旧仲裁60頁、飯塚・契約的仲裁44頁、46頁参照。谷口安平＝福永有利編『注釈民事訴訟法(6)』（有斐閣、1995）27頁〔谷口安平〕は、仲裁鑑定契約による証拠契約は、当事者の処分が許されている法律関係に関する限り原則として有効とするのが今日の通説であるという。
(220)　小島＝猪股・仲裁61頁参照。山本＝山田ADR仲裁296頁は、仲裁法が「民事上の紛争」という広義の概念を用いていることを根拠に、仲裁鑑定契約も一応仲裁合意に含まれるものと解した上で、性質上適用のない条項は排除されるものとする。
(221)　小島＝猪股・仲裁70頁、小島＝高桑・注釈仲裁43頁〔猪股孝史〕。また、理論と実務70頁〔近藤昌昭発言〕は、仲裁鑑定契約が最終的な紛争を解決するのではなく、その前提の事実について判断をする点で仲裁法2条1項が定める仲裁合意には当たらないという。この見解に対し同70頁〔三木浩一発言〕は、事実に関する紛争も紛争であり、仲裁法2条1項が最終的な紛争という言葉を使ってない点から、疑問を呈する。また、肯定する見解として、理論と実務70-71頁〔上野泰男発言〕がある。なお、比較法的には、オランダ民事訴訟法（1986年仲裁法）1020条4項(a)号、(b)号が、当事者は、商品の品質、状態、損害額、負債金額の確定を仲裁に付託することを合意することができると定める。

的な権利義務をめぐる紛争が生じた場合、その紛争を法によって判断し、解決することが裁判所の任務となると考えられる[222]。

　これに対し、仲裁は、法が認めた訴訟に代替する紛争の終局的解決手続であり、訴訟とともに、具体的な権利義務をめぐる紛争を終局的に解決することによって国民個人の権利を保障する制度であると解されるが、訴訟と違い、当事者の合意により当事者から付託された紛争を解決する制度であるので、法律関係の存否に関する紛争ではないが、法律関係の前提となる事実の存否に関する紛争の解決を当事者が仲裁に付託しても、この司法権の範囲を限定する法律上の争訟の趣旨・目的に反することにはならず、したがって、事実の確定を仲裁合意の対象とすることは許容されるのではないかと考えられる。

　また、訴訟においては、事実の存否に関する紛争は、証書真否確認の訴えを除き、確認の訴えの利益が否定される[223]。訴えの利益は、原告が訴訟を追行し請求認容判決を得ることを、相手方および訴訟制度の運営の担い手としての裁判所との関係で正当化する訴訟的利益であるとされる[224]。仲裁も訴訟と同様に、訴えの利益が認められなければならないとしても[225]、仲裁は、当事者が自主的に設置した裁判機関による紛争解決手続であり、通常、裁判所の関与なく自己完結し、仲裁人の選任、仲裁判断の取消し、仲裁判断の執行といった手続において裁判所が仲裁手続に関与することはあっても、これは補完的であり、また限定的であることから、紛争解決のために司法資源を投入する裁判所の負担は小さい。また、仲裁が当事者の合意に基づくも

---

(222)　佐藤功「憲法問題の視点と論点⑳　宗教上の教義と裁判所——創価学会『板まんだら』事件判決」法セ317号（1981）20頁参照。

(223)　条解民訴768－769頁〔竹下守夫〕。なお、同770頁〔竹下守夫〕は、事実の存否の争いは、そもそも法律上の争訟にあたらないというと、証書真否確認も司法権の範囲外ということにならないかとの疑問を生じるという。

(224)　条解民訴730－731頁、768頁〔竹下守夫〕。

(225)　小山・仲裁50頁。これに対しKazuyuki Ichiba, Declaratory Relief in Japanese Arbitration, 52 JSE Bulletin（2007）2-6は、訴えの利益を欠くことにより確認の訴えが認められない場合であっても、仲裁法は、旧法と違い、仲裁手続に関し民事訴訟法の規定を準用する旨の規定を置かず、実質的にも訴えの利益が仲裁付託の障害とはならないという。

のであるから、訴訟の場合に生じ得る無益な訴えから解放される利益[226]は、仲裁では考慮する必要はない。したがって、訴訟的利益は仲裁の場合には障害とはならず、事実の存否に関する紛争は仲裁合意の対象とすることができると解される。

⑸　第三者による契約の補充、適応──広義の仲裁鑑定

⒜　仲裁鑑定との異同

仲裁鑑定と区別されるものとして、第三者による契約の補充（filling of gaps in contracts）、契約の適応（adaptation of contracts）がある[227]。すなわち、前者が、当事者が契約締結時に情報不足等のため決定しなかった契約条件について第三者にその確定を委ね、それに服する旨の合意に基づき契約を補充するための手続であるのに対し、後者は、当事者が契約締結後の事情変更に契約内容を適応させる任務を第三者に委ね、その判断に服する旨の合意に基づき契約を改訂するための手続である[228]。

仲裁鑑定は、確認的判断をするのに対し、第三者による契約の補充、適応は、形成的判断をし、この点において両者は性質が異なるが、仲裁とは異なり、主に、専門的、技術的知識・経験を有する第三者が特定の争点について限定的に争いを解決し得るという点とともに、仲裁合意と同様に、第三者による裁定に当事者が服するという点において共通し、後者を広義の仲裁鑑定と呼ぶ国もある[229]。

⒝　契約の補充、適応を第三者に委ねる合意の効力

仲裁鑑定契約の場合と同様に、請求の存否を判断する前提問題である契約関係が第三者の裁定により確定していない以上、これについては判断することはできず、裁判所としては、請求を棄却することになり、仲裁廷は、仲裁手続を停止することになる。

---

(226)　新堂・民訴258-259頁。
(227)　飯塚・契約的仲裁29頁。
(228)　飯塚・契約的仲裁49頁、62頁。
(229)　飯塚・契約的仲裁29頁によれば、ドイツ、スイスでは、契約の補充、適応を含めて広義の仲裁鑑定と観念しているとされる。

(c)　第三者の裁定の効力と裁定手続

　第三者による契約の補充、適応についても、当事者は、第三者の裁定に服することになるが、裁判所、仲裁廷も当事者の合意の効力として裁定に拘束され[230]、そうである以上、仲裁鑑定の場合と同様に、その性質に反しない範囲で仲裁法の規定が類推適用されるべきである。

(d)　契約の補充、適応を仲裁合意の対象とすることができるか

　諸外国においては、仲裁法に契約の補充、改訂を仲裁に付託することができる旨の明文の規定が置かれているものがあるが[231]、モデル法は、その作成過程において、契約の補充、適応に関する規定を設けるべきか否かについて審議されたが、最終的に、多くの法域において第三者による契約の補充、適応に関する仲裁以外の制度が設けられており、また、契約の補充、適応は手続法と実体法の両者に関わる問題であり、手続法のみを規律するモデル法には規定を設けるべきではないとの理由により、規定を置いていない[232]。モデル法に準拠するわが国の仲裁法は、これについて明文の規定を置かず、また、実体法上も、規定がなく、契約の補充、適応が仲裁合意の対象となるか否かは解釈問題となる。

(ア)　訴訟代替性

　モデル法の作成過程においても指摘されていたように[233]、仲裁は、訴訟に代替する紛争の終局的解決手続であるから、契約の補充、適応を訴訟の対象とすることができない場合、訴訟に代替する紛争解決手続である仲裁の対象ともすることができないのではないかという問題がある[234]。

　この問題に関し、株式買取価格の決定や借地条件の変更については、実体

---

(230)　飯塚・契約的仲裁56頁。

(231)　たとえば、オランダ民事訴訟法（1986年仲裁法）1020条4項(c)号は、当事者は契約の補充、改訂を仲裁に付託することができる旨を、スウェーデン1999年仲裁法1条2項は、当事者は、契約の解釈に加え、契約の補充を仲裁に付託することができる旨をそれぞれ定めている。

(232)　U. N. Doc. A/CN. 9/245（1983），paras. 20-21.

(233)　U. N. Doc., A/CN. 9/WG. II/WP. 41（1983），para. 6.

(234)　小山昇『仲裁の研究（小山昇著作集　第6巻）』（信山社、1991）172－178頁、吉政知広「契約の改定と仲裁」名法254号（2014）参照。

法に明文の規定が置かれているので（会社144条2項、470条2項等、借地借家17条1項）、裁判所が非訟事件として裁判をすることになり、これらの紛争は、仲裁合意の対象とすることができる（⇨**2**(3)）。

これに対し、契約の補充、適応については、実体法に規定がない以上、裁判所はこの問題に介入し得ないとしても、仲裁は、国家が司法資源を投入する公的な制度ではなく、当事者が自主的に設置した裁判機関が当事者から付託された紛争を解決する制度であるから、当事者が契約の補充、適応という具体的な法律関係に関する紛争の終局的解決を求めている限り、仲裁の訴訟代替性を理由にこれを仲裁合意の対象から除外すべきではないと考える。

(イ) **紛争性（争訟性）**

また、仲裁は当事者間の紛争の存在を前提としており（2条1項）、契約の補充、適応が仲裁合意の対象となるか否かについては、この紛争性（争訟性）の要件が問題となる[235]。

この問題について、当事者が契約で定めなかった事項を当事者が合意により補充しようとしたが、それができない場合、あるいは、契約締結後の事情変更に対応するため当事者が合意により契約を改訂しようとしたが、それができない場合、かかる法律関係の形成に関し当事者間に意見の対立、すなわち紛争が存在すると考えられる。

これに対し、当事者が契約の締結に際し、契約条件、たとえば、売買価格や賃料を協議し、合意の形成を試みることを意図せず、それに代えて、契約条件の確定を第三者に委ねることを合意している場合には、第三者の裁定は当事者の契約の一部を構成するに過ぎず、かかる契約条件に関し、そもそも当事者間に争いがあるとは言えないようにも解されるが[236]、契約関係の終局的確定を求める当事者の意思に紛争性（争訟性）を認めることができるのではないかと考えられる[237]。したがって、仲裁法上、契約条件に関し当事者間で具体的な意見の対立がない場合であっても、紛争の存在は当事者の主

(235) 同上参照。
(236) See Klaus Peter Berger, Power of Arbitrators to Fill Gaps and Revise Contracts to Make Sense, 17(1)Arbitration International（2001）3.

観的意思にかからしめ、当事者は紛争の蒸返しを未然に防ぐため、仲裁により終局的に契約条件を確定することができるものと解される。

(237)　中田・仲裁108頁、小島＝高桑・注解仲裁44頁〔小島武司＝豊田博昭〕、小島＝猪股・仲裁70頁参照。当事者間で和解が既に成立している場合において、当事者が仲裁法38条1項に基づき和解の内容を仲裁判断とするために仲裁合意をする際にも紛争性（争訟性）が問題となる（⇨第4章11(2)(c)）。

第 3 章

仲 裁 人

1　仲裁人・仲裁廷の意義

　仲裁人は、仲裁合意に基づき紛争の解決を委ねられ、当事者が服する仲裁判断を行う第三者である（2条1項）。また、仲裁廷は、仲裁合意に基づき、その対象となる紛争について審理し、仲裁判断を行う1人または2人以上の仲裁人の合議体をいう（2条2項）。仲裁人、仲裁廷は、訴訟における裁判官、裁判所に対応する。仲裁人は通常私人であるが[1]、確定判決と同一の効力を有する仲裁判断を行うことによって紛争を終局的に解決する重要な任務を遂行するため、国家の裁判官と同様に、かかる任務の公正を担保するため、公務員に準じて収賄罪の対象となる（50条以下）。

2　仲裁人の資格

　仲裁人の資格について、仲裁法に規定は置かれていない。仲裁人は、当事者から付託された紛争について審理、仲裁判断をすることを任務としており、自然人に限られることは明らかである[2]。仲裁法はこのことを明文で規定していないが、仲裁人の死亡を仲裁人の任務終了事由としているので（21条1項1号）、これを前提としていると解される。裁判官も最高裁判所の許可を得て仲裁人となることができる（裁52条2号）。諸外国においては裁判官が仲裁人を務めることがあるが、わが国においては寡聞にして知らない。

（1）　公的機関による仲裁の場合、たとえば、建設工事紛争審査会の場合、仲裁人となる委員、特別委員は、中央審査会にあっては一般職の国家公務員であり（国公2条2項）、都道府県審査会にあっては特別職の地方公務員である（地公3条3項2号）。この点に関し、小島＝高桑・注解仲裁272頁〔由良範泰＝高橋俊雄〕を参照。
（2）　小島＝猪股・仲裁172－173頁、山本＝山田・ADR仲裁328頁参照。

(1)　仲裁人の公正性・独立性との関係

　仲裁人は公正、独立でなければならず、仲裁人の公正性・独立性を疑うに足りる相当な理由がある場合、当事者は、仲裁人の忌避手続によって仲裁人を職務執行から排除することができる（18条1項2号）。また、当事者と独立した関係にない者が仲裁人となり、仲裁手続の公正に反することが明らかである場合、仲裁人の選任は、仲裁制度の基本原則に反し、当事者の利益にとどまらず公益に反し無効と解すべきである。したがって、このような者は仲裁人となることはできないと考える（⇨第2章3(c)）。たとえば、当事者の法定代理人、当事者である法人の代表者、役職員は、仲裁人の資格を有しない。また、このような者が仲裁人として関与した仲裁手続は無効である[3]。

(2)　弁護士法72条との関係

　仲裁人の資格に関しては、弁護士法72条との関係が問題となる。すなわち、弁護士法72条は、他の法律等に別段の定めがある場合を除き、弁護士または弁護士法人でない者は、報酬を得る目的で一般の法律事件に関し仲裁を取り扱うことを業とすることができないと定め、これに違反した場合、2年以下の懲役または300万円以下の罰金に処される（弁護77条3号）。

　この点について仲裁法は規定を置いていないが、仲裁法に基づく仲裁については、弁護士法72条ただし書にいう「他の法律に別段の定めがある場合」と解する立場がある[4]。また、建設工事紛争審査会の仲裁の場合、仲裁委員のうち少なくとも1人は、弁護士資格を有する者でなければならないと定めているので（建設25条の19第3号）、仲裁人が弁護士資格を有することを前提とせず、弁護士資格を有しない者も仲裁人になることができる。

（3）　旧法下の判例として、東京地判昭47・12・9判時 687号36頁は、「民事訴訟法の規定する仲裁手続の適用ないし準用があるというためには、仲裁委員会を構成する委員が処分当事者以外の第三者でなければならない。裁定を当事者または当事者たる団体（本件においては被告会社）の機関または団体員に任せる苦情処理手続は、仲裁人の第三者たることの要件を欠くから、仲裁手続としての効力を生じない」と判示している。

（4）　豊田博昭「仲裁人」JCA53巻4号（2006）6頁、惠美忠敏「ADRにおける隣接法律専門職種等の専門家の活用について」ひろば58巻4号（2005）37頁。平成16年11月18日の参議院法務委員会における政府参考人（山崎潮司法制度改革推進本部事務局長）は、仲裁法に則った仲裁については、原則として、弁護士法72条に違反しない旨答弁している（同委員会会議録8号15頁）。

　この問題に関し裁判外紛争解決手続の利用の促進に関する法律は、認証紛争解決手続において弁護士以外の者が手続実施者となり（ADR法6条5号）、報酬を得ることができるとするが（同28条）、仲裁は同法の認証の対象から除外されている（ADR法2条1号、5条）。実際の仲裁手続において、弁護士資格を有しない者、とりわけ、海事仲裁においては海事関係の実務者、国際仲裁においては外国弁護士がそれぞれ仲裁人として活動してきているが、特に弁護士法72条との関係が問題になったことはない。これらの仲裁人の活動は正当な業務行為（刑35条）に当たり、違法性が阻却されると解する余地があろうが(5)、本来的には、この点を明確に規定する立法措置がとられるべきである。

3　仲裁人の選任

(1)　仲裁人の数

　仲裁人の数は、当事者が合意により定めることができる（16条1項）。当事者は契約中の仲裁条項において仲裁人の数を決めることがあるが、機関仲裁の場合には、仲裁機関の仲裁規則に仲裁人の数に関する規定が置かれているので、それが当事者の合意となる。当事者間に合意がない場合には、当事者の数によって異なり、当事者の数が2人の場合、仲裁人の数は3人となる（同2項）。当事者が3人以上の場合には、当事者の申立てにより裁判所が定めることになる（同3項）。

　旧法は、母法である当時のドイツ民事訴訟法の規定に倣い、当事者間に仲裁人の数について合意がない場合、仲裁申立人（仲裁手続において、これを開始させるための行為をした当事者（31条1項））、仲裁被申立人（仲裁申立人以外の仲裁手続の当事者（31条2項））がそれぞれ1名の仲裁人を選任すると定め

（5）　条解弁護654頁参照。山本＝山田・ADR仲裁329頁は、ADR法6条や7条の基準を満たし、実質的に見て認証の対象となるような仲裁手続については、そこでの仲裁人の活動は原則として正当な業務行為（刑35条）に当たると考えることができ、一般に違法性が阻却されるという。また、内堀宏達「裁判外紛争解決手続の利用の促進に関する法律の概要」ひろば58巻4号（2005）15頁は、一般論としては、業務の方法、組織等に照らして、正当業務行為として違法とならない場合もあるという。

（旧法788条）、当事者の一方または双方が複数の場合も、申立人側1名、被申立人側1名の2名を仲裁人としていた[6]。しかし、仲裁人が偶数では、意見が対立した場合、仲裁判断をすることができず、立法論として問題があったが、仲裁法はモデル法に準拠することにより、この問題を解決している。

(2)　仲裁人の選任手続

仲裁人の選任手続については、当事者間に合意がある場合、その合意に従い仲裁人は選任される（17条1項）。この場合も、機関仲裁においては、当事者間の合意となる仲裁規則に従い仲裁人が選任される。当事者間に合意がない場合には、仲裁人は次のように選任されることになる。

(a)　当事者が2人の場合

当事者の数が2人の場合、仲裁人の数が3人であるときは、各当事者がそれぞれ1人の仲裁人を選任し、その2人の仲裁人がさらに1人の仲裁人（第三仲裁人）を選任することになる（17条2項前段）。この選任手続において仲裁人が選任されない場合は、当事者の申立てにより裁判所が仲裁人を選任する。すなわち、一方の当事者が仲裁人を選任し、他方の当事者に仲裁人を選任すべき旨の催告をした日から30日以内に他方の当事者がその選任をしないときは、一方の当事者の申立てにより裁判所が仲裁人を選任し、また、2人の仲裁人がその選任後30日以内に第三仲裁人を選任しないときは、一方の当事者の申立てにより裁判所が仲裁人を選任する（同後段）。

これに対し、仲裁人の数が1人の場合には、当事者間に仲裁人選任についての合意が成立しないときは、一方の当事者の申立てにより、裁判所が仲裁人を選任することになる（17条3項）。仲裁人の数が2人または4人以上の場合については、実務上、当事者がそのような合意をすることはほとんどなく、そのような合意がある場合には、通常、具体的な選任手続も定められているので、仲裁法には規定は置かれていない[7]。

(b)　当事者が3人以上の場合

当事者が3人以上の場合には、当事者の申立てにより裁判所が仲裁人を選

（6）　青山・仲裁653頁。
（7）　仲裁コンメ71頁。

任することになる（17条4項）。また、当事者が仲裁人の選任手続について
合意していたが、その合意によって仲裁人の選任がされない場合も、当事者
は裁判所に対し、仲裁人の選任を申し立てることができる（17条5項）。

(c) 裁判所による仲裁人の選任

(ア) 裁判所の配慮事項

　裁判所が仲裁人を選任する場合、仲裁人の選任は裁判所の裁量に委ねられ
ているが、裁判所は、①当事者の合意により定められた仲裁人の要件、②選
任される者の公正性および独立性、③単独仲裁人または第三仲裁人を選任す
る場合、当事者双方の国籍と異なる国籍を有する者を選任することが適当か
どうかに配慮しなければならない（17条6項）。

　仲裁法16条、17条は、当事者が3人以上の場合における仲裁人の数、仲裁
人の選任手続に関する規定を除き、モデル法10条、11条に対応し、このモデ
ル法の規定と実質的に同じ内容を定めている。

(イ) 前提条件としての仲裁合意の存在

　裁判所による仲裁人の選任を求める申立てに対し、相手方が仲裁合意の存
否を争う場合、その申立ての前提要件として、当事者間に仲裁合意が存在し
ていることを必要とするか否かという問題がある。モデル法採用法域の判
例、学説は、①当事者間に仲裁合意が存在しない場合、仲裁手続を進めるこ
とはできないのであるから、裁判所が仲裁人を選任するための前提要件とし
て、仲裁合意の存否の審査を要するという立場、②かかる審査を要するが、
仲裁合意の存在を認定するための証明度を下げる立場、③モデル法16条1項
により仲裁廷が第一次的判断権を有する結果、裁判所はこれを審査の対象と
することはできないという、3つの立場に大別される[8]。

　本案訴訟において被告が仲裁合意に基づき妨訴抗弁を提出する場合は、原
告の裁判を受ける権利を保障するため、裁判所は、仲裁合意の存否について
審理、判断しなければならないことは言うまでもなく、その場合、仲裁合意
の存在を認めて訴えを却下する確定判決により、仲裁合意の存在に既判力が

（8）　UNCITRAL Digest 61; Born International Commercial Arbitration 1860-1861;
Comparative International Commercial Arbitration 353-354.

生じる（⇨第2章**7**(2)(e)）。これに対し、裁判所が仲裁人を選任する場合も、司法資源を投入することにはなるのであるから、仲裁合意が当事者間に存在しない仲裁手続に対し裁判所が援助する理由はなく、仲裁人を選任する必要はないとも言えよう。

　しかし、裁判所が仲裁人を選任することにより仲裁手続に対し援助する局面における裁判所の役割は、即時抗告ができない決定手続により（6条、7条）、迅速に仲裁人を選任し仲裁廷を構成させることにある。また、仲裁合意の存否等の仲裁権限の有無についての争いについては、仲裁法は23条において、仲裁廷に第一次的判断権を与えている。

　これらの点に鑑みると、裁判所は、即時に取り調べられる証拠によって、仲裁合意が当事者間に存在することが一応確からしい程度の蓋然性が認められる場合（疎明）、仲裁人の選任を行い、当事者間の仲裁合意の存否に関する争いは、仲裁法23条による仲裁廷の判断に委ねるべきである[9]。

(3)　仲裁人選任手続における当事者平等取扱の原則

(a)　当事者が2人の場合

(ア)　当事者の一方のみが仲裁人選任権を有する場合

　仲裁人の選任手続は、当事者の合意により定めることができるが（17条1項本文）、かかる当事者自治は無制限に認められず、仲裁手続における当事者平等取扱の原則（25条1項）は、この仲裁人の選任手続においても適用される。

　したがって、当事者の一方のみが仲裁人を選任することができる旨の合意は、当事者の一方に著しく不公平な合意であり公序に反し無効である[10]。こ

（9）　See Comparative International Commercial Arbitration 354; Born International Commercial Arbitration 1861. 旧法下においては、裁判所による仲裁人選任手続は、判決手続によっていたが、判例として、東京地判平17・2・9判時1927号75頁は、裁判所が仲裁人の選定を行うに当たり、仲裁合意が現存していることがその前提となっていることが旧法789条の趣旨からして明らかであると判示して仲裁合意の存否を判断している。また、この判例評釈として中野俊一郎「判批」Lexis判例速報12号（2006）86頁は、裁判所による援助協力は、仲裁合意なしに国家は仲裁手続を裁判に代替させることはできず、それに協力することもできないから、当事者間に有効な仲裁合意が存在することが前提となるという。

の場合、仲裁合意自体が無効となるかについては、見解が分かれよう[11]。当事者の意思解釈の問題であるが、当事者の一方のみが仲裁人を選任することができる旨の合意が無効である場合、仲裁合意そのものを締結しなかったという当事者の意思が推認されるときは、仲裁合意自体が無効となろう。

㈠　仲裁人選任機関と当事者との関係

　仲裁人選任手続における当事者平等取扱の原則は、仲裁人選任権を与えられた第三者（仲裁人選任機関）が当事者の一方と一定の関係がある場合にも問題となるが、この第三者が当事者の一方に従属し、この者による選任が当事者の一方の選任と同視し得る場合、たとえば、当事者の法定代理人、当事者である法人の代表者、役職員による選任の場合には、仲裁人の選任権に関し当事者平等取扱の原則に反すると考えられる[12]。

　そうでない場合には、当事者の一方との客観的関係から、第三者に忌避事由となる仲裁人の公正性または独立性を疑うに足りる相当な理由を有しない者を選任することを期待することが困難であると一般的に判断されるときは、仲裁廷の構成において当事者の一方に著しく不公平であり、このような第三者による仲裁人の選任方法の合意は無効であると解されよう[13]。これに

(10)　小島＝猪股・仲裁178－179頁、小山・仲裁70頁、山本＝山田・ADR仲裁329頁参照。判例として、旧法下のものであるが、大阪地判平元・2・2判時1349号91頁は、「仲裁人の選定に関して当事者の一方に不利益を与えることが客観的に明白であるような場合、例えば、はじめから当事者の一方のみが仲裁人の選定権を有する旨の合意がある場合には、その仲裁契約は公序良俗違反として無効となるものというべきである」と判示する。See also Comparative Law of International Arbitration 338.
(11)　小山・仲裁70頁は、当事者の一方のみが仲裁人を選任する旨の合意のみが無効であると解する。また、山本＝山田・ADR仲裁329頁は、選任手続の重要性や不平等の内容等具体的な事案によって異なるという。同旨、小島＝猪股・仲裁179頁。
(12)　最判昭59・9・6裁判集民142号293頁は、「仲裁契約の当事者が特定の第三者に対し仲裁人の選定権限を付与する旨の合意は、当事者の一方に著しく不公平な選定権限を付与するものであるなどの特段の事情のない限り、有効であると解するのが相当である」と判示する。
(13)　小山昇「判解」昭和60年度重判解（1986）138頁参照。上野泰男「仲裁人選定手続と公平」関西大学法学部編『法と政治の理論と現実（関西大学法学部百周年記念論文集）』（有斐閣、1987）428頁は、「第三者と当事者の一方との間に一定の経済的関係が存在し、一般的に不公平な選定がなされるのではないかとの疑念が生ずる場合には、そのような第三者による仲裁人選定の合意は無効と解される」という。

対し、第三者による仲裁人の選任自体は有効であると解される場合であっても、第三者によって具体的に選任された仲裁人の公正性または独立性に疑義があるときは、仲裁人の忌避の問題として処理されることになる。

⒝　当事者が３人以上の場合

㋐　問題の所在

この仲裁人の選任手続における当事者平等取扱の原則は、当事者が３人以上の多数当事者仲裁の場合にも遵守されなければならない。仲裁人の数が１人の場合、当事者が共同で仲裁人を選任することがあれば、裁判所、仲裁機関が当事者に代わって選任することもあるが、いずれの選任であっても、仲裁人の選任手続における当事者平等取扱の原則に反することはない。

これに対し、仲裁人の数が３人の場合には、仲裁人の選任手続における当事者平等取扱の原則が問題となることがある。たとえば、仲裁申立人が１人の仲裁人を選任する権利を与えられているのに対し、複数の仲裁被申立人は共同で１人の仲裁人を選任する権利しか与えられていない場合、この平等取扱原則に反するか否かが問題となる。なお、多数当事者仲裁は、通常、複数の者が同一の仲裁合意の当事者である場合に生じる（⇨第４章**10**⑴）。

㋑　Dutco 事件判決

この問題を扱った著名なフランスの判例として、破棄院によるDutco事件判決[14]がある。この事件では、建設工事請負契約に関するコンソーシアム契約中の仲裁人を３人とするICC（国際商業会議所）仲裁（仲裁地はパリ）を定める仲裁条項に基づき当事者の１人が他の当事者２人に対しそれぞれ請求内容が異なる仲裁を申し立て、仲裁被申立人らはそれぞれ別個の仲裁手続で審理されるべきであると主張したが、ICCはその実務慣行に従い、この主張を認めず、仲裁申立人は１人の仲裁人を選任し、他方、仲裁被申立人らは、ICCから１人の仲裁人を共同で選任することを求められ、それに異議を述べた上で、かかる選任をし、ICCが３人目の仲裁人を選任した。その後、仲裁人の選任手続を適法とする仲裁廷による中間的判断がなされたが、その取消

---

(14)　BKMI Industrienlagen GmbH & Siemens AG v. Dutco Construction, Cour de Cassation（1er Chambre Civile）, Pourvoi N° 89-18708 89-18726, Revue de l'arbitrage（1992）470.

しがパリ控訴院に申し立てられ、同控訴院は、かかる選任について当事者の
合意を認めて適法とした。これに対し破棄院は、仲裁人の選任において当事
者は平等に取り扱われる権利を享受し、かかる権利は公序に属し、当事者が
紛争発生前に締結した仲裁合意において放棄することはできない旨を判示し
た[15]。

(ウ)　多数当事者仲裁に対応した仲裁規則の改正

その後、ICCをはじめ諸外国の仲裁機関において仲裁人の選任手続におけ
る当事者平等取扱の原則に反しないための規則改正がなされ、仲裁人を3人
とする多数当事者仲裁の場合、仲裁申立人（その数が1人または複数）および
仲裁被申立人（その数が1人または複数）が共同で1人の仲裁人を選任しない
ときは、仲裁機関が3人の仲裁人を選任する旨の規定が置かれるようになっ
た[16]。

このような仲裁機関による仲裁人の選任は、当事者から仲裁人選任権を奪
うものではあるが、仲裁人選任手続において当事者は平等に取り扱われてお
り、適法であると考えられる。また、Dutco事件判決当時のICC仲裁規則は、
仲裁人の数が3人の場合、各当事者が仲裁人を1人選任するという選任方法
を定めていたが、これは二当事者仲裁を念頭に置いて作成されたものであ
り、多数当事者仲裁には上手く適合し得ない面があったことは否めない。

(エ)　仲裁人選任手続における当事者平等取扱の原則の意義

仲裁人の選任手続における当事者平等取扱の原則は、多数当事者仲裁にお
いても、当事者が2人の場合と同様に、仲裁手続において自己の権利を主張
する仲裁申立人とそれを争う仲裁被申立人は、その争いについて審理、仲裁
判断をする仲裁人の選任手続において平等に扱われなければならないことを
要求するものであると解される。

したがって、権利義務が複数の者に共同で帰属する、すなわち、複数の者
が共同で権利義務の主体となっている場合には、かかる権利義務の存否につ

---

(15)　スイスの判例には、この破棄院判決と異なる立場をとるものがある。この点に関し、
Tobias Zuberbuehler, Klaus Muller, et al., Swiss Rules of International Arbitration:
Commentary（Kluwer Law International 2005）80-82を参照。

(16)　Id., p. 83.

いて審理、仲裁判断をする仲裁人の選任手続において1人の当事者として扱うべきである[17]。たとえば、特許権の複数の共有者が被疑侵害者に対し特許権に基づく侵害行為の停止を求める仲裁手続においては、特許権の共有者全員の有する1個の特許権そのものが紛争の対象となっているので、仲裁手続における仲裁人選任手続において共有者全員は1人の当事者として扱われることになる。したがって、被疑侵害者は仲裁人を1人選任するのに対し、特許権の複数の共有者が共同で仲裁人を1人選任することは、仲裁手続における当事者平等取扱の原則に反しない。逆に、特許権の各共有者に対し被疑侵害者と同様に、仲裁人の選任権を与え、共有者の数だけ仲裁人を選任させることは、かかる原則に反することになる。

(オ)　仲裁人の党派性の問題

　このような場合以外にも、仲裁人選任権の制限に当たっては、当事者が選任する仲裁人の党派性について考慮に入れる必要があると指摘した上で、複数の者が特定の者との関係で共通の権利義務関係にある場合や、権利義務が同一の事実上および法律上の原因に基づく場合において、複数の者の側の間で利害対立が実質的に存在しないときは、同一の法的立場に立っているとして、手続上、単一の当事者として扱い、共通の仲裁人が選任されることになるという見解がある[18]。

　しかし、前述したように、仲裁人選任手続における当事者平等取扱の原則は、自己の権利を主張する仲裁申立人とそれを争う仲裁被申立人は、その争いについて審理、仲裁判断をする仲裁人の選任手続において平等に扱われなければならないということであり、それ以外の争いについての当事者との間で利害対立が実質的に存在していなくても、仲裁人選任手続において、かかる当事者と併せて単一の当事者として扱うことは、この平等取扱の原則に反することになると考えられる。

---

(17)　See Id., p. 82.

(18)　清水宏「多数当事者仲裁手続に関する一考察」比較法雑誌31巻2号（1997）162－165頁、小島＝猪股・仲裁171頁。また、ステリオス・クスリス（西澤繭美訳）「多数当事者関与の仲裁に関する諸問題——仲裁人の選定の問題を中心として——」比較法学29巻2号（1995）248－250頁を参照。

　この場合、複数の当事者がそれぞれ仲裁人を選任するときは、その複数の当事者のうち1人の当事者が選任した仲裁人が、他の当事者の紛争について仲裁人として審理、仲裁判断をすることになるが、このような事情そのものが仲裁手続の公正を妨げるべき事情とはならず、仲裁人として審理、仲裁判断することは妨げられず、この場合であっても、仲裁人選任手続における当事者平等取扱の原則は維持することができると考える。もっとも、実務上、3人以上の当事者がそれぞれ1人の仲裁人を選任することを合意することはまずないであろう。

　また、複数の当事者が共同で1人の仲裁人を選任する旨の合意がされている場合、かかる合意は公序に反し無効と解されるが、当事者の仲裁人選任手続上の利益であり、公益に関わるものであるとまでは言えないので、仲裁手続開始後、それに異議を述べず、共同で仲裁人を選任したときは、それ以後、公序違反を理由にかかる選任が無効であることを主張し得ないと考える（⇨第4章**6(6)**）。

　当事者が3人以上の場合、機関仲裁においては、仲裁人選任手続についての仲裁規則の規定に従い、仲裁人の数が決定され、仲裁人が選任されることになる。これに対し、アド・ホック仲裁においては、当事者間に仲裁人の数、選任手続について合意がない場合には、当事者の申立てにより、裁判所が仲裁人の数を決定し（16条3項）、その決定された数の仲裁人を選任することになるので（17条4項）、この場合、仲裁人選任手続における当事者平等取扱の原則は問題とならない。

4　仲裁人契約
(1)　仲裁人契約の意義・性質

　仲裁人は当事者や仲裁機関によって選任されるが、かかる選任を受けた者は、その選任を受諾することによって初めて仲裁廷を構成する仲裁人の地位に就くことになる。この仲裁人と当事者との間で成立する契約のことは、仲裁人契約と呼ばれる。

　機関仲裁の場合、仲裁人契約は、仲裁人が仲裁機関の履行補助者の地位にあるとして、仲裁機関との間で成立するという見解もあるが[19]、仲裁人は当

事者に対し仲裁申立ての対象となる紛争について審理、仲裁判断する任務を負うものであるから、仲裁人と当事者との間で直接に成立することになると解されよう[20]。また、当事者と仲裁機関との間には、仲裁人契約とは別途、仲裁機関の手続管理サービスを受けるための契約が成立し、仲裁人も仲裁事務に関し仲裁機関と契約関係が生じる。通常、仲裁機関は仲裁手続に適用される具体的な手続準則を定める仲裁規則等を制定しており、これらは当事者、仲裁人、仲裁機関の合意の内容となり、それぞれを拘束することになる。

　仲裁人が1人の場合、当事者が共同で仲裁人を選任するときは、当事者全員と仲裁人との間で仲裁人契約が成立する。当事者ではなく仲裁機関、裁判所が仲裁人を選任するときは、仲裁機関、裁判所は当事者を代理して仲裁人を選任することになる。また、仲裁人が3人の場合、各当事者が1人の仲裁人を選任するときは、相手方当事者の地位をも代理し、当事者が選任した2人の仲裁人が第三仲裁人を選任するときは、当事者を代理してそれぞれ仲裁人を選任することになる。

　仲裁人契約の性質については、仲裁人に仲裁事務を委託する契約であるという点に着目すると、実体法上の委任契約の性質を有する一方、仲裁人契約によって仲裁人が仲裁判断をし、それによって紛争が終局的に解決されるのであるから、訴訟契約の性質を有するが、仲裁人契約は、仲裁合意に付随して締結される手続上の合意であり、仲裁合意の場合と同様に、仲裁法上の個別の問題が、仲裁人契約の性質から演繹的に決まるものではないと解される[21]。

(2)　仲裁人契約の終了

(a)　仲裁合意の失効

　仲裁人契約は契約である以上、当事者と仲裁人との間で終了事由を定めることができ、その事由によって終了することになるが、仲裁合意に付随する契約であるので、仲裁合意の失効に伴い終了することになる。

---

(19)　中田・仲裁140頁、小山・旧仲裁74頁、小島＝高桑・注解仲裁95頁〔石川明＝大内義三〕。
(20)　山本＝山田・ADR仲裁322頁参照。
(21)　仲裁人契約の性質論については、小島＝猪股・仲裁189頁を参照。

⒝　仲裁手続の終了

　仲裁法は、仲裁手続は、仲裁判断または仲裁手続の終了決定があったとき
は終了し（40条1項）、仲裁手続が終了したときは、仲裁廷の任務は終了す
ると定める（同3項）。仲裁廷の任務が終了するときは、その仲裁廷を構成
する仲裁人の任務も終了するので、その結果、仲裁人契約も終了することに
なる。

⒞　仲裁人の任務終了

　仲裁法は仲裁人契約の終了事由については規定を置いていないが、仲裁人
の任務終了事由を定めている。すなわち、仲裁人の任務は、仲裁人の死亡（21
条1項1号）、仲裁人の辞任（同2号）、当事者の合意による仲裁人の解任（同
3号）、仲裁人の忌避決定（同4号）、裁判所による仲裁人の解任決定（同5号）
により終了すると定める。仲裁人契約は仲裁人の任務が終了することによっ
て終了することになるので、これらの事由が生じた場合、仲裁人契約は終了
することになる。仲裁人の任務が終了した場合における後任の仲裁人の選任
の方法は、当事者間に別段の合意がない限り、任務が終了した仲裁人の選任
に適用された選任の方法によることになる（22条）。

㈎　仲裁人の解任

　当事者は合意により仲裁人を解任することができるほか、裁判所に対し、
仲裁人の解任の申立てをすることができる（20条柱書）。

　裁判所による仲裁人の解任は、仲裁人が法律上または事実上その任務を遂
行することができなくなったとき、または、仲裁人がその任務の遂行を不当
に遅滞させたときに認められる（20条1号、2号）。前者の解任事由について
は、仲裁人の意思無能力や重病が挙げられよう。また、後者の解任事由につ
いては、仲裁人の任務遂行の遅滞が、仲裁手続の具体的状況等において仲裁
人に合理的に要求される任務遂行の基準に照らして容認し得ない場合に認め
られると解される[22]。裁判所の解任決定に対する不服申立ては許されない
（7条）。

　機関仲裁の場合、通常、仲裁機関の仲裁規則が定める解任手続によること

---

(22)　See UNCITRAL History and Commentary 439.

になり、この手続と裁判所による解任手続との関係が問題となる。仲裁法20条の解任の申立ては、モデル法14条1項後段の規定に対応し、このモデル法の規定は、当事者が解任手続を定めていない場合に限って、裁判所が解任決定を行う権限を有すると解されている[23]。これは、当事者は合意により仲裁人を解任することができることから、それに代えて、第三者による決定に従う旨の合意も許されると解されるからである。したがって、仲裁法上も、これと同様に解し、仲裁機関の仲裁規則に解任手続が定められている場合には、裁判所に対する解任の申立てはできないことになる。

　なお、仲裁人の忌避手続または解任手続の進行中に、仲裁人が辞任し、または当事者の合意により仲裁人が解任されたという事実のみから、仲裁人に忌避事由（18条1項各号）または解任事由（20条各号）があるものと推定することは許されない（21条2項）。これはモデル法14条2項の規定に対応しその趣旨を取り入れたものである。モデル法は、仲裁人は辞任したことによって忌避事由、解任事由の存在を認めたとの推定を受けず、また、当事者は仲裁人の解任に同意したことによって忌避事由、解任事由の存在を認めたとの推定を受けない旨をそれぞれ確認的に定めたものである[24]。この規定により、当事者の信頼を失った仲裁人が辞任し、また当事者がかかる仲裁人を解任することに同意することが容易となるので、早期に仲裁人の交替を行い、仲裁手続の停滞を防ぐことができることになる。

　㈠　**仲裁人の辞任**

　仲裁人の辞任については、仲裁人の任務の性質上、仲裁人がいつでも理由を問わず辞任すべきではなく、忌避事由の発生等、正当事由がある場合に限られるべきである。しかし、仲裁法が準拠したモデル法は、辞任する仲裁人に対し任務を強制することができず、辞任に正当事由を要求するのは実際的でないことから、理由を問わず仲裁人は辞任できるという立場をとっている[25]。

　モデル法に準拠する仲裁法上も、これと同じ立場に立ち、仲裁人の辞任に

---

(23)　UNCITRAL History and Commentary 440-441.

(24)　UNCITRAL History and Commentary 442; Binder UNCITRAL 242.

(25)　UNCITRAL History and Commentary 464-465.

正当理由を要しないと解される[26]。

　㈦　**委任契約の終了事由との関係**

　仲裁法が定める終了事由以外に、委任契約の終了事由が仲裁人契約に類推適用し得るかという問題がある。

　委任契約は、委任者または受任者の死亡により終了する（民653条1号）。これに対し、仲裁人契約は、当事者の死亡によって、仲裁合意上の地位が包括承継人である相続人に原則として移転し、相続人が仲裁手続を引き継ぐことになるので、終了しない。他方、受任者である仲裁人の死亡は、仲裁人の任務終了事由となり（21条1項1号）、仲裁人契約は終了する。

　また、委任契約は、委任者または受任者が破産手続開始決定を受けることにより終了する（民653条2号）。破産は経済取引の世界からの退場であるから、委任契約の終了事由とされる[27]。これに対し、仲裁人契約は、当事者が破産した場合、破産者の締結した仲裁合意上の地位が破産管財人に移転し、破産管財人が仲裁手続を引き継ぐことになるので、終了しない。他方、仲裁人が破産した場合には、仲裁事務の委託は経済取引とは性質が違い、当事者が期待した仲裁人の仲裁判断能力が破産により当然に影響を受けるものではないので、この委任契約の終了事由を仲裁人契約に類推適用すべきではない。

　受任者の後見開始については（民653条3号）、旧法下において学説は、受任者の能力が信頼の基礎にある以上、後見開始はそれを否定するものであることを理由に[28]、同3号の類推適用により仲裁人契約は終了すると解していたが[29]、仲裁法下においては、仲裁法21条が民法653条の特別規定と解して類推適用を否定する見解がある[30]。しかし、成年被後見人となる仲裁人は、事理弁識能力を欠く常況にあり、意思能力さえないのであるから[31]、当事者

---

(26)　仲裁コンメ94頁。

(27)　内田・民法Ⅱ298頁。

(28)　内田・民法Ⅱ298-299頁。

(29)　中田・仲裁140頁、小山・仲裁125頁、小島・仲裁176頁、小島＝高桑・注解仲裁97頁〔石川明＝大内義三〕、河野・仲裁449頁等。

(30)　理論と実務173-174頁〔出井直樹、三木浩一発言〕、豊田博昭「仲裁人の任務の終了」JCA54巻1号（2007）19頁、山本＝山田・ADR仲裁333頁。

(31)　内田・民法Ⅰ109頁。

が期待した仲裁判断能力を喪失することになると解される。したがって、仲裁人契約は終了すべきであるから、この委任契約の終了事由を仲裁人契約に類推適用することができよう。また、これが終了事由にならないとしても、当事者は、裁判所に対し、「事実上その任務を遂行することができなくなった」として解任の申立て（20条1項）をし、仲裁人の任務を終了させることができよう。

5　仲裁人の忌避

⑴　忌避制度の意義

　仲裁は、第三者である仲裁人が当事者から付託された紛争について判断をし、その判断によって紛争を終局的に解決する国家が法認した訴訟に代替する紛争解決制度である。国家は、訴訟と同様に仲裁に公正な手続が確保されていることを条件に、仲裁判断に確定判決と同一の効力を付与する。そのため国家は、仲裁人に対し裁判官と同様に、公正に審理、仲裁判断することを要求し、仲裁人が公正な仲裁判断をしないおそれのある場合には、それによって直接不利益を被る当事者の申立てによって仲裁人を職務執行から排除する制度を置いている。これが仲裁人の忌避制度である。

⑵　除斥・回避制度はない

　裁判官については、忌避（民訴24条）のほか、除斥（民訴23条）、回避（民訴規12条）が認められているが、仲裁人については除斥、回避の制度はない。除斥については、訴訟の場合、具体的事件を担当する裁判官は、裁判官の意思とは無関係に事件の配点によって決まるため、裁判の公正確保のため、忌避とは別に、定型的な定めによる画一的な処理を行う除斥制度が必要となる。これに対し、仲裁の場合には、具体的事件について当事者、仲裁機関等が仲裁人を選任し、その選任を受けた者がそれを受諾することにより仲裁人に就任することになるので、このような制度は要しない。

　また、当事者が裁判官の除斥事由があることを認識して仲裁人に選任する場合には、仲裁が当事者の意思に基づく自律的な紛争解決手続であるという本質から、当然に職務の執行から排除する必要はなく、当事者の意思によって仲裁人を職務執行から排除するための忌避制度を設けておくことで足りる

と説明される[32]。しかし、自分の主張の当否を自分で判断することになるような除斥事由がある場合には（民訴23条1項1号）、訴訟に代替する公正な第三者の判断によって紛争を終局的に解決する仲裁制度の基本原則に反し、公益的見地から、当事者が忌避申立てをするか否かにかかわらず、仲裁人の選任は当然に無効であり、かかる仲裁人が関与した仲裁手続、仲裁判断も当然に無効であると解すべきである（⇨5(7)(e)）。

　他方、回避については、裁判官が除斥または忌避の原因があると認められる場合に、自ら職務執行を避ける制度であるが、仲裁の場合には、仲裁人の選任を受けた者がそれを受諾しないことができ、また、仲裁人に就任した後においては、自ら辞任することができるので（21条1項2号）、回避制度を設ける必要はない。

(3) 仲裁法と旧法の違い

(a) 忌 避 事 由

　仲裁人の忌避に関し、仲裁法は、18条および19条で規定している。これはモデル法12条、13条の規定に対応し、それと実質的に同じ内容を定めたものである。まず、18条において、仲裁人の忌避事由として、当事者の合意により定められた仲裁人の要件を具備しないときと併せて、仲裁人の公正性または独立性を疑うに足りる相当な理由があるときを挙げる（1項）。これに対し、旧法は、裁判官を忌避し得る事由と同じ理由があるとき、仲裁契約をもって選定したものでない仲裁人がその責務の履行を不当に遅延するとき、および、仲裁人が未成年者、成年被後見人、被保佐人および公権の剥奪または停止中の者であるときは、仲裁人を忌避することができると定めていた（旧法792条）

　したがって、裁判官を忌避し得る事由である「裁判の公正を妨げるべき事情」は、仲裁法が定める公正性、独立性に対する疑義に対応し[33]、仲裁人の責務の不当遅延については、仲裁法は忌避事由ではなく20条1項2号の解任事由として規定する。また、仲裁人が未成年者、成年被後見人等の制限能力

---

(32)　青山・仲裁665－666頁、豊田・忌避（上）3頁、小島＝猪股・仲裁201－202頁。

(33)　小島＝高桑・注釈仲裁111頁〔森勇〕参照。

者であること等については、もう1つの解任事由である「仲裁人が法律上又は事実上その任務を遂行することができなくなったとき」（同1号）により個別に判断することになるとされる[34]。当事者が定めた要件の不備については、旧法下では忌避事由には挙げられていなかったが、仲裁法では当事者が定めた資格、職業等の不備が忌避事由となる。

(b)　忌避権の喪失

旧法は規定していなかったが、仲裁法18条2項は、モデル法12条2項後段に倣い、「仲裁人を選任し、又は当該仲裁人の選任について推薦その他これに類する関与をした当事者は、当該選任後に知った事由を忌避の原因とする場合に限り、当該仲裁人を忌避することができる」と規定する。これは、当事者が仲裁人の選任に当たって知っていた忌避事由については、忌避権を喪失する旨を定めたものである[35]。

(c)　仲裁人・仲裁人候補者の開示義務

仲裁法は、モデル法12条1項に倣い、仲裁人および仲裁人への就任の依頼を受けてその交渉に応じようとする者（仲裁人候補者）に対し、自己の公正性または独立性に疑いを生じさせるおそれのある事実（公正独立阻害事由）の全部を開示する義務を課している（18条3項、4項）。この仲裁人・仲裁人候補者の開示義務については、旧法下でも、当事者の手続保障のため、かかる義務が認められるという見解があったが[36]、仲裁法はこれを明文で規定している。

(d)　忌　避　手　続

(ア)　仲裁法の規定

仲裁法は19条において、忌避手続について定めている。

仲裁人の忌避手続は当事者の合意により定めることができるが（19条1項）、かかる合意がないときは、仲裁廷が忌避の当否について判断をすることになる（同2項）。その場合、仲裁人の忌避の申立てをする当事者は、仲

---

(34)　仲裁コンメ75-76頁。
(35)　UNCITRAL History and Commentary 390-391. 旧法下の判例として、札幌地判昭53・3・20判時907号88頁は、当事者は、仲裁手続当時、忌避事由に当たる事実を知っていたことが推認できるとして、民事訴訟法37条2項〔現24条2項〕を類推適用し、忌避事由を主張し得ないとした。
(36)　小島・仲裁法191頁、貝瀬幸雄「仲裁人の忌避」松浦＝青山・論点212頁。

裁廷が構成されたことを知った日または忌避事由のいずれかがあることを知った日のいずれか遅い日から15日以内に忌避の申立をしなければならない（同3項）。

　当事者が合意した忌避決定機関または仲裁廷により仲裁人の忌避を理由がないとする決定がされた場合には、その忌避をした当事者は、当該決定の通知を受けた日から30日以内に、裁判所に対し、当該仲裁人の忌避の申立てをすることができ、裁判所は、当該仲裁人に忌避の原因があると認めるときは、忌避を理由があるとする決定をしなければならない（同4項）。この裁判所の決定に対しては、不服申立て（即時抗告）は認められていない（7条）。

　忌避決定機関、仲裁廷または裁判所により忌避を理由があるとする決定がされた場合、仲裁人の任務は終了し（21条1項4号）、後任の仲裁人が選任されることになる（22条）。

　また、仲裁人の忌避の申立てに係る事件が裁判所に係属する間においても、仲裁廷は仲裁手続を開始し、または続行し、かつ仲裁判断をすることができるとして、仲裁廷の手続続行権を定めている（19条5項）。

　(イ)　旧法の規定

　これに対し旧法下では、仲裁人の忌避手続を定めた規定はなく、忌避の訴えについての管轄についての規定が置かれていたに過ぎないが（旧法805条）、仲裁廷の手続続行権については、仲裁人は、当事者が忌避事由を原因として仲裁手続が許されないことを主張した場合であっても、仲裁手続を続行し、仲裁判断をすることができる旨を規定していた（旧法797条）。

　このように、仲裁人の忌避に関し、仲裁法は、モデル法に準拠した結果、旧法と異なり、忌避要件として公正性、独立性という新たな要件を導入するとともに、仲裁人および仲裁人候補者に対する公正独立阻害事由の開示義務を明文で定めるほか、裁判所に対する忌避申立てに前置する当事者の合意した忌避決定機関または仲裁廷による忌避手続について定める。

　(4)　仲裁人の忌避事由

　(a)　仲裁人の公正性・独立性

　仲裁法は18条1項において、仲裁手続の公正を確保するため、仲裁人の公正性・独立性を忌避の要件として定めている。この公正性・独立性という忌

避要件は、モデル法を採用することによって新たに導入した概念である。この概念について、「公正性又は独立性を疑うに足りる相当な理由がある」とは、仲裁人が事件または当事者と一定の関係があるために、公正な仲裁判断が期待できないことのほか、具体的な仲裁人の行動が仲裁人の公正性または独立性についての合理的な疑いを生じさせることを意味するとされる[37]。

㈎　公正性・独立性の意義

モデル法は12条1項において、忌避要件として、公正性（impartiality）と独立性（independence）の2つを挙げているが、両者の意味について定義していない。両者は、その意味についてモデル法の作成過程において審議されることなく、1976年のUNCITRAL仲裁規則の規定をそのまま採用、規定している[38]。したがって、モデル法上もこの要件の意味が問題となる。

この公正性・独立性の概念について定義した立法例はないようであるが[39]、両者の概念については、一般に、独立性は、仲裁人の公正な判断に影響を及ぼす仲裁人と当事者との客観的な関係を問題とするのに対し、公正性は、仲裁人の当事者の一方に偏する主観的な心理状態を問題とすると解されているので[40]、モデル法が定める公正性・独立性の意味についても、かかる意味で解することになろう。

㈏　公正性と独立性との関係

したがって、公正な判断に影響を及ぼすような関係を仲裁人、仲裁人候補者が当事者、事件と有していないことを独立性ということになるが、独立性が維持、確保されていても、当該仲裁人が必ず公正な判断をするとは限らない。また逆に、独立性が維持、確保されていない場合であっても、当該仲裁

---

(37)　仲裁コンメ76-77頁。

(38)　UNCITRAL History and Commentary 436.

(39)　Comparative International Commercial Arbitration 303.

(40)　Comparative International Commercial Arbitration 258-259, 261; Redfern and Hunter on International Arbitration 255; Fouchard Gaillard Goldman on International Commercial Arbitration 564-571; Binder UNCITRAL 218; Klaus Peter Berger, International Economic Arbitration (Kluwer Law and Taxation Publishers 1993) 243. また、澤田壽夫「仲裁人の独立」中野貞一郎ほか編『民事訴訟法の革新（上巻）』（有斐閣、1991）579頁を参照。

人が不公正な判断をするとは必ずしも言えない。

　しかし、通常人から見て仲裁人が当事者との関係から公正な判断をすることを期待できない場合、当事者が当該仲裁人を職務執行から排除することを認め、それによって不公正な判断がされることを未然に防ぐことが、忌避事由として独立性の要件を設けた趣旨である。これに対し、公正性は、文字どおり、仲裁人が当事者の一方に偏頗な手続、判断をしないことであり、仲裁人がこれに反する行為をする場合のほか、仲裁人の行為から公正な判断をすることを期待できない場合、当事者に対し当該仲裁人を職務執行から排除する機会を与える必要があるため、忌避事由として公正性の要件を設けたものと解されよう。したがって、仲裁人の独立性は、仲裁人の公正性を担保する機能として働く。

(b)　旧法の「仲裁の公正を妨げるべき事情」との関係

　旧法下では、裁判官の忌避事由である「公正を妨げるべき事情」が仲裁人にも適用された（旧法792条1項）。この「公正を妨げるべき事情」の意義について、次のように説明する有力な見解があった。

　すなわち、「公正を妨げるべき事情」は、個別具体の行為と個別具体の関係に分類することができる。前者はさらに、当該行為がそれ自身不公正を示している場合（たとえば、当事者の一方が不在の期日で他方から事情を聴取し証拠調べを済ませるなど）と、当該行為から不公正を高度の蓋然性をもって推認することができる場合（たとえば、当事者の一方たる会社からその会社との取引上異常の優遇措置を受けたことなど）とに分けることができる。これに対し後者は、当該関係から不公正を高度の蓋然性をもって推認することができる場合（たとえば、仲裁人が当事者の一方から常習的に多額の借金をしているという関係）をいう[41]。

　この見解によれば、仲裁法上、前者は、「公正性を疑うに足りる相当な理由」に、後者は、「独立性を疑うに足りる相当な理由」にそれぞれ相当すると考えられ、忌避事由の内容について、旧法下と仲裁法との間に実質的な違いはなく、仲裁法が定める忌避事由である「仲裁人の公正性または独立性を

---

(41)　小山・忌避3頁。

疑うに足りる相当な理由」は、裁判官の忌避事由を準用する旧法が定める
「仲裁の公正を妨げるべき事情」と同義であると解されよう。

(c)　裁判官の除斥事由との関係

旧法下において、裁判官の除斥事由は、裁判の公正を妨げる蓋然性の高い
事情を類型化したものであり、それらと同様の事情は、仲裁の公正を妨げる
べき事情に当たると考えられていた[42]。しかし、除斥事由の中には、たとえ
ば、当事者が仲裁人の元妻の叔父であった場合、両者間には離婚の前後を問
わず交流は全くなく、面識すらなくても、除斥事由は認められるが（民訴23
条1項2号）、このような場合には、忌避事由には当たらないと解されよう[43]。

これは除斥制度の目的が、忌避事由の存否とは別に、定型的な定めによる
画一的な処理にあり、個々具体的な事件についての公正さの維持にあるので
はないことから、当然このような場合が生じ得ることになる。したがって、
除斥事由が必ず仲裁人の忌避事由に当たるものではない。

(d)　裁判官の忌避事由の範囲（忌避判断基準）との異同

(ア)　学　　　説

忌避事由の当否を判断するに当たって、仲裁は上級審によるコントロール
がなく、仲裁人が裁判官のような資格の制限、法定裁判官といった公正・公
平を支える仕組みもなく、また、仲裁廷が当事者の信頼を基礎として成り
立っていることから、仲裁人の忌避事由は、裁判官の場合より広く解すべき
であるとの見解がある[44]。

これに対し、仲裁の忌避制度は、当事者に偏った判断がなされないように
するものであるが、これは、当事者の利益保護を担保するものであり、また、
当事者は自己の信頼する者を仲裁人に選任するのであり、通常、当事者と何
の関係もない者が仲裁人に選任されることはなく、たとえば、紛争分野の専
門家が仲裁人に選任される場合には、当事者が所属する業界に関係する専門
家が仲裁人に選任され、裁判官の場合には生じない、当事者と一定の関係を

---

(42)　小島・仲裁186頁、青山・仲裁667頁、小山・仲裁133頁、河野・仲裁471頁。
(43)　日下部・忌避57頁
(44)　小島＝高桑・注釈仲裁109－111頁〔森勇〕、小島・仲裁186頁、河野・仲裁472頁、
　　　理論と実務157頁〔山本和彦発言〕等。

有する者が仲裁人に選任されるので、かかる仲裁のメリットを減殺しないよう、忌避事由を裁判官より狭く解すべきであるという見解がある[45]。

(イ) 裁判官の場合と同一であるべきか

訴訟と異なり、仲裁は制度上、通常、上級審は設けられず、一審性であり、仲裁人は、専門的な訓練を受け一定の能力が保障されている裁判官とは異なり、資格も要せず誰でもなることができる。また、当事者が自己の信頼する仲裁人を選任する場合、両者間に独立性に関わる何らかの関係が存在することを否定することができない。したがって、仲裁には、その制度上、訴訟には生じない事情があることは言うまでもない。しかし、仲裁判断に確定判決と同一の効力が与えられる以上、訴訟において要求される手続の公正性は、仲裁においても同じレベルで要求されるべきであり、その実現を期すための忌避制度における忌避事由の範囲（忌避判断基準）についても、上級審の有無とは無関係に同一であるべきである。

また、仲裁は訴訟と異なり、とりわけ、仲裁人を当事者が選任する関係から、訴訟に比べて、一般に、仲裁の場合には、独立性の問題が生じ易い。しかし、かかる事情を考慮して忌避事由の範囲を狭くし、本来忌避事由に当たる事情があり、公正な判断が期待できない場合においても忌避を認めないことは不当である。逆にその範囲を広くし、本来忌避事由に当たらない事情によって仲裁人を職務執行から排除すべきでもない。

したがって、手続の公正を確保するという点から忌避事由に裁判官以上に高度の公正性、またそれを担保するための高度の独立性を要求する必要はなく、また、逆にそれより低くても、公正な手続を確保することはできないのであるから、忌避事由の範囲（忌避判断基準）は、両者で違いがないと考えるべきである。

(e) 当事者が選任する仲裁人と第三者が選任する仲裁人の忌避事由の範囲（忌避判断基準）の異同

当事者が選任する仲裁人は、当事者が共同で選任する仲裁人、または、裁判所を含む第三者もしくは各当事者により選任された仲裁人が選任する仲裁

---

(45) 豊田・忌避（上）7頁。

人よりも、忌避事由の範囲を狭く（忌避判断基準を緩く）解すべきであるとの見解がある[46]。

確かに、当事者が選任する仲裁人には、既にその当事者と一定の関係があり、また、当事者が選任しない第三仲裁人とでは仲裁人としての役割にも違いがある。しかし、仲裁法は忌避要件について、両者に差異を設けていない。また、通常人から見て仲裁人が公正な判断をすることを期待できない場合、その仲裁人を当事者が選任したか否かにかかわらず、当事者に対し仲裁人を職務執行から排除する機会を保障し、仲裁手続の公正を確保する必要がある。

したがって、当事者が仲裁人を選任するか否かにかかわらず、仲裁人の忌避事由の範囲（忌避判断基準）は同一と解すべきである。

（f）　当事者の合意による忌避事由の変更の可否

当事者が合意によって忌避事由の範囲を変更することができるか否かという問題がある。この問題について、当事者は合意で忌避事由を拡張することができるとする見解がある[47]。しかし、仲裁法18条1項の忌避事由は強行規定であるとされ[48]、仲裁法が、当事者が合意によってこれと異なる忌避事由を取り決めることを許容していないのであれば、当事者は忌避事由を変更することができないことになる。

また、仲裁法18条1項に対応し、実質的に同じ内容を定めているモデル法12条2項は、他の忌避事由を排除する限定列挙事由として忌避事由を規定している[49]。したがって、このモデル法に準拠する仲裁法の解釈としても、当事者は、忌避事由を変更することができないと解されよう。もっとも、仲裁人の資格に一定の要件を課すことはできるので、当事者が、たとえば、仲裁人は当事者の元役職員でないことを合意した場合、この要件は忌避事由となる。

（5）　仲裁人・仲裁人候補者の公正独立阻害事由の開示義務

（a）　制　度　趣　旨

仲裁法18条3項は、「仲裁人への就任の依頼を受けてその交渉に応じよう

---

(46)　小島＝高桑・注釈仲裁109頁、120−122頁〔森勇〕、小島＝猪股・仲裁209−210頁等。
(47)　日下部・忌避58頁。
(48)　仲裁コンメ132頁。
(49)　UNCITRAL Commission Report paras. 116-119.

とする者は、当該依頼をした者に対し、自己の公正性又は独立性に疑いを生じさせるおそれのある事実の全部を開示しなければならない」と定め、仲裁人候補者に対し公正独立阻害事由の開示義務を定めている。また、同4項は、「仲裁人は、仲裁手続の進行中、当事者に対し、自己の公正性又は独立性に疑いを生じさせるおそれのある事実（既に開示したものを除く。）の全部を遅滞なく開示しなければならない」と定め、仲裁人に対しても同様にかかる開示義務を定めている。仲裁法18条1項2号は、忌避事由として「仲裁人の公正性又は独立性を疑うに足りる相当な理由があるとき」を定めているので、開示義務の対象となる事実は忌避事由となる事実よりも広い範囲となる。また、仲裁人の不開示それ自体は忌避事由とはならないが、仲裁人が開示を怠った事情の如何によっては忌避事由となる[50]。

仲裁人候補者の開示義務は、仲裁人への就任を依頼した者に対し、忌避されるおそれのある者を仲裁人に選任するか否かを判断するための資料を提供し、仲裁人の開示義務は、仲裁人の手続の公正を確保するため、当事者に対し、仲裁人を忌避するか否かを判断するための資料を提供することをそれぞれ目的とする。したがって、以下で述べるように、仲裁人候補者、仲裁人は仲裁法18条3項、4項が要求する事実について具体的な事情を開示しなければならず、単に、かかる事実が生じる可能性があることを抽象的に述べたというだけでは足りない。また、仲裁人は仲裁手続の進行中、公正独立阻害事由を開示しなければならないので、仲裁手続の終了までの間、当事者からの要求の有無にかかわらず、開示義務を負う。

(b)　仲裁人による公正独立阻害事由に係る事前表明

実務上、仲裁人が当事者に対し将来生じる可能性のある公正独立阻害事由を事前に表明することが、仲裁法18条4項の公正独立阻害事由の開示に当たるか否かという問題がある。

この問題について、仲裁人が、仲裁人と同じ法律事務所に所属する弁護士が、「将来、本件仲裁事件に関係しない案件において、本件仲裁事件の当事者および／またはその関連会社に助言しまたはそれらを代理する可能性が

(50)　豊田・忌避（下）11頁、濱田陽子「判批」岡法68巻2号（2018）25頁参照。

あ」ることを明らかにした上、仲裁人自身は、「本件仲裁事件の係属中、このような職務に関与し又はその情報を与えられることはなく」、このような職務が、「本件仲裁事件の仲裁人としての独立性および公正性に影響を与えることはないと考えている」旨を表明したことが、仲裁法18条4項が定める公正独立阻害事由の開示に当たるか否かが争点の1つとなった事案において、最決平29・12・12民集 71巻10号2106頁は、仲裁人が当事者に対して仲裁法18条4項の事実が生ずる可能性があることを抽象的に述べたというだけで「既に開示した」ものとして扱われるとすれば、当事者が具体的な事実に基づいて忌避の申立てを的確に行うことができなくなり、仲裁人の忌避の制度の実効性を担保しようとした同項の趣旨が没却されかねず、相当ではない、と判示している。

　この最高裁が判示しているように、仲裁人は、このような抽象的、潜在的な開示では開示義務を果たしたことにはならず、また、かかる表明に対し当事者が異議を述べなかったからと言って、かかる開示義務を免れることにもならない。

　(c)　**当事者は仲裁人・仲裁人候補者の開示義務を合意により免除できるか**

　仲裁人および仲裁人候補者の公正独立阻害事由の開示義務について、当事者がこれを合意により免除することが許容される否かという問題がある。当事者を保護するための規定であるので、免除の合意は許容されるという見解[51]がある一方、仲裁人の公正性を基礎付けるものであるから、当事者の合意によっても排除できないという見解[52]もある。

　この公正独立阻害事由の開示義務を定めた仲裁法18条3項、4項の規定は、強行規定であるとされ[53]、仲裁法が、当事者がこれと異なる取決めをすることを許容していないのであれば、当事者はかかる開示義務を免除する合意をすることができないことになる。

　(6)　**仲裁人・仲裁人候補者の調査義務**

　仲裁人・仲裁人候補者の開示義務について、仲裁人・仲裁人候補者の調査

(51)　理論と実務164頁〔三木浩一発言〕。
(52)　山本＝山田・ADR仲裁335頁。
(53)　仲裁コンメ132頁。

義務の有無が問題となるが、仲裁人および仲裁人候補者は、公正独立阻害事由を開示するためには、まず当該事情があるかどうかを把握する必要があり、合理的な範囲でこれを調査する義務があり、それによって通常判明し得る開示すべき事実を開示しなかった場合、開示義務違反になる（合理的調査義務は開示義務に含まれる）と解されよう[54]。その場合、仲裁人および仲裁人候補者がどのように調査をする義務があるかが問題となる。

　この問題について、大阪高決平31・3・11判時2453号30頁は、仲裁人が法律事務所に所属する弁護士の場合、同事務所が「一般的な水準のコンフリクト・チェックシステムを構築している場合、仲裁人は同チェックシステムの存在を前提に、同チェックシステムで必要とされる行動をしている限り、合理的な範囲の調査を継続的に行ったものと評価すべきである」と判示しているように、通常、仲裁人はその所属する法律事務所が構築しているコンフリクト・チェックシステム（法律事務所の所属弁護士が所属弁護士間の利益相反の可能性の有無を把握するため、新規案件に関与する当事者名を所属弁護士が関与してきた案件に関する情報が入力されたデータベースにかけて調査する法律事務所が構築しているシステム）で必要とされる行動をしている限り、合理的調査義務を履行したものと解されよう。その場合、所属弁護士間で利益相反の発生の有無を継続的に調査できるので、仲裁人は、仲裁手続の終了までの間、合理的調査を継続し、仲裁法18条4項の開示義務を履行したことになる。また、このようなシステムが構築されていない場合には、仲裁人が所属する事務所におけるコンフリクト・チェックを間断なく実施することまでをも要せず、3か月に1回程度の定期的なチェックを継続的に実施することで足りよう[55]。

---

(54)　最決平29・12・12民集71巻10号2106頁は「仲裁人が法18条4項の事実を認識している場合にこれを開示すべき義務を負うことは明らかであ」り、「同項は開示すべき事実を仲裁人が認識しているものに限定していないことに照らせば、仲裁人は、当事者に対し、法18条4項の事実の有無に関する合理的な範囲の調査により通常判明し得るものをも開示すべき義務を負うというべきである」と述べるとともに、「仲裁人は、仲裁手続が終了するまでの間、当事者からの要求の有無にかかわらず、同義務を負うというべきである」と判示する。
(55)　高杉・開示義務261-262頁参照。

(7)　忌 避 手 続

(a)　当事者による解任、仲裁人の辞任

実務上、当事者が仲裁人に忌避事由があると判断する場合、仲裁人の公正性・独立性について異議を述べ、さらに、仲裁人の忌避の申立てをすることにもなるが、いずれの場合も、他方の当事者が同意すれば、仲裁法21条1項3号に基づき、仲裁人は当事者の合意により解任されることになる。また、同2号に基づき、仲裁人が自ら辞任することもある。これに対し、当事者が仲裁人を解任せず、仲裁人が辞任しない場合には、当事者は仲裁人の忌避を申し立てることにより、当該仲裁人を職務執行から排除することを求めることができる。

(b)　当事者間に忌避手続について合意がない場合

仲裁法19条1項によれば、当事者間に仲裁人の忌避手続について合意がある場合、その合意した手続によることになり、通常、機関仲裁の場合には、仲裁機関が忌避についての判断をすることになるが、当事者間に忌避の手続について合意がない場合には、仲裁法19条2項により、仲裁廷が忌避についての決定を行うことになる。

この仲裁廷の決定に関しては、忌避された仲裁人がこの決定に加わるのか否かかが問題となるが、仲裁法の規定の文言上、忌避の申立てについての判断者は、仲裁廷であることが明記されており、忌避の申立てを受けた仲裁人もその決定に加わることになると考えられる。

この理由について、「当該仲裁人が関与できないとすると、忌避の申立てを審理判断する仲裁人の数が偶数となり、結論を出すことができないおそれがあるし、複数の仲裁人が忌避された場合などに迅速に対処することができない不都合が生ずること、また、最終的には裁判所の判断を仰ぐ機会があり、判断の適正は担保されうることを考慮したものである」[56]とされる[57]。

---

(56)　仲裁コンメ85頁。

(57)　モデル法の作成過程において、忌避の申立てを受けた仲裁人が忌避の決定に加わることについて旧ドイツ代表から反対の意見が出されたが、結論的には忌避の申立てを受けた仲裁人を忌避の決定から排除する案は採用されていない。この点について、Binder UNCITRAL 231、UNCITRAL Commission Report para. 128を参照。

もっとも、仲裁人が１人の場合、仲裁人が辞任しないときは、忌避事由がなく忌避の申立てを認めない旨の判断を示しているものと解することができるので、忌避の申立てをした当事者は、裁判所に対し直ちに忌避の申立てをすることが許されよう[58]。

(c)　忌避決定と仲裁法37条３項が定める手続上の事項との関係

仲裁人の忌避についての決定が仲裁法37条３項の規定する手続上の事項に当たるか否かという問題がある。もしこれに当たるとすると、仲裁法37条３項の規定により、当事者双方の合意または他のすべての仲裁人の委任がある場合、仲裁廷の長である仲裁人が忌避について決定することができることになる。

この問題について、忌避の申立ても紛争の実体面に関わるものではない以上、「手続上の事項」と考える方が自然であり、また、当事者双方の合意または他のすべての仲裁人の委任を必要とすることから、これを許容しても実務上の弊害は生じ難く、長たる仲裁人が決することができるとの見解があるが[59]、仲裁廷の構成は手続上の問題とは考え難く、忌避の申立てについての決定は、長たる仲裁人に委任することはできないと解されよう[60]。

このことは、仲裁法が準拠したモデル法の作成作業からも支持することができる。すなわち、モデル法の作成作業を担当した作業部会は、忌避の決定が、仲裁法37条３項が準拠したモデル法29条ただし書が定める手続問題に関する決定には当たらないということで見解が一致し[61]、その後委員会においてこの問題は審議されていない。したがって、モデル法の作成者は、仲裁廷の忌避の決定を手続上の決定とは認めなかったものと考えられ、仲裁法の解釈としても、このモデル法の解釈に従うことになろう。

(d)　忌避申立期間と忌避事由の主張制限の可否

仲裁法19条３項の規定によれば、仲裁人の忌避の申立てをしようとする当

---

(58)　See UNCITRAL Commission Report para. 129. 同旨、猪股・忌避18頁。これに対し豊田・忌避（上）16頁は、明文の規定に抵触することから、現行法の枠内では直ちに賛成し難いという。

(59)　日下部・忌避60頁。

(60)　仲裁コンメ207頁。

(61)　UN Doc., A/CN. 9/246（1984）, para. 38.

事者は、仲裁廷が構成されたことを知った日または忌避事由があることを知った日のいずれか遅い日から15日以内に、忌避の原因を記載した申立書を仲裁廷に提出しなければならない。この期限は強行規定であり、この期限内に忌避の申立てをしなかった当事者は、その後、仲裁人の忌避申立権を行使することはできない[62]。

これに対し、当事者が忌避事由に基づく異議権を留保せず、忌避申立権を行使しなかった場合、その後、仲裁判断の取消手続、執行決定手続等において、忌避事由を主張することができるか否かが問題となる。

(e) 絶対的忌避事由と相対的忌避事由の区分

これは忌避事由の重大さによって結論が異なり得る問題であると考える。すなわち、仲裁の公正を阻害する極めて重大な事由がある場合、たとえば、自己の権利主張の当否を自己が判断するような場合には、たとえば、当事者である法人の代表者、役職員が仲裁人となる場合、訴訟に代替する公正な第三者の判断によって紛争を終局的に解決する仲裁制度の基本原則に反するので、当事者の利益保護のみならず、公益保護の見地から、当事者による異議権の喪失、放棄の有無にかかわらず、このような仲裁人の選任は無効であり、当該仲裁人が関与した仲裁手続、仲裁判断も無効と解すべきである（⇨ **2(1)**）。

したがって、仲裁の公正を阻害する重大性の度合いによって、当事者が異議権を喪失し、あるいは、それを放棄し得る事由（相対的忌避事由）と、そうでない事由（絶対的忌避事由）の2つに区分して考えるべきである[63]。前者については、仲裁法27条によって当事者は異議権を喪失することになるが、後者については、当事者の利益にとどまらず公益に関わり、当事者が異議権を喪失することはないと考える（⇨第4章 **6(6)**）[64]。

また、仲裁法18条2項の規定によれば、忌避事由があることを知りながらあえてその者を仲裁人に選任した場合、当該事由により当該仲裁人の忌避を申し立てることはできないが、この場合も、忌避事由は相対的忌避事由に限られよう。

---

(62)　See UNCITRAL History and Commentary 409.

(f)　忌避権の事前放棄の可否

　この忌避権の喪失とは別に、当事者が事前に忌避権を放棄することは許されるか否かという問題がある。

　この問題について、旧法下において、忌避権を一般的に予め放棄することは、法の保護を受けないというのにとどまらず、法がその任務とする公益の実現を阻むことになることを理由にこれを許さないとする見解があった[65]。また、仲裁法上も、仲裁判断に確定判決と同一の効力を国家が付与する上

---

(63)　小山・忌避6‒9頁は、旧法下において、裁判官の除斥事由に類するものを定型的忌避事由と呼び、このうち、自分の主張の当否を自分で判断することになる場合のような型を絶対的定型的忌避事由と呼び（その場合、仲裁人の選任は無効であり、当該仲裁人が関与した手続は全体として不適法となる）、それ以外のものを相対的定型的忌避事由と呼び、また、裁判官の忌避事由に相当するものを一般条項的忌避事由と呼ぶ（相対的定型的忌避事由は、一般条項的忌避事由とは異なり、当該関係を証明することにより不公正への具体的な疑いをまたずして忌避することを可能とする）。本書では、この分類を参考にしつつ、一般に、不公正が極めて重大で公益的公序に反し、仲裁人が当然に職務執行から排除される事由を絶対的忌避事由と呼び、そこまで重大ではないが、公正な仲裁を受ける当事者の利益を保障するため、当事者が申立てによって仲裁人を職務執行から排除し得る事由を相対的忌避事由と呼ぶこととする。この場合、絶対的定型的忌避事由はすべて絶対的忌避事由になると解される。他方、相対的定型的忌避事由については、当該関係から不公正を高度の蓋然性をもって推認することができなくても、当該関係のみで忌避事由になるとするが、5⑷(c)で見たように、そもそも仲裁人を職務執行から排除すべき理由とはなり得ないものがあり、相対的定型的忌避事由のすべてがそれ自体の関係をもって忌避事由となるとは解されない。

(64)　このように仲裁人を当然に職務執行から排除する事由が存在することは、国際仲裁の実務においても広く認められている。すなわち、仲裁人の利益相反に関し、国際法曹協会（IBA）が諸外国の仲裁法、判例、実務を研究して2004年に作成し2014年に改正した「国際仲裁における利益相反に関するIBAガイドライン（IBA Guidelines on Conflicts of Interest in International Arbitration）」（https://www.ibanet.org/MediaHandler?id＝e2fe5e72-eb14-4bba-b10d-d33dafee8918）（2021年10月29日最終閲覧）に登載されている）は、公正性または独立性について相当の疑いを生じさせる事情を、当事者が如何なる放棄をもすることができない深刻なものと、重大ではあるが深刻とまでは言えず、当事者が明示的に放棄することができるものとの2つに区分し、後者の場合には、当事者が明示的に放棄することによりかかる事情があっても仲裁人に就任することができるとする。前者は、誰も自己の裁判官にはなり得ない（no person can be his or her own judge）、という基本原則に則り、仲裁人へ就任することができない事情として、仲裁人が当事者と同一である場合、当事者である法人の代表者、従業員である場合等を挙げている。

(65)　小山・忌避2頁。

で、忌避が適正手続を担保する機能の中核にあることに鑑み、事前放棄を認めることは仲裁制度を公的に認める趣旨にそぐわず、また、19条4項で裁判所の忌避手続を強行規定として定めている法の趣旨にも合致しないことを理由に、事前放棄を認めない見解がある[66]。

　仲裁人の忌避権を定める仲裁法18条1項が強行規定であるとされるので[67]、当事者がこれと異なる合意、すなわち、忌避の申立てをしない合意をすることができないのであれば、これと実質的に異ならない忌避権の事前放棄もできないことになる。

(g)　当事者は、裁判所に対し忌避申立てをしない場合、忌避事由を主張する権利を喪失するか

　仲裁法19条4項は、当事者が合意した忌避手続、または、かかる合意がない場合、仲裁廷による忌避手続において、仲裁人に忌避事由がないとする決定がされたときは、その忌避をした当事者は、当該決定の通知を受けた日から30日以内に、裁判所に対し、当該仲裁人の忌避の申立てをすることができると規定する。

　この規定について、当事者が、この忌避の申立てをせずに、仲裁判断の後、その忌避事由を主張して仲裁判断の取消しを求めることができるか否かという問題がある。

(ア)　学　　　説

　この問題について、学説は否定説をとり、裁判所に対する忌避申立期間を経過すると、もはや当該忌避事由を主張することはできないという[68]。その理由について、そうでなければ、期間制限を設けた意味が失われてしまうからであり、仲裁手続の経緯や仲裁判断の結果を待って、既に知っていた忌避事由の主張を許すのでは、仲裁人の忌避をめぐる争いを裁判所での忌避手続において終局させることができないことになるからである[69]、あるいは、仲裁判断後の取消手続との選択権の余地を当事者に認める考え方は、仲裁人の

---

(66)　日下部・忌避58頁。

(67)　仲裁コンメ132頁。

(68)　小島＝高桑・注釈仲裁116頁〔森勇〕、猪股・忌避23頁、日下部・忌避62頁。

(69)　猪股・忌避23頁。

忌避問題について当事者のイニシアチブを重視するものと評価できようが、その説によると、仲裁手続の経過や仲裁判断の結果を見て忌避事由の主張が持ち出されることにならないか、との疑問を呈し、当事者の恣意をそのように認めた場合、かえって仲裁手続の安定性を損なう結果となるとの見解が示されている[70]。しかし、以下の理由から、この否定説は支持し得ないと考える。

　(イ)　**文理解釈**

　仲裁法19条4項が準拠するモデル法13条3項は、忌避を申し立てた当事者は、30日以内に裁判所に対し忌避について決定するよう「申し立てることができる（may request）」と定めている。この文言によれば、この30日の期間経過後は、忌避の申立てを裁判所にすることができないということであり、これに加えて、30日以内に必ず忌避の申立てをしなければならないという義務的な意味があるとは解されない。

　(ウ)　**モデル法作成者の意思**

　また、モデル法の作成過程の審議を見ると、仲裁判断の取消しによる時間と費用の浪費の危険を防止するため、忌避の問題を仲裁手続の早期に解決するのか、あるいは、当事者の遅延戦術による手続の遅延を防止し、その解決を仲裁判断の取消手続まで延ばすかという2つの基本的見解の対立が見られたが[71]、作業部会は、仲裁人を忌避する当事者に対し、仲裁手続中の忌避申立てを許すという案と、仲裁判断の取消手続まで忌避事由の主張を許さないという案の2つについて審議した結果、仲裁廷に手続を続行する権限を付与することにより、仲裁手続中の裁判所に対する忌避申立権を認める立場をとり[72]、その後、委員会においても、この案が維持された[73]。

　このように、モデル法の作成過程の審議によれば、仲裁法19条4項に対応するモデル法13条3項の規定に関し、当事者が仲裁判断の取消手続を待たずして仲裁手続中に裁判所に対し忌避の申立てをすることを許容すべきか否かが議論の中心となり、委員会は最終的にこれを許容することを決定したと考

(70)　豊田・忌避（下）16頁。
(71)　UNCITRAL History and Commentary 407-408.
(72)　UN Doc. A/CN. 9/245（1983), para. 212.
(73)　UNCITRAL Commission Report para. 124.

えられる[74]。したがって、かかる作成作業の経緯に鑑みると、当事者が合意した忌避決定機関または仲裁廷による忌避を理由がないとする決定に対し、当事者が必ずさらに裁判所に対し忌避の申立てをしなければならないとは解されない。

モデル法に準拠する仲裁法19条４項の解釈としても、裁判所に対する忌避申立ては、当事者の義務ではなく、権利を定めた規定であると解することができよう。もちろん、忌避事由の存否を仲裁手続中の忌避手続で終局的に判断し、この問題を早期に解決するという考え方を立法政策として採用することは十分にあり得るが、解釈論としては無理がある。

⒣　仲裁廷の手続続行権

仲裁法19条５項は、忌避の申立てに係る事件が裁判所に係属している間においても、仲裁廷は、仲裁手続を開始し、または続行し、かつ、仲裁判断をすることができるとして、仲裁廷の手続続行権を定めている。この規定の趣旨は、仲裁手続の停滞を防止し、ひいては仲裁手続の引延しを狙った濫用的な忌避の申立てを抑止することにあるとされる[75]。

その場合、仲裁廷は、どのような場合に、手続続行権を行使すべきかが問題となる。裁判所が忌避の申立てについてその請求を認容した場合、当該仲裁人の任務は終了し、新たな仲裁人が選任されることになり、手続のやり直しが問題となる。また、仲裁判断がされた場合には、仲裁判断が取り消される危険がある。このような点を勘案すると、仲裁廷は、忌避申立てが濫用的であることが明らかである場合は格別、そうでない限り、裁判所においても、忌避を理由がないとされる蓋然性が極めて高いと考えられる場合を除き、手続を中止すべきである。

⑻　忌避裁判の効力

⒜　忌避事由の存否の確定

仲裁人は、当事者の合意した忌避決定機関もしくは仲裁廷または裁判所により忌避を理由があるとする決定がされた場合、その任務は終了する（21条

---

(74)　UNCITRAL Analytical Commentary Article 13, para. 5.
(75)　仲裁コンメ86頁。

1項4号)。他方、忌避決定機関または仲裁廷が忌避を理由がないとする決定をし、これに対し当事者が裁判所に対し忌避の申立てをし、裁判所が忌避を理由がないとする決定をした場合、その決定に対し不服申立て（即時抗告）はできない（7条）。この場合、当事者は、仲裁判断の取消手続等で忌避事由の存否を争うことができるか否かという問題があるが、仲裁法が準拠するモデル法は、前述したように、仲裁判断の取消手続と併せて、仲裁手続中の忌避手続において忌避の問題を解決する仕組みを設けたのであるから、裁判所の忌避手続によって忌避の問題が終局的に解決されることになると解すべきであろう。したがって、仲裁法上も、裁判所による忌避の申立てについての決定によって、仲裁人の忌避事由の不存在が確定することになり、その後、当事者は、仲裁判断の取消手続等でかかる忌避事由を主張することができないと解される[76]。

(b) 忌避を理由があるとする決定がされた場合における当該仲裁人が関与した手続の効力

忌避を理由があるとする決定がされた場合、この決定によって、仲裁人が関与した仲裁手続は無効となるか否かが問題となる。

学説の見解は分かれる[77]。訴訟の場合、裁判官の忌避を理由があるとする裁判が確定すると、忌避の裁判がなされた裁判官の職務執行排除の効果は将来に向かって発生し、遡及効はないとするのが多数説である[78]。忌避制度の趣旨に照らして、裁判官と仲裁人とで別異に取り扱う理由はなく、仲裁の場合にも、遡及効は生じないと解すべきであろう。したがって、忌避を理由があるとする決定がされた場合、当該仲裁人が関与した仲裁手続は、無効とはならない。

もっとも、仲裁人に職務執行から当然に排除されるべき仲裁の公正を阻害する極めて重大な事由である絶対的忌避事由（⇨5(7)(e)）がある場合には、

(76) 日下部・忌避62頁、猪股・忌避38頁等参照。
(77) 遡及効を肯定する見解として猪股・忌避36頁、それを否定する見解として豊田・忌避（下）16頁がある。
(78) 三宅省三＝塩崎勤＝小林秀之編『注解民事訴訟法(1)』（青林書院、2002）249頁〔西野喜一〕。

当該仲裁人が行った仲裁手続は、当然に無効と解すべきである。

(9)　仲裁判断と忌避手続

仲裁廷に手続続行権が認められていることから、裁判所に対する仲裁人の忌避手続中に仲裁判断がされることがあり得るが、忌避手続は仲裁判断によって影響を受けないか否かという問題がある。

(a)　仲裁判断後の忌避申立て

まず、仲裁人の忌避は、公正な仲裁判断を確保するため、独立性・公正性を欠く仲裁人を仲裁手続から排除する制度であるから、仲裁判断がされた後は、仲裁人の任務が終了しているので、仲裁人を職務執行から排除する忌避の目的を失い、忌避の申立ては不適法となる[79]。

(b)　忌避申立ての決定前に仲裁判断がされた場合

次に、裁判所に対し忌避の申立てが既にされているが、仲裁廷が手続続行権を行使した結果、裁判所の決定前に仲裁判断をした場合、この場合も仲裁人の任務は終了しているので、仲裁人を職務執行から排除する忌避の目的を失う。したがって、忌避事由の存否の確定の必要性だけが問題となる。

この場合、忌避手続において忌避事由の存否が確定したときは、それ以後当事者は裁判所の決定を争うことができないと解されるので（⇨5(8)(a)）、その決定に従い仲裁判断の効力を判断すべきである[80]。したがって、忌避事由の存否を確定する当事者の利益が認められ、忌避手続は、仲裁判断がされたことによって影響を受けないものと解される[81]。

(10)　忌避申立てが認められた場合の手続のやり直しの要否

忌避手続の結果、仲裁人に忌避事由が認められた場合、仲裁人の任務は終了し、新たに別の仲裁人が選任されることになる。その場合、仲裁手続のやり直しの要否が問題となる。前述したように、仲裁人に絶対的忌避事由がある場合、当該仲裁人が関与した仲裁手続は無効と解されるので、当然に手続はやり直す必要がある。

---

(79)　小島＝高桑・注釈仲裁116頁〔森勇〕参照。See also Comparative International Commercial Arbitration 313.
(80)　小島＝猪股・仲裁233－234頁参照。
(81)　小島＝高桑・注釈仲裁116頁〔森勇〕参照。

　これに対し、相対的忌避事由がある場合には、当該仲裁人が関与した仲裁手続は無効とは解されないので、手続のやり直しの要否が問題となる。当事者間に合意があれば、それに従うことになるが、当事者間に合意がないときは、仲裁手続の準則の問題として、仲裁廷が決することになると解される（26条2項）。その場合、口頭審理、とりわけ、既に実施された証人の証拠調べの再実施の要否が問題となるが、仲裁廷は、当事者の手続保障の観点から、当事者の意見を聞いた上で、速記録の有無、証人の重要性等、当該事件の具体的事情を考慮して慎重に判断する必要がある[82]。

⑾　忌避最終裁定条項の有効性

　仲裁人の忌避についても、仲裁権限の有無をめぐる紛争を仲裁によって終局的に解決することができるか否かという問題（仲裁権限最終裁定条項の有効性）の場合（⇨第4章7⑼）と同様に、仲裁人の忌避の当否をめぐる紛争を仲裁によって終局的に解決することができるか否かという問題（忌避最終裁定条項の有効性）がある。これは仲裁可能性の問題である。

　旧法下においても、当事者の合意の有効性については議論があり[83]、忌避権の放棄は、忌避事由を知った後に事後的にのみ認められるにとどまり、忌避権の事前放棄に等しい忌避最終裁定条項は認められず、法律が認める忌避訴権を終局的に放棄することはできないとする見解があった[84]。

　仲裁法上、仲裁合意により仲裁に付託し得る紛争は、当事者が和解をすることができる民事上の紛争でなければならない（13条1項）。忌避事由のうち、相対的忌避事由については、当事者が事後的に放棄することができ、また、遅滞なく異議を述べない限り、異議権を喪失するので、当事者が合意に

---

(82)　See Comparative International Commercial Arbitration 320; Schwartz & Derains ICC Guide 202-203.

(83)　小島＝高桑・注解仲裁113頁〔森勇〕。

(84)　同上、小山・仲裁法142頁。もっとも、小山・仲裁人の忌避23頁では、「絶対的忌避事由に基づく忌避の争いについては、裁判所の裁判権を排除してもっぱら裁判所に非ざる者または機構にこれを判断させることは許されず、これに反する合意は違法で無効である」とした上で、「その他の忌避事由にもとづく忌避については放棄が許されるのであるから、第三者に裁判させる合意も許される」とし、相対的忌避事由については、忌避最終裁定条項は有効であると解しているように思われる。

より、かかる事由の存否にかかわらず、仲裁人を職務の執行から排除するか否かを取り決めることができると解される。したがって、仲裁可能性は肯定されよう。

　これに対し、絶対的忌避事由については、これが存在するにもかかわらず、仲裁人を職務の執行から排除しないとする合意を当事者がすることはできないが、反対に、これが存在しないにもかかわらず、仲裁人を職務の執行から排除する合意はできると解されるので、和解可能性が全面的に否定されるわけではなく、仲裁可能性を否定すべきではないと考えられる。

6　仲裁人の権利・義務

(1)　仲裁法上の権利・義務

　仲裁人は、当事者全員と締結した仲裁人契約により仲裁廷を構成する仲裁人の地位に就き、当事者が仲裁に付託した紛争について、仲裁法の規定に従い審理し仲裁判断をする権利を有するとともに、その義務を負う。

　仲裁法が定める仲裁人の権利・義務として、仲裁人は、仲裁手続の公正を確保するため公正独立阻害事由を開示する義務を負う（18条4項）。また、仲裁廷は、仲裁手続の基本原則を定めた仲裁法25条に基づき、審理手続において当事者を平等に扱い、当事者に対し事案について説明する十分な機会を与えなければならない。仲裁手続の準則については、当事者の合意によることになり、機関仲裁の場合、仲裁機関の仲裁規則が当事者の合意となるが、かかる合意がない場合には、仲裁廷は、仲裁法の規定に反しない限り、適当と認める方法によって手続を実施する権利を有する（26条）。

　仲裁人の報酬については、各仲裁人と全当事者との合意により定められるが、かかる合意がない場合には、仲裁廷が決定するが、相当な額でなければならない（47条）。仲裁人の報酬額は、機関仲裁の場合には、通常、仲裁機関の規程に従い決定されるが、このような決定方法が定められていない場合には、仲裁廷は、事件の性質・難易、仲裁人の費やした時間・労力等の諸般の事情を勘案して相当額を決定することになる[85]。その額をめぐって当事者と仲裁人との間で争われる場合、当事者は仲裁人に対し、不当利得返還請求訴訟を提起し、その訴訟において超過額を請求することができるが[86]、仲裁

人の報酬額、報酬額の決定方法等については、予め、仲裁人契約の締結時に当事者間で決めておくことが望ましい。仲裁人の報酬の支払義務は、仲裁人契約が全当事者と仲裁人との契約であるから、当事者間に別段の合意がない限り、全当事者の連帯債務となる[87]。

(2) 善管注意義務

仲裁人契約は、仲裁人が当事者から受託した仲裁事務を処理する契約であるから、委任契約の性質を有し、仲裁人は、仲裁人契約上の義務を遂行するに当たり、善管注意義務を負うと解されよう（民644条）[88]。したがって、仲裁人は、仲裁手続における審理、仲裁判断に誤りがないよう仲裁人に対し一般に期待されている水準の注意を払い、仲裁事務を処理しなければならない。

(3) 秘密保持義務

また、仲裁手続が非公開であることから、仲裁手続に関する情報は秘密に扱われなければならない。したがって、この秘密保持を確保するため、仲裁合意の当事者は仲裁手続に関する情報について秘密保持義務を負うが（⇨第1章6(c)）、仲裁人もまた仲裁人契約上の義務として、かかる秘密保持義務を負うと解されよう。

(4) 仲裁人の義務違反

仲裁人は仲裁人契約上の義務に違反して相手方である当事者に対し損害を生じさせた場合には、債務不履行に基づきその損害を賠償する義務を負い、また仲裁手続における行為が第三者に対して不法行為となる場合も、損害賠償義務を負うことになる[89]。もっとも、仲裁人契約上、仲裁人の責任を軽減し、または免除する合意をすることは可能であり[90]、実際に仲裁条項におい

(85) 裁定人の報酬額について、東京地判平10・8・26判タ1001号245頁は、「事件の性質や難易、裁定人の費やした時間や労力、裁定により支払が命じられた債権額、裁定に至る経緯、申立人及び相手方との関係、本件裁定当時の原告所属の第二東京弁護士会の報酬会規や仲裁センターの仲裁手数料規程等の諸般の状況を審査して当事者の意思を推定し、もって相当報酬額を算定すべきものと解される」と判示する。
(86) 仲裁コンメ281頁。
(87) 小山・仲裁145頁、小島＝猪股・仲裁575頁、山本＝山田・ADR仲裁341頁等参照。
(88) 小島＝猪股・仲裁235頁、山本＝山田・ADR仲裁340頁、小島＝高桑・注釈仲裁98頁〔河野正憲〕参照。
(89) 小島＝猪股・仲裁236−237頁、山本＝山田・ADR仲裁340−341頁参照。

てかかる規定が置かれることはほとんどないが、仲裁機関の仲裁規則に規定が置かれている場合には、それが適用されることになる[91]。

---

(90)　山本＝山田・ADR仲裁340頁参照。

(91)　もっとも、仲裁人契約の一方当事者が消費者である場合には、消費者契約法上、損害賠償義務の制限・免除の合意が無効とされる場合がある（消費契約8条、10条）。

第 4 章

仲 裁 手 続

1　仲裁手続の開始

(1)　仲裁手続の開始日

　仲裁手続は、当事者間に別段の合意がない限り、特定の民事上の紛争について、一方の当事者が他方の当事者に対し、これを仲裁手続に付する旨の通知をした日に開始する（29条1項）。旧法は、仲裁手続の開始時期について規定を置いていなかった。この規定は、モデル法21条と実質的に同じ内容を定めたものである。

　したがって、仲裁合意に基づいて仲裁手続を開始する当事者（仲裁申立人）が、特定の民事上の紛争を仲裁手続に付する旨の通知を相手方（仲裁被申立人）に対し発し、相手方がそれを受領した日が仲裁手続の開始時期となる。民法における意思表示の到達主義の原則をとる（民97条1項）。

　通知には方式等は要求されていないので、口頭によるものでも構わないが、通知の重要性に鑑み、通常、書面により行われることになる。その場合、仲裁法12条の規定に従うことになる。

(2)　紛争を仲裁手続に付する旨の通知と請求の特定

　仲裁法上、紛争を仲裁手続に付する旨の通知において請求が特定されていない場合であっても、仲裁手続は開始するとされる[1]。これに対し、仲裁法が準拠するモデル法21条は、仲裁手続は、仲裁被申立人が特定の紛争を仲裁に付託すべき申立てを受領した日に開始すると定めるが、モデル法の作成過程の審議によれば、この申立てにおいて、請求は特定されなければならないと解されている。

（1）　仲裁コンメ157頁。

　すなわち、この21条は、他の規定、たとえば、モデル法30条が規定する、「仲裁手続中当事者が紛争について和解したときは、……」との関係で意味をもつが、それ以上に重要な意味として、多くの国で、仲裁手続の開始時に時効の完成猶予の効力が生じるとされていることに鑑み、モデル法で仲裁手続の開始日を定める必要があるという認識のもとに作成された。時効の完成猶予に関する規定については、準拠法上の問題であり、仲裁手続法の範囲外の問題であるとしてモデル法には規定が置かれなかったが、この時効との関係において、特定の紛争を仲裁に付託すべき申立てにおいて、必ず請求を特定しなければならない。これを特定しない場合、仲裁手続は開始しないと解されている[2]。

　したがって、モデル法21条の規定に対応し、時効の完成猶予との関係で設けられた29条１項の解釈として、また、仲裁が訴訟に代替する終局的な紛争解決手段であることに鑑みると、特定の民事上の紛争を仲裁手続に付する旨の通知において、請求が特定されなければならないものと解すべきである。

　また、仲裁手続の開始日の決定は、当事者の合意を許容しているので、当事者が手続開始日を合意により定めている場合、その日に開始することになる。通常、当事者が仲裁条項で規定することはないので、当事者が合意により選択した仲裁規則に規定がある場合には、その日に開始することになる。

(3)　民事保全との関係

　この仲裁手続の開始は、民事保全法上も重要な意味を有する。すなわち、保全処分発令後に債務者が起訴命令を申し立てた場合、本案に関し仲裁合意があるときには、仲裁手続開始の手続が本案の訴えの提起とみなされる（民保37条５項）。

(4)　時効の完成猶予・更新

(a)　趣　　旨

　仲裁法は29条２項において「仲裁手続における請求は、時効の完成猶予及び更新の効力を生ずる。ただし、当該仲裁手続が仲裁判断によらずに終了し

（２）　UNCITRAL History and Commentary 610-612. See Binder UNCITRAL 354.

たときは、この限りでない」と規定する。これは、仲裁は訴訟に代替する紛争の終局的解決であり、仲裁合意によって当事者は訴権を放棄することになるので、仲裁の場合にも、訴訟の場合と同様に、時効の完成猶予および更新の効力を認める必要があるからである。旧法は明文の規定を置いていなかったが、判例、学説上認められていた[3]。

(b)　時効の完成猶予・更新の効力が生じる時期

　時効の完成猶予の効力が生じる時期については、訴訟の場合、裁判上の請求が時効の完成猶予事由となり、その猶予の効力が生じるのは、訴えの提起時となるのに対し（民訴147条）、仲裁の場合には、明文の規定がなく、解釈問題となる。

　旧法下において判例・学説の見解は分かれていた[4]。仲裁は訴訟に代替する紛争の終局的解決手続であるので、訴訟の場合と同様に、仲裁申立人が権利行使の方法として、特定の請求を仲裁手続に付する旨の通知を相手方に発し、それを相手方が受領した時点で時効の完成猶予の効力が生じると解すべきである。したがって、前述したように、当事者間に別段の合意がない限り、仲裁手続開始の通知を相手方が受領した時点が仲裁手続の開始日であり（29条1項）、その通知において仲裁申立人の請求は特定されるので、その時点で時効の完成猶予の効力が生じる。

　仲裁手続の開始日について、当事者間に別段の合意がある場合、それにより仲裁手続が開始されることになるが、かかる開始において請求が特定されていないときは、仲裁申立人による権利の行使は行われておらず、「仲裁手続における請求」があるとは言えない。したがって、仲裁申立人の請求が仲裁手続中で特定され、その請求が相手方に到達した時点で時効の完成猶予の効力が生じると解される[5]。

　また、機関仲裁の場合、仲裁機関の仲裁規則が仲裁手続の開始時点を定めているときは、通常、その時点で仲裁申立人が提出した仲裁申立書等の書面

（3）　大判大15・10・27新聞2681号7頁、小山・仲裁162頁、小島・仲裁208頁等。

（4）　小島＝猪股・仲裁290頁。

（5）　小島＝高桑・注釈仲裁182頁〔山本和彦〕参照。

において請求が特定され、仲裁申立人による権利行使が行われているので、かかる書面が相手方に到達することを条件として、仲裁手続の開始時に時効の完成猶予の効力が生じると解されよう。

(c)　時効の完成猶予・更新の効力が生じない場合

仲裁法29条2項のただし書は、仲裁手続が仲裁判断によらずに終了した場合には、時効の完成猶予の効力は生じないと定める。仲裁手続は、仲裁判断または仲裁手続の終了決定があったときに、終了し（40条1項）、仲裁手続の終了決定は、次の場合に仲裁廷により行われる（40条2項柱書）。

すなわち、仲裁廷が自己に仲裁権限がないと判断した場合（23条4項2号）、仲裁申立人が、仲裁廷が定めた期間内に申立ての趣旨等を陳述しない場合（33条1項）のほか、仲裁申立人が申立てを取り下げた場合（40条2項1号）、当事者双方が仲裁手続を終了させる旨の合意をした場合（同項2号）、仲裁手続に付された民事上の紛争について、当事者間に和解が成立した場合（同項3号）、仲裁廷が、仲裁手続を続行する必要がなく、または仲裁手続を続行することが不可能であると認めた場合（同項4号）である。

(d)　催告による時効の完成猶予との関係

訴訟の場合も、訴えが却下されまたは取り下げられたときは、時効の完成猶予の効力は生じないが、訴えの却下または取下げによって訴訟が終了しても、6か月を経過するまでは完成猶予の効力は残る（民147条1項）。

平成29年の改正前の民法149条が、「裁判上の請求は、訴えの却下又は取下げの場合には、時効の中断の効力を生じない」と規定し、訴えの却下、取下げによる終了の場合、時効の中断の効力を生じないとされていた。判例法理は、裁判手続でされた権利主張には催告としての効力しか認められないものの、その権利主張が裁判手続中でされたことを考慮に入れて、裁判手続中は催告が継続して行われているものととらえ、裁判終結後6か月を経過するまでは時効が完成しないものとしていた。改正後の現行民法147条1項は、この判例法理を反映して、裁判上の請求について、権利が確定することなくその事由が終了した場合、その終了の時から6か月を経過するまでの間は、時効の完成猶予の効力が残る旨を定めている[6]。

仲裁手続が仲裁判断によらずに終了した場合も、仲裁判断によって権利が

確定しないが、仲裁手続でされた権利主張については、仲裁手続中は催告が継続していると解することができるので、仲裁手続が仲裁判断によらずに終了した時から6か月の期間が経過するまでは、時効の完成が猶予されよう（民150条）。

　また、仲裁手続は訴訟手続に代替する紛争解決手続であり、仲裁判断は確定判決と同一の効力を有するのであるから、仲裁における請求は裁判上の請求と同視し、あるいは、確定判決と同一の効力を有するものとして、民法147条1項を類推適用し、仲裁手続が仲裁判断によらずに終了した時から6か月の期間が経過するまでは、時効の完成が猶予されるとも解されよう。

(e)　仲裁判断が取り消された場合

　仲裁判断が裁判所により取り消された場合、時効の完成猶予および更新の効力が問題となる。仲裁判断がされている以上、仲裁法29条2項ただし書が規定する「仲裁判断によらずに終了したとき」には当たらない。また、訴訟の場合、判決が後に再審の訴えによって取り消されても、時効の完成猶予の効力は消滅しない。これらのことから、仲裁判断がされた以上、時効の完成猶予の効力は認められると解する見解がある[7]。

　訴訟の場合、再審の訴えによって再審開始決定が確定すると、再開される審理は、原訴訟手続の再開・続行としてなされ、裁判所は、原判決を正当とする場合、判決によって再審の請求を棄却し（民訴348条2項）、それ以外の場合には、原判決を取り消し、新たに判決をするので（同3項）、いずれの場合も、再審の訴えの結果、権利が確定し、それによって時効は更新することになる。

　これに対し、仲裁判断の取消しの申立てについては、仲裁判断を取り消す決定が確定すると、これにより、仲裁判断の効力は遡及的に失われるが、再審の訴えの場合と異なり、仲裁判断の取消後、仲裁手続、訴訟手続が当然に開始され、権利が確定するわけではないので、再審の訴えの場合と同様に扱うことはできない。実務上、仲裁判断が取り消された後、当事者が仲裁手

（6）　潮見佳男『民法（債権関係）改正法の概要』（金融財政事情研究会、2017）38頁。
（7）　小島＝猪股・仲裁288頁、小島＝高桑・注釈仲裁181頁〔山本和彦〕。

続、訴訟手続を開始せず、権利が確定されないまま、和解によって紛争が解決されることもある。

　このように仲裁判断が取り消された場合、それによって仲裁判断は遡及的に消滅するが、それと併せて権利が確定せず、権利の確定は、仲裁手続が仲裁判断によらずに終了した場合と同様に、当事者が将来提起する場合の訴訟、仲裁によることになる。したがって、時効の完成猶予に加え、更新の効力を認めることはできず、この場合も、催告が継続していると見て、仲裁判断が取り消されてから6か月の期間が経過するまでは時効の完成が猶予されると解すべきであると考える（民147条、150条）。

2　書面による通知

(1)　到達主義

　仲裁手続において必要となる仲裁手続の開始や仲裁人の選任等の通知は、通常、その重要性から書面により行われる。仲裁法12条は、書面による通知の方法や要件について規定する。

　仲裁手続における通知を書面によってするときは、当事者間に別段の合意がない限り、名宛人が直接当該書面を受領した時または名宛人の住所、常居所、営業所、事務所もしくは配達場所（名宛人が発信人からの書面の配達を受けるべき場所として指定した場所をいう）に当該書面が配達された時に、通知がされたものとされる（12条1項）。名宛人の住所は、生活の本拠（民22条）をいう。常居所は、国際私法において準拠法決定のための人工的な概念として用いられているが、定義はされていない。仲裁法12条1項が準拠したモデル法3条1項も常居所を定義せずに用いている。住所と併記されていることから、住所のような生活の本拠という実体が存することを要する概念ではなく、相当の期間にわたって居住する場所であるとされる[8]。書面の配達には、郵便のほか、国際仲裁で使われる国際宅配便（クーリエ便）も含まれる。

　また、規定の文言から、ファクシミリ、電子メール等の方法は、仲裁合意の書面性を満たすが（13条2項、4項）、書面の通知には含まれないと解され

（8）　仲裁コンメ35頁。

る。この規定は、当事者間の別段の合意を許す任意規定であるので、当事者
が合意により選択する仲裁規則に別段の定めがある場合は、それによること
になる。

(2)　擬制的通知

　仲裁手続における通知を書面によってする場合において、名宛人の住所、
常居所、営業所、事務所および配達場所のすべてが相当の調査をしても分か
らないときは、当事者間に別段の合意がない限り、発信人は、名宛人の最後
の住所、常居所、営業所、事務所または配達場所に宛てて当該書面を書留郵
便その他配達を試みたことを証明することができる方法により発送すれば足
り、この場合は、当該書面が通常到達すべきであった時に通知がされたもの
とされる（12条5項）。これもモデル法3条1項(a)後段に対応し、それと実
質的に同じ内容を定める。

(a)　相当の調査

　相当の調査とは、どの程度の調査が求められるかについては、仲裁法が準
拠したモデル法も定義をしていない。公示送達（民訴110条）が許される場合
と同様に、当事者が主観的に知らないというのではなく、当該具体的事情に
おいて通常期待される手段を尽くして調査を実施する必要があると解されよ
う[9]。

　職務上請求（戸籍10条の2第3項、住民台帳12条の3第2項、第3項）が可能
な場合、名宛人の住民票、戸籍附票等の公的機関作成の証明資料による調
査、また、弁護士会照会（弁護23条の2）による調査が可能な場合には、そ
れによる調査を実施することを要し、かかる調査によっても分からないとき
には、相当な調査を尽くしたものと解されよう。また、名宛人が外国に所在
する場合には、通常利用し得る調査機関等による調査を実施する必要があろ
う。

(b)　擬制的通知と手続保障との関係

　この擬制的通知による場合、名宛人は、現実に通知の内容を了知し得ない
ので、名宛人に帰責事由がある場合、たとえば、配達を不能にするために転

（9）　条解民訴498-499頁〔竹下守夫＝上原敏夫〕。

居する場合や、契約上、転居したときは、相手方に転居先を通知する義務が
あるにもかかわらず、その通知を怠った場合を除き、当事者間の公平の観点
から、手続保障の欠缺を主張することはできると解される。したがって、擬
制的通知は、名宛人が帰責事由なく現実に通知の内容を了知し得ない場合、
適正な通知とは言えず、仲裁判断の取消事由になると解される（⇨第6章1
(9)(b)(ウ)(ii)）。

(3)　裁判所がする送達

(a)　制度趣旨

　仲裁手続において書面で通知される場合、通知の事実の確実な証明のた
め、配達証明郵便が利用されることが多い。しかし、名宛人が不在、受領拒
絶等により郵便物が交付できない場合、差出人に還付される（郵便40条）。
その場合、差出人の意思表示が当然に名宛人に到達したとは言えない[10]。し
たがって、差出人としては、仲裁判断後、名宛人が通知の効力を争い、防御
権の侵害を主張する余地を残さないようにしておく必要がある。そのための
措置として、仲裁法は、裁判所が送達を実施する制度を設けている。

　すなわち、裁判所は、仲裁手続における書面によってする通知について、
当該書面を名宛人の住所、常居所、営業所、事務所または配達場所に配達す
ることが可能であるが、発信人が当該配達の事実を証明する資料を得ること
が困難である場合において、必要があると認めるときは、発信人の申立てに
より、裁判所が当該書面の送達（訴状等、裁判上の書類を了知させる目的で行
う行為）をする旨の決定をすることができる（12条2項前段）。

---

(10)　最判平10・6・11民集52巻4号1034頁は、遺留分減殺の意思表示が記載された内容
　　証明郵便が留置期間の経過により差出人に還付された事案において、受取人が、不在配
　　達通知書の記載その他の事情から、その内容が遺留分減殺の意思表示または少なくとも
　　これを含む遺産分割協議の申入れであることを十分に推知することができたというべき
　　であり、また、受取人に受領の意思があれば、郵便物の受取方法を指定することによっ
　　て、さしたる労力、困難を伴うことなく本件内容証明郵便を受領することができたもの
　　ということができるとして、本件内容証明郵便の内容である遺留分減殺の意思表示は、
　　社会通念上、受取人の了知可能な状態に置かれ、遅くとも留置期間が満了した時点で受
　　取人に到達したものと認めるのが相当であると判示した。この判例によれば、郵便内容
　　の推知可能性および郵便物の受領可能性の2つの要件を満たすときは、意思表示の到達
　　が認められることになる。

この裁判所がする送達については、当事者間にそれを行わない旨の合意がある場合は、利用することができない（12条3項）。

(b)　要　　　件

発信人が配達の事実を証明する資料を得ることが困難であることが要件とされる。たとえば、配達証明郵便により名宛人に配達を試みたが、名宛人の受領拒絶により配達ができず、発信人が配達証明を得られない場合がこれに当たる[11]。また、裁判所が、必要があると認めることも要件とされているが、発信人が配達の事実を証明する資料を得るために通常利用し得る手段を尽くしたが、それが困難である場合には、裁判所は必要があると認めることになろう。

(c)　送 達 方 法

裁判所が送達する場合、名宛人が不在のときは、書留郵便等で発送することができる付郵便送達（民訴107条）、受領拒絶のときは、送達を受けるべき者が正当な理由なく受領を拒絶するときは、その場所に差し置くことができる差置送達（民訴106条3項）により、それぞれ通知を行うことができる。なお、送達場所の届出制度に関する民事訴訟法104条および公示送達（名宛人の住所等が不明な場合、送達すべき書類を保管し、いつでも送達を受けるべき者に交付すべき旨を裁判所の掲示場に掲示してする方法）に関する民事訴訟法110条から113条までの規定は適用されない（12条2項後段）。前者については、この規定により被申立人に送達場所の届出義務が生じるのは、同人が最初に書面の送達を受けた時であるが、裁判所がする送達の手続は、被申立人が書面の送達を受けることによって終了するためであり、また、後者については、仲裁法12条5項に擬制的通知について規定が置かれており、これと実質的に異ならない公示送達を認める必要がないためである[12]。

(d)　管轄裁判所

裁判所がする送達の管轄については、当事者が合意により定めた地方裁判所および仲裁地（一の地方裁判所の管轄区域のみに属する地域を仲裁地として定

---

(11)　仲裁コンメ37頁。
(12)　仲裁コンメ38頁。

めた場合に限る）を管轄する地方裁判所ならびに名宛人の住所、常居所、営業所、事務所または配達場所の所在地を管轄する地方裁判所の管轄に専属する（12条4項）。

(e)　手　　　続

申立ての方式等は仲裁関係事件手続規則2条によることになる。裁判所は、本来名宛人に交付されるべき書面として、申立人から提出された送達すべき書類の原本そのものを送達する（仲裁規3条2項）。申立人はその写しを提出しなければならないが（同1項）、それは、送達された書類について記録を明らかにしておく必要があるからである。

3　仲　裁　地

(a)　仲裁地の意味

仲裁法は仲裁地の意義について定義をしていない。仲裁法28条3項は、仲裁廷は、当事者間に別段の合意がない限り、仲裁地にかかわらず、適当と認めるいかなる場所においても、合議体である仲裁廷の評議、当事者、鑑定人または第三者の陳述の聴取、物または文書の見分を行うことができると定めているので、実際に仲裁手続が行われる場所が常に仲裁地となるわけではない。

(b)　仲裁地の決定

仲裁地の決定については、当事者の合意により、合意がない場合には、仲裁廷が当事者の利便その他の紛争に関する事情を考慮して行う（28条1項、2項）。仲裁地は仲裁判断書の必要的記載事項とされているので（39条3項）、仲裁判断がされるまでに定められる必要がある。また、仲裁地の決定は当事者自治に委ねられているので、仲裁地は当事者が事後的に変更することができるが、仲裁廷には当事者が合意した仲裁地を変更する権限は与えられていない。

(c)　裁判所の管轄との関係

仲裁地は、仲裁手続の援助、仲裁判断の取消し、執行等の裁判所の管轄を決める基準となる（5条1項2号、46条4項等）。仲裁手続に関しては、地方裁判所が管轄するので、この管轄との関係では、仲裁地は、一の地方裁判所の管轄区域のみに属する地域を特定して定める必要がある。

(d)　国際仲裁と仲裁地

　国際仲裁においては、いずれの法域の仲裁法が当該仲裁手続に適用される
かが問題となるが、仲裁法はモデル法に準拠し、仲裁地国の仲裁法が仲裁手
続に適用されるという仲裁地法主義を採用し、原則として仲裁地が日本国内
にある場合に適用される（3条）。また、仲裁地は国際仲裁において仲裁合
意の準拠法の決定等で重要な基準となる（⇨第7章**4**以下）。

4　仲裁手続の代理

　訴訟手続の代理人の資格については、原則弁護士に限られるが（民訴54条
1項）、仲裁手続の代理人の資格については、仲裁法には規定はなく、仲裁
法上制限はない。もっとも、弁護士法72条により、他の法律等に別段の定め
がある場合を除き、弁護士でない者が報酬を得る目的で仲裁手続の代理を業
とすることはできないが、個別の士業法において、仲裁手続を含め裁判外紛
争解決手続（ADR）における代理が認められている場合がある。また、国際
仲裁に関しては、外国弁護士が代理する必要があり、弁護士法72条の特則が
外弁法に定められている（⇨第7章**5**）。

5　仲裁手続の準則と基本原則

(1)　仲裁手続の準則

　仲裁は、訴訟とは異なり、当事者の合意を基礎とする紛争解決手続である
ので、訴訟では、その公益性から、任意訴訟または便宜訴訟の禁止という原
則があるのに対し、仲裁では、仲裁法がモデル法に準拠し、当事者は、仲裁
廷が従うべき仲裁手続の準則を定めることができると定め（26条1項本文）、
当事者自治の原則が認められている。

　もっとも、仲裁は、訴訟に並ぶ紛争の終局的解決手続であり、仲裁判断に
は確定判決と同一の効力が与えられるため（45条1項）、仲裁判断は適正か
つ公正な手続に担われなければならず、当事者の合意は仲裁法の公序に関す
る規定に反してはならない（26条1項ただし書）。当事者の合意がない場合、
仲裁廷は、適当と認める方法によって仲裁手続を実施することができるが
（同2項）、仲裁法の規定、任意規定および強行規定のいずれにも反してはな

らない[13]。

(2)　仲裁手続の基本原則

仲裁手続の基本原則として、仲裁法は、当事者平等取扱および事案について説明する十分な機会の保障の原則を定める（25条）。当事者平等取扱の原則は、仲裁廷による審理手続、仲裁判断までの間の狭義の仲裁手続に限られるものではなく、仲裁人の選任、忌避等に係る手続を含む広義の仲裁手続において適用されることになる[14]。

当事者平等取扱については、形式的な平等ではなく、当事者の一方が消費者である場合といった当事者の属性等を考慮した、実質的な平等を保障するものである[15]。事案について説明する十分な機会の保障については、仲裁手続の迅速性を念頭に合理的な範囲を超えて当事者に主張・立証の機会を保障するものではない[16]。仲裁手続がこの原則に反して行われた場合、仲裁判断の取消事由となる（44条1項3号、4号、6号、8号）。

(3)　合議体である仲裁廷の議事

仲裁廷が合議体である場合、仲裁廷の議事は、当事者間に別段の合意がない限り、仲裁廷を構成する仲裁人の過半数で決せられる（37条2項）。仲裁廷の議事とは、仲裁判断その他仲裁廷が行うあらゆる判断をいう[17]。ただし、仲裁手続における手続上の事項は、当事者双方の合意または他のすべての仲裁人の委任があるときは、仲裁廷の長である仲裁人が決することができる（37条3項）。手続上の事項としては、口頭審理期日の決定、審理手続における主張書面等の提出期限等が当たると解されようが[18]、仲裁法は、モデル法と同様、手続上の事項について定義していないため、実体上の事項との区別が問題となる。その場合、仲裁手続の準則の問題としてとらえ、当事者間に合意があるときは、それによるが、当事者間に合意がないときは、仲裁廷がこれを決することができると解されよう（26条）。この規定は、モデル法29条

---

(13)　See UNCITRAL History and Commentary 564.
(14)　See UNCITRAL History and Commentary 552.
(15)　山本＝山田・ADR仲裁346頁、小島＝猪股・仲裁305頁参照。
(16)　See UNCITRAL History and Commentary 551.
(17)　仲裁コンメ206頁。
(18)　See UNCITRAL Commentary.

に対応し、それと実質的に同じ内容を定める。

　仲裁廷の長については、仲裁法は、モデル法の規定とは異なり、仲裁廷の長は、仲裁人の互選により選任しなければならないと定めている（37条1項）。国際仲裁の実務では、通常、第三仲裁人が仲裁廷の長となる。また、仲裁廷の長の任務については、モデル法、仲裁法のいずれも規定していないが、仲裁廷の長は、その文字どおり、仲裁廷を主宰し、仲裁手続を指揮、管理する責任を負う[19]。

6　異議権の喪失

(1)　趣　　　旨

　仲裁法は、モデル法4条の規定に準拠し、異議権の喪失について定める。すなわち、当事者が公序に関しない仲裁手続の準則違反を知りながら、遅滞なく異議を述べないときは、当事者間に別段の合意がない限り、異議権を放棄したものとみなされる旨を定める（27条）。

　これは、当事者が仲裁手続の準則違反を知りながら手続を進めた後に、当該違反による手続の無効を主張することができるとすると、それを信頼して手続を進めた相手方の利益を不当に害することになるので、禁反言の法理に基づく異議権の喪失について定めたものである[20]。

(2)　異議権の事前放棄

　仲裁法27条が定める異議権の喪失は、仲裁手続において手続準則違反があった場合に生じるのであるから、この規定に依拠して異議権を事前に放棄することはできない。しかし、当事者は、仲裁法の規定または当事者間の合意により定められた仲裁手続の準則について、公序に関しない限り、合意により変更することはできるので、それと実質的に異ならない異議権の事前放棄は、許容されよう。

(3)　異議権の喪失の要件と効果

　異議権の喪失が認められるためには、公序に関しない手続準則違反につい

---

(19)　See Born International Commercial Arbitration 2191-2192.

(20)　See UNCITRAL History and Commentary 196.

て、当事者がその違反を認識し、かつ、遅滞なく（異議を述べるべき期限についての定めがある場合にあっては、当該期限までに）異議を述べなかったことが必要となる。したがって、公序に関する規定、すなわち、強行規定は仲裁手続の公正を担保する等の見地から、必ず遵守されなければならず、これに反する行為は、その効力が生じず、異議権の喪失の対象とはならないとされる[21]。

　仲裁法が定める強行規定としては、たとえば、仲裁法25条（当事者の平等待遇）、同32条3項（口頭審理期日の通知）、同4項（当事者が提出した主張書面等の他の当事者への伝達）等がある。

　また、モデル法は、異議を述べないで仲裁手続を進めることを要件としているが、仲裁法は、これを要件としていない。仲裁法は、当事者が具体的な行為をせずとも、禁反言の法理は妥当し得るので、これを独立の要件としていないが[22]、モデル法の規律と実質的に異なるものではないと解される。

　当事者に異議権の喪失が認められると、当該違反は治癒され、明示の放棄の場合と同様に、当事者は、以後、当該違反を主張することができなくなる。したがって、仲裁判断の取消事由、承認・執行拒絶事由として、当該違反を主張することはできない。

(4)　仲裁合意の書面性と異議権の喪失

　仲裁合意の書面性を規定した仲裁法13条2項ないし5項も強行規定であるが、13条5項は、「仲裁手続において、一方の当事者が提出した主張書面に仲裁合意の内容の記載があり、これに対して他方の当事者が提出した主張書面にこれを争う旨の記載がないときは、その仲裁合意は、書面によってされたものとみなす」と規定し、仲裁被申立人が仲裁合意の存在を争わない場合、仲裁合意は書面要件を具備することになる。

　また、仲裁法23条2項は、仲裁手続において、仲裁廷が仲裁権限（仲裁手続における審理および仲裁判断を行う権限）を有しない旨の主張は、その主張の遅延について正当な理由があると仲裁廷が認める場合を除き、その原因と

---

(21)　仲裁コンメ147頁。
(22)　仲裁コンメ149頁。

なる事由が仲裁手続の進行中に生じた場合にあってはその後速やかに、その他の場合にあっては本案についての最初の主張書面を提出する時（口頭審理において口頭で最初に本案についての主張をする時を含む）までにしなければならないと規定する。したがって、仲裁合意が書面要件を欠き、有効に成立していない場合であっても、仲裁被申立人は、仲裁廷が仲裁権限を有しない旨の主張を所定の期限までにしないことにより、以後仲裁合意が書面要件を具備しないことを理由に仲裁権限を争うことができないものと解される。

(5)　忌避事由と異議権の喪失

仲裁人の忌避に関しても、当事者の忌避権を定めた仲裁法18条1項は強行規定であり[23]、忌避権を喪失することはないと解されるが、仲裁法18条2項は、「仲裁人を選任し、又は当該仲裁人の選任について推薦その他これに類する関与をした当事者は、当該選任後に知った事由を忌避の原因とする場合に限り、当該仲裁人を忌避することができる」と規定する。したがって、当事者は仲裁人の選任に当たって知っていた忌避事由については忌避権を喪失することになる（⇨第3章5(3)(b)）。

(6)　当事者の利益（私益）を保護する強行規定と異議権の喪失

異議権の喪失が認められると、手続準則違反は治癒され、当事者はその後仲裁手続のみならず仲裁判断の取消手続、執行決定手続においても当該手続準則違反の主張をすることができないが、仲裁手続が強行規定に違反している旨の主張については、当事者は、その後仲裁手続はもとより、仲裁判断がされた後、仲裁判断の取消手続、執行決定手続においても、その違反を取消事由、執行拒絶事由として主張することができることになるとされる[24]。しかし、公序に関する準則であっても、以下の理由から、当事者の利益（私益）を保護するためのものについては、異議権の喪失の対象とすべきであると解される。

当事者が仲裁手続前に公序に関する準則と異なる合意をすることはできないが、仲裁手続においてかかる違反があっても、その準則が当事者の利益

---

(23)　仲裁コンメ132頁。
(24)　仲裁コンメ148頁。

（私益）保護にとどまるものである場合には、当事者がそれを知りながら異議を述べず、その後手続が進んだ後で、準則違反による手続の無効を主張することは、それを信頼して手続を進めた相手方の利益を害し、当事者間の公平、手続の安定に反することになるので、これを許すべきではないと解される。

　たとえば、当事者が主張する十分な機会を与えられなかった場合、仲裁法25条2項の強行規定に反することになるが、その違反を知りながら異議を述べなかったときは、当事者は異議権を喪失することになる。また、仲裁廷が口頭審理の日時・場所を当事者に対し通知しなかった場合、仲裁法32条3項の強行規定に反することになるが、この場合も、当事者がそれを知りながら異議を述べなかったときは、強行規定に反することを理由にかかる瑕疵を主張することを許すべきではないと考える。このように当事者が合意により排除することができない強行規定であっても、当事者の仲裁手続上の利益を確保するためのものについては、異議権の喪失を認め、当事者間の公平、仲裁手続の安定を図るべきであると考える[25]。

　これに対し、公序に関する事項のうち、当事者の利益保護にとどまらず、仲裁制度の根幹に係わり、制度を維持、確保する上で許すことのできない手続の基本原則に関するものについては、公益的見地から、異議権の喪失は認めるべきではないと解される。たとえば、当事者と独立した関係にない当事者の法定代理人、当事者である法人の代表者、役職員が、仲裁人として仲裁手続に関与することについては、このような仲裁人の選任は、無効と解すべきであり（⇨第3章2(1)）、当事者がこれを認識した上でそれに対する異議を述べなかったからといって、異議権の喪失を認めるべきではなく、当事者の異議権の喪失の対象とはならないと考える（⇨第3章5(7)(e)）。

---

(25)　See Arbitration in Germany 399; Wolff NYC Commentary 270; Haas & Kahlert NYC Commentary 1754. また、旧法下の判例として、神戸地判平5・9・29判時1517号128頁は、仲裁手続に当事者が合意した手続保障に関わる仲裁規則違反の手続上の瑕疵があったことを認定した上で、かかる瑕疵は、当事者がそれに異議を述べなかったことによって、責問権の放棄（民訴141条〔現民訴90条〕）により治癒されたことになる旨を判示する。

したがって、仲裁法27条が定める異議権の喪失の対象とならない公序に関する仲裁法の規定または当事者間の合意により定められた仲裁手続の準則については、当事者の利益（私益）にとどまらず、公益にまで及ぶものに限定して解釈すべきである。また、規定の文言上、このような解釈には無理があり、当事者の私益を保護するための準則違反についても、当事者間の別段の合意を許さない公序に関する準則については、異議権の喪失は認められず、仲裁判断の取消手続、執行決定手続等においてこれを取消事由、承認・執行拒絶事由として主張することができると解したとしても、裁判所は裁量的判断権を有するので、それを理由に仲裁判断を取り消すべきではなく、また、仲裁判断の承認・執行を拒絶すべきでもない（⇨第6章1(6)(b)、2(3)）。

7 仲裁権限の有無についての紛争

(1) 仲裁廷の判断権

(a) 問題の所在

実務上、仲裁合意の存否、効力が争われることがある。とりわけ、仲裁条項の不備によって仲裁合意の存否が争われ、そうでない場合であっても、仲裁合意の効力、たとえば、紛争が仲裁合意の対象に含まれるか否かが争われることがある。この仲裁合意の存否、効力をめぐる紛争は、本案訴訟の妨訴抗弁の局面において問題となるが、仲裁手続においても問題となる。

仲裁手続において仲裁被申立人が仲裁合意の存否、効力等、仲裁廷が仲裁手続において審理し仲裁判断を行う権限（仲裁権限）の有無について争う場合、仲裁廷が本案について審理し仲裁判断をする前提問題の解決が必要となる。しかし、その解決を仲裁人に委ねる当事者の合意がない限り、仲裁廷にはこの問題についての判断権はなく、かかる紛争は裁判所により解決されることになる。その場合、仲裁権限を肯定する裁判所の判決が確定するまで、仲裁廷は仲裁権限を行使することはできず、それにより仲裁手続は遅延し、本来仲裁に求められている迅速な紛争の解決の妨げとなる。また、仲裁被申立人が仲裁の引延ばしを狙って、些細な仲裁条項の不備等を理由に仲裁権限を争う余地を与えることにもなり、仲裁が機能不全に陥ることにもなりかねない。

(b)　仲裁権限判断権

したがって、訴訟に代わる紛争の終局的解決手続である仲裁制度を十分に機能させるためには、当事者間に仲裁権限の有無について争いがある場合であっても仲裁廷が仲裁手続を進めることができるようにする必要がある。そのため、仲裁法は23条1項において、仲裁廷の特別の権限として、仲裁廷が自己の仲裁権限の有無について判断する権限（仲裁権限判断権（Competence/Competence））を明文で定めている。これは、旧法下では明文の規定がなかったが、仲裁法がモデル法を採用したことにより規定が設けられたものである。仲裁法23条1項は、モデル法16条1項前段に倣い、仲裁廷は、「仲裁合意の存否又は効力に関する主張についての判断その他自己の仲裁権限（仲裁手続における審理及び仲裁判断を行う権限をいう……。）の有無についての判断を示すことができる」と規定する。

(2)　仲裁被申立人が仲裁権限を争う場合

(a)　主張の提出期限

仲裁手続において仲裁被申立人が仲裁権限の有無について争う場合、本案（仲裁の対象となっている権利関係ないし法律関係）について主張する前に異議を述べなければならない。すなわち、仲裁法は、モデル法16条2項の規定に倣い、仲裁手続において、仲裁廷が仲裁権限を有しない旨の主張は、その原因となる事由が仲裁手続の進行中に生じた場合にあってはその後速やかに、その他の場合にあっては本案についての最初の主張書面を提出する時（口頭審理において口頭で最初に本案についての主張をする時を含む）までにしなければならないと規定する（23条2項本文）。ただし、仲裁権限を有しない旨の主張の遅延について正当な理由があると仲裁廷が認めるときは、仲裁権限を有しない旨の主張をすることができる（23条2項ただし書）。したがって、この期限を過ぎた場合、正当な理由がない限り、仲裁被申立人は仲裁権限の有無について争うことはできない。

もっとも、仲裁が申し立てられた紛争の仲裁可能性（仲裁により解決ができる紛争であるか否か）については、仲裁可能性が公序に関わる問題であるから、当事者の適時の主張がなくても、仲裁廷は、職権で調査することになる。

⒝　正当な理由とは

　どのような場合に正当な理由があると認められるかについては、モデル法自体も特に説明をせず、その解釈が問題となる。仲裁廷、裁判所の管轄権に関する当事者の失権効の例外を認めるか否かという共通の問題であるから、本案訴訟の妨訴抗弁の局面における場合と同様に、この期限までに仲裁被申立人が仲裁権限を有しない旨を主張し得なかったことについて仲裁被申立人に責めに帰すべき事情がないときは、失権しないと解するのが妥当である。また、仲裁被申立人が正当な理由なく適時に仲裁権限を有しない旨の主張をしなかった場合、仲裁手続以外の他の手続においてもそれを主張することはできない[26]。

⒞　当事者による仲裁人の選任等との関係

　なお、当事者は、仲裁人を選任し、または仲裁人の選任について推薦その他これに類する関与をした場合であっても、仲裁権限を有しない旨の主張をすることはできる（23条3項）。これは、仲裁法上、前述したように、仲裁手続において仲裁権限の有無についての判断権は仲裁廷に与えられており（23条1項）、仲裁廷がその判断を示すことになるので（同4項）、仲裁権限を有しない旨を主張する当事者も仲裁廷の構成のため仲裁人の選任等をする必要があるからである。

⑶　失権効が及ばない場合

⒜　仲裁被申立人による手続不参加と失権効

　この仲裁法23条2項が定める失権効は、仲裁申立てを受けた当事者である仲裁被申立人が仲裁手続に応じずそれに参加しないときにも妥当するか否かが問題となる。すなわち、仲裁被申立人が仲裁手続の通知を受けず、仲裁権限を有しない旨の異議を述べることが不可能であった場合には、異議権を喪失しないことに異論はないであろうが、仲裁被申立人が仲裁手続の通知を受け、仲裁手続が開始されたことを知っていたにもかかわらず、仲裁権限に関し異議を述べず、本案についても主張をせず、手続に参加しなかった場合、異議権を喪失することになるか否かが問題となる。

(26)　仲裁コンメ106頁。

⒝　失権効の趣旨

　仲裁法23条2項が仲裁権限を有しない旨の主張をする時期を制限している趣旨について、本案について審理が進んだ時点でもこの主張を認めると、仲裁手続の遅延をもたらし、また、仲裁手続の引延しのためこの主張がされることが多く、これを防止する必要もあるからであるとされる[27]。また、この失権効は、仲裁権限の有無を適時に争わずにいながら、仲裁判断がされた後にこれを自由に争うことができるとすると、仲裁の紛争解決制度としての実効性が確保されない上、他方の当事者との関係でも公平を害することになるので、仲裁手続において、正当な理由なく制限時期までに主張しなかった場合には、仲裁判断の取消し、執行決定の手続において、仲裁権限がない旨の主張はできないとされる[28]。

　訴訟手続における応訴管轄（民訴12条）の場合や仲裁合意に基づく妨訴抗弁（14条1項3号）の場合と同様に、仲裁被申立人が異議を述べずに仲裁手続を遂行する態度をとりながら、その後これと矛盾する態度をとり、仲裁申立人の信頼を害することは、当事者間の公平に反し、信義則上、許されるべきではない。また、これを許すと、仲裁廷、当事者が仲裁手続に費やした時間、費用、労力が無駄になってしまうことにもなる。そのため、仲裁法23条2項は、仲裁権限を有しない旨の主張は、本案についての主張をする時までにしなければならないと定めたものである。したがって、仲裁被申立人が仲裁手続の不適法を主張しないまま手続に参加し、本案について主張、立証しておきながら、自己に不利な仲裁判断がされた後に、それを主張して仲裁判断の取消しを求めることは、当事者間の公平に反し、信義則上、許されるべきではない。

⒞　手続不参加の仲裁被申立人には失権効は及ばない

　しかし、仲裁被申立人が、たとえば、仲裁合意の効力が自己に及ぶはずがなく、謂れのない仲裁申立てに対し応じる必要はないとして仲裁手続に参加せず、本案についても主張しない場合、仲裁被申立人の態度が仲裁申立人の

（27）　仲裁コンメ105頁。
（28）　仲裁コンメ106頁。

信頼を害することにはならない。したがって、仲裁被申立人は、異議権を喪失せず、仲裁申立人が自己の判断で仲裁手続を遂行し、仲裁廷が仲裁権限を肯定し、仲裁判断をした後に、仲裁判断の取消しや執行決定の手続において仲裁権限を有しない旨の主張をすることを妨げられないと解されよう[29]。

　したがって、仲裁手続に参加しない仲裁被申立人が、仲裁廷が仲裁権限を有しないことを取消事由として裁判所に仲裁判断の取消しを申し立てた場合、裁判所は、仲裁被申立人が異議権を喪失しているとして、その申立てを棄却することはできず、仲裁権限の有無について審理、判断し、仲裁判断の取消しの適否を決定することになる。

⑷　仲裁権限の有無についての仲裁廷の判断の形式

　仲裁廷の仲裁権限の有無が当事者間で争われている場合、仲裁廷は、自己が仲裁権限を有する旨の判断を示すときは、仲裁判断前の独立の決定または仲裁判断、自己が仲裁権限を有しない旨の判断を示すときには、仲裁手続の終了決定により、それぞれ判断することになる（23条4項）。

　仲裁廷は、通常、仲裁権限の有無が本案と密接に関係しているため、本案と切り離して判断することが困難な場合や、仲裁被申立人が仲裁手続の引延しを狙って仲裁権限の有無を争っている場合を除き、本案とは別に先に仲裁権限の有無について審理を進め、判断することになろう[30]。

⒜　仲裁廷が仲裁権限を肯定する場合

㈠　仲裁判断前の独立の決定

（ⅰ）　裁判所への不服申立て

　仲裁判断前の独立の決定による場合、その決定に不服の当事者には裁判所で更に争う途が残されている。すなわち、仲裁法は、「仲裁廷が仲裁判断前の独立の決定において自己が仲裁権限を有する旨の判断を示したときは、当

---

(29)　See Arbitration in Germany 220; Wolff NYC Commentary 271; Born International Commercial Arbitration 3818. 反対の立場として、猪股・仲裁判断権11－12頁は、仲裁被申立人が、仲裁手続が不適法だと考えながら、仲裁手続への関与をボイコットし、仲裁手続の進行を成り行きにまかせ、仲裁判断の帰趨をみきわめてから仲裁判断を攻撃するのは、当事者間の公平に反するので、この場合も失権効が及ぶという。

(30)　See UNCITRAL History and Commentary 486; Redfem and Hunter on International Commercial Arbitration 344.

事者は、当該決定の通知を受けた日から30日以内に、裁判所に対し、当該仲裁廷が仲裁権限を有するか否かについての判断を求める申立てをすることができる」と定めている（23条5項前段）。

　この申立てに対し裁判所は、簡易迅速な決定で判断を示し、しかもこの決定に対する抗告は認められていない（6条、7条）。したがって、十分な手続保障がないことから、この決定には既判力は認められず、裁判所が、仲裁権限があると判断した場合であっても、その決定には、仲裁廷に仲裁手続を直接強制する効力がなく、任意の履行を促すにとどまることになり、また、裁判所が、仲裁権限がないと判断した場合にも、その決定は、仲裁廷に対し、厳密には、裁判所の判断を参考に自らの判断を再考する資料を提供するという効果を有するにとどまるものであるが、一般的には、仲裁廷は、仲裁手続の続行が不可能な場合に当たるとして、仲裁手続の終了決定をするものと期待することになるとされる（40条2項4号）（⇨**12(2)(f)**)[31]。

(ii)　不服申立てと失権効

　この裁判所に対する申立てをするか否かは、この規定の文言から、当事者の選択に委ねられていると解されるので、当事者は、この申立てをせず、仲裁判断後、仲裁判断の取消しの申立てをし、その取消手続で仲裁権限の有無を争うことができると解される[32]。

(iii)　仲裁廷の手続続行権

　また、当事者が仲裁手続の引延しを狙って仲裁権限の有無を争う場合もあり、仲裁廷は、裁判所に対する申立てが係属している場合であっても、仲裁手続を続行し、仲裁判断をすることができる（23条5項後段）。

---

(31)　仲裁コンメ109頁。

(32)　See Aron Broches, Commentary on the UNCITRAL Model Law on International Commercial Arbitration（Kluwer Law and Taxation Publishers 1990）88. また、理論と実務192頁〔出井直樹発言〕、仲裁コンメ109頁参照。モデル法の法域の判例として、Tan Poh Leng Stanley v. Tang Boon Jek Jeffrey,（2001）1 SLR 624, 30 November 2000 HCは、モデル法16条3項が規定する「申し立てることができる（may request）」という文言の文理解釈に依拠して、この見解に立つが、Bundesgerichtshof, III ZB 83/02, 27 March 2003, German Arbitration Journal, SchiedsVZ 2003, 133は、ドイツ仲裁法の立法者の意思に依拠して、これを否定する。これは、ドイツの判例・学説の立場であるとされる（Arbitration in Germany 223）。

㈠　仲 裁 判 断

　これに対し、仲裁廷が仲裁判断により判断をする場合には、当事者は、裁判所に対し、仲裁法44条に基づく仲裁判断の取消しの申立てをすることができる。この場合、仲裁判断の取消しの裁判は、口頭弁論または当事者双方が立ち会うことができる審尋の期日を経なければならず（44条5項）、また、その決定に対しては、即時抗告が認められ（同8号）、当事者に対し手続保障が与えられている。仲裁判断を取り消す決定が確定すると、これにより、仲裁判断の効力は遡及的に失われ、仲裁判断は当初から存しなかったものとする形成力が生じる[33]。

　形成要件である取消事由について既判力を否定する見解もあるが、申立認容決定（取消決定）が確定すると、その既判力により取消事由の存在が確定することになり、以後、その取消事由の不存在を主張することはできなくなり、反対に、申立棄却決定が確定すると、その既判力により取消事由の不存在が確定することになり、以後、その取消事由の存在を主張することはできなくなると解される（⇨第6章1⑽⒠㋑）。

⒝　仲裁廷が仲裁権限を否定する場合

　他方、仲裁廷が仲裁手続の終了決定において仲裁権限を有しない旨の判断を示した場合、その判断に対し裁判所で更に争う途は仲裁法には規定されていない。したがって、この場合、仲裁廷の終了決定に不服の当事者が、仲裁権限の有無を更に争うには、別途、仲裁合意の存在、有効の確認を裁判所に求めることになる。

⑸　仲裁法23条4項、5項の問題点（その1）

⒜　終局的解決が図れない

　仲裁廷が仲裁判断前の独立の決定において自己が仲裁権限を有する旨の判断を示した場合、その判断に不服の当事者は、裁判所に対し仲裁廷の判断の当否を求めることができるが、その場合、裁判所の決定には、既判力がなく、仲裁廷に対しても任意の履行を促すにとどまるとされ、仲裁権限の有無についての紛争は裁判所の決定によっても決着がつかない。

---

(33)　仲裁コンメ247頁。

　その場合、裁判所が、仲裁権限がある旨の判断を示し、その後仲裁廷が仲裁手続を進め、仲裁判断をした後、当事者が仲裁判断の取消しの申立てを提起したときは、裁判所は、独立に仲裁権限の有無について審理、判断し、仲裁法23条5項に基づく裁判所の決定に何ら影響を受けず、それに拘束されないので[34]、審理の結果、仲裁権限がない旨の判断をし、仲裁判断を取り消したときは、仲裁権限がある旨の判断を示した裁判所の決定から仲裁判断までの仲裁手続に費やされた時間、費用、労力はすべて無駄になってしまうことになる。

　また、裁判所が、仲裁権限がない旨の判断を示しても、仲裁廷はその決定に拘束されず、自己の決定に従い仲裁手続を進め、仲裁判断をし、当事者が仲裁判断の取消しの申立てを提起し、裁判所が、仲裁権限がない旨の判断をし、仲裁判断を取り消した場合も、仲裁権限がない旨の判断を示した裁判所の決定から仲裁判断までの仲裁手続に費やされた時間、費用、労力はすべて無駄になってしまうことになる。

　このような問題を解決するには、仲裁法23条4項に基づく裁判所の決定に既判力を付与し、仲裁権限の有無についての紛争を仲裁手続中に終局的に解決する必要がある。また、仲裁権限の有無についての紛争を仲裁手続中に終局的に解決することができないのであれば、このような裁判所の手続を仲裁手続に組み入れる必要性は極めて低いと言わざるを得ない。

(b)　モデル法の考え方

　仲裁法23条4項は、モデル法16条3項前段の規定に対応し、それと実質的に同じ内容を定めるものであるとされるが、モデル法の作成過程の審議によれば、モデル法16条3項は、仲裁権限を肯定する仲裁廷の判断に対する裁判所の判断によって仲裁権限の有無についての紛争が終局的に解決されることを意図して作成されたものと考えられる[35]。実際、モデル法採用国においても、たとえば、ドイツにおいては、この裁判所の判断に既判力が付与される手続が組み込まれている[36]。

---

(34)　仲裁コンメ110頁。
(35)　中村・論点292-295頁参照。

⑹　仲裁法23条４項、５項の問題点（その２）

⒜　仲裁廷が仲裁権限を否定した場合、裁判所に対する不服申立制度が置かれていない理由

　当事者が仲裁権限の有無を争い、仲裁廷が、仲裁判断前の独立の決定により、自己が仲裁権限を有する旨の判断を示した場合、その決定に不服の当事者は、裁判所に対し仲裁権限の有無に係る判断を求める申立てをすることができるが、逆に、自己が仲裁権限を有しない旨の判断を示した場合には、その決定に不服の当事者に対し、それと同様の裁判所に対する不服申立ての制度は用意されていない。

　これはモデル法の規定に倣ったものであるが、モデル法がこの不服申立ての制度を設けなかった理由について、仲裁権限を有しない旨を判断した仲裁廷に対し、裁判所が手続の続行を強制することはできないとされる[37]。

　しかし、仲裁廷が仲裁権限を有する旨の判断を示し、その後、裁判所がその判断を覆した場合にも同様に、裁判所の決定は仲裁廷を強制し得ない。したがって、裁判所の決定が仲裁廷を強制し得ないことが、裁判所が仲裁権限を有しないとした仲裁廷の判断の当否を審査しない理由にはならない。むしろ、仲裁権限をめぐる紛争の早期解決のためには、仲裁廷が仲裁権限を有しない旨の判断を示す場合にも、裁判所に対する不服申立制度は設けるべきであったように思われる[38]。

⒝　モデル法採用国の立法等による対応

　この点はモデル法の規定自体に不備があると考えられ、この問題に対処するため、モデル法採用国においては、たとえば、シンガポールにおいては、2012年の法改正によって、国際仲裁法10条３項において、仲裁廷が仲裁権限を否定した場合にも、当事者は裁判所でこれを争うことができる旨を定めている。また、ドイツでは、仲裁法上明文の規定は置かれていないが、仲裁廷は仲裁判断として判断を示すことができるのが支配的見解であるとされる[39]。

---

(36)　Arbitration in Germany 223.

(37)　UNCITRAL History and Commentary 487.

(38)　See Pieter Sanders, Quo Vadis Arbitration?（Kluwer Law International 1999）176-186.

(7)　仲裁権限の有無についての判断を仲裁判断として示す可能性

　前述したように、仲裁法の規定によれば、仲裁廷が、自己が仲裁権限を有する旨の判断を示す場合、仲裁判断前の独立の決定または仲裁判断により、自己が仲裁権限を有しない旨の判断を示す場合、仲裁手続の終了決定によることになるが、仲裁法がモデル法の趣旨に合致した規律をするには、すなわち、仲裁権限を有する旨の仲裁廷の判断に対する裁判所の判断によって、仲裁権限の有無についての紛争が仲裁手続中に終局的に解決されるためには、仲裁廷が仲裁判断前の独立の決定により仲裁権限を有する旨の判断を示す場合、それを仲裁判断により行うことが考えられる。また、モデル法の規定の不備を補うため、仲裁手続の終了決定により仲裁権限を有しない旨の判断を示す場合も、それを仲裁判断により行うことが考えられるが、このような仲裁権限の有無についての判断を、仲裁判断として示すことは可能であるか。以下の理由から、これを肯定する余地があると解される。

　まず、仲裁判断は、当事者が仲裁廷に解決を付託した紛争についての判断でなければならない（2条1項）。仲裁法23条1項は、仲裁廷に自己の仲裁権限の有無についての判断権を付与しており、本案についての紛争解決を仲裁合意の当事者から付託された仲裁廷は、その前提問題である仲裁権限の有無についての紛争を解決する権限を有する。したがって、仲裁権限の有無についての仲裁廷の判断権は仲裁合意に由来するものであり、その紛争の解決についても、仲裁廷は当事者から付託されているものと見ることができよう。

　次に、仲裁法は、仲裁判断を本案についての判断のみに限定しているとされるが[40]、仲裁廷が仲裁権限を有する旨の判断を、本案についての仲裁判断により示す場合、その判断自体は紛争の実体に関するものではないが、仲裁判断の一部を構成するものであるから、本案とは切り離し、それとは別に仲裁権限を有する旨の判断を示す場合も、それを仲裁判断と観念することはできよう[41]。したがって、仲裁廷は、仲裁権限を有する旨の判断を、仲裁判断前の独立の決定により示す場合、仲裁判断により行うことできると解され

---

(39)　Germany in Arbitration 222.

(40)　仲裁コンメ221頁。

る。また、仲裁権限を有しない旨の判断を仲裁手続の終了決定により示す場合も同様に、仲裁判断により行うことができよう。

　このことは、仲裁法が44条、45条においてそれぞれ、仲裁判断の取消事由、承認・執行拒絶事由として、仲裁合意が効力を有しないことを挙げていることからも是認し得ると考える。すなわち、仲裁権限を肯定する仲裁判断は、仲裁権限を肯定する判断を含む本案についての仲裁判断と同様に、仲裁合意が効力を有しないと判断される場合、取り消され、その承認・執行が拒絶されることになる。これに対し、仲裁権限を否定する仲裁判断については、取消事由、承認・執行拒絶事由として明文の規定はないが、仲裁法44条1項5号、45条2項5号の「仲裁判断が、仲裁合意又は仲裁手続における　申立ての範囲を超える事項に関する判断を含むものであること」の規定を類推適用することができよう。すなわち、この規定は、仲裁廷が仲裁権限を有しないにもかかわらず、それを肯定した場合であるが、逆に、仲裁廷が仲裁権限を有するにもかかわらず、それを否定した場合も、この規定の趣旨から、この規定を類推適用し、この取消事由、承認・執行拒絶事由に当たると解すべきである[42]。

　また、仲裁法40条によれば、仲裁手続は、仲裁判断により終了するので、仲裁判断には終局的仲裁判断しか観念できないという指摘がある[43]。しかし、この40条が準拠するモデル法32条1項は、仲裁手続が「終局的（final）」仲裁判断によって終了すると定め、モデル法は、それ以外の仲裁判断を排除していないと解されており（⇨第5章2(2)）、これと実質的に同じ内容を定めた仲裁法40条1項の仲裁判断もこれと同様に解すべきである。

---

(41)　See Born International Commercial Arbitration 1191-1192. But see Lawrence Boo, Ruling on Arbitral Jurisdiction – Is that an Award ?, 3(2) Asian International Arbitration Journal（2007）141; Simon Greenberg, Chapter 4: Direct Review of Arbitral Jurisdiction under the UNCITRAL Model Law on International Commercial Arbitration：An Assessment of Article 16(3), in Frédéric Bachand and Fabien Gélinas (eds), UNCITRAL Model Law after Twenty-Five Years: Global Perspectives on International Commercial Arbitration（Juris 2013）60-62.

(42)　See Stefan Kröll, Recourse agaisnt Negative Decisoins on Jirisdiction, 20(1) Arbitration International（2004）68-69.

(43)　山本＝山田・ADR仲裁356頁。

したがって、仲裁権限を肯定する仲裁判断前の独立の決定、それを否定する仲裁手続の終了決定について、仲裁廷が仲裁判断として判断を示す可能性は否定し得ないと考える。その場合、仲裁判断の取消申立期間は、仲裁権限の有無についての紛争を早期に解決する制度趣旨に鑑み、仲裁法44条2項によるのではなく、仲裁法23条5項により、仲裁判断受領後30日以内と解すべききであろう。

(8)　仲裁合意に係る確認請求訴訟等の可否

(a)　仲裁法4条との関係

仲裁法23条の規定にかかわらず、当事者は、仲裁権限の有無についての紛争の終局的解決のために、仲裁合意の存在・不存在、無効・有効の確認請求訴訟を提起することができるか否かという問題がある。この問題をめぐっては見解が対立する[44]。

仲裁法4条の規定により、裁判所は、仲裁手続に関し仲裁法の規定する場合に限り、その権限を行使することができる。この規定は、モデル法5条と実質的に同じ内容を定めるものであり、その趣旨は、裁判所は、仲裁手続に関し仲裁法が規律する事項については、仲裁法に規定する場合を除き、裁判所は権限を行使することができないということである。

したがって、仲裁手続において、仲裁権限の有無についての紛争が終局的に解決することができるのであれば、裁判所がその手続とは別に、この問題の解決のため独立して権限を行使することは、必要でないばかりか、これを許すことによって仲裁と訴訟とに手続が二分されることにより、訴訟経済にも反することになるので、禁じられると解すべきであろう[45]。

これに対し、仲裁権限の有無についての紛争は、仲裁手続において終局的に解決することができないと解されると、当事者は、仲裁合意の存在・不存在、無効・有効の確認請求訴訟を提起して、仲裁権限の有無について既判力のある終局的な裁判所の判断を得ることが必要となり、裁判所がかかる訴え

(44)　小島＝猪股・仲裁262-263頁、三木・課題42頁、理論と実務23-26頁、193-197頁等。

(45)　See Comparative International Commercial Arbitration Lew 352.

について裁判権を行使することは、仲裁法4条の規定に抵触するものではないと解される。

(b)　仲裁差止請求訴訟

仲裁差止請求訴訟については、裁判所が仲裁権限を有しないとして仲裁人または当事者に対し仲裁手続の差止めを命じることは、仲裁法4条に抵触することから裁判所にかかる権限はないと解されよう[46]。

このことは、仲裁法が14条2項において、本案訴訟が係属中であっても、仲裁廷は、仲裁手続を開始し、または続行し、かつ、仲裁判断をすることができると定め、仲裁廷の手続続行権を認めていることからも是認し得よう。また、仲裁法は23条5項においても、仲裁廷が仲裁判断前の独立の決定により、自己が仲裁権限を有する旨の判断を示し、それに不服の当事者が裁判所に対し、仲裁廷が仲裁権限の有するかどうかについての判断を求める申立てをした場合において、仲裁廷は、仲裁手続を続行し、かつ、仲裁判断をすることができると定め、仲裁廷の手続続行権を認めている。

したがって、裁判所は、仲裁手続の差止めを命じることができず、その仮処分についても、これを命じることはできない[47]。

(9)　仲裁権限最終裁定条項の有効性

仲裁法23条1項の規定により、仲裁廷は仲裁権限の有無についての第1次的判断権を与えられているが、この判断権とは別に、当事者が合意によって仲裁権限をめぐる紛争の解決を第三者である仲裁人に委ね、その判断に従う合意に基づきその紛争を終局的に解決することができるか否かという問題がある。これは、仲裁権限の有無についての紛争を対象とする仲裁合意が有効であるか否かという仲裁権限最終裁定条項の有効性という問題である。

実務上、たとえば、仲裁手続において当事者間で仲裁合意の効力の客観的範囲が問題となった場合に、仲裁法23条による解決では仲裁廷の判断の当否が裁判所で審査され、仲裁手続の遅延を招くことになるので、それを避ける

---

(46)　See Frédéric Bachand, The UNCITRAL Model Law's Take on Anti-Suit Injunctions, in Emmanuel Gaillard (ed), Anti-Suit Injunctions in International Arbitration (Juris 2005) 107-110.
(47)　旧法下の判例として、東京高決昭37・3・5下民集13巻3号338頁がある。

ため、当事者がこの紛争の終局的解決を仲裁人に委ねることが考えられる。

この合意の有効性をめぐっては、見解が対立している[48]。

仲裁合意が有効に成立するためには、当事者が和解をすることができる民事上の紛争が対象でなければならず（13条1項）、仲裁権限をめぐる紛争の仲裁可能性の有無が問題となる。肯定説は、仲裁法は、仲裁判断の取消事由として、仲裁合意の不存在、無効（44条1項1号、2号、5号）は、仲裁可能性の問題（同7号）とは違い、当事者が主張、立証すべき事由としており、また仲裁可能性を欠くとの主張を除き、適時にこれを主張しなければ、以後の手続において失権させられる主張でもあり、失権させられた取消事由である仲裁合意の瑕疵は治癒されたことになるので、仲裁合意の不存在、無効は、当事者の合意によって処分し得ることを意味し、仲裁可能性が肯定されるという[49]。

これに対し否定説によれば、仲裁法は、仲裁判断の取消しおよび取消事由を強行規定として定め、仲裁権限の有無、つまり、仲裁合意の存否、効力等の判断権は、常に裁判所に留保されているので、仲裁権限の有無についての紛争の仲裁可能性は否定されることになる[50]。

肯定説が述べるように、仲裁合意の存否、効力については、当事者が自由に処分することができる法律関係であり、仲裁可能性は肯定できよう（13条1項）。その場合、仲裁法が仲裁判断取消しおよび取消事由を強行規定として定めていることとの関係が問題となるが、仲裁法上、仲裁合意の存否、効力について仲裁可能性が肯定されるとすると、仲裁合意の存否、効力についての紛争を対象とする仲裁合意（いわば第2の仲裁合意）に基づく仲裁判断について、仲裁法44条が定める仲裁判断取消しの申立権を合意により放棄する、あるいは、取消事由を合意により変更することは、これらが強行規定である限り、許されないが、このことが、第2の仲裁合意の効力を否定する理由にはならないと解される。したがって、訴訟に代えて仲裁により仲裁合意

（48）　小島＝猪股・仲裁112頁、理論と実務197−198頁。
（49）　猪股・仲裁判断権29−30頁。
（50）　小島武司＝猪股孝史「仲裁手続と訴訟手続との抵触」松浦＝青山・論点292頁。

の存否、効力についての紛争を解決するという当事者の合意は有効であると解されよう[51]。

⑽　ADR前置合意と仲裁手続の終了決定

契約において、当事者が仲裁による紛争の終局的解決の前に、交渉や調停等の裁判外紛争解決手続（ADR）により紛争の解決を試み、これによって紛争が解決されない場合に初めて、仲裁を提起して紛争を解決するという、交渉、ADRを仲裁に前置させる合意（ADR前置合意）が紛争解決条項として定められる場合がある。ADR前置合意は、当事者に仲裁による紛争解決を行う前に交渉、ADRを義務付け、それを履践することが、仲裁を提起する前提条件となる。したがって、当事者は仲裁に前置するADRを履践し、それを経なければ、仲裁を提起することができない。

したがって、このADR前置合意に反して仲裁手続が開始された場合、ADR前置合意が、単に仲裁に前置する紛争解決手続が履践されている間は仲裁手続を中止するにとどめることを意図していない限り、当事者は仲裁手続を開始することができず、これに反して手続が開始されても、仲裁廷は仲裁権限を有しないので、仲裁手続の終了決定をすることになると解される（訴訟手続の場合について⇨第2章**7⑵⒣**）。

8　仲裁廷による暫定保全措置
⑴　趣　　　旨

仲裁手続においても、仲裁判断の実効性を確保するため、保全処分が必要となることがある。その場合、仲裁合意の当事者であっても、裁判所に保全処分の申立てをすることができ、その申立てを受けた裁判所が保全処分を命じることができるが（15条）、仲裁法は、裁判所による保全処分に加え、それに代わる仲裁廷による暫定措置・保全措置（暫定保全措置）を認めている

---

(51)　米国においては、判例法上、この仲裁権限最終裁定条項は有効とされる。この点に関し、中村達也「Henry Schein, Inc. v. Archer & White Sales, Inc., 586 U. S. ＿, 139 S. Ct. 524（2019）―― arbitrabilityの問題を仲裁人に委ねる合意に基づく仲裁付託の申立てをwholly groundlessの例外によって棄却することはできない」アメリカ法（2019-2）279-283頁を参照。

（24条）。

　一般に、暫定保全措置を命じる仲裁廷の権限は、仲裁合意に求めることができるとされるが[52]、仲裁法は、民事上の紛争の解決を仲裁人に委ね、かつ、その判断に服する旨の合意を仲裁合意と定義した上で（2条1項）、仲裁廷の特別の権限として、仲裁廷に暫定保全措置を命じる権限を与えている（24条）。もっとも、仲裁法24条は当事者の仲裁合意に基づく仲裁手続に適用されるので、この仲裁廷の権限は仲裁合意に由来するものであると見ることができよう。

　仲裁廷は、当事者間に別段の合意がない限り、当事者の申立てにより、いずれの当事者に対しても、紛争の対象について仲裁廷が必要と認める暫定措置または保全措置を講じることを命じることができる旨を定める（24条1項）。したがって、仲裁廷は、暫定保全措置命令として、仲裁合意の当事者に対し一定の作為、不作為を命じることができるが、それ以外の第三者に対してはこれを命じることはできない[53]。また、仲裁廷は、いずれの当事者に対しても、暫定措置または保全措置を講じるについて、相当な担保を提供すべきことを命じることができる（24条2項）。これは、モデル法17条に準拠するものであり、それと実質的に同じ内容を定めている。

(2)　暫定保全措置の種類

　仲裁法24条1項は、仲裁廷は、当事者間に別段の合意がない限り、当事者の申立てにより、暫定保全措置を命じることができる旨を定めているので、実務上、当事者が仲裁廷による暫定保全措置を命じる権限を排除する合意をすることはまずないが、その権限の範囲を限定する合意も認められる。

　保全措置は、仲裁判断の実効性を確保するため、係争物の現状や価値を維持するためのものをいい、暫定措置は、仲裁判断によって権利義務関係が確定するまでの間に当事者に生じるであろう不利益を軽減するため、暫定的または一時的に、一定の給付や行為を命じたり、臨時の法律関係を形成したり

---

(52)　Born International Commercial Arbitration 2635.
(53)　See Comparative International Commercial Arbitration 594.
(54)　仲裁コンメ116頁。

する措置をいうとされる[54]。

裁判所の民事保全には、仮差押え（金銭債権の執行を保全するため、金銭の支払を目的とする債権について、強制執行をすることができなくなるおそれがあるとき、または強制執行をするのに著しい困難を生じるおそれがあるときに、債務者の財産について債務者の処分を禁止する措置（民保20条））、係争物に関する仮処分（非金銭債権の執行を保全するため、係争物の現状の変更により、債権者が権利を実行することができなくなるおそれがあるとき、または権利を実行するのに著しい困難を生じるおそれがあるときに、目的物の現状を維持する措置（民保23条1項））、および仮の地位を定める仮処分（将来の執行を保全するのではなく、争いがある権利関係について債権者に生じる著しい損害または急迫の危険を避けるため、権利関係についての判決の確定までの仮の地位を定める措置（民保23条2項）。権利の内容を仮に実現してしまう断行の仮処分もある）がある。当事者は、裁判所に対し民事保全を申し立てず、これらに相当する措置を仲裁廷に求めることができよう。

たとえば、特定物の引渡しを求める仲裁において、仲裁廷が仲裁被申立人に対し第三者にそれを譲渡することを禁じる命令や、販売店契約の供給者から契約が解除され、契約製品の供給が停止されたのに対し、販売店が供給者に対し契約の解除を無効と主張して契約上の地位の確認を求める仲裁において、販売店の事業が立ち行かなくなることによる損害を防止するため、仲裁廷が供給者に対し契約製品の継続的供給を命じる命令等が挙げられる。

(3) 暫定保全措置の担保

仲裁法24条2項は、仲裁廷は、いずれの当事者に対しても、暫定保全措置を講じるについて、相当な担保を提供すべきことを命じることができるとする。担保の提供は、通常、暫定保全措置を講じた当事者が被る損害を填補するものであるが、「いずれの当事者に対しても」命じることができると定めているので、暫定保全措置を命じられた当事者がその停止等を申し立てる場合、仲裁廷はその当事者に対し担保の提供を命じることができる[55]。担保の額、提供の方法、返還の方法等については、仲裁廷が定めることになる。

---

(55) See UNCITAL Commentary 413-414.

(4)　暫定保全措置命令の執行力

　仲裁廷による暫定保全措置命令には執行力はない。したがって、最終的に仲裁判断をすることになる仲裁廷が命じた措置を当事者が任意に履行することが期待できようが、当事者がそれに従わない場合、それを強制することはできない。この問題に対し、モデル法は、仲裁手続による紛争解決の実効性を高めるとともに、当事者の利便性を向上させるため、2006年改正により、仲裁廷による暫定保全措置の類型、発令要件と併せて、仲裁廷による暫定保全措置に執行力を付与するための規定を追加した。仲裁法の立法に際し、執行力を付与すべきかどうかについて議論されたが、その当時、モデル法の改正作業が進行途上にあったこともあり、執行力の付与については見送られたという経緯がある[56]。

　2006年のモデル法改正後、それに対応した仲裁法の改正が望まれていたが、国際仲裁の活性化に向けた基盤整備の取組の一環として、現在、2006年改正モデル法に準拠する法改正が進められている（⇨第1章**8(2)(b)(イ)**）。

(5)　裁判所の保全処分との関係

　仲裁法15条は、「仲裁合意は、その当事者が、当該仲裁合意の対象となる民事上の紛争に関して、仲裁手続の開始前又は進行中に、裁判所に対して保全処分の申立てをすること、及びその申立てを受けた裁判所が保全処分を命ずることを妨げない」と規定している。この規定はモデル法9条に対応し、それと実質的に同じ内容を定めている。

　諸外国においては、暫定保全措置を命じる仲裁廷の管轄権との関係で裁判所の管轄権を制限する立法例も見られるが、モデル法に準拠する仲裁法上、暫定保全措置に関し裁判所は仲裁廷の管轄権によって制限されず、両者は競合管轄権を有し、当事者間に別段の合意がない限り、当事者は、事案に応じて適宜、裁判所と仲裁廷のいずれに対しても暫定保全措置を申し立てることができると解される[57]。

---

(56)　小島＝猪股・仲裁266頁。
(57)　See Born International Commercial Arbitration 2734-2738. なお、旧法下においては、見解は分かれていた。この点については、小島＝猪股・仲裁267-268頁を参照。

9　審　理　方　法

(1)　審　理　方　式

(a)　仲裁手続の準則と当事者自治の原則

当事者が主張・立証を行うための審理手続をどのように行うのか、これは、仲裁手続の準則の問題であるから、当事者の合意により、当事者の合意がない場合には、仲裁廷が定めることになる（26条 1 項、2 項）。旧法においては、仲裁人は当事者を審尋し、それでも仲裁判断の資料が不足し必要と判断する場合には補充的に、仲裁判断に必要な限りで、事実・証拠を探知すべきであるとされていた（旧法794条 1 項）[58]。仲裁法にはこのような規定はなく、手続における公正の観点からも職権探知は許すべきでないという見解が主張されている[59]。

仲裁廷が職権で証拠調べをすることができるか否かという問題についても、仲裁手続の準則の問題であり、当事者が合意により定めることができ、当事者の合意がない場合は、仲裁廷が決することができると解される。

もっとも、職権証拠調べは、当事者間の公平の観点から、手続の公正に反するものであってはならず、また、仲裁廷が自ら収集した証拠資料を利用して仲裁判断をする場合、当事者の手続保障を確保するため、当事者に対し不意打ちとならないよう、それを当事者に示し、当事者に対し、それについての主張・立証の機会を与えなければならない（25条）[60]。

(b)　口頭審理と書面審理

審理方式として、書面審理のみによるか、口頭審理も実施するかについても、当事者の合意によるが（32条 2 項）、当事者の合意がない場合、仲裁廷の裁量的判断によることになる（32条 1 項本文）。もっとも、口頭審理の重要性に鑑み、当事者の一方の申立てがあるときは、仲裁手続における適切な時期に、口頭審理を実施しなければならない（同ただし書）。また、当事者が口頭審理を実施しない書面審理のみによる審理手続を合意している場合は、仲裁廷はこの当事者の意思に従い口頭審理を実施することができないが、口頭

---

(58)　注解仲裁124頁〔上田徹一郎〕。

(59)　注釈仲裁200頁〔小林秀之〕。また、高桑・国際商事仲裁356頁を参照。

(60)　青山・仲裁678頁参照。See also Born International Commercial Arbitration 2373.

審理を実施しないことが仲裁手続の基本原則（25条 2 項）に反することになる特別の事情があるときには、例外的に口頭審理を実施することが許されよう[61]。この審理の方式について定める仲裁法32条 1 項、 2 項は、モデル法24条 1 項に対応し、それと実質的に同じ内容を定める。

(c)　オンラインによる審理は口頭審理か

また、2020年に勃発した新型コロナウイルス感染症の世界的な感染拡大を受け、仲裁手続、とりわけ国際仲裁手続では、口頭審理のため、仲裁人、当事者らが国境を越えて物理的に一堂に会することができず、インターネット接続によるウェブ会議用ソフトウェアを利用したオンラインによる審理が実施されてきている。このようなオンラインによる審理が、仲裁法32条 1 項で規定される口頭審理に当たるか否かという問題がある。

この口頭審理は、特定の場所で、仲裁廷および双方の当事者が一堂に会して行われなければならないとされる[62]。モデル法が定める口頭審理（oral hearing）の意義については、適切に審理を実施するには、審理に参加する者が実際に物理的に会する必要があるという見解もあれば、モデル法は単に口頭審理と規定するだけであって、物理的に会することまでをも要求していないと解することができるという見解もある[63]。口頭審理は、当事者が書面ではなく口頭で事実を陳述し、その事実の存否を確定するための証拠調べを口頭で実施することであり、オンラインによる審理も、書面ではなく口頭で実施されるので、口頭審理であるとも解されよう。

しかし、モデル法作成当時は、オンラインによる審理は存在せず、口頭審理はすべて現実に会する方法により実施されていたわけであるから、これを前提にオンラインによる審理が現実に会するものに代わり得る審理方式と解し得るかを考える必要がある。その場合、言うまでもなく、オンラインによる審理において、現実に会して実施する審理の状態、環境と同一のものを確保することはできないので、実際の審理、とりわけ、証拠調べにおいて、証人の表情や動作等の情報を現実に会する場合と同一のレベルで感得できず、

---

(61)　See UNCITRAL Commission Report para. 205.
(62)　仲裁コンメ170頁。
(63)　Born International Commercial Arbitration 2432-2436.

事実を認定する仲裁廷の心証形成に影響を及ぼす可能性がある場合があろう。したがって、このような影響が実際に生じる可能性が否定できない場合には、オンラインによる審理は、口頭審理に該当しないことになろう。

また、口頭審理はオンラインによるのではなく、物理的に会する必要があるとしても、当事者は、審理方式として、口頭審理ではなく、オンラインにより審理することを合意により決めることができる（32条2項）。したがって、機関仲裁の場合、仲裁機関の仲裁規則等が、仲裁廷にオンラインで審理をする権限を与えているときは、仲裁廷は、物理的に会さないオンラインによる審理を行うことができる。仲裁廷はオンラインにより審理を行う場合、かかる審理の特殊性に十分配慮し、公正な手続を確保するとともに、当事者を公平に扱い、当事者の主張・立証する機会を保障しなければならない（25条）。

(2) 手続保障に関する仲裁法の規定

審理手続において、仲裁手続の基本原則である、当事者平等取扱および事案について説明する十分な機会の保障という仲裁手続の基本原則（25条）が遵守されなければならない。この原則に基づき、仲裁廷は、口頭審理を実施するときは、その期日までに相当な期間をおいて、当事者に対し、口頭審理の日時および場所を通知しなければならない（32条3項）。また、当事者は、主張書面、証拠書類その他の記録を仲裁廷に提供したときは、他の当事者がその内容を知ることができるようにする措置を執らなければならず（同4項）、仲裁廷も、仲裁判断その他の仲裁廷の決定の基礎となるべき鑑定人の報告その他の証拠資料の内容を、すべての当事者が知ることができるようにする措置を執らなければならない（同5項）。

これら手続保障について定める仲裁法32条3項から5項までの規定は、モデル法24条2項、3項に対応し、それらと実質的に同じ内容を定める。これらの規定は強行規定であり、その違反は、仲裁判断の取消事由となる。

(3) 仲裁申立て、答弁の内容および提出期限

(a) 仲裁申立書の提出

仲裁申立人は、仲裁廷が定めた期間内に、申立ての趣旨、申立ての根拠となる事実および紛争の要点を陳述しなければならない（31条1項前段）。仲裁申立人の陳述は、通常、書面によることになり、主張書面（仲裁手続におい

て当事者が作成して仲裁廷に提出する書面であって、当該当事者の主張が記載されているものをいう（2条3項））として提出される。実務上、この主張書面のことは、仲裁申立書と呼ばれる。この場合、仲裁申立人は、取り調べる必要があると思料するすべての証拠書類を提出し、または提出予定の証拠書類その他の証拠を引用することができる（31条1項後段）。

　仲裁申立ての趣旨とは、仲裁申立人が求める仲裁判断の結論をいい、申立ての根拠となる事実とは、仲裁申立ての趣旨に示される請求の根拠となる事実をいう。また、紛争の要点とは、当事者間で争われている事実上、法律上の争点の要旨をいう。これらの事項についての主張は、紛争を仲裁手続に付する旨の通知（29条1項）において既に陳述されている場合もあるが、そうでない場合もあり、これをさせることにより、仲裁被申立人が反論の準備をし、仲裁廷が審理を進めることができることになる。

(b)　答弁書の提出

　他方、仲裁被申立人は、仲裁廷が定めた期間内に、仲裁申立人が陳述した申立ての趣旨、申立ての根拠となる事実および紛争の要点についての自己の主張を陳述しなければならない（31条2項前段）。仲裁被申立人の陳述も、通常、書面によることになり、実務上、この主張書面のことは、答弁書と呼ばれる。また、仲裁被申立人も、取り調べる必要があると思料するすべての証拠書類を提出し、または提出予定の証拠書類その他の証拠を引用することができる（31条2項後段による同条1項後段の規定の準用）。

　これら当事者の陳述および時期的制限について定める仲裁法31条1項、2項の規定は、モデル法23条1項に対応し、それと実質的に同じ内容を定め、当事者間の別段の合意を許す任意規定である（31条4項）。

(4)　仲裁申立ての変更

　仲裁申立人は、仲裁手続の進行中、仲裁合意の対象から逸脱しない範囲で、自己の仲裁申立てを変更することができる。仲裁申立ての変更には、従来の請求に新たな請求を追加する場合と、従来の請求に代えて新たな請求を定立する場合とがあり、前者は追加的変更、後者は交換的変更と呼ばれる。仲裁申立てが変更された場合、仲裁被申立人は変更された仲裁申立てに対する自己の主張を陳述することになる。

　この仲裁申立ての変更について、仲裁法31条3項は、当事者は、仲裁手続の進行中において、自己の陳述の変更または追加をすることができるが、その変更または追加が時機に後れてされたものであるときは、仲裁廷は、これを許さないことができると定める。これはモデル法23条2項に対応し、それと実質的に同じ内容を定める任意規定である（31条4項）。

　したがって、仲裁廷が、時機に遅れたことを理由に、仲裁申立ての変更を許すことが適当でないと認めるときは、許可しないことになる。この判断に当たっては、仲裁手続において策定された審理計画、審理の進行状況に照らし、より早い時期に提出することができたかどうか、遅延の理由、遅延を許すことにより生じる仲裁手続の遅延の程度、当事者間の公平等を総合的に勘案し、慎重に決することになる[64]。

(5)　反対請求の申立ての可否

　仲裁手続は、当事者の一方が仲裁申立人となって開始されるが（29条1項）、その申立てに対し仲裁被申立人が仲裁申立人に対する請求権を行使するため、反対請求の申立てをすることがある。その場合、仲裁廷は、仲裁被申立人の請求権について審理、判断することになるのか。仲裁法は、仲裁申立ての変更、追加については規定を置くが（31条3項）、反対請求の申立てについては、規定を置いていない。

　仲裁廷が仲裁申立人の請求と併合して審理、判断する以上、当事者間に別段の合意がない限り、反対請求が仲裁申立人の請求と同一の仲裁合意の対象に含まれていなければならないと解される。また、当事者と仲裁人との間に別段の合意がない限り、仲裁人契約において、当事者は、反対請求について、仲裁申立人の請求と同一の仲裁合意の対象に含まれる限り、仲裁申立人の請求と併せて審理、判断する権限を仲裁人に与え、仲裁人はこれを同意の上、仲裁人への就任を承諾していると解することができよう。

　したがって、仲裁廷が構成される前のみならず、構成された後においても、仲裁被申立人は反対請求について、仲裁申立人の請求と同一の仲裁合意の対象に含まれる限り、別の仲裁申立てではなく、反対請求の申立てをする

---

(64)　See UNCITRAL History and Commentary 648-649.

ことができ、その場合、仲裁廷は、反対請求が時機に後れてされたものでない場合、仲裁申立人の請求と併せて仲裁被申立人の請求を審理、判断することになる。

　もっとも、諸外国においては、仲裁申立人の請求と同一の仲裁合意の対象に含まれない場合であっても、仲裁人の選任手続、仲裁手続の準則、言語、仲裁地が同一の内容であれば、仲裁合意相互間に互換性があるとして、反対請求の申立てについて仲裁廷は仲裁権限を有するという見解[65]がある。これは仲裁合意の解釈問題であるが、単に仲裁合意に互換性があるというだけでは、当事者間に別段の合意がない限り、仲裁廷に反対請求を審理、判断する権限があるとは言えないのではないか。また、このような制限がなく、反対請求について仲裁合意がない、あるいは、裁判管轄合意がある場合であっても仲裁廷は仲裁権限を有するという見解[66]もあるが、これが訴訟経済に資するとしても、当事者の意思に反しているように思われる。

　反対請求の申立ての要件については、仲裁手続の準則の問題であり、仲裁法26条1項により、当事者が合意により定めることができよう。したがって、当事者が合意した仲裁規則が反対請求の申立ての要件について定めているときは、それにより反対請求の申立ての許否が決せられることになる。

(6)　相殺の抗弁の可否

　仲裁被申立人が反対請求の申立てではなく、請求権を反対債権とする相殺の抗弁を提出することもあり、その場合、反対債権が仲裁申立人の請求と同一の仲裁合意の対象に含まれないときであっても、仲裁廷は、反対債権について審理、判断することができるかどうかが問題となる。また、この問題は訴訟手続においても同様に問題となり、仲裁合意の対象に含まれる反対債権について、被告が相殺の抗弁を提出する場合、裁判所はこの反対債権につい

(65)　Comparative Law of International Arbitration 496.

(66)　Bernhard Berger and Stefanie Pfisterer, Article 21 Objections to the Jurisdiction of the Arbitral Tribunal, in Tobias Zuberbühler, Christopher Müller, Philipp Habegger (eds), Swiss Rules of International Arbitration (Juris 2nd ed. 2013) 245; Pierre A. Karrer, Jurisdiction on Set-off Defences and Counterclaims, 67(2) Arbitration (2001) 176-177.

て審理、判断することができるのかどうかが問題となる。

　(a)　学　　　説

　(ア)　**仲裁手続における相殺の抗弁**

　仲裁手続において仲裁被申立人が相殺の抗弁を主張する場合、反対債権が仲裁申立人の請求と同一の仲裁合意の対象に含まれないときは、相殺の抗弁は不適法であり、これを認めないとする見解（制限説）が現在の多数説であるとされる[67]。この制限説は、仲裁において仲裁合意のない債権について仲裁被申立人に相殺の抗弁の提出を認めることは、仲裁合意のない紛争について仲裁を強制することになり、仲裁合意なければ仲裁なしという命題に衝突し、また、相殺の抗弁の提出が認められ、相殺に関し仲裁被申立人の主張を認める仲裁判断がされた場合には、相殺に用いられた自働債権（反対債権）の存在・額についても「既判力」が生じるため、仲裁申立人は自働債権について訴訟で争う機会（たとえば、債務不存在確認の訴え）を奪われることになるので、自働債権が仲裁申立人の請求と同一の仲裁合意の対象に含まれない場合には、相殺の抗弁の提出は認められないという[68]。

　これに対し、仲裁被申立人の主張する反対債権が申立人の請求と同一の仲裁合意の対象に含まれない場合であっても、相殺の抗弁を適法とする見解（無制限説）は、仲裁合意は、仲裁人に対し特定の争い（請求）をすべての方向において、すなわち、減権的事由についても審判すべき権限を付与するものだから、自働債権につき仲裁契約がない場合にも仲裁人は相殺の抗弁についても判断をなし得るという[69]。また、仲裁申立人の請求との法的・経済的関連性があれば、当事者間に別段の合意がある場合を除き、必ずしも明示的な仲裁合意の対象とはなっていない反対債権による相殺の抗弁についても、仲裁廷の審判権限を認めてよいのではないかという見解もある[70]。

(67)　小島＝高桑・注釈189頁〔堤龍弥〕。
(68)　大橋・渉外的相殺538頁。同旨、小島＝高桑・注解仲裁73頁〔小島武司＝豊田博昭〕、石川明「不適法な訴訟上の相殺」中田淳一還暦『民事訴訟の理論』（有斐閣、1969）118頁、青山善充「仲裁判断の効力」松浦＝青山・論点336頁、山本＝山田・ADR仲裁323頁、小島＝猪股・仲裁145頁等。
(69)　中田・仲裁124頁、小山・旧仲裁64－65頁。
(70)　小島＝高桑・注釈189頁〔堤龍弥〕189頁。

(イ)　訴訟手続における相殺の抗弁

　仲裁手続における相殺の抗弁に関する制限説の立場によれば、仲裁合意の対象に含まれる債権については、仲裁手続で相殺の抗弁を提出することになり、訴訟手続でこれを反対債権とする相殺の抗弁は提出し得ないことになると解される[71]。これに対し、仲裁手続における相殺の抗弁に関する無制限説の立場によれば、仲裁合意の対象となる債権であっても、訴訟手続でこれを反対債権とする相殺の抗弁は提出し得ることになる[72]。

(b)　制限説が妥当か

(ア)　仲裁手続における相殺の抗弁

　このように見解が対立しているが、仲裁手続において相殺に供せられた反対債権が仲裁合意の対象に含まれない場合であっても、相手方である仲裁申立人が異議なく防御したときに加え、反対債権の存在が既判力をもって確定しているとき、あるいは、反対債権の存否について当事者間で争いがないときは、相殺の抗弁が許されることに異論はなく[73]、両説の違いはこれら以外の場合において生じることになる。

　仲裁廷が反対債権の存否について審理、判断し、その結果、反対債権が存在していないとして仲裁申立人の請求を認容し、あるいは逆に、反対債権が存在しているとして仲裁申立人の請求を棄却したときは、その後、仲裁被申立人が反対債権の支払いを求めて仲裁を申し立て、あるいは、訴えを提起す

---

(71)　理論と実務79頁〔山本和彦発言〕参照。

(72)　松本博之『訴訟における相殺』(商事法務、2008) 3頁、90-91頁は、相殺の抗弁は、訴訟上、防御方法として機能するものであり、反対債権が仲裁合意を伴うだけで、相殺の抗弁が有する権利実現機能（これによって被告の反対債権は強制執行のような手段を必要とせず自動的に実現することができる）や担保的機能（これによって訴訟終了後の時点で原告の資力が悪化しており、そのため被告の反対債権の満足を得ることができなくなっている事態に対処することができる）が失われてしまうと解することはできず、また、仲裁合意の当事者が反対債権による相殺を訴訟上援用しない旨の意思を有しているとは言えないこと等を根拠として挙げ、当事者がそれを意図するのであれば、明確にその旨の合意をすべきであるという。酒井一「相殺の抗弁と国際裁判管轄」判タ936号 (1997) 68頁も同旨。

(73)　小島＝高桑・注釈188-189頁〔堤龍弥〕参照。See also Klaus Peter Berger, Set-Off in International Economic Arbitration, 15(1) Arbitration International (1999) 76-77.

ることは、明らかに不合理であり、訴訟の場合と同様に（民訴114条2項）、仲裁においても相殺の抗弁の判断に既判力が生じると解すべきである[74]。

このように解する場合、仲裁手続において仲裁被申立人が、仲裁合意の対象に含まれない債権を用いた相殺の事実を抗弁として主張し、あるいは、仲裁手続において初めて同債権を用いた相殺を主張したときに、かかる反対債権について相殺の抗弁を許すと、仲裁合意の対象に含まれない紛争、すなわち反対債権の存否が仲裁により終局的に解決されてしまい、当事者の仲裁合意に反することになる。したがって、仲裁合意の対象に含まれない債権を用いた相殺の抗弁は許されないと解すべきである。

(イ)　訴訟手続における相殺の抗弁

訴訟手続において、被告が仲裁合意の対象に含まれる債権を用いた相殺の事実を訴訟上の抗弁として主張し、あるいは、口頭弁論において初めて同債権を用いた相殺を主張した場合も、仲裁手続における相殺の抗弁の許否と同様に、これを許すと、反対債権が訴求債権と対当額の限度で存在しないという判断に既判力が生じ（民訴114条2項）、反対債権の存否をめぐる紛争が訴訟手続で終局的に解決され、当事者の合意した仲裁合意に反することになるので、相殺の抗弁は許されないと解すべきである[75]。

したがって、当事者は、訴訟手続（仲裁手続）において反対債権が仲裁合意の対象に含まれる（含まれない）場合には、訴訟手続（仲裁手続）ではなく仲裁手続（訴訟手続、あるいは当事者間に別の仲裁合意があるときは、その合意に基づく仲裁手続）により終局的に解決することになる。

また、制限説が根拠として挙げる相殺の権利実現機能や担保的機能が発揮し得なくなるという問題については、反対債権の存否について争いがある場合には、これを確定する手続が必要となり、手続上、訴求債権と同一の手続で審理、判断することが訴訟経済に適うとしても[76]、当事者が反対債権の存

(74)　大橋・渉外的相殺538頁、小島＝高桑・注釈189頁〔堤龍弥〕参照。
(75)　山本＝山田・ADR仲裁322頁参照。このことは、請求異議訴訟においても妥当しよう。この点に関し、第2章**7**(2)(f)を参照。
(76)　石渡哲「渉外民事訴訟における訴訟上の相殺と反対債権に関する国際的裁判管轄」青山善充ほか編『現代社会における民事手続法の展開（上）』（商事法務、2002）289頁。

否をめぐる紛争を訴訟ではなく、仲裁で解決することを選択しているとき
は、相殺の抗弁について別段の合意がない限り、かかる当事者の意思を尊重
し、当事者の仲裁による紛争解決利益を優先すべきであり、手続法上認めら
れている相殺の抗弁が有する権利実現機能や担保的機能が失われてしまうこ
とによる当事者の不利益は、仲裁を選択した当事者が甘受せざるを得ないも
のと考える[77]。また、仲裁手続においても同様、かかる不利益は、反対債権
を仲裁合意の対象に含めなかった当事者が負担すべきものと考える。

(7)　不熱心な当事者がいる場合の取扱い

(a)　仲裁申立人の懈怠

　仲裁申立人が正当な理由なく、仲裁廷が定めた期間内に申立ての趣旨、申
立ての根拠となる事実および紛争の要点を陳述しないときは、仲裁廷は仲裁
手続の終了決定をしなければならない（33条 1 項）。これは、仲裁申立人が
これらの事項を陳述しない場合、仲裁廷は審理を進め、仲裁判断をすること
ができないので、仲裁手続を終了せざるを得ないからである。

　もっとも、仲裁申立人の陳述が不十分である場合には、迅速な仲裁手続の
進行を図るため、当事者に対する制裁として機能する規定の趣旨から、仲裁
廷は、その懈怠をもって直ちに仲裁手続の終了決定をすべきであるという考
え方もあるが[78]、手続保障の観点から、仲裁廷は、直ちに終了決定をするの
ではなく、仲裁申立人に釈明を行い、陳述の補充の機会を与えるべきであ
る[79]。

(b)　仲裁被申立人の懈怠

　他方、仲裁被申立人が正当な理由なく、仲裁廷が定めた期間内に仲裁申立
人により陳述された申立ての趣旨、申立ての根拠となる事実および紛争の要
点について陳述しないときは、仲裁廷は仲裁被申立人が仲裁申立人の主張を
認めたものとして取り扱うことなく、仲裁手続を続行しなければならない
（33条 2 項）。したがって、訴訟における擬制自白の成立（当事者が口頭弁論、
弁論準備手続において相手方主張の事実を争うことを明らかにしないときは、そ

---

(77)　理論と実務75頁〔山本和彦発言〕参照。
(78)　仲裁コンメ175頁。
(79)　注釈仲裁193頁〔小林秀之〕参照。

の事実を自白した（認めた）ものとみなされる（民訴159条1項、170条5項））を認めないが、このような仲裁被申立人の態度を仲裁廷が心証に反映させることを妨げるものではない[80]。

(c)　審理の現状に基づく仲裁判断

仲裁廷は、一方の当事者が正当な理由なく口頭審理の期日に出頭せず、または証拠書類を提出しないときは、その時までに収集された証拠に基づいて、仲裁判断をすることができる（33条3項）。これは訴訟における審理の現状に基づく判決（裁判所は、当事者の一方が口頭弁論の期日に出頭しない場合、出頭した相手方の申出により、審理の現状、当事者の訴訟追行の状況を考慮して相当と認めるときは、終局判決をすることができる（民訴244条））と同じ趣旨の制度である。当事者が仲裁手続の遂行に不熱心である場合、通常、当事者に不利な仲裁判断がされることになり、このような仲裁判断は、当事者の怠慢を抑止させる機能を有することになる[81]。

仲裁廷は、仲裁判断をするために必要な資料が十分でない場合、当事者に主張・立証の機会を与え、また、必要に応じて釈明を行い、それが顕出されるよう努めることになるが、当事者の懈怠の状況から見て、それ以上の事案の解明が期待できないときは、審理を終結して、それまでに収集された証拠に基づいて仲裁判断をすることができる。

これら不熱心な当事者がいる場合の取扱いについて定める仲裁法33条は、モデル法25条に対応し、それと実質的に同じ内容を定め、当事者間の別段の合意を許す任意規定である（33条4項）。

(8)　証　拠　調　べ

(a)　仲裁廷の権限

証拠に関する手続準則について当事者の合意がない場合、仲裁廷は、証拠としての許容性、取調べの必要性およびその証明力についての判断をすることができる（26条3項）。証拠としての許容性とは、人や物が証拠方法（証拠調べの対象）となり得る資格（証拠能力）を、取調べの必要性とは、証拠に

---

(80)　See UNCITRAL History and Commentary 700-701.
(81)　仲裁コンメ176頁。

より認定を必要とする事実（要証事実）との関連性のことを、証明力とは、証拠が特定の事実を証明する効果（証拠価値）をそれぞれいう。

　また、仲裁廷が事実認定をするに当たって、その事実の存否についての心証が一定の程度に達することが必要であるが、この要求される心証の程度（証明度）についても、当事者の合意がない場合、仲裁廷が判断することができる。この問題について、民事訴訟では、通常人が疑いを差し挟まない程度に真実性の確信を持ち得るものであることが必要とされるが（高度の蓋然性）、これが仲裁手続に適用されるわけではない。なお、米国の民事訴訟では、優越的蓋然性（balance of probabilities（争いのある事実の不存在よりも存在の蓋然性が高い））で足りるとされ、国際仲裁では、この基準が一般的に用いられていると言われる[82]。

(b)　鑑　　定

　仲裁においては、紛争の事案に最も適した専門知識・経験を有する公正、中立で信頼できる法律家を仲裁人に選ぶことによって公正・迅速な手続による適切な判断が可能となる。しかし、仲裁人が、常に紛争の事案に関し十分な専門知識を有しているとは限らない。そのため、事案によっては、仲裁廷が、審理、仲裁判断をするために必要な専門知識を補うために、これを有する専門家を鑑定人に選任し、その専門知識またはその専門知識を具体的事実に適用して得た判断を報告させることが必要となる。

　鑑定について仲裁法は34条で規定する。仲裁廷は、鑑定人を選任し、必要な事項について鑑定をさせ、文書または口頭によりその結果の報告をさせることができ（1項）、鑑定を実施する場合、仲裁廷は、当事者に対し、鑑定に必要な情報を鑑定人に提供し、鑑定に必要な文書その他の物を、鑑定人に提出し、または鑑定人が見分をすることができるようにすることを求めることができる（2項）。当事者の求めがあるとき、または仲裁廷が必要と認めるときは、鑑定人は、鑑定による報告をした後、口頭審理の期日に出頭しなければならない（3項）。当事者は、その口頭審理の期日において、鑑定人に質問をし、自己が依頼した専門的知識を有する者に当該鑑定に係る事項に

---

(82)　Born International Commercial Arbitration 2488.

ついて陳述をさせることができる（4項）。この規定はモデル法26条に対応
し、それと実質的に同じ内容を定める任意規定である。

　実務上、専門的事項について争いがある場合、当事者が専門家の意見書を
提出するため、仲裁廷が鑑定人を選任することは少ないが、当事者が提出し
た専門家の意見書において見解が全く相反し、仲裁廷が中立的な鑑定人の意
見を求める必要がある場合のほか、費用、時間等を考慮して、当事者が専門
家の意見を提出するのではなく、仲裁廷が中立的な鑑定人を選任することが
ある[83]。

(c)　私知利用と手続保障

　民事訴訟においては、裁判官が個人的に事件に関する専門知識・経験を有
する場合、私知、すなわち、それにより備えている専門的な経験則（経験か
ら帰納された事物に関する知識や法則）を利用して裁判することの可否につい
て見解が分かれているが[84]、仲裁は訴訟と違い、その性質上、仲裁人が自己
の専門知識・経験を利用して仲裁判断をすることは許されよう。その場合、
当事者に対し手続保障を確保するため、仲裁廷がそれを利用して仲裁判断を
するときは、当事者に対し不意打ちとならないよう、その経験則の内容を当
事者に伝え、当事者に対しそれについての主張・立証の機会を与えなければ
ならない[85]。

(d)　裁判所により実施する証拠調べ

(ア)　制度の趣旨

　仲裁は当事者の仲裁合意に基づく紛争解決手続であり、仲裁廷は、証拠調
べにおいても、当事者以外の第三者に対し、その者から任意に協力が得られ
る場合は、その者が所持する文書の提出や証人としての証言を求めることが
可能であるが、そのような協力が得られない場合には、第三者に対し文書の
提出や証人として証言することを求める権限を有しない[86]。

　仲裁は訴訟に代替する紛争の終局的な解決手段として国家が法認している

(83)　谷口＝鈴木・国際仲裁247頁〔飛松純一〕。
(84)　伊藤・民訴423頁、条解民訴1149頁〔松浦馨＝加藤新太郎〕等。
(85)　青山・仲裁678頁、理論と実務271頁〔三木浩一発言〕参照。
(86)　See UNCITRAL Digest 118.

制度であるから、仲裁手続においても適切な事案の解明が求められる。そのため、仲裁法は35条で裁判所が証拠調べを行う制度を設けている。また、仲裁法35条は、仲裁地が日本国内にある場合に適用されるので（3条1項）、仲裁地が外国にある仲裁については、わが国の裁判所に証拠調べの実施を求めることはできない。これはモデル法27条に対応した規定である。

(イ)　**当事者、仲裁廷による申立て**

　裁判所による証拠調べの実施を求める申立ては、当事者間にかかる申立てをしない旨の合意がある場合を除き、仲裁廷および仲裁廷の同意を得た当事者がすることができる（35条1項、2項）。これにより仲裁廷は、仲裁判断をするために必要な証拠調べの実施を裁判所に求めることができる。当事者にも申立権が認められているが、仲裁廷が仲裁判断をするために必要のない証拠調べを裁判所により実施する必要はなく、また、仲裁手続の遅延等を避けるためにも、当事者が申し立てる場合、仲裁廷の許可を必要としている[87]。

(ウ)　**裁判所による証拠調べの種類**

　裁判所により実施する証拠調べは、民事訴訟法の規定による調査嘱託（裁判所が必要な調査を官庁、学校、会社等の団体に嘱託する（民訴186条））、証人尋問（同190条以下）、鑑定（裁判官の判断能力を補充するために、学識経験を有する第三者に、その専門知識または専門知識を具体的事実に適用して得た判断を報告させる（同212条以下））、鑑定嘱託（裁判所が必要な鑑定を官庁、法人等に嘱託する（同218条））、文書提出命令（同220条以下）、文書送付嘱託（裁判所が文書の所持者に文書の送付を嘱託する（同226条））、および検証（裁判官がその知覚、聴覚等の感覚作用によって事物の形状、性質、現象等を感得する（同232条、233条））が対象となる。

　証人尋問、鑑定、鑑定嘱託、文書提出命令、検証については、それに応じない者に対する制裁（過料、罰金等）、強制（勾引）が認められる（民訴192条ないし194条、216条、218条、225条、232条）。これに対し調査嘱託、文書送付嘱託については、官庁等はそれに応じる公法上の一般的義務があるが、その違反に対し制裁、強制はない[88]。

---

(87)　仲裁コンメ187頁。See Roth UNCITRAL 1515.

当事者尋問については（民訴207条以下）、当事者が仲裁手続において陳述を拒むことは考え難く、仮に、これを拒んだ場合にも、裁判所が当事者に宣誓させた上で尋問することを認めるまでの必要はなく、当事者が自ら提出する証拠書類や提示する物についても（民訴219条、232条1項）、仲裁廷が閲覧、検証することができるから、裁判所により実施する証拠調べの対象から除かれている[89]。

(エ)　**管轄裁判所**

裁判所により実施する証拠調べの管轄については、①仲裁地（一の地方裁判所の管轄区域のみに属する地域を仲裁地として定めた場合に限る）を管轄する地方裁判所、②尋問を受けるべき者もしくは文書を所持する者の住所もしくは居所または検証の目的の所在地を管轄する地方裁判所、申立人または被申立人の普通裁判籍の所在地を管轄する地方裁判所（①、②に掲げる裁判所がない場合に限る）が専属管轄を有する（35条3項）。

(オ)　**裁　　　判**

裁判所は、①申立権者による申立てであること、②申立てに係る証拠調べが民事訴訟法に定められた具体的要件を具備していること、③仲裁廷が必要と認めたものであることの要件を具備している場合、申立てを認容する決定をする[90]。申立ての要件を欠く場合には、申立てを却下する決定をする。

①については、仲裁廷および仲裁廷の同意を得た当事者のいずれかであることを要する（35条1項本文、2項）。②については、たとえば、文書提出命令の場合には、文書提出義務（民訴220条）が存することが必要である。③については、裁判所は証拠調べの必要性について審理する権限を有しない。この必要性については、仲裁廷が仲裁判断をする上で必要であると判断することを要し、それで足りる。実際に第三者に任意に仲裁廷への面前で陳述することや所持する文書の提出を求めたが、これが拒絶されたことは必要としない。これを必要とすると、適切な時期に円滑に証拠調べを行う機会を失い、仲裁手続も遅延する可能性があるからであるとされる[91]。この申立てについ

(88)　条解民訴1068-1069頁、1257頁〔松浦馨＝加藤新太郎〕。
(89)　仲裁コンメ188頁。
(90)　仲裁コンメ189頁。

ての決定に対しては、即時抗告をすることができる（35条4項）。

(カ)　**前提条件としての仲裁合意の存在**

また、裁判所により実施する証拠調べを求める申立てに対し、相手方が仲裁合意の存否を争う場合、その申立ての前提要件として、当事者間に仲裁合意が存在していることを必要とするか否かという問題があり、見解は分かれようが、仲裁手続を裁判所の証拠調べにより援助するという仲裁法35条の規定の趣旨および仲裁法が仲裁手続における仲裁合意の存否の争いは、23条により仲裁廷に第一次的判断権を与えていることに鑑みると、裁判所は、仲裁人の選任の場合と同様に、即時に取り調べられる証拠によって、仲裁合意が当事者間に存在することが一応確からしい程度の蓋然性が認められる場合（疎明）、証拠調べを実施し、当事者間に仲裁合意の存否に関する争いは、仲裁法23条による仲裁廷の判断に委ねるべきである。

(キ)　**裁判所による証拠調べの実施**

申立認容決定が確定すると、裁判所は、民事訴訟法の規定に従って証拠調べを実施することになる。裁判所は、証拠調べの実施の方法および内容について、当事者および仲裁廷と事前に協議することができる（仲裁規4条1項）。

裁判所が証拠調べを実施するに当たり、仲裁人は、文書を閲読し、検証の目的を検証し、または裁判長の許可を得て証人もしくは鑑定人に対して質問をすることができる（35条5項）。これは、仲裁人に証拠調べに直接参加し、心証を形成する機会を与えるためである(92)。また、裁判所書記官は、裁判所が実施する証拠調べについて、調書を作成しなければならない（35条6項）(93)。

10　多数当事者仲裁

(1)　仲裁合意が同一の場合

仲裁手続には、仲裁申立人および仲裁被申立人の数がそれぞれ1人の二当事者仲裁のほか、仲裁申立人または仲裁被申立人が複数となる多数当事者仲

(91)　仲裁コンメ188－189頁。
(92)　仲裁コンメ192頁。
(93)　裁判所が実施する証人尋問の実務について詳細に論述したものとして、内藤順也＝鈴木毅「仲裁事件における裁判所による証人尋問」JCA53巻12号（2006）2頁がある。

裁がある。後者について、通常、複数の者が同一の仲裁合意の当事者である場合、仲裁合意の当事者は、仲裁合意の対象となる紛争については、仲裁合意に基づき単一の仲裁手続により解決することを意図していたものと解される。

したがって、たとえば、共同事業契約の当事者は、他の複数の当事者に対するそれぞれの請求について、その契約中の仲裁条項に基づき単一の仲裁手続により解決することができることになる。この場合、当事者の仲裁人選任権が問題となる（⇨第3章3(3)(b)(ア)）。

(2)　仲裁合意が同一でない場合

これに対し、複数の仲裁合意に基づき複数の当事者が仲裁手続の当事者となる場合、たとえば、工事請負契約の当事者である注文者が、契約中の仲裁条項に基づき請負人に対し、工事の内容が契約条件に適合しないと主張して仲裁を申し立てる一方、請負人が、下請負契約中の仲裁条項に基づき、その工事を請け負った下請負人に対し、工事の内容が契約条件に適合していないと主張して仲裁を申し立てる場合、それぞれ仲裁が2つの手続により行われることになる。

この場合、手続に要する費用、時間を節約し、また、工事の契約不適合という共通の争点について矛盾抵触する判断を回避するため、注文者が請負人に対し開始した仲裁手続において、請負人が下請負人を仲裁被申立人として参加させ、2つの紛争について、当初から単一の仲裁手続により仲裁廷が審理、仲裁判断し、あるいは、後発的に2つの仲裁手続を併合して単一の仲裁手続により仲裁廷が審理、仲裁判断することが考えられるが、仲裁手続は当事者の合意に基づく紛争解決手続であるから、いずれの場合も、全当事者の合意を必要となる。

この多数当事者仲裁については、仲裁機関の仲裁規則の多くに、手続参加、併合の要件等が定められており、当事者がそのような仲裁規則を合意している場合、その仲裁規則に従い、手続参加、併合がされることになる。

(3)　スポーツ競技団体による競技大会へ出場する代表選手選考決定の取消しを求める競技者と競技団体との仲裁手続の問題点

スポーツ競技団体による競技大会へ出場する代表選手選考決定の取消しを

求める競技者と競技団体との仲裁手続において、仲裁廷が審理の結果、競技者の主張を認めて競技団体の決定を取り消す旨の仲裁判断をした場合、競技団体は、その判断に従い、再度、選考手続を行うことになる。

その場合、既に代表選手として選考された他の競技者は、仲裁判断の結果、自己の利益が害されるにもかかわらず、その仲裁手続に参加する機会が与えられないという手続保障が問題となる。仲裁判断によって影響を受ける可能性のある第三者に対し、仲裁手続に参加する機会を保障するなどの手続保障が確保する必要がある[94]。

11　仲裁手続と和解

(1)　仲裁廷（仲裁人）による和解の試み

(a)　実務に対応した仲裁法38条4項──和解の試みは当事者の承諾が条件

訴訟手続においては、裁判所は和解を試みることができる。すなわち、民事訴訟法89条は、「裁判所は、訴訟がいかなる程度にあるかを問わず、和解を試み、又は受命裁判官若しくは受託裁判官に和解を試みさせることができる」と定める。旧法下においては、仲裁手続に関し民事訴訟法を準用する規定が置かれていたこともあり、実務上、仲裁廷が裁判所と同様に、和解の試みをすることがあった。

しかし、このような実務が諸外国において共通に行われているものではなく、また、仲裁は、仲裁合意に基づき仲裁廷の仲裁判断によって紛争を終局的に解決する制度であるから、仲裁人がいわば調停人として当事者の和解のための協議に関与することは、仲裁人の本来の任務とは異なる。

このことから、モデル法には規定は置かれていないが、わが国の従前の実務を踏襲し、それに法的根拠を与えるため、仲裁法は、当事者双方の承諾がある場合には、仲裁廷またはその選任した1人もしくは2人以上の仲裁人は、当事者に対し和解の試みをすることができると定める（38条4項）。

(b)　承諾の撤回は自由

仲裁廷（仲裁人）による和解の試みは、当事者双方の意思に基づき行われ

---

(94)　山本・ADR412-415頁参照。

るものであるから、当事者のいずれかがそれによる解決を望まなくなった場合には、それを継続する必要はない。したがって、当事者は、仲裁廷（仲裁人）による和解の試みについての承諾をいつでも撤回することができ、その承諾を撤回しない旨の合意は無効である[95]。

(c)　承諾・撤回の書面性

仲裁廷（仲裁人）による和解の試みについての承諾およびその撤回のいずれも、当事者の意思を明確にするため、当事者間に別段の合意がない限り、書面でしなければならない（38条5項）。

(d)　仲裁手続に付された紛争でなければならない

仲裁法38条4項によれば、仲裁廷（仲裁人）は、当事者が仲裁手続に付した紛争について和解を試みることができるので、和解の試みは、当事者が仲裁手続に付した紛争でなければならない。

仲裁手続において仲裁廷（仲裁人）が和解を試みる場合、事案によっては、仲裁合意の当事者でない第三者がそれに加わることがある。その場合、仲裁廷が和解を試みるには、第三者を含む当事者間の仲裁合意に基づき紛争が仲裁手続に付されなければならない。しかし、このような明示の合意がない場合であっても、第三者が仲裁合意の当事者と共に、仲裁廷（仲裁人）の和解の試みに加わる場合には、第三者を含む当事者間で紛争を仲裁手続に付する旨の黙示の仲裁合意が成立したと解されよう。また、その場合、仲裁廷が和解を試みることについて当事者のいずれもが異議を述べないので、仲裁法23条2項を類推適用し、以後、書面要件の欠缺を理由に仲裁合意の無効を主張することはできないと解すべきである。

また、仲裁合意の対象とされた紛争でない事項について仲裁廷（仲裁人）が和解を試みる場合も、かかる事項を仲裁手続に付する旨の黙示の仲裁合意が成立し、書面要件の欠缺に関する異議について失権効が働くことになると解されよう。

(e)　仲裁廷（仲裁人）による和解の試みの問題

仲裁廷は、調停手続で行われているように、和解の試みにおいて、当事者

(95)　仲裁コンメ211-212頁。

の一方と個別に協議することがある。その場合、和解の試みの結果、当事者間に和解が成立せず、仲裁手続における審理手続が再開されたときは、個別協議における一方の当事者の陳述の内容が、他方の当事者に伝えられないままに、本案の判断に対する仲裁廷の心証に影響を与える危険がある。その場合、仲裁人の公正性が問題となり、個別の事案によっては、仲裁人の忌避事由になることもあろう。

　当事者は、仲裁廷による和解の試みを承諾しているが、通常、仲裁人の忌避権まで放棄したものとは解されない。また、当事者が事前に忌避権を放棄する合意をしていても、仲裁法18条1項が強行規定であるとすると、忌避権の事前放棄は仲裁法上無効となる（⇨第3章**5**(7)(f)）。

(2)　和解的仲裁判断

(a)　和解的仲裁判断とは何か

　仲裁手続の進行中、仲裁手続または仲裁手続外において、当事者がかかる紛争について和解をすることがある（民695条）。当事者間に和解が成立した場合、仲裁廷は仲裁手続の終了決定をすることになる（40条2項3号）。また、仲裁廷の任務は、当事者により仲裁手続に付された紛争について、審理、仲裁判断をすることであるが、当事者の双方の申立てがあるときは、仲裁廷は、和解における合意を内容とする決定をすることができ（38条1項）、その決定は、仲裁判断としての効力を有する（同2項）。

　これは、仲裁は、当事者が紛争を仲裁人に委ね、その判断に服する旨の合意に基づく紛争解決手続であるので、仲裁廷が当事者の主張と立証に基づき仲裁判断をすることによって紛争が解決されることになるが、仲裁手続の進行中において、当事者間に和解が成立した場合、その実効性を確保するために、仲裁法がモデル法に倣い、当事者双方の申立てがあるときは、仲裁廷は、和解に基づく仲裁判断（和解的仲裁判断）をすることができるとしたものである。

(b)　要　　　件

(ア)　和解の成立

　仲裁手続の進行中において当事者間に和解が成立しなければならない。和解は民法上の和解であるから、当事者が互譲により紛争を解決するものでな

ければならないが、互譲の程度、態様は問わない。本案について譲歩するのでなく、費用について譲歩するのでもよい[96]。

(イ)　仲裁手続に付された紛争でなければならない

事案によっては、仲裁合意の当事者でない第三者が和解に加わることがある。その場合、和解は、第三者を含む当事者間の仲裁合意に基づき仲裁手続に付された紛争について成立しなければならないが（38条1項）、仲裁廷（仲裁人）による和解の試み（38条4項）におけるのと同様に、第三者が仲裁合意の当事者と共に、和解に加わり、それに基づく仲裁判断を求める場合には、第三者を含む当事者間で紛争を仲裁手続に付する旨の黙示の仲裁合意が成立したと解されよう。また、その場合、仲裁廷が和解における合意を内容とする決定をすることに当事者のいずれもが異議を述べないので、仲裁法23条2項を類推適用し、以後、書面要件の欠缺を理由に仲裁合意の無効を主張することはできないと解すべきである。

また、仲裁合意の対象とされた紛争でない事項について和解が成立する場合も、かかる事項を仲裁手続に付する旨の黙示の仲裁合意が成立し、書面要件の欠缺に関する異議について失権効が働くことになると解されよう。

(ウ)　当事者双方の申立て

仲裁廷は、当事者双方の申立てがある場合に、和解的仲裁判断をすることができる（38条1項）。これはモデル法30条1項の規定に倣ったものである。したがって、当事者のいずれかがそれに同意しないときは、和解的仲裁判断を求めることはできない。また、仲裁廷が職権で和解的仲裁判断をすることもできない。

(エ)　仲裁手続の進行中における和解の成立

仲裁法38条1項の規定によれば、仲裁手続の進行中に当事者間に和解が成立した場合、仲裁廷は、その和解に基づき仲裁判断をすることができる。この和解的仲裁判断は、訴え提起後、訴訟手続内で行われる訴訟上の和解に相当する。これ以外に、訴訟係属を前提としない簡易裁判所における訴えの提起前の和解（民訴275条。即決和解ともいう）に相当するものとして、当事者

---

(96)　小島＝猪股・仲裁452頁参照。

間に和解が成立し、当事者が権利の実行を確保するため、仲裁合意を締結し、それに基づき仲裁人を選任し、仲裁廷が仲裁法38条1項に基づき、その和解における合意を内容とする決定をすることが考えられるが、この場合、仲裁手続の進行中における和解の成立でないことを理由に、仲裁廷の決定に仲裁判断としての効力を与えることに否定的な見解がある[97]。

(c)　仲裁手続前に成立した和解に基づく仲裁判断の可否

わが国の仲裁法上、仲裁廷は、和解が仲裁手続中に仲裁人が関与して成立した場合のみならず、仲裁人が関与しない場合も和解的仲裁判断をすることができ、仲裁手続前に成立した和解も、仲裁人が和解に関与しないという点において後者の場合と異ならず、仲裁手続中の和解か、仲裁手続前の和解かによって、和解的仲裁判断の可否を決するのは形式的に過ぎるようにも思われる。また、起訴前の和解に必要とされる争いの存在の意義について、一般的に緩やかに解する傾向にあり、これと同様に、少なくとも和解の内容を債務名義とする必要を当事者が認識している限り、紛争は存在すると見ることができよう[98]。

したがって、当事者間で和解が成立している場合にも、仲裁廷に付する紛争は存在していると解する余地があり、このように解すれば、当事者は、その合意の内容を仲裁判断にするため、仲裁合意を締結し仲裁手続を開始した上で、仲裁廷に対し、その和解の内容に基づく仲裁判断を求めることができよう。

(d)　仲裁廷の裁量

仲裁法38条1項は、和解的仲裁判断をするか否かについては、仲裁廷の裁量に委ねている。モデル法30条1項は、仲裁廷に異議がない場合には、和解的仲裁判断をしなければならない旨を規定するが、このモデル法の規律と実質的に異ならない[99]。

---

(97)　山本和彦「ADR和解の執行力について（下）」NBL868号（2007）24-25頁、徳田和幸ほか「シンポジウム ADR法の改正課題」仲裁と ADR 9 号（2014）87頁〔濱田陽子報告〕。もっとも、山本＝山田・ADR仲裁365頁は、仲裁手続前に当事者間にある程度の合意があり、それに基づく和解が仲裁手続中に成立した場合は、この要件を満たすという。

(98)　小島＝猪股・仲裁453-454頁、理論と実務306頁〔近藤昌昭発言〕参照。

　仲裁廷は、仲裁手続を遂行する上で善管注意義務を負っており（⇨第3章 6⑵）、和解合意が仲裁可能性を有しない紛争に関するものでないかどうか、また公序に反しないかどうかなど、和解合意が有効に成立しているかどうかを審査するとともに、当事者が和解合意の内容を十分正確に理解し、真に納得して和解したかどうか、当事者の真意を確認することを求められていると解される[100]。

　また、仲裁人が当事者の和解交渉に関与する場合には、当事者の錯誤を防止するなど、和解成立に向けた交渉の過程に瑕疵が生じないよう注意して手続を進めなければならない。しかし、仲裁人が当事者の和解交渉に関与する場合であっても、その程度、内容は、事案によって異なり、仲裁人が行う当事者の意思確認には限界がある。

　したがって、和解の成立過程に瑕疵があり、和解合意が当事者の真意を欠く場合は、仲裁判断としての効力を与えるべきでない。すなわち、後述するように、和解合意に実体法上の無効・取消事由がある場合には、仲裁判断の効力を否定すべきである。

⒠　和解的仲裁判断の方式

　和解的仲裁判断は、仲裁法39条1項、3項が規定する仲裁判断の形式に従って決定書を作成し、かつ、これに仲裁判断であることの表示をしなければならない（38条3項）。したがって、この決定書には、和解における合意の内容を記載するほか、仲裁人が署名し（39条1項）、作成年月日と仲裁地を記載しなければならない（同3項）。

⑶　和解合意の無効・取消原因を主張する方法

　仲裁判断は確定判決と同一の効力が与えられているが（45条1項）、仲裁手続に重大な瑕疵がある場合には、その効力は否定されるべきである。したがって、仲裁判断は取り消され（44条）、その承認・執行は拒絶されることになる（45条、46条）。和解的仲裁判断の場合も、和解の成立過程に重大な瑕疵、すなわち、和解合意に実体法上の無効・取消事由があるときは、その効

---

(99)　仲裁コンメ210頁。
(100)　小島＝猪股・仲裁454-456頁参照。

力は否定されるべきである。したがって、当事者には仲裁判断の効力を争う機会が与えられなければならない。

　仲裁手続は、仲裁判断によって終了し、仲裁廷の任務も終了するので（40条1項、3項）、和解的仲裁判断をした仲裁廷が仲裁手続を再開、続行し、和解合意の無効・取消事由の存否を審理、判断することはできないと解される[101]。したがって、当事者は、仲裁判断の取消手続や仲裁判断の執行決定手続において、和解合意の実体法上の無効・取消原因を主張することになる。仲裁判断の無効確認の訴えについては、その実質が和解的仲裁判断の効力を否定することにあるので、仲裁判断の取消しの申立てが可能である場合、確認の利益を欠き、許されないと解されよう（⇨第6章1(8)(g)）[102]。

12　仲裁手続の終了

(1)　仲裁判断による終了

　仲裁手続は、仲裁判断または仲裁手続の終了決定があったときに、終了する（40条1項）。これはモデル法32条1項に対応しそれと実質的に同じ内容を定める。仲裁廷は仲裁判断に熟したと判断したときは、審理を終結し、仲裁判断をすることになり、これにより仲裁手続は終了する。仲裁廷は、当事者の手続保障の観点から、審理を終結する時期を当事者に通知すべきである。

(2)　終了決定による終了

(a)　仲裁廷が仲裁権限を有しない旨の判断を示す場合

　仲裁廷が仲裁判断ではなく、仲裁手続の終了決定をしたときにも、仲裁手続は終了する。仲裁廷は、自己が仲裁権限を有しない旨の判断を示す場合、仲裁手続の終了決定をしなければならない（23条4項2号）。仲裁廷が仲裁権限を有しない旨の判断をすることは、仲裁手続における審理、仲裁判断を行う権限を自ら否定したものであるから、仲裁手続を終了することになる。

(b)　仲裁申立人が陳述しない場合

　また、仲裁廷は、仲裁申立人が正当な理由なく、仲裁廷の定めた期間内に

---

(101)　小島＝猪股・仲裁461頁、猪股・和解的仲裁判断75頁参照。旧法下の見解であるが、谷口安平「仲裁判断の取消し」松浦＝青山・論点351－352頁も同旨。
(102)　小島＝猪股・仲裁460頁、猪股・和解的仲裁判断70頁参照。

申立ての趣旨、申立ての根拠となる事実および紛争の要点を陳述しない場合も、仲裁手続の終了決定をしなければならない（33条1項）。この場合、仲裁申立人の陳述が不十分なときは、直ちに終了決定をするのではなく、仲裁申立人に釈明を行い、陳述を補充する機会を与えるべきである（⇨ **9**(7)(a)）。

(c)　仲裁申立人が仲裁申立てを取り下げた場合

このほか、仲裁法は4つの終了事由を列挙する。第1に、仲裁廷は、仲裁申立人が仲裁申立てを取り下げたとき、終了決定をしなければならない（40条2項1号本文）。ただし、仲裁被申立人が取下げに異議を述べ、かつ、仲裁手続に付された民事上の紛争の解決について仲裁被申立人が正当な利益を有すると仲裁廷が認めるときは、終了決定をすることができない（同ただし書）。これはモデル法32条2項(a)に対応し、それと実質的に同じ内容を定める。

したがって、仲裁被申立人が取下げに異議を述べた場合、仲裁廷は仲裁被申立人に仲裁手続に付された紛争について正当な利益を有するか否かを判断することになる。

仲裁被申立人が仲裁廷の仲裁権限の有無について争わず、本案についての自己の主張を陳述している場合、仲裁申立人との紛争を仲裁により終局的に解決することを求める意思を有しているので、仲裁廷は、審理手続における仲裁被申立人の主張・立証の進捗状況を考慮して、仲裁申立人の請求を棄却する仲裁判断により、紛争を終局的に解決する仲裁被申立人の利益を保障することが相当であると認められるときには、紛争の解決について仲裁被申立人が正当な利益を有するとして、取下げを認めないことになると解される。

これに対し、仲裁被申立人が仲裁廷の仲裁権限の有無について争っている場合には、仲裁手続に付された紛争の解決について正当な利益を有しているとは言えず、仲裁廷は取下げを認めることになろう。

(d)　当事者が仲裁手続を終了させる旨の合意をした場合

第2に、仲裁廷は、当事者双方が仲裁手続を終了させる旨の合意をしたとき、終了決定をしなければならない（40条2項2号）。これは、モデル法32条2項(b)に対応し、それと実質的に同じ内容を定めるが、仲裁は当事者の合意に基づく紛争解決手続であるから、当事者の合意により手続は終了することになるからである。

(e)　当事者間に和解が成立した場合

　第3に、仲裁廷は、仲裁手続に付された民事上の紛争について、当事者間に和解が成立したとき（38条1項の決定があったときを除く）、終了決定をしなければならない（40条2項3号）。仲裁手続に付された紛争について当事者間に和解が成立した場合、紛争を解決するための手続である仲裁手続を進める必要はなくなるからである。なお、当事者双方の申立てにより、仲裁廷が和解における合意を内容とする決定をした場合は、その決定は仲裁判断としての効力を有するので（38条2項）、この場合も、仲裁手続は終了することになる。

(f)　仲裁廷が、仲裁手続を続行する必要がなく、または仲裁手続を続行することが不可能であると認めた場合（一般的終了事由）

　第4に、一般的終了事由として、仲裁廷は、仲裁手続を続行する必要がなく、または仲裁手続を続行することが不可能であると認めたとき、終了決定をしなければならない（40条2項4号）。これはモデル法32条2項(c)の規定に倣ったものであるが、モデル法は、仲裁法と異なり、仲裁廷が仲裁権限を有しない旨の判断をした場合（23条4項2号）、仲裁申立人が陳述義務違反をした場合（33条1項）、および当事者間に和解が成立した場合（38条1項）、これらは一般的終了事由に当たるとして、別途終了事由としては挙げていない。4号の終了事由に当たるものとしては、たとえば、当事者が仲裁手続に必要な費用を予納しないため、仲裁手続を続行することが不可能である場合が挙げられよう（48条2項）。

　また、仲裁廷が仲裁判断前の独立の決定により仲裁権限を有する旨の判断を示した後、裁判所が仲裁権限を有しない旨の判断をした場合、一般に、仲裁廷は、仲裁手続の続行が不可能な場合に当たるとして、仲裁手続の終了決定をすることになるとの見解が示されている[103]。実際にそのような終了決定をした例がある[104]。しかし、裁判所の決定は、既判力を有せず、仲裁廷に対し再考する資料を提供するにとどまるものであり（⇨**7**(4)(a)(ア)(i)）、仲

（103）　小島＝猪股・仲裁467頁、山本＝山田・ADR仲裁355頁。
（104）　山本・ADR398頁。

裁廷は既に審理の上、仲裁権限を肯定する旨の判断をしているのであるから、自らの判断が裁判所の決定と違うことが仲裁手続の続行を不可能とするものではないと解される。したがって、当事者双方が仲裁手続を終了させる旨の合意をしない限り、仲裁廷は、手続を終了する必要がないと考える。

(3)　終了決定の効果

(a)　仲裁廷の任務の終了

仲裁廷が仲裁手続の終了決定をしたときは、仲裁手続は終了し、仲裁廷の任務も、仲裁判断の訂正、解釈および追加仲裁判断をする場合（41条から43条まで）を除き、終了する（40条3項）。

(b)　仲裁合意の効力

仲裁手続が終了した場合、その手続の基礎となった仲裁合意も失効するか否かという問題がある。これは当事者の意思解釈の問題であり、個別の事案ごとに判断することになるが、仲裁合意が将来生じる紛争を対象とし、かつ、仲裁合意の対象となる紛争が仲裁手続の終了後も当事者間で生じる可能性が否定できない場合には、当事者が別段の合意をしない限り、仲裁合意は、仲裁手続の終了によって失効しないと解されよう。

13　仲 裁 費 用

(1)　仲裁費用とは何か

(a)　訴 訟 費 用

訴訟費用は、広義では、民事訴訟法82条1項がいう「訴訟の準備及び追行に必要な費用」をいう。このうち、当事者間の負担を定める前提となる費用、すなわち裁判で負担を命じられる費用のことは狭義の訴訟費用と呼ばれ、この訴訟費用は、当事者が裁判所を通じて国庫に納付する裁判費用と、自らが支出する当事者費用とに分けられる[105]。

裁判費用については、当事者は、裁判所の人的施設（裁判官その他の裁判所職員）および物的施設を維持する費用の一部として訴えの提起等に際し納付する申立手数料（民訴費3条）のほか、具体的事件の審理に要する費用とし

---

(105)　伊藤・民訴624-625頁。

て裁判所が証拠調べや送達等をするために必要な費用（同11条）を負担する。

　当事者費用については、当事者や代理人が期日に出頭するための旅費等の費用、訴状その他の書面の作成・提出の費用等（民訴費2条）がある。当事者が訴訟代理人を選任する場合に必要となる弁護士費用は、裁判所が付添いを命じた場合（民訴155条2項）を除き、当事者費用には含まれない（民訴費2条10号）。

(b)　仲裁費用

　仲裁は訴訟とは違い、仲裁手続に必要な費用は、原則として、すべて当事者が負担しなければならない。

　仲裁手続に要する費用のうち、狭義の訴訟費用に相当する、当事者間の負担を定める前提となる費用、すなわち、当事者間で費用の償還の対象となる費用（仲裁費用）の種類、仲裁費用の額およびその負担割合の決定が問題となる。

　仲裁は当事者の合意に基づく紛争の自主的解決手続であり、仲裁手続に要する費用はすべて当事者が負担することになるので、仲裁費用の種類、額および負担割合については、当事者が合意で決めることができると解される。通常、当事者が仲裁合意においてこれらの詳細を取り決めることはないが、当事者が仲裁機関を選択する場合、仲裁機関の料金規程等に詳細が定められているので、それが当事者、仲裁人の合意の内容となり、その合意に基づき決定されることになる。

　当事者間に合意がない場合には、仲裁手続の終了時に決定されなければならない問題であるので、仲裁廷は、仲裁合意の当事者により、仲裁費用に関する決定権限を付与されていると解すべきである。

　モデル法は、仲裁費用に関し規定を置いていないが、仲裁法は47条から49条までにおいて、仲裁費用に関する若干の規定を置いている。

(2)　仲裁費用の種類

　仲裁法は、訴訟費用とは異なり、仲裁費用の種類を具体的に定めていないが、前述したように、当事者は合意により決めることができ、当事者間に合意がない場合には、仲裁廷が決定することになると解される。

　仲裁費用の種類について、仲裁手続に必要な費用としては、仲裁人の報

酬・費用、仲裁廷が選任した鑑定人の報酬・費用等、仲裁廷が審理、仲裁判断するために要する費用（仲裁廷の費用）、当事者が仲裁機関を利用する場合に仲裁機関に対し管理料金等の名目で支払われる手数料（仲裁機関の費用）、および、当事者が仲裁手続を遂行するために要する費用（当事者の費用）の３つに大別されよう。したがって、当事者間に別段の合意がない場合、仲裁廷はこれら３つの費用を仲裁費用とすることになる。

仲裁廷の費用については、仲裁廷が審理、仲裁判断する上で合理的に必要と認められるものに限られよう。

当事者の費用についても、当事者が仲裁手続を遂行する上で合理的に必要と認められるものに限られようが、その費用として、通訳・翻訳費や交通費等のほか、最も大きな割合を占める代理人弁護士の報酬・費用が含まれるか否かが問題となる。訴訟の場合に準じて考えると、代理人弁護士の報酬・費用は仲裁費用に含まれないことになる。しかし、仲裁、とりわけ国際仲裁の場合には、仲裁手続を遂行するための高度の専門的知識・経験が必要とされることを考慮すると、個々の具体的事件に応じて弁護士の関与が必要であると合理的に認められる限り、代理人弁護士の報酬・費用は、当事者費用に含まれると解するべきである[106]。

(3) 仲裁費用の額

(a) 仲裁廷の費用

仲裁人の報酬については、仲裁法は47条１項において、仲裁人は、当事者が合意により定めるところにより、報酬を受けることができる、と規定するが、これは、仲裁人と当事者との合意により定められるという趣旨であると解される。機関仲裁の場合には、通常、仲裁機関の料金規程等に仲裁人の報酬についての規定があり、それに従い決定される。

仲裁人と当事者との間に合意がない場合には、仲裁廷が自ら仲裁人の報酬を決定することになるが、その額は相当な額でなければならない（47条２

---

(106) 小山・仲裁282頁参照。国際仲裁の場合、仲裁機関の仲裁規則には代理人弁護士の報酬・費用を仲裁費用に含めるものが多い。たとえば、ICC2021年仲裁規則は38条１項でそれを明記する。その場合、かかる費用は当事者の合意により仲裁費用に含めることになる。

項)。この相当性について、当事者と仲裁人との間で争われた場合、当事者は、仲裁人に対し、不当利得返還請求訴訟を提起し、その訴訟において超過額を請求することができる[107]。

このようにして決まる額が、当事者間に別段の合意がない限り、仲裁費用となり、仲裁廷は、その額を仲裁費用として定めることになる。

(b) 仲裁機関の費用

仲裁機関の費用については、仲裁機関の料金規程等によって金額が決まり、当事者間に別段の合意がない限り、これが仲裁費用となり、仲裁廷は、その額を仲裁費用として定めることになる。

(c) 当事者の費用

また、当事者の費用については、代理人弁護士の報酬・費用が大きな割合を占めることになるが、当事者間に別段の合意がない限り、当事者が仲裁手続を遂行するために合理的に必要と認められる額が仲裁費用となり、仲裁廷は、その額を決定する上で必要となる請求書や明細書等の提出を当事者に求め、それに基づき、当該事件の具体的事情を考慮して、合理的額を決定することになる。

(d) 代理人弁護士の報酬

(ア) タイム・チャージ制の場合

代理人弁護士が仲裁手続のために費やした時間に当事者と代理人弁護士との間で取り決められる時間単価を乗じた額が代理人弁護士の報酬となる、いわゆるタイム・チャージ制による場合、仲裁費用の算定の基礎となる代理人弁護士が仲裁手続のために費やした時間は、仲裁手続を遂行するために必要な合理的な時間でなければならない。

事件の複雑さ、紛争金額、審理手続期間等に関係してくるが、実務上、仲裁廷は、当事者の代理人に対し報酬額、費用の明細書の提出を求め、それに基づき、仲裁事件に関する争点の数、当事者が提出した主張書面、書証等の分量等に照らして、一般に弁護士が合理的に費やすことになる時間を合理的時間として確定することになる。その上で、この合理的時間に当事者と代理

---

(107)　仲裁コンメ281頁。

人弁護士との間で通常取り決められる時間単価を乗じた額を合理的な報酬額（合理的報酬額）として決定することになる[108]。

(イ)　成功報酬制の場合

これに対し、成功報酬制、たとえば、代理人弁護士の報酬が当事者と代理人弁護士との間で全面成功報酬制（請求の認容額の一定割合が代理人弁護士報酬として当事者に請求されるが、請求が棄却された場合には、代理人弁護士報酬は請求されない）によることが取り決められている場合、仲裁廷が仲裁申立人の請求を認容し、敗訴者負担の原則を適用して、仲裁被申立人に仲裁申立人の代理人弁護士の報酬の支払いを命じるとき、この成功報酬額が、仲裁申立人が仲裁手続のために合理的に費やした代理人弁護士の報酬額となるのかが問題となる。

この全面成功報酬制は、当事者の資金不足や仲裁費用の負担リスクを限定してそれを代理人弁護士と分担するという当事者の個人的事情により取り決められるものである。そして、仲裁申立人の請求が棄却された場合における代理人弁護士報酬の支払いリスクを回避する保険的性質を有し、そのリスクは代理人弁護士が引き受けることになるので、その対価として、請求が認容された場合における成功報酬額は、通常の報酬額に比べて高額なものとなり、その差額はいわば保険料に相当するものとなる[109]。したがって、これを仲裁費用となる代理人弁護士の報酬額とすることは妥当でなく、報酬額がタイム・チャージ制により取り決められた場合の合理的報酬額を仲裁費用とすべきである。

また、わが国では従来から、着手金と成功報酬の二本立てが通常の扱いとされるが[110]、この場合も、仲裁費用となる代理人弁護士の報酬額は、全面成功報酬制の場合と同様に決定することになる。

---

(108)　See Goeler Third-Party Funding 397.

(109)　See Goeler Third-Party Funding 397; Daniel Wehrli, Contingency Fees / Pactum De Palmario 'Civil Law Approach', 26(2) ASA Bulletin (2008) 253; Jeffrey Waincymer, Procedure and Evidence in International Arbitration (Kluwer Law International 2012) 1243-1244.

(110)　吉岡省三ほか編『ガイドブック　弁護士報酬〔新版〕』（商事法務、2015）67頁〔今出川幸寛〕。

⑷　**仲裁費用の予納**

　仲裁法は、仲裁費用の予納について、48条において、仲裁廷は、仲裁手続の費用の概算額としてその定める金額を当事者に予納することを命じることができ（1項）、その予納がない場合、仲裁手続を中止し、または終了することができる（2項）と規定する。この予納は、仲裁手続の進行に応じて発生する仲裁費用の支払いに充当する金員を当事者から予め納付させ、その支払いを確実にするための制度である。

　実務上、仲裁被申立人が予納金を納付しない場合がある。その場合は、仲裁廷は仲裁被申立人が納付しない金額を仲裁申立人に納付することを命じることになり、通常、仲裁申立人はそれに応じることになるが、仲裁申立人から納付がない場合には、仲裁廷は仲裁手続を進めることができないので、仲裁手続を中止、終了することになる。

⑸　**仲裁費用の負担割合**

⒜　**当事者均等負担と敗訴者負担の原則**

　仲裁法は、仲裁費用の分担として、当事者が仲裁手続に関して支出した費用の当事者間における分担は、当事者が合意により定め（49条1項）、その合意がないときは、各自が負担する（同2項）と規定している。この規定によれば、49条は、当事者の費用だけの分担について定めているものと解される[111]。したがって、これ以外の仲裁廷の費用、仲裁機関の費用については、その負担割合の決定が問題となる。

　前述したように、仲裁費用はすべて当事者が負担するのであるから、当事者の費用のみならず、仲裁廷の費用、仲裁機関の費用についても、その負担割合は、当事者の合意により決めることができ、当事者間に合意がない場合には、仲裁廷が決することになる。

　仲裁廷が決する場合、当事者が均等に負担するか、敗訴者負担の原則（訴訟費用は、原則として裁判に負けた当事者が負担する）によるか、2つの考え方があるが、仲裁手続における攻撃防御の結果、自己の主張が認められた当事者が仲裁費用の負担により、仲裁判断を通じて得られる経済的利益が減じ

（111）　理論と実務409頁〔三木浩一発言〕、410頁〔山本和彦発言〕参照。

られることは妥当ではなく、仲裁においても、民事訴訟の場合と同様に、敗訴者負担の原則が妥当すると考えられる。

　したがって、当事者の費用は、仲裁法49条1項、2項により、当事者間に別段の合意がない限り、各自負担となるが、それ以外の仲裁廷の費用、仲裁機関の費用については、敗訴者負担の原則に基づき負担割合を決定すべきである[112]。

(b)　負担割合に基づく償還額の確定

　仲裁法49条3項は、「仲裁廷は、当事者間に合意があるときは、当該合意により定めるところにより、仲裁判断又は独立の決定において、当事者が仲裁手続に関して支出した費用の当事者間における分担及びこれに基づき一方の当事者が他方の当事者に対して償還すべき額を定めることができる」と規定する。したがって、仲裁廷は、当事者の合意に基づき、仲裁判断または独立の決定において、当事者の費用の負担割合および当事者間の償還額を定めることになる。仲裁廷が独立の決定において定めた場合においては、当該決定は、仲裁判断としての効力を有する（49条4項）。

　また、当事者間に合意がない場合であっても、前述したように、仲裁廷は、仲裁費用に関する決定権限を当事者から付与されていると解されるので、当事者の費用の負担割合および当事者間の償還額を決定することになると考える。

　当事者の費用以外の仲裁廷の費用、仲裁機関の費用についても、仲裁廷は、当事者の負担割合および当事者間の償還額を決する権限を有するものと解される。その場合、当事者の費用と別異に扱う理由はなく、当事者の費用と同様、仲裁廷が仲裁判断または独立の決定において定めることができると解すべきである。

　仲裁廷が確定した仲裁費用の額、負担割合、償還額等に、計算違い、誤記

---

(112)　国際仲裁の場合、敗訴者負担の原則を適用する例が多いとされる。この点に関し、Alan Redfern and Sam O'Leary, Why it is time for international arbitration to embrace security for costs, 32(3) Arbitration International（2016）405、ICC Commission Report, Decisions on Costs in International Arbitration – ICC Arbitration and ADR Commission Report, 2 ICC Dispute Resolution Bulletin（2015）19-42を参照。

その他これらに類する誤りがあると認められる場合には、当事者は仲裁法41条に基づき、仲裁判断の訂正を仲裁廷に求めることになる。

(6) 仲裁廷が仲裁権限を有しないとして仲裁手続の終了決定をする場合における仲裁費用に関する決定

仲裁手続は、仲裁判断によるほか、仲裁手続の終了決定により終了する。仲裁廷は、仲裁手続の終了決定により自己が仲裁権限を有しない旨の判断を示す場合（23条4項2号）、仲裁費用に関する判断をする権限を有しないという見解があり[113]、これに対しては、仲裁廷は、仲裁権限判断権から派生した権限として仲裁費用に関する判断権を有するという見解がある[114]。

仲裁費用に関しては、仲裁廷が仲裁権限を有しないとして仲裁手続の終了決定をする場合も、仲裁手続の終了時に決定されなければならない問題であるので、仲裁廷は、仲裁法に明文の規定はないが、仲裁法上、仲裁費用に関する決定権限を付与されていると解すべきである。したがって、独立の決定において、仲裁費用の種類・額、当事者間の負担割合、当事者の償還額を確定することになる。

負担割合については、当事者間に合意があれば、それに従い、当事者間に合意がない場合は、仲裁廷が決することになるが、通常、仲裁廷が仲裁権限を有しない旨の判断を示す場合は、仲裁被申立人が仲裁費用を負担すべき理由はなく、仲裁申立人の負担と決せられよう。

14　第三者資金提供

(1) 第三者資金提供とは何か

仲裁、とりわけ国際仲裁における手続費用の高額化に対処するため、諸外国においては、仲裁を申し立てる当事者が第三者の資金提供者から仲裁手続に必要な資金の提供を受け、請求が棄却された場合には、資金提供者に対する支払義務はないが、請求が認容され、あるいは、和解が成立し、請求金額の全部または一部を回収することができた場合には、その対価として約定の

(113)　理論と実務410－411頁〔山本和彦発言〕。
(114)　理論と実務411頁〔近藤昌昭発言〕。

一定額を資金提供者に支払うという方法（第三者資金提供（Third Party Funding））が利用されている。

　第三者資金提供は、請求が認容される見込みが相当にあるが、仲裁手続を遂行するために必要な資金を十分に有しない当事者に対しその資金調達の手段を与えるので、これによって当事者の司法へのアクセスを促進することになるというメリットがある。また、仲裁手続を遂行するための資力を備えている当事者にとっても、資金繰り等の関係で第三者資金提供を受けるメリットがある[115]。

　わが国では、後述するように、非弁護士の法律事務の取扱いを禁じる弁護士法72条等との抵触問題もあり、現在、利用されていないようであるが、今後、わが国でもその利用の可能性があると考えられる。当事者が仲裁手続において第三者資金提供を利用する場合、仲裁法上、主に以下の点が問題となる。

(2)　第三者資金提供を利用する場合の仲裁法上の主な問題

(a)　第三者資金提供者と仲裁人の公正性・独立性

　第三者資金提供が仲裁手続で利用される場合、資金提供者は仲裁判断の結果に直接の経済的利害関係を有することから、仲裁人と資金提供者との関係が問題となる。たとえば、仲裁手続において、資金提供者Fから資金提供を受けている当事者が選任した仲裁人Xが所属する法律事務所が、Fに対し別の案件において法的助言を行っている場合、仲裁人Xの公正性・独立性が問題となる。

(ア)　当事者の開示義務

　このような仲裁人の公正性・独立性が問題となる当事者の資金提供者との関係を仲裁人が知っているとは限らない。また、仲裁人は、仲裁法18条4項

---

(115)　コモン・ローの法域では、訴訟幇助（maintenance）や利益分配特約付訴訟援助（champerty）は、訴訟を投機の対象とすることにより、裁判官・証人の買収、無益な訴訟を提起し、資力のない被告に対し妥協を迫る危険性があることから公序に反し民事法上違法であるだけではなく、刑法上の犯罪に当たるとされてきたが、現在では、とりわけ仲裁の利用の妨げとなることから、大幅に緩和されている。この点に関し、我妻学「第三者による訴訟費用の提供──オーストラリア、イギリスにおける近時の議論を中心として──」東北学院71号（2011）529頁、中村達也「第三者資金提供と仲裁手続」国士舘50号（2017）1－3頁参照。

に従い、仲裁手続の進行中、当事者に対し、自己の公正性または独立性に疑いを生じさせるおそれのある事実を遅滞なく開示しなければならず、この開示義務を果たすためには、当該事情があるか否かを把握する必要があり、仲裁人には合理的な範囲でこれを調査する義務があると解されるが（⇨第3章5(6)）、仲裁人がかかる合理的調査をしても、当事者の資金提供者との関係を知ることができない場合もあろう。

　このような場合、仲裁手続の進行中、資金提供者の存在が明らかになり、資金提供者と仲裁人との関係から当事者が仲裁人の公正性・独立性に異議を述べ、あるいは、仲裁人の忌避の申立てをするときは、仲裁人が辞任し、あるいは、仲裁人の忌避手続が進むことにより、仲裁手続の遅延、手続費用の増加という問題が生じる。また、仲裁判断がなされた後、仲裁人と当事者の資金提供者との関係が明らかになる場合、当事者が裁判所に対し仲裁判断の取消しの申立てをし、仲裁判断が取り消される可能性も生じる。

　したがって、このような事態を避けるため、実務上、仲裁人との関係について知り得る立場にある資金提供を受けている当事者が、仲裁人の公正性・独立性に疑いを生じさせるおそれのある仲裁人と資金提供者との関係を開示すべきであると考えられるが、仲裁法上、当事者の開示義務を定める規定は置かれていない。

　仲裁手続において、公正な手続を確保することは、仲裁法25条1項が定める仲裁手続の基本原則の1つである。そのため、仲裁法は18条、19条において、仲裁人に対し公正性・独立性を要求し、それを担保する制度として忌避手続を設け、仲裁人を忌避するか否かの判断資料を当事者に提供するため、仲裁人には、公正性・独立性に関する一定の事実を開示する義務を課している。他方、当事者には、かかる義務を明文で定めていないが、当事者は、仲裁手続において、信義誠実に手続を遂行する義務があり[116]、仲裁手続を遂行する当事者の行為は、この仲裁手続の基本原則の1つである手続の公正に

---

(116)　See Laurent Lévy and Regis Bonnan, Chapter 7. Third-Party Funding Disclosure, Joinder and Impact on Arbitral Proceedings, in Bernardo M. Cremades Román and Antonias Dimolitsa (eds), Third-Party Funding in International Arbitration, Dossiers of the ICC Institute of World Business Law 10 (ICC 2013) 80.

沿ったものでなければならない。したがって、当事者は、信義則上、仲裁人と同様に、仲裁人の公正性・独立性に関する一定の事実を開示する義務があると解すべきではなかろうか[117]。

　(イ)　**仲裁廷による開示命令**

　また、仲裁廷は、公正に審理手続を行い、仲裁判断をする義務を負っているのであるから[118]、かかる義務を遂行し、仲裁手続の公正を確保するには、資金提供者との関係について調査するだけではなく、職権で、当事者に対し、資金提供を受けているか否かを確かめ、資金提供を受けている場合には、手続の公正を確保するため、必要な範囲で、資金提供に関する事実の開示を命じるべきである[119]。

　(b)　当事者の秘密保持義務と資金提供者への開示の許否

　仲裁申立人が資金提供を受ける場合、通常、資金提供者との契約上の義務として、資金提供者に仲裁手続に関する情報を開示することが求められる。その場合、当事者は、事件の進捗状況等、仲裁手続に関する情報について秘密保持義務を負うと解されるので（⇨第1章**6(1)(c)**）、かかる義務との関係が問題となる。

　当事者の秘密保持義務は、秘密を保持する当事者の利益に関わるものであるから、仲裁申立人が第三者資金提供を利用する場合においてその例外を許容するか否かは、仲裁手続に関し秘密を保持することにより享受する仲裁被申立人の利益と、仲裁手続に関する情報を資金提供者に開示することにより享受する仲裁申立人の利益とを、比較衡量して決すべきである。

　仲裁申立人が資金提供者に仲裁手続に関する情報を開示するのは、通常、資金提供者との契約上の義務に基づくものである。これは、仲裁手続を遂行するために必要な資金を資金提供者から調達するために必要な開示である。

(117)　See Hong-Lin Yu, Can Third Party Funding Deliver Justice in International Commercial Arbitration, 1 International Arbitration Law Review（2017）32.

(118)　飯塚重男「仲裁人の責務執行基準」松浦＝青山・論点221-222頁、山本＝山田・ADR仲裁340頁参照。

(119)　See Derric Yeoh, Third Party Funding in International Arbitration: A Slippery Slope or Levelling the Playing Field, 33(1) Journal of International Arbitration（2016）121.

かかる開示が、当事者の権利実現、すなわち正義へのアクセスを確保するために必要なものである限り、この仲裁申立人の開示する利益は、通常、仲裁被申立人の開示されない利益より大きく、前者の利益を後者の利益に優先させ、保護すべきである[120]。

　したがって、このような場合には、仲裁申立人は当事者が負う秘密保持義務の例外として開示を許容されよう。その場合、秘密保持義務を負う仲裁申立人は、資金提供者への開示が秘密保持義務の例外として許容されるものであるから、資金提供者に秘密保持義務を負わせる義務を負っているものと解すべきである[121]。また、資金提供者に対する開示は合理的に必要な範囲に限られるべきである。

(3)　信託法10条、弁護士法72条、73条との抵触問題

　以上のほか、仲裁法上の問題ではないが、第三者資金提供が信託法10条、弁護士法72条、73条に抵触しないかという問題がある。

　すなわち、第三者資金提供において、資金提供者が仲裁手続に関与し、当事者が代理人、仲裁人を決める場合、あるいは、和解をし、権利を放棄する場合、資金提供者の同意を要することにより、当事者の紛争解決に関する意思決定に介入することは、実質的に、法律事務の取扱いや、紛争のある権利そのものの譲受けと評価され、訴訟信託を禁止する信託法10条（信託は、訴訟行為をさせることを主たる目的としてすることができない）、譲り受けた権利の実行を業とすることを禁止する弁護士法73条（何人も、他人の権利を譲り受けて、訴訟、調停、和解その他の手段によって、その権利の実行をすることを業とすることができない）、非弁護士の法律事務の取扱い等を禁止する弁護士法72条（弁護士または弁護士法人でない者は、報酬を得る目的で訴訟事件、非訟事件及び審査請求、再調査の請求、再審査請求等行政庁に対する不服申立事件その他一般の法律事件に関して鑑定、代理、仲裁若しくは和解その他の法律事務を取

---

(120)　See Goeler Third-Party Funding 302-304; Filip De Ly, Mark Friedman and Luca Radicati Di Brozolo, International Law Association International Commercial Arbitration Committee's Report and Recommendations on 'Confidentiality in International Commercial Arbitration', 28(3) Arbitration International (2012) 381.

(121)　See Goeler Third-Party Funding 307.

り扱い、またはこれらの周旋をすることを業とすることができない。ただし、この法律または他の法律に別段の定めがある場合は、この限りでない）に違反する可能性があるとの指摘がある[122]。

⑺　信託法10条、弁護士法73条に抵触するか

信託法10条が禁止する訴訟信託は、委託者が受託者に訴訟行為をさせることを主な目的として、財産権を譲渡することになるが、資金提供者が資金提供を受ける当事者から係争権利の譲渡を受け、仲裁手続を遂行するものでない限り、第三者資金提供が信託法10条に抵触することはないと解される。また、弁護士法73条に関しても、他人の権利を譲り受けて、その権利を実行することが要件となっており、資金提供者が資金提供を受ける当事者から係争権利の譲渡を受け、仲裁手続を自ら遂行しない限り、これに抵触することはないと考えられる。

⑻　弁護士法72条に抵触するか

資金提供者が当事者の紛争解決に関する意思決定に介入すること、たとえば、当事者が和解をする場合、資金提供者の同意を必要とするときに、資金提供者が自己の判断によりかかる同意を与え、あるいは、同意を与えないことが、法律事務に当たるか否かが問題となる。

弁護士法72条は、弁護士法が定める厳格な資格要件を満たし、専門的能力が高く、かつ、その職務の誠実適正な遂行のため必要な規律に服する弁護士によって、当事者その他の関係人の利益を守り、社会の法律秩序を維持することを目的とするが[123]、他人の紛争解決に関する意思決定に介入することが、弁護士法72条違反となる構成要件の１つである「法律事務」に該当するか否かが問題となる。「法律事務」とは、法律上の効果を発生、変更、保全、明確化する事項を処理することをいうとされるので[124]、資金提供者が、たとえば、当事者に代わって和解交渉を行い、和解契約を締結する場合、法律上の効果を発生する事項を処理することになるが、当事者の和解に同意を与

---

(122)　内藤順也＝和氣礎「Third Party Funding ──弁護士法、弁護士職務基本規程との関係を中心に」JCA68巻5号（2021）11－12頁、西・資金提供120頁等。

(123)　最大判昭46・7・14刑集25巻5号690頁。

(124)　条解弁護653－654頁。

え、あるいは、与えないことが、かかる事項を処理することに当たると解されるかは、必ずしも明らかでない。

　また、「報酬を得る目的」がなければ弁護士法72条違反は成立しない。「報酬」は、法律事務を取り扱うことと対価的関係に立っていることが必要となる[125]。第三者資金提供において、資金提供者が当事者から受ける報酬の対価は、当事者が仲裁手続を遂行するために必要な代理人弁護士の報酬・費用等に充てるための資金を提供することである。したがって、資金提供者の仲裁手続への関与として、たとえば、代理人となる弁護士の候補者を当事者に紹介する場合は、法律事務の周旋に当たり、これが当事者から受け取る報酬と対価関係に立つと解される余地がある。しかし、資金提供者が仲裁手続に関与し、当事者の紛争解決に関する意思決定に介入することは、自己の利益を確保するためのものであり、当事者に対する資金提供と密接には関係するが、当事者から受ける報酬との対価性はないと解される。したがって、弁護士法72条の趣旨を踏まえても、弁護士法72条違反を構成する報酬の対価性の要件を具備することになるかについても、必ずしも明らかでない。

　もっとも、第三者資金提供が弁護士法72条に違反しない場合であっても、資金提供契約の内容、成立経緯等によっては、反社会性の強いものとして、民法90条の公序良俗に反し無効となることはあろう[126]。また、第三者資金提供の適法性を明確にし、その円滑な利用を確保するには、諸外国の例を参考に、その制度整備、法規制等を進めていく必要がある[127]。

---

(125)　条解弁護643－644頁。
(126)　東京地判平4・7・31判タ832号121頁は、不動産販売業者らが、土地の所有権をめぐって第三者と訴訟中であった者との間で締結した合意が、その内容、とりわけ弁護士の選任・解任を不動産販売業者の判断により行うものとすること、当事者との和解の条件について不動産販売業者らの了解を要求するとされていること、和解により得られる利益の半分を不動産販売業者らに分配すること等が、合意成立の経過等に照らして、きわめて反社会性の強いものであるとして、民法90条により無効であるとした。
(127)　諸外国の例については、西・資金提供121－123頁等を参照。

第 5 章

仲 裁 判 断

1 仲裁判断とは何か

　仲裁法が準拠したモデル法は、仲裁判断を定義していないが、仲裁法は、仲裁合意とは、民事上の紛争の解決を仲裁人に委ね、その判断である仲裁判断に服する旨の合意をいうと定義しており（2条1項）、この仲裁合意の定義から、仲裁判断とは、当事者から解決を委ねられた紛争についての仲裁廷による本案についての判断を意味する[1]。

2 仲裁判断の種類

(1) 学説の状況

　旧法下において、仲裁判断を定義する規定は置かれていなかったが、その態様から、終局的仲裁判断と中間的判断とに区分し、終局的仲裁判断には、本案に入らず仲裁申立てを却下するものと、本案に立ち入った上で仲裁申立人の請求を認容するものと棄却するものとがあり、他方、中間的仲裁判断は、本案前の抗弁や前提問題等、審理の途中で問題となった事項をまず解決し、終局的仲裁判断を準備するためにするものと整理され、仲裁法の下では、中間的判断は、仲裁判断ではないという見解が示されている[2]。また、仲裁法は、仲裁手続は仲裁判断により終了すると定めていることから（40条1項）、仲裁判断は、概念的には終局的仲裁判断しかなく、仲裁廷は中間段階で一定の判断をしても、それは仲裁判断ではないとされる[3]。

（1）　仲裁コンメ220頁。
（2）　小島＝猪股・仲裁390頁、理論と実務327頁〔近藤昌昭発言〕、山本＝山田・ADR仲裁356頁。
（3）　山本＝山田・ADR仲裁356頁。

　また、本案についての終局的仲裁判断については、数個の請求が申し立て
られている場合、その全部につき判断する全部仲裁判断とその一部につき判
断する一部仲裁判断とがある。一部仲裁判断も、その一部について仲裁廷が
終局的な判断をするものである限り、仲裁判断であることにはなる。しかし、
仲裁法40条 1 項にいう「仲裁判断」とは、仲裁手続を終了させるものでなけ
ればならないから、原則としては、他に判断すべきものが残らない最後の仲
裁判断、すなわち、全部仲裁判断を想定しているものと考えられるが、その
一部が可分なものであり、その一部についての仲裁手続を終了させるもので
あるならば、その限りで、「仲裁判断」であるという[4]。

(2)　一部仲裁判断

　仲裁法40条 1 項は、仲裁判断により仲裁手続は終了すると定め、この規定
に対応するモデル法32条 1 項も、終局的仲裁判断（final award）により仲裁
手続は終了すると定める。モデル法は、仲裁判断の定義、種類に関し規定を
設けることについて審議され、最終的にはかかる規定は置かれず、32条 1 項
において、終局的仲裁判断により仲裁手続は終了すると定めたが[5]、モデル
法の作成経緯から、この規定は、終局的仲裁判断、すなわち、仲裁申立人に
より申し立てられたすべての請求について仲裁廷が終局的に判断をしたもの
により仲裁手続が終了するということを定めたのであって、仲裁判断にこれ
以外の仲裁手続の終了を導かない非終局的仲裁判断（nonfinal award）が含
まれ、仲裁廷がかかる仲裁判断をする権限を有することを否定するものでは
ないと解されている[6]。

　モデル法に準拠する仲裁法上も、仲裁判断により仲裁手続は終了するが
（40条 1 項）、それはすべての請求について判断を示した終局的仲裁判断をい
い、仲裁判断にはそれ以外のものも含まれ、仲裁廷はかかる仲裁判断をする
権限を有するものと解することができよう。したがって、仲裁手続において
数個の請求が申し立てられていて、仲裁廷がその一部について終局的に判断

（ 4 ）　小島＝猪股・仲裁391 − 392頁、理論と実務327頁〔近藤昌昭発言〕。
（ 5 ）　Binder UNCITRAL 429-430.
（ 6 ）　UNCITRAL History and Commentary 868-869. See Redfern and Hunter on
　　　International Arbitration 503, 509.

を示した場合も、かかる判断を仲裁判断と解するのが妥当である。また、一部仲裁判断の場合であっても、その一部の請求について手続が終了するので、その意味において、仲裁手続が仲裁判断により終了すると定める40条１項の規定と整合しないとは言えない。

　仲裁法26条２項により、仲裁廷は、当事者間に別段の合意がない限り、仲裁法の規定に反しない限り、適当と認める方法によって仲裁手続を実施することができるので、この規定を依拠して、適宜、全部仲裁判断とは別に一部仲裁判断をすることができると解されよう[7]。

(3)　中間的判断

　訴訟手続においては、審理を段階付け、整序することを目的として、①訴訟要件の存否、訴えの取下げの効力等、本案判決の内容に影響をもつ実体法上の問題に関しない訴訟手続に関する争い（中間の争い）についての判決、②訴訟物たる権利の内容であるその存否とその数額との双方に争いがある場合において審理を２段階に区切って先に権利の存否について審理するときの権利の存否についての判決（原因判決）、③独立した攻撃防御の方法についての判決の３つの中間判決が定められている[8]。このような中間判決に相当する本案前の抗弁や本案の前提問題についての中間的判断について、前述したように、学説は、仲裁判断には該当しないとするが、以下の理由により、仲裁判断に該当し得る（仲裁判断の適格性を有する）余地があると解される。

(a)　仲裁権限の有無についての判断

　まず、仲裁権限の有無についての判断については、仲裁廷は、仲裁権限を有する旨の判断を示す場合、仲裁判断前の独立の決定によることができる（23条４項１号）。また、仲裁廷は、仲裁権限を有しない旨の判断を示す場合、仲裁手続の終了決定によることになる（同２号）。その場合、それぞれの決定について、仲裁廷が仲裁判断として判断を示すことができる余地があると解される（⇨第４章 **7**(7)）。

（7）　See Comparative International Commercial Arbitration 632-634; Born International Commercial Arbitration 3264; Comparative Law of International Arbitration 636.

（8）　条解民訴1326-1329頁〔竹下守夫〕。

⒝　**本案の前提問題についての判断**

　次に、仲裁手続における審理を責任論と損害論の2段階に分け、先に責任
の有無だけを仲裁廷が終局的に判断するものや本案の判断基準となる準拠法
の決定等、本案について判断する上でその前提となる当事者間で争われてい
る実体問題に関する判断についても、仲裁判断の適格性を有する否かという
問題がある。

　この問題については、国際的に見解が分かれており⑼、モデル法の採用国
においても、たとえば、ドイツでは、前提問題についての仲裁廷の判断は、
訴訟手続における中間判決のように、仲裁廷を拘束するが、既判力は有せ
ず、仲裁判断の取消しの対象にもならないとするのが通説的見解であるが、
そうでない見解も主張されている⑽。

　確かに、本案の前提問題についての判断は、終局的仲裁判断を準備するた
めの判断に過ぎない。しかし、仲裁法上、当事者から紛争の解決を委ねられ
た仲裁廷が当事者の主張・立証に基づき終局的に判断したものが仲裁判断で
あるので、終局的仲裁判断に至る前の前提問題についても、当事者間で争わ
れている限り、当事者が仲裁廷に付託した紛争の一部であり、仲裁廷がそれ
について終局的に判断したものは、仲裁判断の適格性を有し得ると解される。

　このように解する場合、仲裁廷は、当事者の合意がなくても、前提問題に
ついての仲裁判断をすることができるかという問題がある。一部仲裁判断の
場合と同様に、仲裁廷は、当事者間に別段の合意がない限り、適当と認める
方法によって仲裁手続を進めることができるので、これを肯定することがで
きよう⑾。もっとも、仲裁廷が本案の判断に先立ちその前提問題について仲
裁判断によって判断を示すことについては、手続の効率化、迅速化に資する
面があり、また、それにより当事者が和解に至ることもある一方で、仲裁判

（9）　Born International Commercial Arbitration 3183-3184; Fouchard Gaillard
　　Goldman on International Commercial Arbitration 739.
（10）　Arbitration in Germany 352; 389. 判例として、OLG Frankfurt a. M., 26 Sch 20/06,
　　Schieds VZ 2007, 278がある。
（11）　See Comparative International Commercial Arbitration 632, 633; Born
　　International Commercial Arbitration 3265; Comparative Law of International
　　Arbitration 636.

断の取消しが裁判所に申し立てられることにより仲裁手続の遅延という問題が生じることもある。したがって、当事者が合意の上、それを求める場合は格別、そうでない場合には、仲裁廷は、当事者の意見を聴いた上で、事案に応じた慎重な判断が求められよう[12]。

(c)　和解的仲裁判断

これら以外にも、仲裁廷は、仲裁手続中に当事者が和解をした場合、当事者双方の申立てにより、和解における合意を内容とする決定をすることができ（38条1項）、その決定は仲裁判断としての効力を有する（同2項）。したがって、仲裁廷は和解の内容に基づく仲裁判断（和解的仲裁判断）をすることができる。

(d)　暫定保全措置命令

旧法下において、仲裁廷は仲裁判断により暫定保全措置を命じることができ、この場合、時間的に限定された範囲内であるが、その限りでは終局的な仲裁判断であり、執行判決を得ることができるとの見解があった[13]。この見解が示すように、保全請求権の存否についての紛争の解決を仲裁廷に委ね、仲裁廷の判断に従うという合意に基づく仲裁廷による終局的な判断は仲裁判断と解する余地があるようにも思われる。

しかし、現行法下において、仲裁法は、24条1項で、仲裁廷の特別の権限として暫定保全措置を命じる仲裁廷の権限を明文で定めるとともに、2条1項および13条1項で、民事上の紛争を仲裁合意の対象とした上で、45条1項で、仲裁判断は、確定判決と同一の効力を有するとする。また、14条1項で、仲裁合意の対象となる民事上の紛争について訴えが提起されたときは、裁判所は、被告の申立てにより、訴えを却下しなければならないと定めている。したがって、仲裁法上、24条1項の暫定保全措置命令は、仲裁判断の適格性を有しないものと解するのが妥当であろう。

---

(12)　See Redfern and Hunter on International Arbitration 511; Comparative Law of International Arbitration 636; Comparative International Commercial Arbitration 634.
(13)　河野・仲裁501－502頁、中野俊一郎「国際商事仲裁における実効性の確保——仲裁と保全処分の関係、ならびに仲裁判断の『終局性』の概念について——（2・完）」神戸38巻2号（1988）458－461頁。

3　仲裁判断の判断基準

(1)　仲裁法36条1項、2項の適用の可否

　仲裁廷が仲裁判断において準拠すべき基準については、仲裁法は36条において明文の規定を置いている。仲裁法36条は、モデル法28条に対応して設けられたものであり、モデル法が国際商事仲裁を適用対象としているので、外国法の選択・適用を認める36条1項、2項の規定については、国際的要素を含まない法律関係には適用がないとも解されよう。しかし、そうではないと解しても、当事者が国際的要素を含まない法律関係に外国法を適用することを合意する場合、日本の強行法規を潜脱することはできず、それに反しない範囲で適用されることになると考えられるので、結論において違いは生じないと考えられる[14]（⇨第7章4(11)(b)(ア)）。

(2)　衡平と善による判断

　仲裁法36条3項は、「仲裁廷は、当事者双方の明示された求めがあるときは、前2項の規定にかかわらず、衡平と善により判断するものとする」と規定する。これは、モデル法28条3項に対応した規定であるが、その性質上、国際事件のみならず国際的要素を一切含まない純粋の国内事件においても妥当するので、事件の国際性にかかわらず適用されると解される。

　したがって、この規定の反対解釈として、仲裁法は、法による仲裁を原則として定めていると解される。もっとも、衡平と善による判断と言っても、その判断基準の内容が必ずしも明らかでなく、紛争解決の結果の予測可能性、法的安定性に欠けるので、実際に当事者が「衡平と善」による仲裁を選択することはまずなく、法による仲裁が一般的な実務であると考えられる。また、当事者双方の明示された求めがないにもかかわらず、仲裁廷が「衡平と善」による判断をした場合には、仲裁判断を正当化する根拠を欠き、仲裁判断の取消事由となる（⇨第6章1(9)(d)(オ)）。

(3)　慣習の考慮

　また、仲裁法36条4項は、仲裁廷は、契約に従って判断し、慣習を考慮しなければならない旨を定める。これはモデル法28条4項に対応した規定であ

---

(14)　理論と実務104頁〔中野俊一郎発言〕参照。

るが、この規定も事件の国際性にかかわらず適用されると解される。

(4)　当事者が主張しない強行法規の適用

　仲裁廷は当事者から付託された紛争について仲裁判断をすることを任務とし、当事者が主張する特定の法規に基づく請求の当否について審理、判断することになるが、当事者が主張していない強行法規が事案に適用される場合、仲裁廷は職権でそれを適用すべきであるか否かという問題がある。

　この問題については見解が分かれようが、仲裁廷は、訴訟に代替する紛争の終局的解決手続であるから、強行法規が公益的公序に関わり、それを適用しない場合、仲裁判断が公序違反を理由に取り消されることになると認められるときは（⇨第6章1(9)(f)(イ)(i)）、公序維持の観点から、職権でそれを適用して判断すべきであると解する余地もあろう。しかし、仲裁廷は、国家の裁判所と異なり、当事者から付託された紛争の解決を任務とし、公序を維持、確保することまでをも任務として負っていないと解される。

　したがって、仲裁廷は職権でそれを適用する義務までをも負っていないが、それを適用しないことにより仲裁判断が取り消され、執行が拒絶され、実施された仲裁手続が無駄となってしまうことを考慮すると、仲裁判断の実効性を確保するという観点から、当事者に対しその適用を示唆し、指摘すべきであると考える（この問題は国際仲裁における絶対的強行法規の適用問題と共通する面がある（⇨第7章4(12)(a)(エ)））。

4　申立事項と判断事項

　仲裁廷は、当事者が申し立てた請求について仲裁判断をすることを任務とし、当事者が申し立てた範囲を超えて仲裁判断をすることは、仲裁を申し立てた当事者の意思に反し許されない。仲裁法は、仲裁判断が、仲裁手続における申立ての範囲を超える事項に関する判断を含むものであるときは、仲裁判断の取消事由になるとする（44条1項5号）。

　仲裁申立ての範囲は、請求を基礎付ける実体法上の請求権が複数存し得る場合であっても、それらによって基礎付けられる一定の給付を請求する権利によって画することになる。したがって、仲裁廷が仲裁申立人の請求を基礎付ける実体法上の請求権とは別の請求権に基づき仲裁申立人の請求を認容す

る場合であっても、仲裁法44条1項5号の取消事由、すなわち、仲裁判断が
仲裁手続における申立ての範囲を超える事項に関する判断を含むものである
とは言えないが、仲裁廷がそれに基づき判断するには、当事者に対し不意打
ちとならないよう、仲裁廷が採用する法律構成について当事者に伝え、当事
者に対しそれについての主張・立証の機会を与えなければならない（⇨第6
章1(9)(c)(イ)(ii)）。

5　仲裁判断の内容の確定

　仲裁廷は、1人または2人以上の仲裁人から構成され、仲裁人の数が2人
以上の場合、通常、3人の仲裁人から構成される合議体となる。仲裁廷が単
独仲裁人から構成される単独体の場合、1人の仲裁人が自ら仲裁判断の内容
を確定して仲裁判断を作成することになる。仲裁廷が合議体の場合、合議体
を構成する仲裁人が評議、評決して仲裁判断の内容を確定することになる。

(1)　仲裁廷の評議

　仲裁廷の評議は、仲裁判断において判断すべきすべての事項について及
ぶ。仲裁廷の評議は、仲裁人の討議により合議体としての意思を形成するも
のであるから、仲裁人全員が意見を述べなければならず、仲裁人全員に評議
に参加する機会が与えられなければならないが、仲裁廷を構成する仲裁人全
員が評議に参加することが、仲裁判断をするために必要な条件ではない[15]。
また、評議は、物理的に一堂に会する必要まではなく、電話や電子メール等
の通信手段によって行うことができる[16]。

(2)　仲裁廷の評決

　仲裁法37条2項は、モデル法29条本文と同様に、合議体である仲裁廷の議
事は、仲裁廷を構成する仲裁人の過半数で決すると定め、仲裁廷の議事は、
仲裁判断その他仲裁廷が行うあらゆる判断をいうので[17]、仲裁判断の内容を
決定するための仲裁人による評決は過半数で決せられることになる。

---

(15)　See UNCITRAL History and Commentary 809.
(16)　See id.
(17)　仲裁コンメ206頁。

　評決が仲裁人の意見が相異なり過半数で決し得ない場合については、仲裁法は規定を置いていない。これはモデル法に倣ったものであるが、モデル法の作成過程において、評決が仲裁人の過半数により決することができない場合、仲裁廷の長の判断によるとする規定を設けるべきであるとする提案がされ、これについて審議された。その結果、かかる規定を設けない場合、仲裁人は評議を十分に尽くすことになり、また、実際に仲裁判断は仲裁人の過半数で決することができない場合は極めて少なく、この規定は任意規定であり、当事者が合意により仲裁廷の長に権限を与えることもできることから、かかる提案は採用されなかった[18]。仲裁機関の仲裁規則には、このような仲裁廷の長の権限を定めているものが多い。

　評決をする方法については、評決を結論について行うべきであるとする結論評決説と、理由について行うべきであるとする理由評決説の2つの立場がある。

　たとえば、貸金の返還を求める仲裁事件において、審理の結果、3人の仲裁人がそれぞれ、貸金契約（民587条）に基づく貸金債権が、時効（民166条）、弁済（民473条）、免除（民519条）により消滅したことを理由に請求は棄却すべきであるという結論に達した場合において、結論評決説によれば、結論が一致する請求を棄却する仲裁判断をすることになるのに対し、理由評決説によれば、時効、弁済、免除の各事実は評決の結果、順次否決されるので、請求を認容する仲裁判断をすることになる[19]。このように、合議体の結論は、各仲裁人の結論の集計とは異なる場合が生じる。このいずれによるか、評決の方法については、仲裁手続の準則の問題であるから、当事者間に合意がない限り、仲裁廷が定めることになると解される（26条2項）[20]。

---

(18)　UNCITRAL History and Commentary 808-809.

(19)　渋川満「裁判所あれこれ——合議などを中心として」白鴎15巻（2000）30頁、兼子＝竹下・裁判法307－308頁。

(20)　訴訟の場合、理由評決説によるとされるが（条解民訴1396頁〔竹下守夫＝上原敏夫〕）、仲裁の場合にも、旧法下の学説として、青山・仲裁690頁は同じ見解に立つ。

6　仲裁判断書の作成

(1)　仲裁人の署名

仲裁廷が仲裁判断をするには、仲裁判断書を作成し、これに仲裁判断をした仲裁人が署名しなければならない（39条1項）。これは、仲裁判断の重要性から、後にその内容をめぐって争いが生じることを防ぐとともに、仲裁人の意思に基づいて作成されたことを明確にするためである[21]。

仲裁廷が合議体である場合には、仲裁廷を構成する仲裁人の過半数が署名し、かつ、他の仲裁人の署名がないことの理由を記載すれば足りる（同1項）。これは、仲裁判断の内容が確定後、仲裁人が死亡その他の理由で署名することができない場合、または、署名を拒絶する場合であっても、仲裁人の過半数が署名することによって仲裁判断書を完成させることを認めるものである。これにより仲裁判断は仲裁人の全員の署名がない場合であっても、仲裁判断は有効に成立する。その場合、署名しない理由を記載しなければならない。この規定は、モデル法31条1項に対応し、それと実質的に同じ内容を定める。また、強行規定であるので、当事者間の別段の合意を許さない。

(2)　理由の記載

仲裁判断書には、当事者間に別段の合意がない限り、理由を記載しなければならない（39条2項）。仲裁判断に理由が記載されることにより、当事者は、手続保障の欠缺、仲裁権限の範囲の逸脱等の取消事由（承認・執行拒絶事由）が仲裁判断に存しないかどうかを精査、確認することができる。これは、モデル法31条2項に対応し、それとほぼ同じ内容を定める。

仲裁判断の理由とは、仲裁判断の結論に至る根拠とその筋道を説明したものをいうと解される[22]。したがって、判決理由のような詳細なものが要求されるわけではなく、結論に至る判断過程の大綱で足りる[23]。もっとも、和解的仲裁判断については、当事者の合意を内容とするものであるから、理由の記載は要しない（38条3項は、39条1項および3項の規定に従って決定書を作成

---

(21)　仲裁コンメ215頁。
(22)　中田・仲裁149頁、注解仲裁153頁〔高桑昭〕参照。
(23)　注釈仲裁220頁〔池田辰夫〕参照。旧法下の判例として、大阪地判昭63・3・11判時1296号107頁、神戸地判平2・11・16判時1396号120頁等がある。

すると定めるが、同2項を準用していない)。

(3)　作成年月日・仲裁地の記載

仲裁判断書には、作成年月日および仲裁地を記載しなければならない (39条3項)。仲裁判断書の作成年月日は、仲裁判断がされた地と異なり、実際の作成日を記載することになる。これは、モデル法31条3項に対応し、それと実質的に同じ内容を定める。したがって、仲裁人が1人の場合、仲裁人が署名した日となり、仲裁人が複数の場合には、その最後の1人が署名した日となる。

これに対し仲裁判断は、仲裁地においてされたものとみなされる (39条4項)。これは、仲裁判断がされた地 (仲裁判断地) は、仲裁地と同様に、仲裁人が評議、評決し、仲裁判断書を作成し、それに署名した個々の物理的な地ではなく、これら一連の行為を一体として観念する必要のある法的概念であるからである[24]。

(4)　仲裁判断の通知

仲裁廷は、仲裁判断がされたときは、仲裁人の署名のある仲裁判断書の写しを送付する方法により、仲裁判断を各当事者に通知しなければならない (39条5項)。これは、当事者に仲裁判断の内容を確実に知らせるためである[25]。仲裁判断書の写しに仲裁人の署名を必要としたのは、仲裁判断書の写しがその原本と同一である旨を証明するためである[26]。これは、モデル法31条4項に対応し、それと実質的に同じ内容を定める。送付の方法は、郵便等によるほか、直接当事者に交付することでもよい[27]。

(5)　少数意見の表明

(a)　訴訟との違い

仲裁法は、モデル法に倣い、仲裁人が多数意見と異なる少数意見を表明することができるか否かについては明文の規定を置いていない。少数意見には、多数意見に結論、理由とも反対のもののほか、結論は同じであるが、理

---

(24)　See UNCITRAL History and Commentary 839.
(25)　仲裁コンメ216頁。
(26)　同上。
(27)　仲裁コンメ216-217頁。

由付けが異なるものがある。

　訴訟の場合、裁判所法は、下級裁判所の裁判については、評議は公開しないだけでなく、評議の経過に加え、各裁判官の意見およびその多少の数については、秘密を守らなければならないと定める（裁75条）。これは、合議体の裁判の非個人性、一体性を保障し、また、裁判官が当事者に遠慮したり、世評を恐れたりして、自己の所信の発表を差し控えることのないようにとの配慮からであるとされる[28]。

　したがって、訴訟の場合、合議体の裁判は、終始一体としての一の機関の判断とし確定することになる[29]。仲裁は紛争の終局的解決手続という点において訴訟と共通するが、当事者の合意を基礎とする私設裁判所による紛争解決手続であるという点において訴訟と性質が異なるので、これが仲裁にも当然に通用すべきものであるとまでは言えない。また、当事者に遠慮したり、世評を恐れたりして、自己の所信の発表を差し控えることについても、仲裁手続が非公開であり、仲裁判断は原則として公表されないことから、これが仲裁に妥当するものではないであろう。

　さらに、仲裁の場合、仲裁法は、仲裁人が多数意見に反対し、仲裁判断への署名を拒絶するときは、仲裁人の過半数が署名することによって仲裁判断書は完成するが、仲裁判断書には署名しない理由が記載されなければならないので、仲裁人間で意見が分かれている事実は当事者に開示されることになる。したがって、この点については、仲裁では評議の秘密は否定される。

　もっとも、仲裁においても、訴訟と同様に、評議は非公開で行われ、仲裁人の自由な評議が妨げられないよう評議の過程そのものについては秘密が守られなければならない[30]。

　したがって、訴訟の場合と異なり、少数意見の表明の許否については、仲裁手続の準則一般の問題として、仲裁法26条により、当事者の合意があれ

---

(28)　兼子＝竹下・裁判法311頁。
(29)　兼子＝竹下・裁判法307頁。
(30)　谷口・少数意見59頁参照。これに対し、青山・仲裁694頁は、仲裁手続、特に評議の非公開性が侵害されるだけではなく、仲裁人の当事者からの独立性につき疑惑を生ずる等の弊害が予想されるとして、少数意見の表明は許されないという。

ば、それにより、当事者の合意がない場合には、仲裁廷が決することになる[31]。

⑵　少数意見の表明の適否をめぐる議論

仲裁人が少数意見を表明することの適否については、見解が分かれている。

説得力のある反対意見によって多数意見はさらにそれに耐え得る説得力のある理由の構成が求められ、仲裁判断の質を高めることになる、仲裁人の能力と適否の判断材料となるなどの理由から、反対意見の表明を肯定する見解がある[32]。

これに対し、仲裁人が自己を選任した当事者に対しその当事者の主張を支持していたことを反対意見という形で知らせるという仲裁人の倫理違反行為をもたらすことにもなる、反対意見の内容次第では、仲裁判断取消しの申立ての端緒となる可能性があり、当事者に無用の時間と費用を負わせることになるといった弊害が生じることを理由に、反対意見の表明を否定する見解がある[33]。

否定説が挙げる前者の理由については、そういう場合も生じ得るが、その一方で、仲裁人が自己を選任した当事者に対し単に忠誠を示すためだけのものであれば、その内容に説得力はなく、仲裁人としての名声を汚すことにもなるので、そういう場合が常に生じ得るとは言えない[34]。また、後者の理由については、仲裁手続に重大な瑕疵があり、当事者の手続保障を欠くような場合には、他の仲裁人がそれを故意に無視していたとしても、仲裁廷を構成する仲裁人の１人としてそれを是正する義務があり、その義務を尽くしたにもかかわらず、それを是正することができず、当事者に適切な手続保障が与えられなかったときは、仲裁判断は取り消されるべきであるから、正義の実

---

(31)　See UNCITRAL History and Commentary 837.　東京高決平30・8・1判時2415号24頁は、仲裁判断に反対意見（仲裁廷の意見と異なる少数意見）を記載することは、仲裁法においても、当事者が合意した規則においても、禁止されておらず、仲裁廷の裁量に委ねられていると解するのが相当であると判示する。

(32)　谷口・少数意見59－60頁。

(33)　道垣内正人「JCAAの仲裁制度の改革について──ビジネス界のあらゆるニーズに対応する３つの仲裁規則の紹介──」JCA66巻１号（2019）９頁。

(34)　安達栄司「仲裁判断における少数意見」加藤哲夫古稀『民事手続法の発展』（成文堂、2020）991－992頁参照。

現のため、少数意見の中でその事実を指摘する必要があろう[35]。

　このように少数意見の表明には、肯否両説があるが、その可否について
は、前述したように、仲裁手続の準則一般の問題として当事者の合意により
決することができるので、当事者は、必要に応じて、仲裁条項で明文の規定
を置くなどの措置をとることになる[36]。

7　仲裁判断の効力

(1)　仲裁判断の成立

　仲裁手続は仲裁判断により終了し、それに伴い仲裁廷の任務も終了する
（40条3項）。

　訴訟の場合、判決はその言渡しによって成立し、その効力が生じるが（民
訴250条）、仲裁判断の場合、言渡しの制度はなく、仲裁判断書が当事者のい
ずれかに通知された時点でその効力が生じ、以後、仲裁廷が仲裁判断を取り
消し、変更することは許されず、その時点で仲裁判断は確定すると解され
る[37]。

　通常、当事者が仲裁手続において上訴審を合意することはないが、上訴審
の合意がある場合には、上訴審による判断によって仲裁判断は確定する。当
事者のいずれもが上訴しない場合には、上訴期間が経過したとき、あるい
は、上訴期間が定められていない場合には、相当の期間が経過したときに仲
裁判断は確定する。仲裁判断が確定した場合には、既判力や形成力が生じ
る。すなわち、仲裁判断の内容が当事者および裁判所、他の仲裁廷を拘束す
る効力を生じる。また、仲裁判断の効力として、執行力（仲裁判断で示され
た給付義務を強制執行によって実現できる効力）が認められる。

(2)　仲裁判断で確定した権利の消滅時効

　仲裁判断で確定した権利については、10年より短い時効期間の定めがある
ものであっても、その時効期間は10年となる（民169条1項）。

---

(35)　谷口・少数意見66-67頁参照。

(36)　わが国の仲裁機関である日本商事仲裁協会2021年商事仲裁規則63条は、少数意見の
　　表明を明文で禁止する。

(37)　小島＝猪股・仲裁423頁参照。

(3)　既　判　力

　仲裁法は、承認拒絶事由により承認が拒絶されるべき場合を除き、仲裁判断に確定判決と同一の効力を与えている（45条1項、2項）。したがって、仲裁判断は、確定判決と同様に、既判力を有することになり、当事者は、仲裁判断で確定された権利関係の存否、内容について争うことは許されず、裁判所、他の仲裁廷もその判断に拘束されることになる。

　仲裁判断の承認とは、この仲裁判断の効力を認めることである[38]。仲裁判断の承認には特別な手続を要せず、自動的に承認される（自動承認）。したがって、当事者は、訴訟手続で仲裁判断の効力を主張することができ、裁判所は、承認拒絶事由により承認が拒絶されるべき場合を除き、その既判力を前提に判決することになる。

(a)　和解的仲裁判断の既判力

　和解的仲裁判断が既判力を有するか否かという問題については、これを肯定する見解[39]に対し、和解調書と同様、当事者に対する手続保障の下、仲裁廷が実質的に審査したものではない形式的審査にとどまる和解的仲裁判断には既判力を認めることはできないという否定説[40]がある。

　しかし、和解的仲裁判断の場合における手続保障は、訴訟上の和解における場合と同様に、当事者の意思表示の真正を確保するためのものであり[41]、当事者の主張・立証に基づき仲裁廷が判断した仲裁判断（真正仲裁判断）の場合における手続保障とは異なるが、かかる手続保障が既判力を付与する根拠になり得ると解される。

　また、仲裁法は、仲裁判断として、仲裁廷が当事者の主張・立証に基づき審理、判断した真正仲裁判断に加え、仲裁廷が仲裁手続中に当事者間で成立した和解に基づく和解的仲裁判断を定めている以上、紛争解決機能として、真正仲裁判断の効力と同じ効力を和解的仲裁判断にも付与し、それによって

---

(38)　小島＝高桑・注釈仲裁258頁〔高桑昭〕。

(39)　猪股・和解的仲裁判断22－23頁、三木・課題44頁、理論と実務304頁〔山本和彦発言〕。

(40)　渡部・既判力8－11頁、17頁、出井＝宮岡・仲裁145頁、古田・和解的仲裁判断46－48頁。

(41)　山本和彦「決定内容における合意の問題——訴訟上の和解と裁判上の自白の手続的規制」民訴43号（1997）133－138頁、猪股・和解的仲裁判断22－23頁。

当事者間の紛争を仲裁により終局的に解決することを意図していると考えるのが妥当である。したがって、肯定説が妥当である。

　その場合、和解の成立過程に瑕疵がある（実体法上の無効・取消事由がある）場合には、既判力は認められないので（⇨第6章1(9)(g)(ア)）、既判力を否定する場合と実際の結論に違いがないとしても、後述するように、既判力は特定承継人等の第三者に拡張されるので、実体法上、和解の拘束力にそのような拡張がないことを前提とすると、既判力を認める意義がある[42]。

(b)　客観的範囲

　仲裁判断の既判力は、仲裁手続における請求について生じるが、相殺の抗弁についての判断は、理由中の判断であるが、確定判決の場合と同様に（民訴114条2項）、その必要性から既判力が生じると解される。

(c)　理由中の判断

　仲裁による紛争の一回的解決を期待する当事者の意思に即応して仲裁判断の理由中の判断についても、仲裁廷による実質的な判断については拘束力を認めるべきであるという見解が主張されている[43]。

　この見解は、理由中の判断に拘束力を認める根拠を仲裁により紛争の一回的解決を期待する当事者の意思に求めているが、仲裁合意の当事者が理由中の判断にまで拘束される意思を有していると認めることには疑問がある。当事者の直接の関心は請求の当否であり、その前提問題についての判断は請求の当否の判断に至るための手段としての意味を有するにとどまるので、手続保障の観点から、拘束力が生じる問題については、当事者に明確に特定、明示されるべきである[44]。したがって、仲裁判断の理由中で示された判断につ

(42)　山本＝山田・ADR仲裁225-226頁、伊藤・民訴510頁参照。
(43)　小島＝猪股・仲裁428頁。また、渡部美由紀「国際仲裁における仲裁判断の効力について」民訴58号（2012）162頁は、国際仲裁について、仲裁による一回的解決を望む当事者の仲裁合意に係る紛争解決期待を基礎として考えるべきであるとして、理由中の判断であっても、争点とそれに対する判断が明確に記されており、それが主文ないしこれに相当する部分との関係で不可欠な前提問題であるような場合には、この点について拘束力を認めてよいという。
(44)　判決理由中の判断に既判力を生じさせない理由について、新堂・民訴701-702頁、条解民訴534頁〔竹下守夫〕を参照。

いては、当事者に対し拘束力を認めるべきではないと解される。

(d)　主観的範囲

(ア)　学　　　説

　仲裁判断は、仲裁合意の当事者が仲裁手続において主張・立証を尽くし、それに基づき仲裁廷が判断した結果であるから、確定判決と同様に、その効力は当事者のみに及ぶのが原則である。当事者以外の第三者は、仲裁手続に関与する機会が保障されていないので、既判力を及ぼすことは、その正当な根拠を欠くことになる。しかし、確定判決の場合、民事訴訟法115条1項により、例外的に既判力が及ぶ第三者を定めている（2号ないし4号）。

　この規定が仲裁判断にも類推適用されるか否かについては、旧法の時代から議論があり、学説は大別して、紛争解決の効力を法律上付与されたことは、効力の人的範囲についても、確定判決のそれを類推適用すべきであるとして民事訴訟法115条〔旧民事訴訟法201条〕を類推適用すべきであるという見解[45]と、この規定によるのではなく、専らその法律上の根拠を成す仲裁合意の効力の及ぶ限界をもって定めるべきであるとする見解[46]とに分かれる。

(イ)　口頭弁論終結後の承継人

　口頭弁論終結後の承継人への既判力の拡張（民訴115条1項3号）は、当事者間の公平の理念に基づくものであるから[47]、当事者間の公平の考慮において承継人が仲裁合意の効力を受ける者であるか否かは関係しないので、仲裁判断の既判力は承継人にも及ぶと解するのが妥当であり、民事訴訟法115条1項3号は仲裁判断に類推適用することができると考える。その場合、仲裁判断の既判力の拡張を受ける承継人が自己固有の防御方法を主張し得ることも、確定判決の場合と同様に解されよう[48]。

---

(45)　小山・仲裁196頁、上野泰男「仲裁判断の効力の主観的範囲について」名城42巻別冊（1992）390頁。仲裁法の下では、山本＝山田・ADR仲裁360頁、理論と実務370－371頁〔谷口安平発言〕、372頁〔近藤昌昭発言〕。旧法下の判例として、東京地判昭42・10・20下民集18巻9＝10号1033頁は、仲裁判断で確定された権利の承継人に対して仲裁判断の効力が及ぶとした。

(46)　中田・仲裁152頁。青山・仲裁705頁。

(47)　伊藤・民訴573頁。

(48)　小島＝猪股・仲裁433頁、小島＝高桑・注解仲裁172頁〔福永有利〕参照。

(ウ)　訴訟担当における本人

　訴訟担当における本人への既判力の拡張（民訴115条1項2号）も、当事者間の公平の理念等に基づくものであるから[49]、仲裁の場合も、法律の規定により、または、本人（被担当者）の授権により、担当者が本人（被担当者）に代わって仲裁手続を遂行した場合、仲裁判断の既判力は本人（被担当者）に拡張されるべきである。したがって、民事訴訟法115条1項3号は仲裁判断に類推適用することができると考える。

(エ)　請求の目的物の所持人

　民事訴訟法115条1項4号が定める請求の目的物を所持する者に対しても、確定判決の場合と同様に、仲裁判断の既判力を拡張することが妥当であることは明らかであり、同4号も類推適用することができると考える。

　したがって、仲裁合意の既判力の主観的範囲については、確定判決と同様に解することができ、民事訴訟法115条を類推適用することが妥当であると考える。

(e)　抗弁説と職権説

(ア)　通　　　説

　仲裁判断の既判力は、職権調査事項であるか、あるいは、抗弁事項であるかという問題がある。この問題についての旧法からの通説は、仲裁判断の既判力は、抗弁事項であり、当事者の援用を待って初めて斟酌すべきであり、裁判所は、職権でこれを斟酌してはならないとする抗弁説に立つ[50]。

　抗弁説は、仲裁判断は当事者の合意に基礎を置き、公的利益を欠いており、また、仲裁法14条が仲裁合意の存在を抗弁事項としており、これと同様に仲裁判断の既判力もまた、当事者の意思に基づき顧慮されるべきであるなどを根拠とする[51]。しかし、以下の理由から、職権調査事項と解するのがよ

---

(49)　条解民訴566頁〔竹下守夫〕、伊藤・民訴573頁。

(50)　中田・仲裁152頁、小山・旧仲裁90頁、小島＝高桑・注解仲裁164頁〔福永有利〕、青山・仲裁705頁等。現行法下の見解として、小島＝猪股・仲裁425頁、猪股・和解的仲裁判断21頁。

(51)　小室直人「仲裁契約」菊井維大編『全訂民事訴訟法（下巻）』（青林書院新社、1969）431頁、河野・仲裁530頁、小島＝猪股・仲裁425頁、上野・人的範囲685－686頁等。

り妥当であると考える。

(イ)　**確定判決の既判力の存否を職権調査事項とする根拠**

確定判決の既判力については、その存否は、職権をもって調査すべきであり、当事者は合意によってもこれを妨げることはできないとされる[52]。職権調査事項は、裁判所が、当事者限りで処分することのできない利益に関わる公益的事項であることから、当事者の主張を待つことなく、職権でその事項を調査すべきであると解されている[53]。既判力は、紛争を1回の訴訟で終局的に解決する当事者の利益とともに、司法資源を用いて紛争の終局的解決を図る民事訴訟制度を運営する国家の一般的利益を保護するものであるから、その存否は職権調査事項であると解することになる[54]。

このように国家の一般的利益（公益）を保護する事項については、職権調査事項となるが、仲裁判断の既判力については、当事者限りで処分することができ、公益に係わらないものであるか否かが問題となる。

(ウ)　**職権説がより妥当か**

確かに、仲裁判断の既判力は、当事者が紛争の解決を仲裁人に委ね、かつその判断に服する旨の合意（仲裁合意）に由来するものである。しかし、仲裁判断に既判力が与えられるのは、その合意に対し国家が訴訟に代わる紛争の終局的解決手段として仲裁制度を法認した結果、仲裁判断に確定判決と同一の効力を付与することにしたものであり、当事者の合意のみに依拠するものではない。

また、仲裁は、いわば私設裁判所による紛争解決手続であり、仲裁手続に要する費用は原則としてすべて当事者が負担することになり、紛争解決のために司法資源を投入する裁判所の負担はなく、この点において公的利益に係わらない。しかし、仲裁は裁判外紛争解決手続（ADR）の1つとして、ADRの目的の1つである司法資源の節減、裁判所の負担軽減を図るために、国家が法認した訴訟に代替する紛争の終局的解決制度であり、紛争当事者が

---

(52)　条解民訴546頁〔竹下守夫〕。

(53)　三木ほか・民訴344頁〔垣内秀介〕、新・コンメンタール民訴326頁〔笠井正俊〕。

(54)　条解民訴512頁〔竹下守夫〕、三木ほか・民訴422頁〔垣内秀介〕。

仲裁を選択する場合、かかる紛争は訴訟ではなく仲裁に付託され、仲裁判断によって紛争は終局的に解決されるので、裁判所の負担軽減に寄与することになる。その一方で、国家の裁判所は、仲裁法の下、仲裁人の選任（16条）、証拠調べ（35条）等において仲裁手続を援助するとともに、仲裁人の忌避（19条）、仲裁判断の取消し（44条）等において仲裁手続を監督し、仲裁手続に必要な関与を行う。

　このように仲裁は、国家の司法制度に組み込まれた国家が法認した訴訟に代替する紛争の終局的解決手段であり、仲裁判断は、公的な存在と言え、その既判力は、単に紛争当事者の私的な利益を保護するものにとどまらず、司法制度を担う国家の一般的利益（公益）を保護するものであるとも解されよう。

　また、妨訴抗弁の局面において、仲裁合意の存在は抗弁事項とされているが、それは、被告が訴訟を選択するか、仲裁を選択するかという専ら当事者の利益保護に関わる問題であるからであり、この局面では公的利益は関わらないと解される。

　したがって、仲裁判断の既判力を抗弁事項とする抗弁説、職権調査事項とする職権説、いずれの考え方もあり得ようが、仲裁制度が公的利益に関わるものであるから、確定判決と同一の効力を有する仲裁判断の既判力の調査において確定判決と同様に取り扱うことがより妥当であると考える。

　　㈡　**既判力の抵触問題**

　仲裁判断の後、仲裁判断に不服の当事者が再訴した場合、相手方当事者は、仲裁判断の既判力を援用することになるので、この場合、抗弁説、職権説のいずれの立場によっても結論に変わりがない。

　これに対し、仲裁判断の後、仲裁判断が請求の一部しか認容せず、当事者双方が仲裁判断に不服があり、一方当事者が再訴に及び、相手方もより有利な判決を期待して応訴する場合、いずれの当事者も仲裁判断を援用することはない。その結果、判決が確定し、仲裁判断の既判力と抵触するという問題が生じる。

　抗弁説によれば、仲裁判断の既判力が援用されなかったことをもって、黙示的な合意により仲裁判断の既判力の放棄がされたものと見て、前の仲裁判

断と後の確定判決とが矛盾抵触することを再審事由として主張し、再審の訴えを提起することはできないとされる[55]。

他方、職権説によれば、裁判所が職権で調査し、仲裁判断の既判力と抵触する判断を下すことはできないが、仲裁判断の既判力を看過して判決を下し、それが確定し、仲裁判断の既判力と抵触することになった場合は、仲裁判断も民事訴訟法338条１項10号にいう「前に確定した判決」に含まれ[56]、同10号が定める再審事由となるが、同１項ただし書が定める再審の補充性により、当事者は、仲裁判断との抵触を知っていた場合には失権し、再審を申し立てることはできない。したがって、両当事者がそれを知りながら既判力ある仲裁判断を持ち出さなかったときは、後訴判決を既判力に反するとして再審で取り消すことはできない[57]。

また、仲裁判断の後、訴訟手続ではなく、仲裁手続により仲裁判断がなされた場合、この10号に相当するものは、取消事由に定められていないが、公序違反として仲裁判断の取消事由になると解される[58]。しかし、仲裁法には明文の規定はないが、訴訟の場合と同様に、27条の規定にかかわらず、当事者は、仲裁判断との抵触を知っていた場合には失権し、それを理由に仲裁判断を取り消すことができないと解すべきであろう。

(f) 処分肯定説と処分否定説

(ア) 通　説

仲裁判断の既判力について、旧法からの通説は、当事者の意思を尊重し、仲裁合意が当事者による合意解除によって仲裁判断はその基礎を欠くに至り、遡及的にその効力を失うなどを理由として、当事者は、執行判決（執行決定）が確定するまでの間、合意によって仲裁判断を解消して、その既判力を消滅させることができるとする[59]。

(55)　小島＝猪股・仲裁426頁、猪股・和解的仲裁判断22頁等。
(56)　条解民訴1733頁〔松浦馨〕。
(57)　高橋宏志『重点講義 民事訴訟法 下〔第２版補訂版〕』（有斐閣、2014）782-783頁。
(58)　小島＝猪股・仲裁487頁の脚注(86)参照。
(59)　注解仲裁164頁〔福永有利〕、小島・仲裁317頁、上野・人的範囲686頁。現行法下の見解として、小島＝猪股・仲裁426頁がある。

㈤　処分否定説がより妥当か

　確定判決の既判力については、職権調査事項であり、また、当事者は既判力の内容に反する訴訟上の合意をして再審理を求めることはできず、合意をしたとしても、裁判所はそれを無視して既判力に応じて後訴判決を形成するが、既判力の内容と矛盾する実体法上の合意をすることは適法であるとされる[60]。

　前述したように、仲裁は、当事者が紛争の解決を仲裁人に委ね、かつ、その判断に服する旨の合意に基づくものであり、当事者は、仲裁判断に従う実体法上の義務があるが、その一方で、法が、仲裁を訴訟に代替する紛争の終局的解決手段とし手続保障の確保された仲裁手続によってなされた仲裁判断に対し、確定判決と同一の効力を付与した結果、仲裁判断は既判力を有する。したがって、仲裁合意については当事者に自由処分権があることは明らかであるが、仲裁判断の既判力については、法が特別に付与した効力であり、仲裁合意と同列に扱うことはできず、別途検討する必要があると考える。

　その場合、前述したように、仲裁判断の既判力は、単に紛争当事者の私的な利益を保護するものにとどまらず、司法制度を担う国家の一般的利益（公益）を保護するものであると解され、当事者が訴訟に代えて仲裁による紛争解決を選択した以上、当事者はこれにより紛争の終局的解決を図るべきであり、国家は、仲裁判断に重大な瑕疵がある場合には、取消制度により仲裁判断を取り消すための手続を当事者に用意しているが、そうではなく、単に仲裁判断の内容に不服であることから再度国家の裁判所の裁判を求める権利までをも当事者に与えていると解するのは、妥当ではないように思われる。もっとも、確定判決の場合と同様に、当事者は、仲裁判断後、既判力ではなく、実体法律関係を変更する合意をすることは許されよう。

　したがって、仲裁判断の既判力の処分性についても、肯定説、否定説、いずれの考え方もあり得ようが、仲裁判断の既判力が職権調査事項であるとする立場からは、確定判決の既判力と同様に、処分否定説がより妥当であると考える。

---

(60)　民訴講義498頁〔高橋宏志〕。

⒢　仲裁判断の既判力の基準時

仲裁判断の既判力の基準時（仲裁判断によって確定される権利関係の存否の基準となる時点）については、判決の場合と同様に、当事者がそれまでに生じた事実について主張、立証することができる時点となる。判決の場合、口頭弁論終結時となり、これは判決書に記載される（民訴253条1項4号）。

これに対し、仲裁の場合、実務上、通常、仲裁廷は、仲裁判断に熟したと判断した時点で審理の終結を決定し、この審理終結時が仲裁判断の既判力の基準時となる。したがって、仲裁判断書の作成日とは一致しない[61]。仲裁の場合も、民事執行法上、既判力の基準時を明らかにするため（民執35条2項）、仲裁廷は、仲裁判断作成日と併せて、審理終結日を仲裁判断書に明記すべきである。

⑷　執　行　力

仲裁判断は確定判決と同一の効力を有するが、仲裁判断に基づく民事執行をするには、裁判所の執行決定が必要となる（45条1項）。したがって、債務名義（一定の給付請求権の存在と範囲とを表示した文書で、強制執行手続は、これがなければ行うことができない）となるのは、確定した執行決定のある仲裁判断であり（民執22条6号の2）、仲裁判断と執行決定とが合体して債務名義となる（複合的債務名義）。これは、仲裁が、当事者の合意に基づく私人の判断による紛争の終局的解決手続であり、国家が仲裁判断に基づき民事執行を認めるには、裁判所に仲裁判断の成立手続や内容について審査、判断させる必要があるからである[62]。仲裁法は、仲裁判断の取消事由と共通する承認・執行拒絶事由を定め、裁判所はそれに基づき執行決定をするか否かを判断する。なお、意思表示を命じる仲裁判断は、民事執行法177条1項により、執行決定の確定があって初めて債務者が意思表示をしたものとみなされる[63]。したがって、仲裁判断に基づき登記の申請をするには、仲裁判断につ

---

(61)　小島＝猪股・仲裁418頁、435頁、山本＝山田・ADR仲裁360頁参照。これに対し東京地判平28・7・13判時2320号64頁は、仲裁判断の既判力の基準時は仲裁判断時であるとする（第6章**2**⑷⒣㈠㈪）。

(62)　中野＝下村・民執187頁。

(63)　中野＝下村・民執827頁。

いて執行決定を要する[64]。

(5)　形　成　力

　仲裁は、仲裁判断が確定判決と同一の効力を有し、訴訟に代替する紛争の終局的解決手続として国家が法認した制度であるから、訴訟で解決し得る紛争は仲裁に付託し得ることになる。したがって、法律上、形成訴訟の対象とされている事項については仲裁合意の対象となり、その場合、仲裁判断は判決に代わるものとして形成力（仲裁判断の内容どおり権利関係・法律関係の変更を生じさせる効力）を有することになる。

　形成訴訟の対象とされている事項は、通常、統一的な権利関係の確定が必要とされ、判決に対世効が認められるので、人事訴訟事件や会社関係事件等、仲裁可能性が否定されるものが多いが、当事者の和解が認められる事項については仲裁可能性が肯定される。たとえば、共有物分割訴訟（民258条）は、形式的形成訴訟（実体法上に形成要件の定めがなく、判決の具体的な内容は裁判所の裁量にまかされている）であり、共有物の分割にかかる仲裁判断は形成力を有することになる[65]。

　また、争訟的非訟事件、たとえば、会社非訟事件のうち、株式買取価格の決定（会社144条2項、470条2項等）や借地条件の変更（借地借家17条1項）等の借地非訟事件（借地借家41条以下）については、仲裁可能性が認められ（⇨第2章2(3)）、仲裁判断には形成力が生じる。また、契約の補充、適応についても、仲裁合意の対象とすることができ（⇨第2章9(5)(d)）、仲裁判断によって形成力が生じると解されよう。

8　仲裁判断の訂正・解釈、追加仲裁判断

　仲裁手続は、仲裁廷が仲裁判断をすることによって終了し（40条1項）、仲裁手続が終了したときは、仲裁廷の任務も終了するが（同3項本文）、その例外として、仲裁廷は、仲裁判断の不備を是正するため、仲裁判断の訂正・解釈、追加仲裁判断をすることができる（同3項ただし書）。仲裁法は、仲裁

---

(64)　最判昭54・1・25判時917頁52頁。
(65)　山本＝山田・ADR仲裁361頁参照。

判断の訂正・解釈、追加仲裁判断について、それぞれ41条、42条、43条で規定する。これらは、モデル法33条の規定に対応し、それと実質的にほぼ同じ内容を定める。

(1)　仲裁判断の訂正

(a)　制度の趣旨

前述したように、仲裁判断の効力は、仲裁判断書がいずれかの当事者に通知された時点で生じる。したがって、仲裁判断書が当事者に通知された後は、仲裁判断を変更することはできない。

しかし、仲裁判断における計算違い、誤記その他これらに類する誤りが発見された場合には、仲裁判断に基づく強制執行等のためそれを訂正する必要があり、仲裁判断の内容を変更するものではない限り、仲裁廷にはそれを訂正する権限が認められるべきである。そのため、仲裁法41条1項は、仲裁廷は、当事者の申立てによりまたは職権で、仲裁判断における計算違い、誤記その他これらに類する誤りを訂正することができると定め（41条1項）、仲裁判断の訂正を明文で規定する。これは判決の更正（民訴257条）に相当する。この規定が準拠するモデル法の規定は、強行規定であり[66]、仲裁法上も、当事者は、仲裁判断の訂正の申立てをしない旨の合意をすることはできないと解されよう。

(b)　手　　　続

訂正の申立ては、当事者間に別段の合意がない限り、仲裁判断の通知を受けた日から30日以内にしなければならないが（41条2項）、その期間経過後においても仲裁判断に基づく強制執行等のために仲裁廷による仲裁判断の訂正が必要となる場合があるので、モデル法の規定とは異なり、職権による訂正には期間の制限は設けられていない。当事者は、訂正の申立てをするときは、予め、または同時に、他の当事者に対して、その申立ての内容を記載した通知を発しなければならない（同3項）。これは、手続保障の観点から、他の当事者に対し訂正の申立てについての意見等を述べる機会を与えるためである。

---

(66)　See UNCITRAL History and Commentary 890.

　仲裁廷は、訂正の申立ての日から30日以内に、その申立てについての決定
をしなければならないが、必要があると認めるときは、この期間を延長する
ことができる（同4項、5項）。仲裁廷は、仲裁判断の訂正の申立てに理由が
あれば、訂正内容を示した決定をし、理由がなければ、その申立てを却下す
る決定をすることになる。この仲裁判断の訂正の決定および申立てを却下す
る決定については、仲裁判断書の作成方法、記載事項等を定める39条の規定
が準用され（41条6項）、それに従って作成され、当事者に通知されること
になる。仲裁判断の訂正の決定は、仲裁判断と一体となり、訂正された内容
の仲裁判断がされたことになる。

(2)　仲裁判断の解釈

(a)　制度の趣旨

　当事者は、仲裁廷に対し、仲裁判断の特定の部分の解釈を求める申立てを
することができる（42条1項）。この制度は、仲裁判断の内容が不明瞭であっ
た場合に対処するために設けられたものである。この規定が準拠したモデル
法は、国際仲裁では、仲裁判断書を起草する仲裁人の母国語が仲裁判断書の
言語と異なる場合があり、その場合、仲裁判断の内容が不明瞭となり、仲裁
廷がその内容を明確にする必要が生じることがあるため、この制度を設けた
とされる[67]。

　仲裁判断の解釈を求める申立てをする当事者は、その申立てにおいて、仲
裁判断の不明瞭の部分を特定しなければならない[68]。また、仲裁判断に不満
の当事者が解釈の名を借りて紛争の落着を引き延ばすような濫用的な申立て
を防ぐため[69]、解釈の申立ては、当事者間にその申立てをすることができる
旨の合意がある場合に限り、することができる（42条2項）。

(b)　手　　続

　解釈の申立ては、訂正の申立てと同様に、当事者間に別段の合意がない限
り、仲裁判断の通知を受けた日から30日以内にしなければならないが（42条

---

(67)　Roth UNCITRAL 1538.
(68)　See UNCITRAL History and Commentary 891.
(69)　仲裁コンメ234頁。See UNCITRAL History and Commentary 890-891.

254

3項による41条2項の準用）、仲裁廷の職権による解釈は認めていない。これは、当事者が求めていない以上、仲裁廷が職権で解釈を示すことまで認める必要はないからである。また、訂正の申立ての場合と同様に、手続保障の観点から、当事者は、解釈の申立てをするときは、予め、または同時に、他の当事者に対して、その申立ての内容を記載した通知を発しなければならない（42条3項による41条3項の準用）。

　仲裁廷は、解釈の申立ての日から30日以内に、その申立てについての決定をしなければならないが、必要があると認めるときは、この期間を延長することができる（42条3項による41条4項、5項の準用）。解釈の申立てについての仲裁廷の決定については、39条の規定が準用され（42条3項）、それに従って作成され、当事者に通知される。モデル法33条1項後段は、仲裁廷により示された解釈は、仲裁判断の一部となる旨を定めるが、仲裁法は、これを当然と解し、その旨の規定を採用していない[70]。

(3)　追加仲裁判断

(a)　制度の趣旨

　当事者は、仲裁手続における申立てのうちに仲裁判断において判断が示されなかったものがあるときは、当事者間に別段の合意がない限り、仲裁廷に対し、当該申立てについての仲裁判断を求める申立てをすることができる（43条1項前段）。仲裁判断に脱漏があるときは、その脱漏した部分についての仲裁判断を認め、紛争解決の実効性を図るための制度である[71]。追加判決（民訴258条）に相当する。当事者間の別段の合意を認めているので、当事者が追加仲裁判断の申立てをしない旨の合意をすることは可能であり、追加仲裁判断の要否は当事者の意思に委ね、仲裁廷が職権で追加仲裁判断をすることを認めていない。

　仲裁判断に脱漏がある場合において、当事者による追加仲裁判断の申立てがないときは、脱漏した部分についての解決が問題となる。この場合、脱漏した部分については仲裁判断による解決がされていないので、仲裁合意はそ

(70)　仲裁コンメ234頁。
(71)　仲裁コンメ236頁。

の目的を達したとは言えない。したがって、当事者間に別段の合意がない限り、脱漏した部分について仲裁合意の効力は存続していると解され、脱漏した部分についての解決は訴訟ではなく仲裁によることになる。その場合、仲裁手続は終了し、仲裁廷の任務も終了しているので、当事者は新たに仲裁手続を開始することになるが、脱漏した部分についても当初と同じ仲裁廷による仲裁判断を求めるのであれば、仲裁廷を構成する仲裁人の承諾を得た上で、再度同じ仲裁人を選任することになる。

(b) 手　続

　追加仲裁判断の申立ては、訂正の申立てと同様に、当事者間に別段の合意がない限り、仲裁判断の通知を受けた日から30日以内にしなければならない（43条1項後段による41条2項の準用）。当事者は、追加仲裁判断の申立てをするときは、手続保障の観点から、予め、または同時に、他の当事者に対して、その申立ての内容を記載した通知を発しなければならない（43条1項後段による41条3項の準用）。

　仲裁廷は、追加仲裁判断の申立ての日から60日以内に、その申立てについての決定をしなければならないが、必要があると認めるときは、この期間を延長することができる（43条2項前段、同後段による41条5項の準用）。仲裁廷は、追加仲裁判断の申立てに理由がある場合、追加仲裁判断をすることになるが、その場合、脱漏した部分について、審理を再開する必要があるときは、審理を再開し、必要な審理を行った上で審理を終結し、39条の規定に従って仲裁判断書を作成することになる（43条3項による39条の準用）。追加仲裁判断は既にされた仲裁判断の一部ではなく、別個独立の仲裁判断であるので、仲裁判断の取消し、執行決定の申立ても別個に行うことになる。

第 6 章

仲裁判断の取消し
および承認・執行

1 仲裁判断の取消し

(1) 取消制度の趣旨

　仲裁は、当事者が紛争の解決を第三者である仲裁人に委ね、その判断に服する旨の合意に基づく紛争解決手続であり（2条1項）、仲裁判断の効力は当事者の意思に求められるが、仲裁法は、仲裁判断に確定判決と同一の効力を付与する（45条1項）。そのため、仲裁法は、仲裁判断は、当事者間の有効な仲裁合意に基づき（2条1項、13条）、公正な仲裁人によって手続保障が確保された審理手続を経てなされることを要求している（18条、25条）。また、仲裁合意の当事者の意思としても、仲裁人の判断に無条件に服するというのではなく、このような公正かつ適正な手続が保障されていることを前提として仲裁人の判断に服することに合意していると考えられる。

　したがって、仲裁判断がこのような仲裁手続の基本的要件を欠く場合には、仲裁判断の効力を正当化する根拠を欠き、仲裁判断の効力は否定されるべきである。仲裁法は44条で、仲裁判断の効力を否定すべき事由（取消事由）を列挙し、それにより裁判所が仲裁判断を取り消す手続を設けている。これが仲裁判断の取消制度である。仲裁法は同1項で、仲裁判断の取消事由を列挙し、当事者は、これらのいずれかが認められるときは、裁判所に対し仲裁判断の取消しを求めることができる。仲裁判断の取消しは、仲裁判断によって不利益を受ける当事者が、先手を打って、相手方が既判力を主張し、あるいは、執行決定の申立てをする前に、それを無効とするための制度として設けられている。したがって、当事者の申立てが必要であり、職権で開始されることはない。また、これ以外の手続においても、仲裁判断の効力を争うことができ、その場合も、裁判所は、同様に、仲裁判断の効力について審理、

判断することになると解される（⇨**1**(5)、(8)）

(2)　内国仲裁判断が取消しの対象となる

　わが国の裁判所において取消しの対象となる仲裁判断は、仲裁地が日本国内にある仲裁判断（内国仲裁判断）に限られ（3条1項）、仲裁地が外国にある仲裁判断（外国仲裁判断）については、わが国の裁判所において取消しの対象とはならない。

(3)　取消事由の限定列挙

　仲裁法44条1項は、8つの取消事由を列挙している。すなわち、仲裁法44条1項1号、2号は仲裁合意の無効を、同3号は仲裁人の選任手続・仲裁手続における必要な通知の欠缺を、同4号は仲裁手続における防御不能を、同5号は仲裁合意・仲裁申立ての範囲の逸脱を、同6号は仲裁廷の構成・仲裁手続の違反を、同7号は仲裁可能性の欠缺を、同8号は公序良俗違反をそれぞれ取消事由として定める。

　モデル法34条2項は、仲裁判断は、次の各号に掲げる場合にのみ裁判所が取り消すことができると定め、取消事由が限定列挙である旨を明文で規定している。モデル法に準拠する仲裁法44条1項は、取消事由が限定列挙である旨の明文の規定を置いていないが、モデル法と同様に取消事由を限定列挙するものと解される。したがって、裁判所は、これら以外の事由により仲裁判断を取り消すことはできず、仲裁判断の実質的再審査を禁じられ、仲裁廷が事実認定や法の解釈・適用を誤ったとしても、これを理由に仲裁判断を取り消すことができない[1]。

(4)　裁 量 棄 却

　仲裁法44条6項は、裁判所は、仲裁判断に取消事由があると認めるときは、仲裁判断を取り消すことができると定める。この規定は、取消事由があるときであっても、裁判所は、裁量により申立てを棄却することができ、裁量的判断権を有すると解されている[2]。したがって、裁判所は、取消事由が

（1）　See UNCITRAL Digest 140; Wolf NYC Commentary 255-256.
（2）　仲裁コンメ249頁。また、仲裁法が準拠するモデル法に関し、UNCITRAL Digest 141を参照。これに対し、裁判所の裁量棄却を否定する見解として、安達・開示義務31頁がある。

ない場合には、仲裁判断を取り消すことはできず、裁量の余地はないが、取消事由がある場合は、その事由の存在だけをもって取消しの申立てを認容することはできず、仲裁判断の効力を否定すべき正当な理由があると認められるときに、仲裁判断を取り消すことになる。

(5)　仲裁判断の承認・執行との関係

　仲裁法45条は、モデル法36条に準拠し、仲裁判断は、内国仲裁判断、外国仲裁判断のいずれについても、取消事由と実質的にほぼ同じ事由である承認拒絶事由がある場合を除き、確定判決と同一の効力を有すると定める。

　仲裁判断の執行については、内国仲裁判断、外国仲裁判断のいずれも、仲裁判断に基づき強制執行を行うには、執行決定が必要である。すなわち、確定した執行決定のある仲裁判断が債務名義となる（民執22条6号の2）。仲裁法46条8項は、裁判所は、執行拒絶事由として、承認拒絶事由のいずれかがあると認める場合に限り、執行決定の申立てを却下することができると定める。裁判所は、仲裁判断の取消しの申立ての場合と同様に、執行拒絶事由がある場合であっても、執行申立てを棄却することを義務付けられておらず、執行決定をすることもでき、裁量的判断権を与えられている。

　したがって、裁判所は、執行拒絶事由がない場合には、執行決定の申立てを棄却することはできず、裁量の余地はないが、執行拒絶事由がある場合は、その事由の存在だけをもって執行決定の申立てを棄却することはできず、仲裁判断の効力を否定すべき正当な理由があると認められるときに、仲裁判断の執行決定を求める申立てを棄却することになる。

　これに対し、仲裁判断の承認については（承認の意義については⇨2(1)）、仲裁法45条は、モデル法36条1項の規律とは異なり、この裁判所の裁量権を明文で規定していないが、承認と執行の可否は同一の基準で判断すべきである。したがって、仲裁判断の承認の可否についても、裁判所の裁量権を認め、裁判所は、承認拒絶事由がある場合、仲裁判断の効力を否定すべき正当な理由があると認められるときに、仲裁判断を承認しないことになる。

　内国仲裁判断については、承認拒絶事由により効力が否定されるべき場合には、取り消されるべきであるから、裁判所は、仲裁判断の承認・執行と取消しの可否を同一の基準で判断することになる。

(6)　裁量棄却の基準

(a)　学説・判例

この裁判所の裁量棄却の基準について、取消事由の重大性、取消事由と本案の判断の内容との因果関係等が考慮要素となるとされる[3]。

判例も、大阪地決平27・3・17判時2270号74頁が、裁量棄却については言及せず、仲裁人に開示義務違反があったとしてもそれによる瑕疵は軽微なものとして、仲裁判断取消しの申立てを棄却したのに対し、その抗告審である大阪高決平28・6・28判時2319号32頁は、仲裁人の開示義務違反は、重大な手続上の瑕疵として、それ自体が、たとえ、仲裁判断の結論に直接影響を及ぼすことがないとしても、仲裁法44条1項6号の取消事由に該当するとした上で、かかる重大性から裁量棄却することはしないとした。また、東京地決平21・7・28判タ1304号292頁は、仲裁法44条1項4号は、「当事者が立ち会うことのできない手続が実施されたとか、当事者が認識できない資料に依拠して判断がされた場合など、当事者に対しておよそ防御する機会が与えられなかったような重大な手続保障違反があった場合にのみ、裁判所による仲裁判断の取消しを認める趣旨であると解するのが相当である」と判示し、裁量棄却については言及せず、4号について、重大な手続保障違反があった場合に限って、仲裁判断は取り消されるとする。

このように学説、判例とも、仲裁手続の瑕疵の重大性を問題とするが、裁量棄却の基準は、取消事由が認められる場合であっても仲裁判断の効力を否定すべき正当な理由があるか否かという規範的基準により決すべきであり、以下の(9)で各取消事由について検討するように、当事者や仲裁人が仲裁手続に費やした時間、費用、労力を考慮し、仲裁手続に瑕疵があったとしても、仲裁判断の結論に影響を及ぼさなかった場合にまで仲裁判断を取り消すべきではなく、原則として、これを裁量棄却の基準とすべきである。

(b)　仲裁法27条との関係

また、普遍的な法理である禁反言の法理により、当事者が仲裁手続の瑕疵について、それを知りながら、適時に異議を述べず、手続を進めた場合、そ

（3）　仲裁コンメ249頁。

の後仲裁判断の取消手続等で異議を述べることは許されない[4]。仲裁法27条は、強行規定に関するものについては異議権の喪失を認めていないが、強行規定違反であっても、当事者の利益を保護するための強行規定の違反である場合には、異議権を喪失するものと解すべきである（⇨第4章**6**(**6**)）。仲裁法27条の規定上、このような解釈に無理があり、当事者はそのような場合であっても、異議を主張することができると解しても、裁判所は仲裁判断を取り消すべきではなく、取消しの申立てを裁量棄却すべきであると考える。

　たとえば、仲裁廷が口頭審理の日時・場所を当事者に対し通知しなかった場合、仲裁法32条3項の強行規定に反することになるが、当事者がそれを知りながら異議を述べず、仲裁手続を遂行し、仲裁判断がなされた後、これを取消事由として主張することは、当事者間の公平、手続の安定に反するので、それを主張したとしても、裁判所は仲裁判断の取消しの申立てを棄却すべきである。

　しかし、訴訟と並び訴訟に代替する公正な第三者である仲裁人による適正な審理、判断による紛争の終局的解決手続として国家が法認した仲裁制度の根幹に関わり、この制度に対する信頼を維持、確保するため必ず遵守されなければならない手続の基本原則については、当事者の利益を超えた公益に関わるので、異議権の喪失は認めるべきではない。したがって、当事者が異議権を放棄したか否かに関係なく仲裁手続は無効と解すべきであり、そのような場合には、仲裁判断は取り消されることになる。たとえば、当事者と独立した関係にない者は、仲裁人の資格を有せず、かかる者が仲裁人として仲裁手続に関与する場合、仲裁手続は無効と解すべきであり、異議権の喪失の対象とはならない（⇨第3章**2**(**1**)）。

(7)　当事者自治との関係

(a)　仲裁判断取消しの申立権の放棄の可否

　仲裁法が準拠するモデル法は、仲裁判断取消しの申立権を放棄する当事者の合意の有効性に関しては何らの規定も置いていない[5]。かかる合意が当事者間にある場合、仲裁判断によって不利益を受ける当事者は取消手続ではな

（4）　See Wolf NYC Commentary 266-268.

く執行決定手続においても仲裁判断の効力を争うことができるので、その意思に反してまでかかる合意を無効とすべきではない。しかし、仲裁判断の取消権を定める仲裁法44条1項が強行規定として規定されているので、当事者がこれを放棄する合意をすることができないと解されよう[6]。

(b)　取消事由の任意的追加・拡張の可否

　当事者は合意により仲裁判断の取消事由、たとえば、仲裁廷による事実認定や法の解釈・適用の誤りを追加することができるかという問題がある。この問題について、仲裁はもともと当事者の合意に基礎を置くものであり、取消事由の列挙は国家法として最低限の事由を定めたもので当事者がこれより広く取消しを可能とすることを欲するならば、国家法はこれに干渉すべきではないとの考え方も可能であるとして、これを肯定する見解がある[7]。

　確かに、仲裁が仲裁人の判断に服するという当事者の合意に基づく紛争解決手続であるから、取消事由についても当事者の合意を認めることは理論的に可能ではあるが、モデル法に準拠した仲裁法は取消事由を限定列挙し、この取消事由が存在するときにのみ仲裁判断は取り消され、仲裁判断の効力を否定するという立場をとっている以上、当事者に対し仲裁法が列挙する取消事由以外の事由を取消事由に追加することを許容していないと解すべきである[8]。したがって、このような解釈はとり得ず、これは立法政策に委ねるべき問題であろう。

（5）　当事者が仲裁判断取消しの申立権を放棄する合意をすることができる旨を明文で規定する仲裁法として、たとえば、スイス国際仲裁法192条1項がある。また、かかる規定がない場合、当事者の放棄合意の効力が問題となるが、モデル法を採用する法域を含め諸外国の判例は、かかる当事者の合意の効力を肯定するものと否定するものとに分かれているとされる。この点に関し、Born International Commercial Arbitration 3664-3665を参照。
（6）　仲裁コンメ143頁。See Roth UNCITRAL 1541; Moscow Area Federal Arbitration Court, Moscow, 6 October 2011, CLOUT Case 1350.
（7）　小島＝高桑・注釈仲裁246-247頁〔谷口安平〕。同旨、小島＝猪股・仲裁491頁、中林啓一「仲裁判断取消事由を拡張する仲裁合意の効力——合衆国における裁判例および学説からの示唆——」修道28巻2号（2006）61頁。
（8）　理論と実務217頁〔近藤昌昭発言〕参照。See also UNCITRAL Digest 135.

(c)　裁判所に再審査を求めることができる旨の合意の可否

　仲裁の一審性から仲裁廷が判断を誤った場合にそれを是正するための手続の必要性から、当事者が裁判所に再審査を求めることができる旨の合意ができるか否かという問題があり、これを肯定する見解もあるが[9]、当事者が裁判所に再審査を求めることができる旨の合意をしても、それは当事者が仲裁判断に服する旨の合意である仲裁合意には該当しないと解される。

　また、仲裁法は、モデル法に準拠し、仲裁判断に不服の当事者が裁判所に求めることができる唯一の救済手段として取消制度を設けていると解されるので[10]、たとえ当事者が裁判所に再審査を求めることのできる期間を制限し、その期間の経過により仲裁判断は確定するという合意をする場合であっても、当事者は仲裁判断取消し以外の救済手段を合意により創設することはできないと解すべきである。

　もっとも、国家がこのような紛争解決手続を仲裁に含めるか否かは、仲裁をどのような紛争解決手段とするかという制度設計の問題であり、立法政策上、このような紛争解決手続を仲裁に含めることは可能であるが、モデル法に準拠するわが国の仲裁法上は、このような合意は仲裁合意に該当しないと考える。

(8)　仲裁判断の当然無効をめぐる議論

(a)　判決の場合

　訴訟の場合、確定判決には既判力があり、それにより確定された権利関係の内容を争うことはできないが、その判決の基礎となった訴訟手続に重大な瑕疵があるときは、再審の訴えにより確定判決の効力を争うことができる。また、判決が無効であると認められる場合、たとえば、判決によって確認され、または形成される権利関係が強行法規や公序良俗に反する場合には、判決が確定しても効力は生じないとされる[11]。したがって、確定判決は再審によらなければその効力を争うことができないが、無効事由がある場合には、

（9）　理論と実務214－216頁〔三木浩一発言〕、350頁〔谷口安平発言〕。また、旧法下における見解として、谷口安平「仲裁判断の取消し」松浦＝青山・論点348－349頁。

（10）　See UNCITRAL Analytical Commentary 71.

（11）　伊藤・民訴541頁。

既判力が生じないので、再審手続を経なくても当事者は判決において確定された法律関係と抵触する主張をすることができる[12]。

(b)　モデル法に準拠とする仲裁法は仲裁判断の当然無効を肯定する

これに対し仲裁の場合、仲裁法は、仲裁判断は、44条1項が定める取消事由と共通する承認拒絶事由がない限り、確定判決と同一の効力を有する旨を定めている（45条）。これはモデル法と同じ規律をしていると解される[13]。すなわち、モデル法は35条1項において、「仲裁判断は、それがなされた国の如何にかかわらず、拘束力あるものとして承認され」ると規定し、続く36条1項柱書において、「仲裁判断の承認または執行は、それがなされた国の如何にかかわらず、次の各号に掲げる場合にのみ、拒否することができる」と規定している。

このように、モデル法は、仲裁判断は、取り消されない限り、その効力を有するという前提をとらず、承認・執行拒絶事由がある場合には、その効力を否定することができるという立場をとっており、モデル法を採用し、それと同じ規律をする仲裁法上も、これと同様に解することになる。したがって、裁判所は、取消手続以外の手続において当事者が仲裁判断の承認拒絶事由の存在を主張して仲裁判断の効力を争うときは、仲裁判断が44条によって取り消されていなくても、承認拒絶事由に基づき、仲裁判断が承認されるべきものか否かについて審理、判断し、その結果、仲裁判断の既判力を肯定、否定することになる[14]。

したがって、仲裁法は、モデル法と同様に、仲裁判断に取消事由（承認拒絶事由）があり、取り消されるべき（承認されるべきでない）場合は、仲裁判断は取り消されていなくても、当然に無効であるという立場（当然無効肯定説）をとるものと解される。

---

(12)　秋山幹男ほか『コンメンタール民事訴訟法Ⅱ〔第2版〕』（日本評論社, 2006）440頁。

(13)　これを否定する見解として、三木・課題46頁がある。

(14)　仲裁コンメ264−265頁、小島＝高桑・注釈仲裁243頁〔谷口安平〕参照。青山ほか・座談会140頁〔青山善充発言〕、163頁〔内堀宏達発言〕をも参照。旧法下においてこの見解に立つものとして、青山善充「仲裁判断の効力」松浦＝青山・論点337−339頁がある。

(c) 学　　説

この当然無効肯定説に対しては、旧法の時代からこれと異なる見解があり、仲裁判断に当然無効を観念することはできるが、取消事由のすべてについて認められるのではなく、極めて重大な瑕疵を帯びる取消事由に限られるとする立場（制限肯定説）、仲裁判断は、取り消す裁判が確定して初めて無効となるのであって、仲裁判断の不存在という状態はあり得ても、当然無効を観念することはできないという立場（当然無効否定説）が主張されている[15]。

後者は、仲裁判断の取消しの申立ては、訴訟の場合の再審の訴えと同様であるとし、仲裁判断は取り消されるまでは有効に存在するという立場であると考えられる[16]。前者は、明らかに仲裁適格を欠く場合や仲裁合意を欠く場合等、仲裁判断の基礎を欠くことになる瑕疵がある場合、あるいは、仲裁手続が実質的に行われなかった場合等、追認すら不可能である瑕疵がある場合、仲裁判断は極めて重大な瑕疵を帯びることになり、仲裁判断の無効を主張することができるとされる[17]。また、後者の見解に立った場合であっても、このような極めて重大な瑕疵があるときは、仲裁判断は不存在であると観念すれば、仲裁判断の無効を主張することができるという[18]。

(d) 判　　例

判例は、旧法下のものであるが、東京地判平16・1・26判時1847号123頁が、「当事者間において仲裁契約が締結され、これに基づく仲裁判断がされた以上、当事者は、当該仲裁判断について取消理由が存するとしてこれを取り消す旨の判決が確定しない限りは、仲裁判断の既判力により、仲裁判断に反する主張をすることが許されず、当事者が仲裁判断で棄却されたのと同一の請

(15)　三木・課題46頁、理論と実務372-382頁、青山・ほか座談会161頁-163頁〔三木浩一発言〕参照。旧法下において、当然無効否定説に立つものとして、河野正憲「仲裁判断の承認・執行とその取消」青山善充ほか編『現代社会における民事手続法の展開（下）』（商事法務、2002）277頁、制限肯定説に立つものとして、谷口安平「仲裁判断の取消し」青山＝松浦・論点347-348頁がある。また、現行法下において、当然無効否定説に立つものとして、渡部・既判力34頁、制限肯定説に立つものとして、小島＝猪股・仲裁475-477頁、猪股・和解的仲裁判断61頁がある。
(16)　青山ほか・座談会162頁〔青山善充発言〕参照。
(17)　三木・課題46頁、小島＝猪股・仲裁473頁、猪股・和解的仲裁判断61頁。
(18)　三木・課題46頁。

求に係る訴えを裁判所に提起しても、裁判所も既判力に反した当事者の主張を排斥し（その点の審理に入らず）、したがって、請求を棄却すべきことになる」と判示しているが[19]、最判昭52・5・2裁判集民120号575頁は、約束手形金請求事件において、「仲裁契約が締結されていないのにされた仲裁判断は、確定判決と同一の効力を生じないものと解するのが相当であ」ると判示し、制限肯定説に立っているように解される[20]。

(e)　当然無効否定説の問題点——取消申立期間経過後の承認拒絶事由の主張の可否

当然無効否定説、すなわち、仲裁判断は取り消されなければ有効であるという見解によれば、当事者が仲裁判断の取消しの申立てをせずに、その申立期間が経過した場合、仲裁判断は有効に存在し、既判力を有するが、仲裁判断の執行決定の手続において執行力を争うことができるという問題が生じる[21]。また、制限肯定説による場合も、極めて重大な瑕疵があるときを除き、仲裁判断の無効を主張できず、当然無効否定説と同様の問題が生じる。

この問題に対しては、抗弁権の永久性により、仲裁判断取消しの申立てについての期間制限は、攻撃に対する制限であり、防御には及ばないので、取消しの申立てを妨げるにとどまり、執行決定の手続において取消事由を執行拒絶事由として主張することまでも失権させるものではなく[22]、また、仲裁判断が援用される訴訟においても、当事者は、仲裁判断の取消事由を抗弁または再抗弁として主張することを妨げられず、裁判所はこれを審理し判断することができるとの見解がある[23]。

---

(19)　これと同様に、東京地判平元・2・16判時1334号211頁が「仲裁判断がなされた以上は、当事者は、当該仲裁判断について取消事由が存するとしてこれを取り消す旨の判決が確定しない限りは、原則として同一の権利義務に関する争訟について裁判所の判断を求めることは許されないものと解するのが相当である」と判示する。

(20)　また、岡山地判昭53・12・13判タ377号133頁は、商業登記申請却下処分取消等請求事件において、株式会社の少数株主による株主総会招集請求権に係る裁判所の許可に代わる仲裁判断は、「裁判所の許可に代置し得ないことは明らかであるから」と判示し、仲裁可能性がないことを理由に仲裁判断の効力を否定している。

(21)　理論と実務378頁〔山本和彦発言〕。

(22)　小島＝猪股・仲裁477頁、499頁。同旨、猪股・和解的仲裁判断72－73頁。旧法下の見解として、谷口安平「仲裁判断の取消し」松浦＝青山・論点362頁も同旨。

⒡　当然無効肯定説をとらないドイツ仲裁法が講じている措置

　仲裁法45条１項が定める「仲裁判断は、確定判決と同一の効力を有する」
という規律は、旧法800条の規定を踏襲したものであり[24]、この規定は、ド
イツ1877年民事訴訟法866条（現行ドイツ仲裁法である民事訴訟法1055条）に由
来するものであるが[25]、ドイツ法の下では、伝統的に、内国仲裁判断は、不
存在と考えるべき重大な瑕疵がある例外的な場合を除き、取消事由が存在す
るか否かにかかわらず、取り消されない限り仲裁判断は有効で既判力を有す
るとされる[26]。現行のドイツ仲裁法は、民事訴訟法1055条において、仲裁判
断は当事者間において確定判決と同一の効力を有すると定めるが、モデル法
36条１項の規定は採用せず、取消事由の存否にかかわらず、仲裁判断は取り
消されるまで、既判力を有するとされる[27]。

　ドイツ仲裁法は、この立場を前提として、民事訴訟法1061条において、外
国仲裁判断の承認・執行については、NY条約その他の条約による旨を定め
る一方で、内国仲裁判断の承認・執行については、同1060条２項後段におい
て、仲裁判断の取消しの申立てをせずに、その申立期間が経過した場合、仲
裁判断の執行宣言を求める申立てにおいて、同1059条２項１号の取消事由
（職権調査事項でないもの）は斟酌してはならないと定め、モデル法の規定に
修正を加えている。また、職権調査事項である仲裁可能性の欠缺、公序違反
を除いているのは、仲裁判断が、仲裁可能性のない紛争に関するものである
場合、あるいは、公序に反する場合、仲裁判断は無効とすべきであり、裁判
所は、仲裁判断の執行決定手続でかかる事由については職権で斟酌し、仲裁
判断の執行を拒絶すべきであるからであると考えられる。

　わが国の仲裁法は、ドイツ仲裁法と違い、仲裁判断の承認・執行に関し、
内国仲裁判断と外国仲裁判断とを区別して扱わず、また、仲裁判断の取消し

(23)　小島＝猪股・仲裁500-501頁。これに対し、猪股・和解的仲裁判断73頁は、仲裁判
　　　断が援用される訴訟において、仲裁判断の既判力が抗弁として主張される場合には、こ
　　　れに対して取消事由を再抗弁として主張することを認めない立場をとる。
(24)　青山ほか・座談会161頁〔内堀宏達発言〕参照。
(25)　渡部・既判力３頁。
(26)　Arbitration in Germany 390.
(27)　Arbitration in Germany 424-426.

の申立てをせずに、その申立期間が経過した場合、仲裁判断の執行決定を求める申立てにおいて、職権調査事項でない取消事由は斟酌してはならない旨の規定を置いていない。

　したがって、モデル法の規定に変更を加えていないわが国の仲裁法上、当事者が仲裁判断の取消しの申立てをせずに、その申立期間が経過した場合であっても、仲裁判断の執行決定手続において仲裁判断の執行拒絶事由を主張することはできると解され、わが国では、当然無効肯定説が妥当すると考えられる。

(g) 信義則違反とモデル法が採用する救済方法の選択

　仲裁判断は、承認拒絶事由がある場合、原則として当然無効となるが、仲裁法が仲裁判断の取消制度を設けている以上、当事者がそれを全く利用せずに、後に仲裁判断の無効を主張することが、場合によっては信義則に反すると解される余地はあり、少なくともその瑕疵が重大なものでない場合には、取消期間の経過後には主張が許されなくなる場合があり得るとの見解がある[28]。

　この見解によれば、仲裁判断の取消制度の趣旨から信義則により仲裁判断の執行決定手続において仲裁判断の執行拒絶事由を主張することはできない場合があることになる。しかし、わが国の仲裁法が採用したモデル法の立場からは、以下の理由により、信義則の適用の余地はほぼないものと解される。

　モデル法の下では、当事者は、外国仲裁判断のみならず内国仲裁判断についても積極的にその取消しの申立てをせず、仲裁判断の承認・執行の段階で初めて防御的に承認・執行拒絶事由を主張してその拒絶を申し立てることができ、当事者にはこの2つの救済方法のうちいずれを選択するか、いわば救済方法の選択（choice of remedies）が与えられていると解される[29]。

---

(28)　山本＝山田・ADR仲裁360−361頁。

(29)　Born International Commercial Arbitration 3382. これを肯定するモデル法採用国であるシンガポールの判例として、PT First Media TBK v. Astro Nusantara International BV［2013］SGCA 57, para. 71がある。このモデル法の立場は、モデル法の作成作業の審議において確認されている。この点に関し、U. N. Doc. A/CN. 9/246（1984）, para. 154を参照。

したがって、わが国の仲裁法の解釈としても、モデル法と同様に、当事者は救済方法の選択を有していると解される(30)。このように解する場合、当事者は、仲裁判断の取消しを申し立てず、執行決定手続において初めて執行拒絶事由を主張するか否かを選択することができ、通常、信義則によりかかる主張が遮断されることはない(31)。

以上により、確定判決の場合、再審によらなければその判決の効力を争うことができないが、無効事由が認められるときは、再審手続を経なくてもその効力を争うことができるのに対し、仲裁判断の場合には、仲裁判断は、取消事由に基づき取り消されるべき正当な理由があるときは、その効力を有せず、当事者は、仲裁判断の取消手続のみならず、それ以外の手続においても仲裁判断の取消事由と共通する承認拒絶事由を主張して仲裁判断の効力を争うことができると解される。もっとも、仲裁判断の無効確認の訴えについては、その実質が仲裁判断の効力を否定することにある以上、仲裁判断の取消しの申立てが可能である場合、確認の利益を欠き、許されないと解されよう(32)。

(9) 取消事由

(a) 仲裁合意の無効

(ア) 趣旨

仲裁法44条1項1号は、「仲裁合意が、当事者の能力の制限により、その効力を有しないこと」を、同2号は、「仲裁合意が、当事者が合意により仲裁合意に適用すべきものとして指定した法令（当該指定がないときは、日本の法令）によれば、当事者の能力の制限以外の事由により、その効力を有しないこと」をそれぞれ仲裁判断の取消事由に挙げる。これは、仲裁手続、仲裁判断の基礎となる仲裁合意そのものが無効である場合、仲裁判断の効力を正当化する根拠を欠くことになるからである。

前者は、仲裁合意締結能力の欠缺をいい、行為能力の制限により仲裁合意

---

(30) これを肯定する見解として、小島＝高桑・注釈仲裁〔谷口安平〕243頁、小島＝猪股・仲裁542頁がある。
(31) 小島＝猪股・仲裁542頁参照。
(32) 小島＝猪股・仲裁460頁、猪股・和解的仲裁判断70頁参照。

が無効となる場合である。当事者能力の欠缺も含まれると解される[33]。後者は、仲裁合意締結能力の制限以外の事由により仲裁合意が効力を有しない場合であり、これには、仲裁合意の不成立、無効、失効による場合がある。仲裁合意の方式要件を具備しない場合も含まれる。

⑷　裁量棄却の基準

裁量棄却の基準に関しては、仲裁法23条2項本文は、「仲裁手続において、仲裁廷が仲裁権限を有しない旨の主張は、その原因となる事由が仲裁手続の進行中に生じた場合にあってはその後速やかに、その他の場合にあっては本案についての最初の主張書面の提出の時（口頭審理において口頭で最初に本案についての主張をする時を含む。）までに、しなければならない」と定める。

したがって、当事者はこの期限を過ぎて仲裁権限を争うことはできず、この失権の効果は、仲裁判断取消しや執行決定の手続にも及び、仲裁判断の取消しを申し立てる当事者は、仲裁合意が無効であったとしても、これを主張することはできず、裁判所もそれを理由に仲裁判断を取り消すことはできない。

⑻　手続保障違反

⑺　趣　　旨

仲裁法44条1項3号は、「申立人が、仲裁人の選任手続又は仲裁手続において、日本の法令（その法令の公の秩序に関しない規定に関する事項について当事者間に合意があるときは、当該合意）により必要とされる通知を受けなかったこと」を取消事由に挙げる。これは、当事者が、仲裁人の選任手続において必要な通知を受けなかったときは、仲裁人の選任手続に関与する機会を与えられず、当事者の仲裁人選任権を害することになり、また、当事者が、仲裁手続において必要な通知を受けなかったときは、仲裁手続に関与する機会を与えられず、主張、立証する機会がなく、手続保障を欠くことになるため、それぞれ、仲裁判断の効力を正当化する根拠を欠くことになるからである。

口頭審理期日の通知については、仲裁法32条3項が、仲裁廷は、当事者に準備の機会を与えるため、当事者に対し、相当な期間をおいて、その日時お

---

(33)　See Hass & Kahlert NYC Commentary 1711-1712.

よび場所を通知しなければならない旨を定めており、かかる通知の懈怠は3号の取消事由となる。

また、同4号は、「申立人が、仲裁手続において防御することが不可能であったこと」を取消事由に挙げる。これも、3号と同様に、手続保障を欠く場合、仲裁判断の効力を正当化する根拠を欠くことになるからである。モデル法の規定と違い、仲裁法は通知の重要性に鑑み、3号を4号とは別に規定している[34]。

仲裁法は25条において、仲裁廷が当事者に対し平等に主張・立証の機会を与えなければならないと定める。これは、紛争の終局的解決手続である訴訟、仲裁に共通して妥当する普遍的原則である。これに反するものは手続保障違反となり、4号の取消事由となる。

この手続保障違反は、仲裁法44条1項8号の手続的公序違反ともなり、裁判所は当事者の主張がなくても職権で調査し、仲裁判断を取り消すことができると解される[35]。

(イ)　裁量棄却の基準

(i)　仲裁判断の結論との因果関係

仲裁法44条6項が定める裁量棄却の基準について、モデル法の作成過程において、仲裁判断の取消事由が仲裁判断に実質的に影響を及ぼしたかどうかに関係なく、仲裁判断を取り消すことができると解されており[36]、学説も、手続保障違反が仲裁判断の結論に影響を及ぼしたかどうかを考慮せずに仲裁判断の効力を否定し得るとする見解が示されている[37]。

しかし、手続保障違反が仲裁判断の結論に影響を及ぼさなかった場合、同じ結論の仲裁判断を得るために再度当事者に仲裁手続を強いることは意味がなく、手続保障が正当な仲裁判断を確保するためのものであるから、手続保障違反が仲裁判断の結論に影響を及ぼした蓋然性が認められる場合に限っ

---

(34)　仲裁コンメ251頁。
(35)　小島＝猪股・仲裁522頁参照。See also Wolff NYC Commentary 302-303, 434.
(36)　UNCITRAL History and Commentary 922.
(37)　Fouchard Gaillard Goldman on International Commercial Arbitration 987. See Wolff NYC Commentary 299.

て、仲裁判断は取り消されるべきである[38]。この見解は、学説のほか、ドイツ、フランス、香港、英国の判例においても支持されている[39]。しかし、通常、現実に手続保障違反と仲裁判断の結論との因果関係を具体的かつ明白に示すことは困難であるので、高い蓋然性までをも要求すべきでないと解される[40]。

　また、手続保障違反と仲裁判断の結論との因果関係の審査は、仲裁判断の実体に関わるため、手続保障違反がなかった場合、仲裁廷がどのような判断をしていたかを裁判所が広範に審査することに懸念が示されている[41]。

　しかし、手続保障違反と仲裁判断の結論との因果関係の審査は、仲裁廷に手続保障違反があったか否か、これが肯定される場合、手続保障違反が仲裁判断の結論に影響を及ぼした蓋然性が認められるか否か、これらを対象とするものであり、仲裁廷の事実認定が誤っていたか否か、正しくなかったか否かを審査の対象とするものではない。したがって、この審査が仲裁判断の実質的再審査禁止の原則（⇨ 1 (9)(f)(イ)(ⅰ)）に抵触するとは解されない[42]。

　もっとも、手続保障違反が極めて重大で許容し得ない程に甚だしい場合、たとえば、実際に生じることはまずないが、仲裁廷が仲裁被申立人に対し防御する機会を全く与えずに仲裁判断をしたような場合には、仲裁判断の結論との因果関係を見るまでもなく、仲裁判断は取り消されるべきである[43]。

(ⅱ)　禁反言の法理との関係

　禁反言の法理との関係については、前述したように、当事者が手続保障違反について異議を述べなかった場合、当事者の利益を保護するための強行規定違反である限り、異議権を喪失すると解すべきであるが、仲裁法27条の規定上、このような解釈に無理があり、当事者はそれを主張することができる

---

(38)　See Wolff NYC Commentary 298-299.

(39)　Wolff NYC Commentary 298. See Born International Commercial Arbitration 3875.

(40)　See Wolff NYC Commentary 299.

(41)　van den Berg NYC 303.

(42)　See Wolff NYC Commentary 299.

(43)　See Born International Commercial Arbitration 3540, 3875; Wolff NYC Commentary 299; Pacific China Holdings Ltd v. Grand Pacific Holdings Ltd, [2012] HKEC 645, Court of Appeal, 10 May 2012, para. 105.

と解しても、裁判所は仲裁判断を取り消すべきではなく、取消しの申立てを裁量棄却すべきである。したがって、たとえば、当事者が主張する十分な機会を与えられなかったとしても、それを知りながら異議を述べなかったときは、裁判所は、それを理由に仲裁判断を取り消すべきではない[44]。

(ウ)　仲裁人選任手続・仲裁手続における必要な通知の欠缺

(i)　了知可能性と適時性

　3号は、日本法により、または、当事者の合意があるときは（日本法の強行規定に反しない場合に限る）それにより必要とされる通知を受けなかったことを取消事由とする。いずれの場合も、通知は、当事者の仲裁人選任権および手続保障を確保するため適正なものでなければならない。

　外国判決の承認要件として民事訴訟法118条2号が定める訴訟の開始に必要な呼出しもしくは命令の送達の場合と同様に[45]、当事者が現実に通知の内容を了知することができ、かつ、仲裁人の選任、攻撃防御の準備を可能にする時期、方法等によるものでなければならないと解される。すなわち、通知は了知可能性と適時性が要求される。前者に関しては、当事者が、たとえば、正当な理由なく受領を拒絶した場合や受領を不能にするような措置をとる場合等、当事者に帰責事由があるときは、当事者間の公平の見地から、3号の取消事由を主張することはできないと解すべきである。後者に関しては、口頭審理期日の通知について、仲裁法32条3項は、当事者が口頭審理の準備をするのに相当な期間をおいてしなければならない旨を定め、これに反する場合、3号の取消事由となる。

(ii)　擬制的通知

　仲裁法は、通知の方法については、特に定めていないので、当事者間に合意がない場合は、郵便、ファックス、電子メール等によることができる。書面による通知については12条5項が、名宛人の住所等のすべてが相当の調査をしても分からないときは、発信人は、名宛人の最後の住所等に宛てて書面

(44)　See Wolff NYC Commentary 270; Born International Commercial Arbitration 3876-3878.
(45)　条解民訴632頁〔竹下守夫〕、最判平10・4・28民集52巻3号853頁。

を書留郵便その他配達を試みたことを証明することができる方法により発送することにより、書面が通常到達すべきであった時に通知がされたものとする旨を定めており、このような擬制的通知による場合も、3号が要求する適正な通知に当たるか否かが問題となる。

　見解が分かれようが[46]、擬制的通知による場合、当事者は現実に通知の内容を了知し得ないのであるから、たとえば、配達を不能にするために転居する場合や、契約上、転居した際、相手方に転居先を通知する義務があるにもかかわらず、その通知を怠った場合等、当事者に帰責事由があるときは、手続保障の欠缺を主張することはできないが、そのような事情がない限り、擬制的通知は、当事者が現実に通知の内容を了知し得ない限り、3号が要求する適正な通知とは言えず、3号の取消事由になると解される[47]。

㈢　仲裁手続における防御不能

⒤　手続保障

　当事者は、主張書面、証拠書類その他の記録を仲裁廷に提供したときは、他の当事者がその内容を知ることができるようにする措置を執らなければならず（32条4項）。また、仲裁廷も、仲裁判断その他の仲裁廷の決定の基礎となるべき鑑定人の報告その他の証拠資料の内容を、すべての当事者が知ることができるようにする措置を執らなければならない（同5項）。これらの懈怠は4号の取消事由となる。これは、当事者に対し相手方当事者が提出した資料等について主張・立証の機会を与えるためである。

　また、仲裁廷が当事者の主張していない実体法上の法的観点（実体法上の請求権）に基づき判断する場合には、当事者に対し不意打ちとならないよう、仲裁廷が採用する法律構成について当事者に伝え、当事者に対しそれについての主張・立証の機会を与えなければならない[48]（⇨ **1**⑼⒞㋑⒤⒤）。

---

(46)　See Wolf NYC Commentary 309.

(47)　See Sun Tian Gang v. Hong Kong & China Gas (Jilin) Ltd [2016] HKEC 2128.

(48)　See Born International Commercial Arbitration 3292, 3528-3533; Wolff NYC Commentary 318-320, 339. この考え方は英国、スイス等の諸外国の判例において認められている。この点に関しても、Born International Commercial Arbitration 3528-3533を参照。

(ii)　証拠調べ、鑑定人選任における仲裁廷の裁量的判断権

　仲裁廷は、当事者間に別段の合意がない限り、証拠としての許容性、取調べの必要性およびその証明力についての判断をする権限を有し（26条 3 項）、仲裁廷には証拠に関するルールについて裁量的判断権が与えられている。したがって、仲裁廷が当事者の証拠調べの申立てに対し、取調べの必要性がないと判断してそれを認めず、証拠調べが実施されなかったとしても、当事者の手続保障を欠くとは言えず、 4 号の取消事由には当たらない[49]。

　また、仲裁廷が審理、仲裁判断に必要な専門知識を補充するため、これを有する専門家を鑑定人に選任するか否かについても、仲裁廷に裁量的判断権があり、仲裁廷は必要と判断したときにそれを実施することになる[50]。

(iii)　当事者の主張に対する仲裁廷の応答義務の懈怠

　手続保障の下、仲裁廷は、当事者に対し主張する機会を公平に与えなければならないことに加え、当事者の主張に対し適正に応答し判断しなければならない。当事者が主張する仲裁判断の結論に影響を及ぼす重要な争点について判断を示さなかった場合、たとえば、仲裁廷が当事者間に争いのある仲裁判断の結論に重要な影響を及ぼす事項に関する事実を争いのない事実として仲裁判断した場合、手続保障違反となり 4 号の取消事由となる[51]。もっとも、仲裁判断の終局性の観点から、仲裁廷の故意による場合に限られるべきであるが[52]、通常、このようなことは仲裁廷の過失によって生じることはなく、特別の事情がない限り、仲裁廷の故意が認められよう。

---

(49)　See Wolf NYC Commentary 312-314.

(50)　See Wolff NYC Commentary 314.

(51)　See Wolff NYC Commentary 316-317. また、東京地決平23・ 6 ・13判時2128号58頁は、仲裁廷がこのような事実認定をしたとして仲裁判断を仲裁法44条 1 項 8 号の手続的公序違反を理由に取り消した（⇨ **1**⑼(f)(ウ)）。

(52)　中村達也「判研」最先端技術関連法研究11号（2012）155頁。渡部美由紀「判批」JCA59巻 4 号（2012）18頁は、「仲裁人が、明らかに争いのある事実を、故意に争いのない事実として判断しなかったことにより、結論が変わった蓋然性が高いような場合には、手続的公序違反として、仲裁判断は取り消されるべきである」という。これに対し、谷口安平「仲裁判断取消事由としての手続的公序違反 —— 東京地裁平成23年 6 月13日決定を素材として」三木ほか・国際仲裁312頁は、仲裁人の責任を問う場面ではないから、過失の有無は問題とはならないという。

以上のほか、仲裁手続において代理人が代理権を有していなかった場合、追認されない限り、手続保障の欠缺を理由に取消事由となる[53]。

(c) 仲裁合意・仲裁申立ての範囲の逸脱

(ア) 仲裁合意の範囲の逸脱

仲裁法44条1項5号は、「仲裁判断が、仲裁合意又は仲裁手続における申立ての範囲を超える事項に関する判断を含むものであること」を取消事由に挙げる。前者、すなわち、仲裁判断が仲裁合意の範囲を超える事項に関する判断を含む場合、それが仲裁合意の主観的範囲、客観的範囲のいずれに関わるものであっても、これは当事者の仲裁合意に反し、仲裁判断の効力を正当化する根拠を欠くことになる。仲裁合意が無効である場合を取消事由と定める2号と補完的関係にある[54]。すなわち、仲裁合意の範囲を超える事項に関する判断を含む場合、その事項については、仲裁合意が無効であるとして、2号の取消事由として主張することもできよう。

(イ) 仲裁申立ての範囲の逸脱

後者、すなわち、仲裁手続における申立ての範囲を超える事項に関する判断を含む場合も、仲裁合意に基づき仲裁を申し立てた当事者の意思に反し、仲裁判断の効力を正当化する根拠を欠くことになる。

(i) 仲裁申立人が主張する請求内容から逸脱して判断する場合

仲裁手続を開始するには、当事者間に別段の合意がない限り、一方の当事者が他方の当事者に対し、特定の紛争を仲裁に付する旨の通知をする必要があり（29条1項）、その時点で、仲裁手続を開始する当事者の請求は特定されなければならないと解されるが（⇨第4章1(2)）、当事者の請求が特定されない場合であっても、その後、仲裁申立人は、仲裁廷が定めた期間内に、申立ての趣旨、申立ての根拠となる事実および紛争の要点を陳述しなければならず（31条1項）、それによって、仲裁申立人により請求内容が特定され、その請求を基礎付ける実体法上の請求権が主張されることになる。もっとも、機関仲裁の場合には、通常、仲裁機関の規則に従い、仲裁申立時に当事

---

(53)　山本＝山田・ADR仲裁367頁参照。
(54)　See Wolff NYC Commentary 321.

者の請求内容が特定されることになる。

　このように仲裁手続において当事者の請求内容は、特定され、仲裁廷は、その特定された請求について審理、仲裁判断をすることを任務とするので、当事者が申し立てていない請求に対し仲裁判断をすることは許されない。当事者が申し立てた特定の請求から質的にも量的にも逸脱した仲裁判断をすることは、申立ての範囲を超える事項に関する判断となり、仲裁法44条1項5号の取消事由となる。たとえば、仲裁廷が、当事者が特定の給付を命じる仲裁判断を求めているにもかかわらず、特定の権利または法律関係の存否を確認する仲裁判断をする場合、あるいは、当事者が求める金額以上の金額を認容する仲裁判断をする場合、かかる仲裁判断は取り消されることになる。

　しかし、当事者が仲裁廷に対し申立ての範囲を超える事項に関する判断をする権限を付与した場合、たとえば、当事者が仲裁廷に対し正当かつ衡平である（just and equitable）と認めるいかなる救済をも命じる権限を与えている場合には、仲裁廷がかかる権限を行使して申立ての範囲を逸脱する仲裁判断をしても、それが取り消されることはない[55]。もっとも、仲裁廷が当事者の申し立てていない救済を命じる場合、手続保障の観点から、当事者に対する不意打ちを防止するため、それを当事者に伝え、当事者に対し主張・立証の機会を与えるべきである（25条）。仲裁廷がそれを行わず、当事者が仲裁廷の命じる救済について気付かず、かかる救済について主張・立証の機会を与えられなかった場合には、4号の取消事由となる[56]。

(ii)　仲裁申立人が主張しない実体法上の請求権に基づき判断する場合

　仲裁手続において当事者は、請求内容を特定するとともに、その請求を基礎付ける実体法上の請求権を主張し、仲裁廷は、その請求の当否を審理、判断して仲裁判断をすることになるが、そうではなく、仲裁廷が請求の当否について当事者の主張しない実体法上の請求権に基づき仲裁判断をする場合、仲裁判断が仲裁手続における申立ての範囲を超える事項に関する判断を含む

(55)　NY条約5条1項(c)に関する判例として、Telenor Mobile Communication AS v. Storm LLC, 524 F. Supp. 2d 332（S. D. N. Y. 2007）。また、M&C Corp. v. Erwin Behr GmbH & Co., KG, 87 F. 3d（6th Cir. 1996）がある。

(56)　See Born International Commercial Arbitration 3579 n. 861.

ものであるか否かが問題となる。

　仲裁申立ての範囲については、仲裁法31条3項に対応するモデル法23条2項は、当事者の申立ての変更（amendments to the claim）について規定し、この規定は、UNCITRAL1976年仲裁規則20条（同2010年仲裁規則22条）を模範としており[57]、UNCITRAL仲裁規則上、申立ての趣旨を変更せずに、その請求を基礎付ける実体法上の請求権を変更する場合であっても、申立ての変更とはならないとされる[58]。このように仲裁申立ての範囲を画することは、学説においても支持するものがあり[59]、また、判例も、NY条約5条1項(c)を適用したものではあるが、これと同じ見解に立つものがある[60]。

　モデル法に準拠する仲裁法上も、このモデル法の考え方に依拠して、請求権競合の関係にある別の請求権が従来の請求権と交換的に変更され、あるいは、それに追加される場合であっても、それは申立ての範囲内にとどまり、申立ての変更には当たらないと解すべきである。したがって、申立ての範囲は、請求を基礎付ける実体法上の請求権が複数存し得る場合であっても、それらによって基礎付けられる一定の給付を請求する権利によって画することになり、仲裁廷が仲裁申立人の請求を基礎付ける実体法上の請求権とは別の請求権に基づき当事者の請求を認容する場合であっても、5号の取消事由、すなわち、仲裁判断が仲裁手続における申立ての範囲を超える事項に関する判断を含むものであるとは言えない[61]。

　仲裁廷が当事者の主張していない実体法上の請求権に基づき判断する場合

---

(57)　See Peter Binder UNCITRAL 363.

(58)　Jan Paulsson and Georgios Petrochilos, UNCITRAL Arbitration (Kluwer Law International 2017) 179. See Jason Fry, Simon Greenberg & Francesca Mazza, The Secretariat's Guide to ICC Arbitration (ICC 2012) para. 3-898.

(59)　Born International Commercial Arbitration 3580, 3887-3888; Wolff NYC Commentary 339.

(60)　Born International Commercial Arbitration 2580 n. 864, 3887 n. 974. See Ministry of Defense of the Islamic Republic of Iran v. Gould, Inc., 969 F. 2d 764 (9th Cir. 1992); Ministry of Defense and Support for Armed Forces of Islamic Republic of Iran v. Cubic Defense Systems, Inc., 29 F. Supp. 2d 1168 (S. D. Cal. 1998); SEI Societa Esplosivi Industriali SpA v. L-3 Fuzing & Ordnance Sys., 843 F. Supp. 2d 509 (D. Del. 2012).

には、それが、仲裁申立人が主張する請求内容から合理的に予測される範囲内であり、当事者がそれを合理的に予測し得たとしても、当事者がそれについて主張していない限り、仲裁廷がそれに基づき判断するには、当事者に対し不意打ちとならないよう、仲裁廷が採用する法律構成について当事者に伝え、当事者に対しそれについての主張・立証の機会を与えなければならない。そして、かかる機会が与えられない場合には、仲裁判断は手続保障違反となり、手続保障違反が仲裁判断の結論に影響を及ぼした蓋然性が認められるときには、仲裁判断は、4項の取消事由に基づき取り消されることになると考えられる。

㈼　裁量棄却の基準

裁量棄却の基準に関しては、仲裁判断が仲裁合意の範囲または仲裁申立ての範囲を超える事項に関する判断を含む場合、通常、仲裁判断の結論に影響を及ぼし[62]、仲裁判断の取消しの申立てを受けた裁判所が裁量棄却することはないと考える。また、前者に関しては、仲裁合意の無効の場合と同様に、仲裁廷が仲裁権限を有しない旨の主張はその提出期限を超えて述べることはできず（23条2項）、失権効が働くことになる。

㈽　一部取消し

また、仲裁判断に5号の取消事由がある場合において、かかる取消事由に関する部分を仲裁判断から区分することができるときは、裁判所は、仲裁判断のうち当該部分のみを取り消すことができる（44条7項）。この仲裁判断の一部取消しは、5号の取消事由について定めているが、5号のみならず、他の取消事由についても妥当し、裁判所は、仲裁判断のうち取消事由が付着

---

(61)　東京高決平30・8・1判時 2415号24頁は、仲裁法44条1項5号に規定する「申立ての範囲」を超えるか否かの判断は、紛争の経済的実態と当事者の主張から画される合理的な枠を超えていないか、不意打ちになっていないかどうかによって画され、その範囲は、申立てを基礎付ける請求の法律構成の観点からは、仲裁申立において主張された経済的社会的な紛争の事実から合理的に予測される範囲内の法律構成によるものであれば足りるとの判断を示す。この見解を支持するものとして、中本香織「判批」新・判例解説Watch／2019年10月（法セ増刊・速報判例解説25号）153頁、渡部美由紀「判批」JCA66巻11号（2019）33頁がある。

(62)　See Wolff NYC Commentary 340.

する部分を他の部分から分離することができる場合、仲裁判断は取消事由が付着する部分のみを取り消すことができる（⇨ **1**⑽⒠⒠⑷）[63]。

⒟　仲裁廷の構成・仲裁手続の違反

㋐　NY条約の規定との違い

　仲裁法44条1項6号は、「仲裁廷の構成又は仲裁手続が、日本の法令（その法令の公の秩序に関しない規定に関する事項について当事者間に合意があるときは、当該合意）に違反するものであつたこと」を取消事由に挙げる。この場合、とりわけ、当事者の合意に反する場合には、仲裁判断の効力を正当化する根拠を欠くことになる。NY条約5条1項⒟の承認・執行拒絶事由に対応するものであるが、NY条約の規定とは以下の点で異なる。

　NY条約5条1項⒟は、「仲裁機関の構成又は仲裁手続が、当事者の合意に従っていなかつたこと又は、そのような合意がなかつたときは、仲裁が行なわれた国の法令に従つていなかつたこと」を承認・執行拒絶事由として定め、仲裁廷の構成または仲裁手続について当事者間に合意がある場合、その合意に反した仲裁廷の構成または仲裁手続が実施されたときは、承認・執行拒絶事由となるが、当事者の合意が仲裁地法の強行規定に反していないことを要求していない。

　これに対し、仲裁法44条1項6号によれば、仲裁廷の構成または仲裁手続についての当事者の合意が仲裁地である日本の仲裁法の強行規定に反する場合、仲裁廷の構成または仲裁手続がかかる当事者の合意に反したものであっても、この6号の取消事由には当たらないことになる。

㋑　裁量棄却の基準

　裁量棄却の基準に関しては、手続保障違反の場合と同様に、仲裁廷の構成・仲裁手続の違反が仲裁判断の結論に影響を及ぼした蓋然性が認められる場合に限り、仲裁判断は取り消されるべきである[64]。

㋒　仲裁人の選任違反

　仲裁廷の構成に関しては、仲裁人の選任が当事者の合意に反していた場

⑹₃　See Wolff NYC Commentary 341.

⑹₄　See Wolff NYC Commentary 354-357, 358-361.

合、それが仲裁判断の結論に影響を及ぼしたか否かについては、当事者の合意に従って選任された別の仲裁人から成る仲裁廷がどのように審理し、評議によりどのような結論を仲裁判断で導くかを推測することは困難であり、仲裁人の選任の違反が仲裁判断の結論に影響を及ぼした蓋然性は低くならざるを得ない。しかし、仲裁人の選任権が仲裁手続で最も重要な当事者の権利の1つであることに鑑みると、当事者の合意に従って選任されたとしても同一の仲裁人が選任されることが明らかである場合を除き、仲裁判断は取り消されるべきであると考える[65]。

㈐　仲裁人の開示義務違反

仲裁人は、仲裁法18条4項に従い、仲裁手続の進行中、当事者に対し、自己の公正性または独立性に疑いを生じさせるおそれのある事実を遅滞なく開示しなければならず、この開示義務を果たすためには、当該事情があるか否かを把握する必要があり、仲裁人には合理的な範囲でこれを調査する義務があると解される（⇨第3章5⑹）。したがって、仲裁人が開示すべき事実を知っていたがそれを開示しなかった場合、あるいは、仲裁人が合理的な範囲の調査をしなかったため、かかる調査によって通常判明し得る開示すべき事実を開示しなかった場合、仲裁法18条4項が定める開示義務違反となるが、かかる開示義務違反によって仲裁判断が取り消されるべきか否かが問題となる。

⒤　学　　説

学説、判例は、仲裁人の開示義務違反は、手続の公正さを疑わせるだけでなく、ひいては仲裁制度そのものへの信頼を損なうことにもなるから、開示義務違反があった場合は、仲裁判断は取り消されるべきであるという見解[66]、開示されなかった事実が忌避事由に当たる場合は、重大な違反として仲裁判断は取り消されるという見解[67]、仲裁人の開示義務違反とは無関係に

---

(65)　See Arbitration in Germany 479.

(66)　小島＝高桑・注釈仲裁112−113頁〔森勇〕。同旨、酒井博行「判批」北園55巻1号(2019)200頁。大阪高決平28・6・28判時2319号32頁は、仲裁人の開示義務が、仲裁手続の公正および仲裁人の公正を確保するために必要不可欠な制度であることを考慮すると、本件仲裁人の開示義務違反は、忌避事由に該当する可能性がないとはいえず、重大な手続上の瑕疵であるとして仲裁判断を取り消した。

不開示の事実が忌避事由に該当する場合には、仲裁判断は、その通用性の基礎を欠き、取り消されるべきであるという見解[68]等に分かれている。

(ii)　仲裁人が知っていた開示すべき事実を開示しなかった場合

　確かに、当事者が仲裁人を忌避し、あるいは、当事者が仲裁人と当事者の公正性・独立性を阻害し得る事情を知った上で仲裁人の選任を認め、仲裁人の公正な審理手続、仲裁判断を信頼し仲裁手続を遂行するためには、仲裁手続において仲裁人の開示は当事者にとって必要不可欠なものであり、かかる観点から、仲裁人の開示義務を重視し、仲裁人が開示すべき事実を知っていたにもかかわらず、それを開示しなかった場合、仲裁判断は取り消されるべきであるという考え方もあろう[69]。

　しかし、他方において、たとえ仲裁人が開示しなかった事実が忌避事由に該当するとしても、仲裁判断を取り消した場合、当事者や仲裁人が費やした時間、費用、労力はすべて無駄となってしまうことを考慮すると、仲裁人の不開示という事実のみをもって一律仲裁判断を取り消すことは妥当ではなく、仲裁手続の公正性と仲裁判断の終局性の2つを衡量して判断すべきである[70]。

　仲裁人の開示義務違反それ自体が仲裁判断の結論に影響を及ぼすものではないので、仲裁判断の取消手続の局面においては、仲裁人が開示しなかった事実が仲裁判断の結論に影響を及ぼしたか否かが問題となる。したがって、かかる事実が忌避事由に該当する場合であっても、それによって仲裁判断が取り消されるわけではなく、また、手続保障違反の場合と同様に、この場合も、通常、高い蓋然性までをも要求し得ないが、かかる蓋然性が認められる場合に限り、仲裁判断を取り消し、そうでない場合には、仲裁判断の終局性

---

(67)　高杉・開示義務263-264頁、芳賀雅顯「判批」JCA63巻4号（2016）59頁、山本＝山田・ADR仲裁336頁。猪股・判批88-90頁は、仲裁判断を取り消すには、開示義務違反が仲裁判断の結果に影響を及ぼしたことが必要であるが、仲裁人が忌避事由を開示しなかった場合、それが開示されていれば、別の仲裁廷により結論の異なる仲裁判断がされていたと認め、かかる因果関係を推認し得るという。

(68)　安達英司「判批」新・判例解説Watch／2020年10月（法セ増刊・速報判例解説2号）141-142頁。

(69)　See NYC Global Commentary 293, 371.

(70)　高杉・開示義務263頁、猪股孝史「判批」新・判例解説Watch／2017年4月（法セ増刊・速報判例解説20号）187頁参照。

を維持すべきであると考える⑺。このように解する場合、とりわけ、3人の仲裁人から成る仲裁廷が全員一致で仲裁判断をしたときには、通常、かかる蓋然性は否定され、忌避事由に該当する事実が認められたとしても、仲裁判断は取り消されないことになろう⑺。

　もっとも、仲裁人が故意により開示すべき事実を知りながらそれを開示しなかった場合には、仲裁手続における重要な仲裁人の責務の1つである開示義務違反に関し仲裁人の責任は極めて重く、仲裁人は仲裁人契約上の責任を負うとともに、それとは別に、仲裁制度の根幹に係る重大な手続違背であるから、かかる事実が忌避事由に当たるときは、もはや仲裁判断の効力を正当化し得ず、手続の公正を期すため、仲裁人が開示しなかった事実が仲裁判断の結論に影響を及ぼした蓋然性が認められない場合であっても、仲裁判断を取り消すべきである。

　また、仲裁人が開示しなかった事実が絶対的忌避事由（⇨第3章 **5(7)(e)**）に当たるときは、仲裁手続自体が無効となり、仲裁判断は6号に加え、公序違反（44条1項8号）によっても取り消されるべきである。

(iii)　仲裁人が合理的な範囲の調査をしなかった場合

　仲裁人が合理的な範囲の調査をせず、かかる調査によって通常判明し得る開示すべき事実を開示しなかった場合、たとえば、仲裁人が所属する法律事務所のコンフリクト・チェックシステムのデータベース（⇨第3章 **5(6)**）に当事者名を誤って入力し、調査に漏れが生じ、開示すべき事実を知らずそれ

---

(71)　See Wolf NYC Commentary 351-352; See Born International Commercial Arbitration 3937-3939. また、猪股・判批90頁、森下・開示義務595頁、中野俊一郎「判批」民商154巻5号（2018）197-198頁参照。

(72)　森下・開示義務595頁参照。See Born International Commercial Arbitration 3938 n. 1221. But see Wolf NYC Commentary 356. 猪股・判批90頁は、「全員一致という形式だけをみるのではなく、そこでの実質にかんがみ、仲裁判断の公正が害されていないかどうか、判断されるべきものであろう」という。本文で述べたように、通常は、仲裁判断の結論に影響を及ぼすことはないが、その蓋然性を肯定する事情が認められる場合には、仲裁判断は取り消されることになる。この点に関し、安達・開示義務705頁、715頁は、忌避事由のある仲裁人が仲裁判断評議評決に関与したという事実だけでその影響は肯定できる旨の見解を示す。我妻学「判批」JCA65巻10号（2018）28頁も、その場合であっても、仲裁廷の長は仲裁判断に大きな影響を与えるという。

を開示しなかった場合は、仲裁人の開示義務違反が認められ、仲裁人が開示しなかった事実が仲裁判断の結論に影響を及ぼした蓋然性が認められるときに限り、仲裁判断は取り消されることになる。しかし、この場合、仲裁人は開示すべき事実を知らず、それに影響を受けずに仲裁判断をすることになり、仲裁人と当事者との関係が仲裁判断の結論に影響を及ぼすことはなく、仲裁人の開示義務違反を理由に仲裁判断を取り消すべきではないと解されよう。これに対し、仲裁人が故意により合理的な範囲の調査をせず、開示すべき事実を開示しなかった場合には、仲裁人が故意により開示しなかった場合と同様に、仲裁判断の効力は正当化し得ず、手続の公正を期すため、不開示の事実が忌避事由に当たるときは、仲裁判断を取り消すべきである[73]。

(ⅳ)　忌避事由と取消事由

仲裁法上、忌避事由は取消事由として挙げられていないが、公正性・独立性を欠き、職務執行から排除されるべき仲裁人が仲裁手続に関与した場合、当事者が異議権を喪失していない限り、仲裁手続違反として6号の取消事由になると解されよう[74]。この場合も、仲裁人の開示義務違反の場合と同様に、忌避事由に当たる事実が仲裁判断の結論に影響を及ぼした蓋然性が認められるときに限り、仲裁判断は取り消されるべきである。また、前述したように、忌避事由が絶対的忌避事由である場合には、仲裁手続は無効であり、裁量棄却の余地はなく、仲裁判断は取り消されることになる。

(オ)　仲裁廷による「衡平と善」による判断

仲裁法は、仲裁廷は、当事者双方の明示された求めがあるときは、「衡平と善」により判断するものとすると定める（36条3項）。通常、当事者がこのような明示の求めをすることはないが、このような求めがある場合に、仲裁廷が法により判断することは、法の適用が「衡平と善」に反するとは言えないので、許容されよう[75]。反対に、このような求めがないにもかかわらず、

---

(73)　See Eric Schwartz, Challenging Awards for Arbitrator Bias: Two Recent U. S. Cases, 3 The Paris Journal of International Arbitration (2013) 618. See also Ometto v. ASA Bioenergy Holding A. G., 2013 WL 174259 (S. D. N. Y. 2013).

(74)　See Wolf NYC Commentary 351.

(75)　山本－山田・ADR仲裁385頁、高杉・準拠法違反59頁参照。

仲裁廷が「衡平と善」による判断をした場合には、6号の取消事由となる。その場合、仲裁判断の終局性の観点から、仲裁判断の結論に影響を及ぼした蓋然性が認められるときに限り、仲裁判断は取り消されるべきである。

(カ)　**仲裁廷による仲裁判断期限の不遵守**

仲裁手続の違反に関しては、仲裁判断が当事者の合意した期限内にされなかった場合、仲裁判断は取り消されることになるか否かが問題となる。当事者が仲裁人との間で仲裁人の任務が終了する厳格な期限として明示の合意をしている場合は格別、そうでない場合は、仲裁判断が期限内になされていたならば、仲裁判断の結論が違っていた蓋然性が認められる場合に限り、仲裁判断は取り消されるべきである[76]。もっとも、いずれの場合も、当事者が異議権を喪失している場合は、取消事由とはならない。

(e)　**仲裁可能性の欠缺**

仲裁手続における申立てが、日本の法令によれば、仲裁合意の対象とすることができない紛争に関するときは（44条1項7号）、取消事由となり、仲裁判断は取り消されることになる。この7号は、次の8号と並んで、公序に関する取消事由であるが、8号の公序違反と異なり、仲裁判断の結論にかかわらず、公序維持の観点から、仲裁による解決を禁じ、裁判所により解決すべき紛争についての仲裁判断の効力を覆滅させるための規定である（⇨第7章4(8)(b)(イ)）。

仲裁法13条1項は、仲裁合意は、「法令に別段の定めがある場合を除き、当事者が和解をすることができる民事上の紛争（離婚又は離縁の紛争を除く。）を対象とする場合に限り、その効力を有する」と規定し（13条1項）、離婚・離縁の紛争については、仲裁可能性を否定し、これら以外の紛争については、「当事者が和解をすることができる」紛争に仲裁可能性を肯定する。したがって、たとえば、人事訴訟事件については、第三者との関係で画一的に確定する必要があることから、離婚・離縁を除き、当事者の自由な処分が許されず、和解可能性がなく（人訴19条2項、37条、44条、民訴267条）、仲裁可

---

(76)　See Germany No. 82 / E16, K Trading Company (Syria) v. Bayerischen Motoren Werke AG (Germany), Bayerisches Oberstes Landesgericht, 4Z Sch 005-04, 23 September 2004, Yearbook Commercial Arbitration 2005 Volume XXX 568.

能性は否定されるので、かかる紛争についての仲裁判断は本号により取り消されることになる。

　公序維持の観点からは、「法令に別段の定めがある場合」として、たとえば、仲裁法附則4条により、紛争発生前の仲裁合意に基づき個別労働関係紛争を仲裁により解決することができず、かかる紛争についての仲裁判断は本号により取り消されることになる。

　このように、日本法上、仲裁合意の対象とすることができない紛争（仲裁可能性のない紛争）については、仲裁に付託することはできず、その紛争についてされた仲裁判断は、本号により取り消されることになる（⇨第7章**4** (8)(b)）。

(f)　公 序 違 反

(ア)　実体的公序違反と手続的公序違反

　仲裁法44条1項8号は、「仲裁判断の内容が、日本における公の秩序又は善良の風俗に反すること」を取消事由として規定する。外国判決の承認・執行に関する民事訴訟法118条3号の規定とは異なり、仲裁判断内容の公序良俗違反（実体的公序違反）のみを明文で規定しているが、仲裁法が準拠したモデル法の取消事由（34条2項(b)(ii)）、NY条約の承認・執行拒否事由（5条2項(b)）のいずれも、公序に手続的公序を含むと解されているので[77]、仲裁法上も取消事由に仲裁手続の公序良俗違反（手続的公序違反）が含まれる[78]。したがって、8号は、仲裁判断の内容および仲裁手続がわが国の公序良俗に違反する場合、取消事由に当たることになる。

(イ)　実体的公序違反

(i)　趣　　　旨

　仲裁制度は訴訟に代替する紛争の終局的解決手続として国家が法認した制

---

(77)　UNCITRAL Digest 161; NYC Global Commentary 387-389.

(78)　小島＝猪股・仲裁520−522頁、山本＝山田・ADR仲裁368頁参照。また、判例も東京地決平23・6・13判時2128号58頁が「仲裁手続が我が国の手続的公序に反する場合、かかる手続に基づき下された仲裁判断は、その内容が手続的公序に合致した手続に担われないものとして、我が国における基本的法秩序に反するものとなり、……仲裁法44条1項8号の取消事由に該当するものと解するのが相当である。」と述べ、公序には手続的公序が含まれるとする。

度であるので、かかる終局性の観点から、裁判所は仲裁判断の内容の当否ま
でを審査しない（実質的再審査禁止の原則）。すなわち、仲裁判断の取消事由
は、仲裁法44条1項に列挙された事由に限られ、それ以外の事由によって仲
裁判断は取り消されない。しかし、公序維持の観点からは、仲裁判断によっ
て実現される法的結果が日本における公序良俗に反すると認められる場合に
は、仲裁判断は裁判所によって取り消されなければならない[79]。これが実体
的公序違反を取消事由とする理由である。

　公序良俗には主に当事者の利益（私益）を保護するものとそれよりも社会
一般の利益（公益）を保護するものとがあるが[80]、モデル法は、仲裁地国の
法秩序の基本を害することになる場合、仲裁判断は、取り消されることにな
ると解されているので[81]、モデル法に準拠する仲裁法上、公序良俗は、公益
を保護するものに限られよう。したがって、仲裁判断によってわが国の公益
的公序に反する法状態が作出される場合に限り、仲裁判断は取り消されるこ
とになる[82]。

　したがって、仲裁判断が公序良俗に反する給付を命じる場合、たとえば、
犯罪行為を命じる仲裁判断は実体的公序違反となる。また、仲裁判断が命じ
る行為そのものは、公序良俗に反しないが、これを命じる根拠が公序良俗に
反する場合、たとえば、犯罪行為の対価としての金銭の給付を命じる仲裁判
断も実体的公序違反となる。

(79)　東京地決平21・7・28判タ1304号292頁。
(80)　民法90条の公序良俗に関し、内田・民法I 282頁を参照。民法90条の公序良俗は、
　私法秩序を維持、確保することを目的とし、仲裁判断の取消事由としての公序良俗と共
　通する面があり、内外国の仲裁判断の承認・執行の局面においても、公序良俗は、仲裁
　判断の取消しの局面におけるものと同様に機能することになる。また、「公の秩序」とは、
　国家秩序の一般的な利益を、「善良の風俗」とは、社会の一般的道徳観念をそれぞれ指
　すが、この「公序良俗」は、法秩序を維持、確保するための一定の調整を図る規準であ
　り、「公序」という概念に包摂することができる。この点について、岡田幸宏「外国判
　決の承認・執行要件としての公序について(3)」名法151号（1993）395-406頁を参照。
(81)　Roth UNCITRAL 1546. See UNCITRAL Commentary 893
(82)　理論と実務343頁〔三木浩一発言〕、小島＝猪股・仲裁518頁参照。旧法下のものと
　して、青山・仲裁715頁参照。

(ii)　公序維持と仲裁判断の終局性との関係

　仲裁廷の事実認定や法の解釈・適用の過誤は、それ自体取消事由とはならず、仲裁廷がかかる誤りを犯したとしても、その仲裁判断には確定判決と同一の効力が与えられる。しかし、仲裁廷が仲裁判断によってわが国の公序良俗に反する法状態を作出することになる場合には、仲裁判断の効力を認めるべきではないので、仲裁判断は取り消されるべきであり、かかる取消しが仲裁判断の実質的再審査の禁止と抵触するものではないと解される。

　これに対し、仲裁廷の判断に過誤はないが、その判断が裁判所の判断と食い違い公序良俗に反すると認められる場合、仲裁判断を取り消すべきか否かが問題となる。裁判所による実体的法秩序の維持、確保という点を重視するならば、これを肯定する方向に傾くことになろうが、その一方で、国家が仲裁を訴訟に代わる紛争の終局的解決制度として法認した法政策を重視するならば、反対に否定する方向に傾くことになろう。したがって、この実体的法秩序を維持、確保する利益と仲裁判断の終局性を維持、確保する利益とを衡量して決すべきである。

　たとえば、貸付契約に関し、仲裁廷が貸付金は賭博金ではないと事実認定をし、貸付金の返還を命じた仲裁判断は、わが国の勤労観念を害する反社会性に関わるものではあるが、裁判所は、仲裁廷の判断が正しくなく貸付金は賭博のための資金であると認定する場合であっても、それによる侵害利益が、賭博の規模や賭博金の多寡等その重大性に鑑みても、仲裁判断の終局性を維持、確保する利益より小さいと認められるときは、仲裁判断を取り消すべきではない。反対に、かかる侵害利益が仲裁判断の終局性を維持、確保する利益よりも大きいと認められるときには、仲裁判断を取り消すべきであると考えられる。

(iii)　独占禁止法違反事件と公序審査

　独占禁止法の違反の存否に関し、仲裁可能性が肯定される場合（⇨第2章2(6)(c)）、独占禁止法の違反の存否に関する仲裁判断について、仲裁廷の事実認定や法の解釈・適用の過誤により、仲裁判断が経済秩序を害し、公序に反することになる場合、裁判所は仲裁判断を取り消し、公序違反の法状態を解消する義務があると考える。これに対し、仲裁廷に過誤がない場合であっ

ても、裁判所は、公序を維持、確保するため、仲裁判断によって公序違反の法状態が作出されているときは、仲裁判断を取り消すべきか否かが問題となる。

　この場合、前述したように、仲裁判断の終局性を維持、確保する利益と経済秩序を維持、確保する社会一般の利益（公益）との衡量的判断によることが必要となる。すなわち、裁判所は、仲裁廷の判断が裁判所の判断と食い違い、仲裁判断が公序違反の法状態を作出していると認められるときは、両者の利益衡量を図った上で、仲裁判断を取り消すか否かを決することになる。その場合、刑罰権行使により経済秩序を維持すべく高度の公益に係る独禁法違反が問題となっていない場合は、仲裁廷による仲裁判断の終局性を優先すべきであると考える。

　　㈡　**手続的公序違反**

　　(i)　**趣　　旨**

　手続的公序違反は、仲裁手続の基本原則、基本理念に反する場合である。前述したように、手続的公序違反は、3号、4号の手続保障違反があるときにも認められるが、3号、4号の取消事由と違い、職権調査事項であり、当事者が主張せずとも、裁判所は職権で調査し、判断することになる。

　判例として、東京地決平23・6・13判時2128号58頁は、「当事者が適法に手続上提出した攻撃防御方法たる事項で、仲裁判断の主文に影響がある重要な事項について判断せずに仲裁判断をすることは、主文に影響のある攻撃防御方法について判断されることにより紛争の解決を求めた当事者にとってみれば判断を受けていないに等しく、仲裁に対する信頼も損なわれることから、このような場合には、仲裁の適正の理念に反するものとして、我が国の手続的公序に反するものと解するのが相当である」と判示する。また、仲裁手続の公正に関し、たとえば、仲裁人に忌避事由がある場合、6号の取消事由となることに加え、本号の取消事由となる[83]。

　　(ii)　**再審事由との関係**

　旧法下においては、再審事由の一部が仲裁判断の取消事由とされ、これらの事由を主張する場合には、原則として確定した有罪判決または過料の裁判

---

(83)　See Wolf NYC Commentary 437.

が存在しなければならなかった（旧法801条1項6号、民訴338条1項4号ない
し8号、2項）。

　仲裁法はこれらを取消事由とはしていないが、4号については、仲裁人が
賄賂を収受したことが判明した場合、仲裁制度に対する信頼を害し、仲裁制
度を維持、確保する上で、制度上許すことのできない行為であるから、手続
的公序違反を理由に本号により仲裁判断は取り消されるべきである[84]。

　これに対し、5号、6号、7号については、それぞれ、他人の犯罪行為に
より、自白をするに至り、または、仲裁判断に影響を及ぼし得る攻撃防御の方
法の提出を妨げられた場合、仲裁判断の証拠となった文書等が偽造、変造さ
れたものであった場合、証人等の虚偽の陳述が仲裁判断の証拠となった場合、
いずれも、仲裁手続の重大な瑕疵に当たり、瑕疵が仲裁判断の結論に影響を
及ぼした蓋然性が認められるときは、仲裁判断は取り消されることになる[85]。

　また、旧法下においては、各号に該当する行為について、原則として確定
した有罪判決または過料の裁判が存在しなければならなかったが、これらの
行為が判明される限り、かかる判決、裁判がなくても、これらの行為そのも
のが手続的公序に反し取消事由になると解すべきである[86]。

　再審事由の8号については、判決の場合と同様に、仲裁判断の基礎となっ
た裁判や行政処分が後に変更された場合は、仲裁判断はその結果として不適
切な基礎に依拠してなされたことになるので、それは取り消されなければな
らず、手続的公序違反に当たると解されよう[87]。

　これ以外にも、10号の再審事由については、前に確定した判決（外国判決、
仲裁判断を含む）の既判力と抵触する仲裁判断は、原則として、手続的公序
に反し取り消されることになる（⇨第5章7(e)(エ)）。

(g)　和解的仲裁判断の場合の取消事由

(ア)　和解合意の実体法上の無効・取消事由

　和解の成立過程に瑕疵があり、和解合意が当事者の真意を欠くときは、仲

---

(84)　山本＝山田・ADR仲裁369頁参照。See also Wolff NYC Commentary 445-446.
(85)　伊藤・民訴780頁、新堂・民訴976頁参照。
(86)　See Arbitration Germany 415-417.
(87)　理論と実務347頁〔出井直樹発言〕は、実体的公序違反になるという。

裁判断としての効力を与えるべきでなく、和解合意に実体法上の無効・取消事由がある場合には、その効力を否定すべきである。

仲裁法44条1項6号は、「仲裁廷の構成又は仲裁手続が、日本の法令（その法令の公の秩序に関しない規定に関する事項について当事者間に合意があるときは、当該合意）に違反するものであったこと」を取消事由と定め、仲裁判断が成立する過程に瑕疵がある場合を取消事由としている[88]。これは、仲裁廷の構成または仲裁手続に違反がある場合を取消事由とするものであるが、実体法上、和解合意が、錯誤、詐欺、強迫、代理権の欠缺等の無効・取消事由によって無効となる場合には、和解的仲裁判断が成立する過程において瑕疵があり、仲裁手続は仲裁法に反したものとなると解することができよう[89]。

したがって、当事者は、当事者の主張・立証に基づき仲裁廷が判断した真正仲裁判断の場合と同様に、和解合意の実体法上の無効・取消原因を取消事由として主張して、和解的仲裁判断の取消しを求めることができると解される。また、これらの事由は、仲裁判断の承認・執行拒絶事由としても主張することができる（45条2項6号）。

仲裁人が調停人を兼務し、あるいは、仲裁人とは異なる調停人による調停手続において成立した和解に基づく和解的仲裁判断が成立する過程において、仲裁人、調停人が従うべき調停手続の準則に違反した場合、それだけでは仲裁判断の取消事由とはならず、かかる違反が当事者の意思に影響を及ぼし、錯誤、詐欺等の実体法上の無効・取消事由が認められることが必要であると解される[90]。

また、和解的仲裁判断の成立過程における瑕疵とは別に、当事者が実体法上処分権を有しない紛争が和解による合意の対象となっている場合は、仲裁可能性の欠缺を理由に仲裁判断は取り消されることになる（44条1項7号）。和解合意の内容が公序良俗に反する場合は、実体的公序違反を理由に仲裁判

(88) 小島＝猪股・仲裁509頁参照。
(89) 小島＝猪股・仲裁460頁、理論と実務315頁〔山本和彦発言〕、出井＝宮岡・仲裁155頁〔出井直樹〕参照。反対、古田・和解的仲裁判断40頁、43頁。
(90) 山本和彦「ADR和解の執行力について（下）」NBL868号（2007）28頁参照。

断は取り消されることになる（同8号）。

㈡　決定手続と実体法上の無効・取消事由の存否確定──憲法32条、82条との関係──

　仲裁法は、旧法下における仲裁判断取消しの判決手続を決定手続に、執行判決手続を執行決定手続にそれぞれ改めたため、決定手続において和解の実体法上の無効・取消原因について審理、裁判することの可否が問題となる。

　すなわち、最高裁判例によれば、裁判所が当事者の意思如何にかかわらず終局的に事実を確定し当事者の主張する実体的権利義務の存否を確定することを目的とする純然たる訴訟事件についての裁判は、憲法32条（裁判を受ける権利の保障）、82条（裁判の対審・判決の公開の保障）の下、公開の法廷における対審および判決によってなされなければならないとされる[91]。この判例法理によれば、仲裁判断の取消手続において和解合意の実体法上の取消・無効事由について裁判することができないとも解される。

　しかし、仲裁法は、旧法下の判決手続は慎重に過ぎ、紛争の迅速な解決手段である仲裁のメリットを害することから、最近の国際的な立法動向に従い、決定手続に改めたが、旧法下の判決手続の機能を引き継いだものであり、手続の略式化ではなく、口頭弁論または当事者双方が立ち会うことができる審尋の期日を経なければ、仲裁判断の取消しの申立ておよび執行決定の申立てについての決定をすることができず、かかる決定に対しては、即時抗告をすることができ（仲裁法44条5項、8項、46条10項）、当事者の手続保障にも十分な配慮がされている[92]。したがって、仲裁法が定める決定手続は、この憲法の要請に答えるものと評価することができるとするならば[93]、仲裁判断取消しの決定手続において、申立人は、和解合意の実体法上の取消・無効事由を主張することができ、その事由の存否は、既判力をもって確定し得ると解することができよう。

（91）　最大決昭35・7・6民集14巻9号1657頁、最大決昭40・6・30民集19巻4号1089頁等。伊藤・憲法572-573頁、佐藤・憲法605-607参照。

（92）　中野＝下村・民執194-195頁。

（93）　新堂・民訴34頁参照。

⑽　仲裁判断取消しの手続

⒜　申　立　て

仲裁判断の取消しの申立てをすることができるのは、再審の申立ての原告と同様に、仲裁手続の当事者のみならず、仲裁判断の既判力の拡張を受ける承継人等（民訴115条1項2号ないし3号）もまた、取消事由のある仲裁判断に拘束される謂われはなく、仲裁判断取消しの申立てをして仲裁判断の拘束力からの排除を求めることができると解される[94]。もっとも、請求の目的物の所持者（民訴115条1項4号）は、訴訟物について独自の利益をもたず、仲裁判断を取り消す利益が否定されるので、当事者適格を認められないと解される。申立ての方式等は、仲裁関係事件手続規則2条によることになる。

⒝　申　立　期　間

仲裁判断取消しの申立ては、仲裁判断書の写しの送付による通知がされた日から3か月を経過するまでにしなければならない（44条2項）。この申立期間は、モデル法に準拠するものであるが、仲裁判断の効力に関する争いを迅速に解決し、仲裁判断の効力を早期に安定させるため設けられたものである[95]。この3か月の期間は不変期間であり[96]、当事者に帰責事由がない場合、追完の余地はある（10条による民訴97条の準用）。

また、仲裁判断の執行決定が確定したときは、取消しの申立てをすることができない（44条2項）。これは、仲裁判断の効力をめぐる紛争の蒸返しを禁止するとともに、仲裁判断の取消しの申立てに係る決定が執行決定を求める申立てに係る決定と矛盾抵触することを防止するために設けられた規定であるとされる[97]。

⒞　管轄裁判所

仲裁判断取消しの申立てを管轄する裁判所は、当事者の合意により定めた地方裁判所、仲裁地を管轄する地方裁判所または相手方の普通裁判籍の所在地を管轄する地方裁判所のいずれかである（5条1項）。

---

(94)　注釈仲裁248頁〔谷口安平〕、小島＝猪股・仲裁526頁参照。
(95)　仲裁コンメ248頁。
(96)　理論と実務〔近藤昌昭発言〕。
(97)　仲裁コンメ248頁。

　また、仲裁判断の取消しの申立てを受けた裁判所は、相当と認めるときは、申立てによりまたは裁量により、事件を他の管轄裁判所に移送することができる（44条3項）。したがって、仲裁判断の取消しを求める申立てと執行決定を求める申立てとが別の裁判所に係属する場合、裁判所は、移送により、同一の裁判所で審理することができ、両申立てに対する判断の統一を図ることができる。裁判所の移送についての決定に対し、当事者は、即時抗告をすることができる（44条4項）。即時抗告期間は、仲裁判断取消しの申立てに係る決定の告知を受けた日から2週間である（7条）。

　なお、管轄裁判所については、仲裁、とりわけ国際仲裁に関し裁判所が行う手続について、裁判所における専門的な事件処理体制を構築し、手続の一層の適正化および迅速化を図るため、仲裁判断の取消手続等の仲裁関係事件について、東京地裁、大阪地裁にも競合管轄を認めるための法改正が進められている（⇨第1章**8**(2)(b)(イ)）。

(d)　審　　理
(ア)　判決手続から決定手続へ

　前述したように、仲裁判断の取消しの裁判手続は、旧法では判決手続とされていたが、仲裁法は、仲裁が迅速かつ非公開による紛争解決手続であることを考慮して、裁判所でその効力が争われる場合も、非公開による簡易迅速な解決ができるようにするため、決定手続に改めた。もっとも、仲裁法下の決定手続は旧法下の判決手続の機能を引き継いだものであり、手続の略式化ではなく、口頭弁論または当事者双方が立ち会うことができる審尋の期日を経なければ、仲裁判断の取消しの申立てについての決定をすることができず、かかる決定に対しては、即時抗告をすることができるので、（44条5項、8項）、当事者の手続保障が十分に配慮されている。

(イ)　和解、請求の放棄・認諾の可否

　仲裁判断取消しの手続における和解、請求の放棄・認諾の可否については、これを肯定する見解がある[98]。請求を認諾することを内容とする和解、請求の認諾については、仲裁判断の効力を否定するものであるから、これを許し

（98）　小島＝猪股・仲裁530-531頁、山本＝山田・ADR仲裁372頁。

てよいが、請求を放棄することを内容とする和解、請求の放棄については、仲裁可能性を有しない紛争に関する仲裁判断および公序良俗に反する仲裁判断は裁判所により取り消されるべきであるから、仲裁判断に仲裁可能性の欠缺、公序違反の取消事由が存しない場合に限られよう。

㈦　取消事由についての証明責任と職権調査事項

仲裁法はモデル法に倣い、仲裁可能性の欠缺、公序違反以外の取消事由については、「申立人が当該事由の存在を証明した場合」に限ると定める（44条6項）。しかし、モデル法34条2項(a)が準拠するNY条約5条1項の解釈として、仲裁可能性の欠缺、公序違反の承認・執行拒絶事由についても、承認・執行拒絶事由を主張する当事者に証明責任があると解されており[99]、仲裁法の解釈としても、申立人が取消事由のすべてについて証明責任を負うと解される[100]。

また、仲裁法44条1項7号の仲裁可能性の欠缺は、モデル法、NY条約の解釈と同様に[101]、仲裁可能性は公序の一部を構成するものであるから、8号の公序違反と併せて裁判所の職権調査事項である[102]。したがって、裁判所は、当事者の主張の有無を問わずその存否を調査することになるが、積極的に職権証拠調べをして探知するまでの義務は負わないとされる[103]。しかし、公益性の度合いによっては、裁判所は、当事者の自白に拘束されず、職権で証拠調べを行うべき場合があると解される。

⒠　裁　　判

㈦　決定と即時抗告

仲裁判断の取消しの申立ては、不適法である場合、たとえば、申立期間が経過している場合、申立ては却下される。申立てが適法である場合、仲裁判断に取消事由の存在が認められなければ、申立ては棄却される。これに対し、取消事由の存在が認められる場合には、裁判所は仲裁判断を取り消すことが

(99)　Wolf NYC Commentary 264.
(100)　小島＝高桑・注釈仲裁250頁〔谷口安平〕、理論と実務382頁〔三木浩一発言〕参照。
(101)　Wolf NYC Commentary 263.
(102)　仲裁コンメ255頁。
(103)　小島＝猪股・仲裁484頁、小島＝高桑・注釈仲裁250頁〔谷口安平〕。

できる（44条6項）。これは、前述したとおり、裁判所が裁量により申立て
を棄却することができるという裁量棄却を定めた規定である。申立ての却下
決定、棄却決定および認容決定に対しては、即時抗告が認められている（同
8項）。即時抗告期間は2週間である（7条）。即時抗告期間は、民事訴訟法
の原則が決定告知後1週間であるが（民訴332条）、外国の当事者等に配慮し
て2週間とされている（7条）[104]。なお、即時抗告には執行停止の効力があ
るので（民訴334条1項）、取消決定に対して即時抗告がされると、仲裁判断
取消しの効力が停止されることになる。

(イ)　一部取消し

仲裁判断が仲裁合意または仲裁申立ての範囲を超えている事項についての
判断を含むものであることが取消事由である場合（44条1項5号）、仲裁判断
からその部分を区分することができるときは、裁判所は、仲裁判断のうちそ
の部分のみを取り消すことができる（同7項）。したがって、たとえば、仲
裁合意の効力を受けない当事者に対する判断が仲裁判断に含まれている場
合、仲裁判断からその部分を区分することができるので、5号により、その
判断のみが取り消されることになる。

このことは、仲裁判断が仲裁合意または仲裁申立ての範囲を超えている事
項についての判断を含む場合に限らず、その他の取消事由にも妥当し、仲裁
判断のうち取消事由が付着する部分を他の部分から分離することができる場
合、仲裁判断は取消事由が付着する部分のみを取り消すことができる。たと
えば、取消事由が複数の請求のうち一部の請求についてのみ付着している場
合には、その部分のみを取り消すことになる[105]。

(ウ)　決定の効力

仲裁判断取消しの申立てに係る裁判の効力について、仲裁判断を取り消す
決定が確定すると、これにより、仲裁判断の効力は遡及的に失われ、仲裁判
断は当初から存しなかったものとする形成力が生じる[106]。仲裁判断の取消

---

(104)　仲裁コンメ255頁。
(105)　See UNCITRAL Digest 141; Wolf NYC Commentary 278.
(106)　仲裁コンメ247頁。

事由の存否について既判力が生じるか否かについては争いがある。

　既判力否定説は、信義則や権利濫用の一般法理によって主張が制限されることはあるが、仲裁判断取消しの手続は決定手続であり、取消しの裁判は、一般の民事訴訟とは異なり、当事者間の権利義務関係の確定を目的とするものでないことを理由に既判力を否定する[107]。しかし、仲裁判断取消しの決定手続は当事者の手続保障が十分に配慮されているので、決定手続であることだけを理由に既判力を否定することはできないと考える[108]。また、実体法上の権利義務関係につき終局的に判断するものでなくても、訴訟要件の欠缺を理由として訴えを却下する訴訟判決について、通説は、その不存在について既判力を有するとしている[109]。

　したがって、既判力否定説が十分に説得的であるとは言えず、既判力を肯定することができると考える[110]。その場合、形成判決は既判力を有し、形成権ないし形成要件について既判力が生じるとされるので[111]、形成裁判である申立認容決定（取消決定）が確定すると、その既判力により取消事由の存在が確定することになり、以後、その取消事由の不存在を主張することはできなくなり、また、申立棄却決定が確定すると、その既判力により取消事由の不存在が確定することになり、以後、その取消事由の存在を主張することはできなくなると解される[112]。

(f)　申立期間と取消事由の追加・変更の主張

　仲裁判断の取消手続において取消事由の追加・変更を主張する場合、申立期間である3か月という期間制限に服するか否かという問題がある。

(ア)　判　　　例

　判例は、東京地決平21・7・28判タ1304号292頁が、「仲裁判断の効力を早

---

(107)　同上。
(108)　民訴講義502頁〔高橋宏志〕は、民事訴訟法114条は確定判決とあるが、手続保障がそれなりに存在し実体につき終局的に判断するものであれば、決定にも既判力を肯定してよいという。
(109)　条解民訴514頁〔竹下守夫〕。
(110)　小島＝猪股・仲裁533-534頁、理論と実務356頁〔三木浩一発言〕参照。
(111)　条解民訴515頁〔竹下守夫〕。
(112)　小島＝猪股・仲裁535頁参照。

期に明確化するため、その取消しの申立期間を仲裁判断書の写しの送付日から３か月間と制限するものであるところ、申立期間の経過後に新たな取消事由の追加主張を許容すると、相手方において、当該仲裁判断が取り消されるか否かについての予測が困難となり、仲裁判断の早期明確化を阻害する結果となる」として、取消事由を新たに追加主張することは、仲裁判断の取消しの申立期間の制限に服するとの判断を示す。

　⑷　学　　説

　学説は、上記判例が追加主張を許さない根拠として挙げる、相手方当事者の予測可能性の確保については、仲裁判断の取消しの可能性は、既に取消しの申立てがなされている以上、一定の限度において取り消される可能性は生じており、後に取消事由の変更または追加を認めたからといって相手方当事者の予測可能性が大きく阻害される場合は少なく、民事訴訟法157条１項（当事者が故意または重大な過失により時機に後れて提出した攻撃または防御の方法については、これにより訴訟の完結を遅延させることとなると認めたときは、裁判所は、申立てによりまたは職権で、却下の決定をすることができる）により、取消事由の変更・追加を制限することによっても、仲裁法44条２項の趣旨は図り得るので、上記判例の理由付けは必ずしも説得力のあるものとは言えないという見解がある[113]。

　これに対し、取消事由の主張も取消申立期間の制限に服する旨の見解が主張されている[114]。その根拠として、仲裁法10条が民事訴訟法の規定の準用を定めているが、仲裁法の趣旨に反しない範囲で準用すべきであり、仲裁判断の早期確定のための３か月という短期の申立期限を定めた仲裁法の趣旨に照らすと、民訴法157条１項、訴えの変更に関する143条の規定等は準用されるべきではなく、また、仲裁法の解釈に当たっては、モデル法採用国の判例を参考にすべきであるとした上で、仲裁法44条２項の期間制限は、原則として取消申立期限経過後の新たな取消事由の追加は認められないと解釈すべき

---

(113)　寺井昭仁「仲裁法44条１項４号『防御不能』、同条項８号『公序良俗』及び同条２項の解釈（下）」JCA58巻10号（2011）14頁。

(114)　宍戸一樹「判批」ジュリ1412号（2010）139頁、芳賀雅顯「判批」法研85巻３号（2012）124頁。

であるという見解が主張されている[115]。

　㈡　**モデル法の解釈**

　モデル法の作成過程において取消事由を追加・変更する期限に関する議論はなかったようであるが、仲裁判断の取消申立期間については、3か月という短期間を設定するという基本的考え方を反映したものであるとされる[116]。

　この問題を扱ったモデル法採用国の判例としては、シンガポール高等法院は、モデル法は34条3項の取消期間の延長に関する規定を定めておらず、裁判所はこれを延長する権限を付与されていないと判示するとともに、取消事由の追加・変更に関しては、モデル法は採用国の国内法に委ねているとした上で、国内法上、追加・変更された取消事由が取消申立てにおいて示された取消事由と同一または実質的に同一の事実関係から生じている場合を除き許されない旨の判断を示している[117]。

　また、ニュージーランド高等法院は、モデル法34条3項は、裁判所による仲裁判断の審査を取消事由および期間の両面で制限するものであると指摘した上で、3か月の期間を超えて新たな取消事由を追加して取消しの申立内容を実質的に変更することを認めることは、仲裁の迅速性、低廉性等のメリットを減殺することになるので、かかる変更は許容されない旨の判断を示している[118]。

　したがって、両判例によれば、取消事由を追加・変更しても、かかる取消事由を構成する事実関係が取消申立てにおいて示された取消事由のものと実質的に異ならず、審理手続に実質的な影響を及ぼさない場合には、取消事由を追加・変更することは許されることになる。

　㈢　**取消事由の追加・変更も3か月の期間制限に服する**

　取消事由の追加・変更については、前述したように、モデル法の作成過程において特に議論はされなかったようであるが、取消事由の追加・変更につ

---

(115)　手塚裕之＝齋藤梓「仲裁法44条の取消事由の主張が認められなかった事例――AIU事件」三木ほか・国際仲裁297-298頁。

(116)　UNCITRAL History and Commentary 919.

(117)　ABC Co v. XYZ Co Ltd, [2003] 3 SLR 546.

(118)　Downer-Hill Joint Venture v. Government of Fiji, [2005] 1 NZLR 554.

いて、仲裁判断取消しの訴訟物を仲裁判断ごとに特定されるとして、攻撃防御方法の提出となるか、あるいは、訴訟物が取消事由ごとに特定されるとして、申立ての変更となるかといった手続上の問題は、モデル法が関与するものではなく、国内訴訟法上の問題であると解される。

　しかし、モデル法が3か月の期間制限を設けた趣旨は、仲裁判断が取り消されるか否かという不安定な状態を早期に決着させるためであると解されるので、訴訟物が仲裁判断ごとに特定されるとしても、そうでない場合と同様に、取消事由の追加・変更の主張は、3か月の期間制限に服するべきである。

　もっとも、上記のシンガポール、ニュージーランドの判例が判示しているように、取消事由が追加、変更されても、それが裁判所の審理、判断に実質的な影響を及ぼすものではなく、手続の遅延等の問題が生じない場合には、この規定の趣旨から、3か月の期間制限には服さないと解することができよう。

　なお、取消事由のうち職権調査事項である仲裁可能性の欠缺、公序違反については、裁判所は、公序違反の法状態を作出する仲裁判断の効力を覆滅させる必要があるので、3か月の期間制限には服さず、当事者が期間経過後であっても7号、8号の取消事由を追加、変更することは許されると解される[119]。

(g) 取消手続で主張しなかった取消事由を以後の手続で主張し得るか

　仲裁判断の取消しの申立てを認容する決定が確定した場合、仲裁判断は無効となり、以後、他の訴訟手続で仲裁判断を援用することはできず、また、これは仲裁判断の承認・執行拒絶事由に当たり（45条2項7号）、仲裁判断の執行決定の申立てに対しては、それを棄却する決定がされることになる（46条8項）。これに対し、仲裁判断の取消しの申立てを棄却する決定が確定した場合、以後、申立人は、執行決定手続等において、承認・執行拒絶事由を主張することができないかが問題となる。

㈎ 学　　　説

　この問題については旧法時代から議論されており、仲裁判断の取消しの申立ての訴訟物を如何に捉えるかによっても結論が異なり得るが、訴訟物が取

（119）　東京地決平23・6・13判時2128号58頁。

消事由ごとに特定されると解する場合⑿、ある取消事由に基づく取消しの申立てを棄却する決定が確定したときであっても、他の取消事由については、かかる決定の既判力によって遮断されることはない⑾。これに対し、取消しを求められた仲裁判断ごとに特定されると解する場合には⑿、前訴で提出された取消事由だけではなく、提出されなかった取消事由についても、これを主張することは遮断されることになる⒀。

　この問題について、旧法下において、訴訟物概念から演繹的に決定することは妥当ではないとし、被告の応訴の煩や訴訟経済からして取消訴訟の一回性が要請されるから、原告は取消事由があることを知りつつ主張しなかった取消事由は遮断されると解しても原告に酷とは言えず、被告との関係からも問題はなく、他方、原告が前訴当時、取消事由の存在を知らなかった場合については、自己の過失なく知らなかったときは、後訴で主張できるが、過失によって知らなかったときは、不可と解すべきであるという見解が主張されている⒁。また、仲裁法の下でも、一般論としては、訴訟物論ないし既判力論の問題であろうが、その手続の当時に知りながら主張しなかった取消事由、および、知らなかったにせよ、通常の注意義務をもってすれば知ることができたであろう取消事由については、既判力によって遮断されるという見解が主張されている⒂。

(イ)　再審の場合の議論

　これと同様の問題は、判決の基礎となった訴訟手続や訴訟資料に重大な瑕疵がある場合、確定判決を取り消す再審の訴えにおいても生じる。再審の訴えの場合において、訴訟物が再審事由ごとに特定されると解するときは、ある再審事由に基づく請求を棄却する決定が確定したときであっても、他の再審事由による再訴は、かかる決定の既判力によって遮断されることはないの

(120)　中田・仲裁158頁。
(121)　小山・旧仲裁97頁（ただし、後に改説。小山・仲裁204頁）。
(122)　小山・仲裁204頁。
(123)　小山・仲裁220頁。
(124)　青山・仲裁724頁。同旨、小島＝高桑・注解仲裁180－183頁〔吉村徳重〕、谷口安平「仲裁判断の取消し」青山＝松浦・論点367頁、小島・仲裁359頁。
(125)　小島＝猪股・仲裁535頁。

に対し、訴訟物が確定判決ごとに特定されると解する立場からは、すべての再審事由の主張が遮断されるのが原則であるが、いずれの構成によるかはともあれ、1 つの再審訴訟で解決する方が合理的であり、通常の注意義務をもって知り得なかった再審事由は遮断されないとする見解がある[126]。

　これに対し、旧訴訟物理論を前提として、それぞれの再審事由の内容が異なり、手続上または内容上の重大な瑕疵とみなされる以上、訴訟物を 1 個として既判力の遮断効を作用させることは妥当ではなく、ある再審事由にもとづく請求を棄却された者が、別の事由を主張して再訴する問題は、再審期間の制限や訴権の濫用の法理によって解決できるとの見解がある[127]。

　また、再審請求棄却決定が確定したときは、同一の事由を理由としてさらに再審の訴えを提起することはできず（民訴345条 3 項）、決定によって否定された再審事由以外の再審事由には、既判力は及ばないが、再審の補充性の趣旨から、最初の再審の訴えで主張できた再審事由はこの訴えにおいて主張しておくべきであったので、このような再審事由を主張してさらに再審の訴えを提起することは不適法であるという見解も主張されている[128]。

(ウ)　取消手続で主張しなかった取消事由の主張は遮断されないか

　学説は、再審事由に関する一部の学説と同様に、相手方の煩、訴訟経済という点を根拠として挙げ、1 回の取消手続で取消事由の存否を確定することが合理的であると解していると考えられるが、このような制限説は妥当であるか。

　再審の訴えにおける再審の補充性によれば、再審事由の存在を知りながらそれを主張しなかった場合、再審は認められないが（民訴338条 1 項ただし書）、それと同様に、仲裁手続で取消事由の存在を知りながらそれを主張せず、仲裁判断後にその主張を許すことは、仲裁判断を得た相手方の地位を不

(126)　高橋宏志『重点講義　民事訴訟法（下）〔第 2 版補訂版〕』（有斐閣、2014）768頁。
(127)　伊藤・民訴778頁脚注(3)。また、賀集唱ほか編『基本法コンメンタール 民事訴訟法 3 〔第 3 版追補版〕』（日本評論社、2012）128頁〔三谷忠之〕は、民事訴訟法345条の反対解釈として、再審請求棄却決定の既判力は、主張された再審事由のみを排除するだけで、他の再審事由まで排除するものではない、と解されるという。
(128)　松本博之＝上野泰男『民事訴訟法〔第 8 版〕』（弘文堂、2015）711 – 712頁。同旨、民訴講義706 – 707頁〔加波眞一〕。

当に害することになり、その主張は遮断されるべきであろう（⇨第5章**7**(3)(e)(エ)）。これに対し、仲裁判断の取消手続で取消事由の存在を知りながらそれを主張せず、取消申立てを棄却する決定の後、別の取消事由を主張することを許すことは、仲裁手続において主張しない場合と異なり、必ずしも相手方の地位を不当に害することにはならず、再審の補充性の趣旨は、後者の局面では妥当しないと考えられる。

また、仲裁法上、執行決定が確定したときは、仲裁判断の取消しの申立てをすることができないことが明文で定められているが（44条2項）、仲裁判断の取消しの申立てが棄却されたときは、執行決定手続で執行拒絶事由を主張することが遮断される旨の規定は置かれていない[129]。

さらに、前述したように、仲裁法上、仲裁判断に不服の当事者は、仲裁判断の取消しを申し立て、その手続で取消事由を主張するか、あるいは、仲裁判断の承認・執行の段階で初めて防御方法として承認・執行拒絶事由を主張してその拒絶を申し立てるか、当事者にはこの2つの救済方法について選択権が与えられていると解されるので、この趣旨からも、取消手続で申立人が主張しなかった取消事由を執行決定手続において、執行拒絶事由として防御的に主張することは許容されると解する余地がある。

これらのことに鑑みると、相手方の煩、訴訟経済から取消申立ての一回性が要請されるとしても、これが、申立人が取消手続で主張しなかった取消事由についてまで遮断効を及ぼすことを正当化し得るものとは必ずしも言えないであろう。したがって、仲裁判断の取消手続で主張しなかった取消事由をその後の手続で主張することは、信義則に反しない限り、遮断されないと解することができよう。

(h)　**仲裁判断取消しの効果**

(ア)　**仲裁合意の効力**

仲裁判断の取消しが確定すると仲裁判断は遡及的に無効となるが、その結果、当事者が仲裁廷に付託した紛争は解決されず、当事者が紛争の終局的解

---

(129)　モデル法に準拠するドイツ仲裁法は1060条2項において、仲裁判断取消しの申立てが棄却されたときは、執行決定手続で取消事由は斟酌されない旨を規定する。

決を求める場合、再度仲裁により紛争を解決することになるのかという問題がある。

　当事者間に仲裁により解決することができる旨の明示の合意がある場合は格別、そうでない場合には、仲裁合意を締結した当事者の意思解釈の問題となる。その場合、仲裁合意は紛争を仲裁によって解決するという当事者の合意であり、仲裁判断が取り消されたことにより仲裁に付託した紛争は未解決となり、依然として当事者間に存在するのであるから、当事者間に別段の合意がない限り、仲裁合意は存続するという当事者の意思が推認されよう[130]。

　もっとも、仲裁合意の無効等を理由に仲裁判断が取り消された場合には（44条 1 項、2 項、5 項）、当事者は、当該紛争を対象とする仲裁合意の効力を主張できなくなるので、当事者間で別途仲裁合意が締結されない限り、当該紛争を仲裁に付託することはできない[131]。

　⑷　**仲裁廷の任務の終了効**

　また、仲裁判断が取り消された後に当事者が再度仲裁による解決を求める場合、当該紛争はもとの仲裁廷に付託することになるか否かという問題がある[132]。

　仲裁手続と仲裁廷の任務の終了効は、仲裁判断がされたことにより生じるので、その仲裁判断が取り消され、遡及的に無効となった以上、仲裁判断がされたことによって生じる終了効も覆滅するという考え方もあるとされる[133]。

　しかし、仲裁法は、仲裁手続は、仲裁判断または仲裁手続の終了決定があったときに終了し（40条 1 項）、仲裁手続が終了したときは、仲裁廷の任務は終了すると定め（同 3 項）、その趣旨は、仲裁手続および仲裁廷の任務は仲裁判断がされたことにより確定的に終了し、その後、仲裁判断が取り消

---

(130)　これに対し、小島＝高桑・注釈仲裁254頁〔谷口安平〕は、仲裁、訴訟のいずれを選択するかは当事者の意思に委ねるべきであるとして、仲裁判断の取消しによって仲裁合意のない白紙状態に戻るという。

(131)　小島＝高桑・注釈仲裁254頁〔谷口安平〕、小島＝猪股・仲裁480頁参照。

(132)　小島＝猪股・仲裁481－482頁。

(133)　小島＝猪股・仲裁481頁。

され、仲裁判断が遡及的に無効となっても、それによって仲裁手続および仲裁廷の任務の終了効が左右されるものではないと解される[134]。したがって、当事者は再度仲裁申立てをし、新たに仲裁人を選任することになる。

2　仲裁判断の承認と執行

仲裁判断は、仲裁地が日本国内にあるかどうかを問わず、確定判決と同一の効力を有するが、仲裁判断に基づく民事執行をするには、裁判所に対し、執行決定を求める申立てをしなければならない（45条1項）。

(1)　仲裁判断の承認の意義

仲裁法は、内国仲裁判断（仲裁地が日本国内にある仲裁判断）および外国仲裁判断（仲裁地が日本国外にある仲裁判断）の両者に対し確定判決と同一の効力を与え、仲裁判断の効力を認めている。この仲裁判断の効力を認めることが仲裁判断の承認である[135]。

仲裁判断の承認には特別な手続を要せず、自動的に承認され、訴訟手続で仲裁判断の効力を主張することができる。もっとも、仲裁判断の承認が承認拒絶事由により拒絶されるべき場合は、仲裁判断は効力を有せず、その効力を主張することはできず、訴訟手続で仲裁判断の効力が争われたときは、裁判所は承認拒絶事由に基づき仲裁判断の効力を認めるべきであるか否かを審理、判断することになる。

(2)　仲裁判断の執行の意義

仲裁判断の執行は、仲裁判断の内容を国家権力により強制的に実現することをいう。仲裁判断に基づき執行するには、仲裁判断が私人による判断であるため、これに基づき直ちに執行することはできず、裁判所が執行の許否について慎重に審査する必要がある。そのため、仲裁判断に基づき強制執行を要する当事者は常に裁判所に対し、執行決定の申立てをしなければならない（45条1項）。

したがって、仲裁判断だけでは債務名義とはならず、確定した執行決定の

---

(134)　小島＝高桑・注釈仲裁254頁〔谷口安平〕、猪股・和解的仲裁判断67－69頁。
(135)　小島＝高桑・注釈仲裁258頁〔高桑昭〕。

ある仲裁判断が債務名義となる（民執22条6号の2）。仲裁判断は、強制執行に親しむ具体的な給付請求権を宣言するものに限られる[136]。また、執行決定は、仲裁判断に基づく強制執行以外の登記・登録等の他の手続を行う広義の執行のためにも必要となる（⇨第5章**7**(4)）。

(3)　承認・執行拒絶事由と裁判所の裁量的判断権

　仲裁法は45条2項において、9つの執行拒絶事由を限定列挙している。7号の事由を除き、仲裁判断の取消事由と実質的にほぼ同じである。すなわち、取消事由と同様に、仲裁合意の無効（1号・2号）、手続保障違反（3号・4号）、仲裁合意・仲裁申立ての範囲の逸脱（5号）、仲裁廷の構成・仲裁手続の違反（6号）、仲裁可能性の欠缺（8号）、公序違反（9号）のほか、仲裁地が属する国（仲裁手続に適用された法令が仲裁地が属する国以外の国の法令である場合にあっては、当該国）の法令によれば、仲裁判断が確定していないこと、または仲裁判断がその国の裁判機関により取り消され、もしくは効力を停止されたこと（7号）を承認・執行拒絶事由に挙げる。

　裁判所は、執行拒絶事由のいずれかがあると認める場合に限り、執行決定の申立てを却下することができる（46条8項）。したがって、仲裁判断取消しの申立ての場合と同様に、裁判所は執行拒絶事由がある場合であっても、執行申立てを棄却することを義務付けられておらず、執行決定をすることもでき、裁判所に裁量的判断権が与えられている。反対に、執行拒絶事由がない場合には、裁判所は執行決定の申立てを棄却することはできず、裁量の余地はない。この裁量的判断の基準についても、仲裁判断取消しの申立ての場合と同様に、執行拒絶事由が認められる場合であっても、仲裁判断の効力を否定すべき正当な理由があるか否かという規範的基準により決すべきである。このことは、仲裁判断の承認の可否が問題となる場合にも妥当する（⇨**1**(5)）。

(4)　執行決定手続

(a)　申　立　て

　執行決定の手続は、当事者の申立てによることになる（46条1項）。仲裁

---

(136)　中野＝下村・民執194-195頁。

判断において給付請求権を有すると認められた者が申立人適格、給付義務を
認められた者が被申立人適格をそれぞれ有するほか、仲裁判断の効力が及ぶ
承継人等も適格を有する[137]。申立ての方式等は仲裁関係事件手続規則２条
によることになる。

　申立ての際、仲裁判断書の写し、その写しが仲裁判断書と同一である旨の
証明文書および仲裁判断書が日本語で作成されていない場合にはその翻訳文
を提出しなければならない（46条２項）。翻訳文の正確性について争いが生
じた場合には、仲裁判断の執行決定の裁判手続において確定されることにな
る[138]。実務上、機関仲裁の場合、仲裁機関により、仲裁判断書の写しがそ
の原本と同一である旨を証明する文書が作成、発行されることがある。

　仲裁合意書の原本や写しの提出は申立ての要件とはされていない。この点
は仲裁合意書の原本等を必要とするモデル法35条２項の規定と異なるが、モ
デル法も2006年改正により、仲裁合意の書面要件を緩和、撤廃し、それに伴
い仲裁合意書の原本等の提出を不要としている。また、モデル法35条２項は、
仲裁判断書と仲裁合意書の両方について、正当に認証された原本または正当
に証明されたその謄本の提出を要求するとともに、仲裁判断書、仲裁合意書
が仲裁判断の承認・執行地国の公用語で作成されていないときは、正当に証
明された公用語の翻訳の提出も要求していたが、2006年改正モデル法35条２
項は、認証や証明を要求せず、単に仲裁判断書の原本またはその謄本の提出
に改めるとともに、公用語の翻訳についても、裁判所が必要な場合に提出を
求めることができると改め、仲裁判断の承認・執行の申立ての要件を緩和し
ている。

(b)　管轄裁判所

　仲裁判断の執行決定の申立てを管轄する裁判所は、当事者の合意により定
めた地方裁判所、仲裁地を管轄する地方裁判所または相手方の普通裁判籍の
所在地を管轄する地方裁判所（５条１項）のほか、請求の目的または差し押
さえることができる債務者の財産所在地を管轄する地方裁判所であり、これ

(137)　中野＝下村・民執195頁。
(138)　仲裁コンメ270頁。

らは専属管轄である（46条4項）。

　また、裁判所は、相当と認めるときは、申立てによりまたは職権で、仲裁判断の執行決定の申立てに係る事件を他の管轄裁判所に移送することができる（46条5項）。これによって、同一の仲裁判断について、執行決定の申立てに係る事件と取消しの申立てに係る事件とが、別々の裁判所に係属している場合、移送することにより、これら2つの事件を同一の裁判所で審理することが可能となり、それによって判断の統一を図ることができることになる。裁判所の移送についての決定に対し、当事者は、即時抗告をすることができる（46条6項）。即時抗告期間は、執行決定の申立てに係る決定の告知を受けた日から2週間である（7条）。

　⒞　審　　理

　裁判所は、仲裁判断の取消手続の場合と同様に、口頭弁論または当事者双方が立ち会うことができる審尋の期日を経なければ、仲裁判断の執行決定を求める申立てについての決定をすることができない（46条10項による44条5項の準用）。

　仲裁法は、仲裁可能性の欠缺、公序違反以外の執行拒絶事由については、「被申立人が当該事由の存在を証明した場合」に限ると定めるが（46条8項。仲裁判断の承認については、45条2項柱書）、取消事由の場合と同様に、被申立人が執行拒絶事由のすべてについて証明責任を負うと解される。また、仲裁可能性の欠缺および公序違反は、当事者の主張の有無を問わず、裁判所が職権で調査すべき事項である。この職権調査事項については、裁判所は職権探知もできるとの見解があるが[139]、仲裁判断取消しの申立ての場合と同様に、公益性の度合いによっては、裁判所は、当事者の自白に拘束されず、職権で証拠調べを行うべき場合があると解される。

　以上のことは、仲裁判断の承認拒絶事由についても妥当しよう。

　⒟　裁　　判

　執行決定の申立ては、申立要件を欠く場合、不適法却下されるが、申立要件を具備している場合には、執行拒絶事由が存在するときは、却下決定をす

（139）　中野＝下村・民執196頁。

ることができる（46条8項）。これに対し、執行拒絶事由が存在しない場合には、執行決定がされることになる（同7項）。却下決定および執行決定に対しては、即時抗告を申し立てることができる（同10項による44条8項の準用）。

また、執行決定は、仲裁判断に執行力を付与するに過ぎないので、仲裁判断が命じていない給付を新たに命じることはできない。仲裁判断成立後に生じた弁済等の事由が請求異議事由として主張することが許されるとした場合（⇨2(4)(h)(イ)）、これが請求の一部について認められたときは、仲裁判断で認められた請求権が減縮することになるので、裁判所は、その限度で執行決定をすることになる。

(e) 一 部 執 行

仲裁判断が仲裁合意または仲裁申立ての範囲を超えている事項についての判断を含むものであることが執行拒絶事由である場合（45条2項5号、46条8項）、仲裁判断からその部分を区分することができるときは、裁判所は、仲裁判断のうちその部分のみの執行を拒絶することができる（46条9項による45条3項の準用）。これは仲裁判断取消しの場合の規定（44条7項）と同様である。したがって、たとえば、仲裁合意の効力を受けない当事者に対する判断が仲裁判断に含まれている場合、仲裁判断からその部分を区分することができるので、その判断のみ執行が拒絶されることになる。

このことは、仲裁判断が仲裁合意または仲裁申立ての範囲を超えている事項についての判断を含む場合に限らず、その他の取消事由にも妥当し、執行拒絶事由が仲裁判断の一部にのみ付着している場合、たとえば、執行拒絶事由が複数の請求のうち一部の請求についてのみ付着している場合には、その部分のみ執行が拒絶され、それ以外の部分については、執行が許可されることになる。

以上のことは、仲裁判断の一部承認（45条3項）についても妥当しよう。

(f) 裁判の効果

執行決定が確定すると、債務名義としての執行決定付仲裁判断が成立し、当事者は、民事執行手続を開始することができる。また、執行決定確定後は、仲裁判断取消しの申立てをすることはできない（44条2項）。したがって、執行決定確定により、執行拒絶事由の不存在が確定すると解されよう[140]。

これに対し、執行決定の申立てを却下する決定が確定すると、執行拒絶事由の存在が既判力をもって確定し、再度の執行決定の申立てをすることができない⁽¹⁴¹⁾。この場合、かかる執行拒絶事由と共通する取消事由の存在が確定するが、仲裁判断を無効とし、法的安定性を確保するために、仲裁判断の取消しの申立てをすることは許されよう⁽¹⁴²⁾。

⒢　仲裁判断の取消しと執行

執行決定の申立ては、仲裁判断取消しの申立期間（44条2項）満了前でもできる⁽¹⁴³⁾。また、両申立てが別々の裁判所に係属する場合、執行拒絶事由と取消事由は共通しており、手続の重複を避ける必要がある。そのため、前述したように、裁判所は、相当と認めるときは、申立てによりまたは職権で、仲裁判断の執行決定の申立てに係る事件を他の管轄裁判所に移送することができる（46条5項）。これにより、2つの事件を同一の裁判所で審理することが可能となり、それによって判断の統一を図ることができる。

また、執行決定の申立てを受けた裁判所は、同じ仲裁判断について、仲裁判断の取消しの申立てがあった場合において、必要と認めるときは、執行決定の申立てに係る手続を中止することができる（46条3項前段）。

⒣　請求異議事由の主張の可否

㋐　執行決定付仲裁判断と請求異議訴訟

⒤　執行決定付仲裁判断は裁判の債務名義か

債務者は、請求異議の訴えにより、裁判の債務名義と裁判以外の債務名義とを問わず、特定の債務名義に表示された請求権の存在・内容についての異議または裁判以外の債務名義の成立についての異議を主張し、執行不許判決によって債務名義の執行力が排除されることを求めることができる（民執35条1項）。ただし、確定判決についての異議の事由は、口頭弁論の終結後に生じたものに限られる（同2項）。

前述したように、執行決定付仲裁判断が債務名義となるが（民執22条6号

---

(140)　小島＝高桑・注釈仲裁282頁〔高田裕成〕参照。
(141)　小島＝高桑・注釈仲裁281頁〔高田裕成〕、中野＝下村・民執197頁参照。
(142)　小島＝高桑・注釈仲裁281－282頁〔高田裕成〕参照。
(143)　仲裁コンメ271頁。

の2）、この債務名義は、以下の理由から、民事執行法35条1項の裁判の債務名義に当たると解される。

　すなわち、当事者は、仲裁判断の成立に瑕疵がある場合、仲裁判断の執行決定を求める申立ての手続において争うことができ（46条8項）、執行決定に対しては即時抗告をすることができる（46条10項による44条8項の準用）。また、当事者は、仲裁判断の執行拒絶事由と共通する仲裁判断の取消事由がある場合、仲裁判断の取消しを裁判所に求めることができ（44条1項）、仲裁判断の取消しの申立てについての決定に対しては、即時抗告をすることができる（44条8項）。したがって、請求異議訴訟において、債務名義の成立過程に存する瑕疵について異議を主張する機会を債務者に与える必要はなく、上訴制度、再審制度を有する訴訟における「確定判決」と同様に、その成立過程に存する瑕疵を異議事由とする民事執行法35条1項が定める「裁判以外の債務名義」には当たらないと解することになる[144]。

　和解的仲裁判断についても、和解調書と異なり、当事者の主張・立証に基づき仲裁廷が判断した真正仲裁判断と同様に、仲裁判断に基づく強制執行に必要な執行決定手続、また、仲裁判断の取消手続において、和解合意の実体法上の無効・取消原因である、仲裁判断の成立、すなわち、和解の成立過程における錯誤、詐欺等の瑕疵について異議を主張する機会が保障されているので（⇨1(9)(g)(ア)）、民事執行法35条1項が定める「裁判以外の債務名義」には当たらないと解される。したがって、請求異議訴訟において、和解的仲裁判断の成立についての異議を主張することはできないと考える。

(ii)　**異議事由の時間的制限**

　真正仲裁判断について、当事者は、確定判決の場合と同様に、仲裁判断の既判力によって、仲裁判断で示された請求権の存在が確定し、その既判力の効果として、それより前に発生した当該請求権の発生、変更、消滅に関する事由を主張して仲裁判断の内容を覆すことはできなくなるため、異議事由は、既判力の基準時後に生じたものに限られるべきである。したがって、「確

(144)　東京地判平28・7・13判時 2320号64頁、東京高裁平29・5・18（控訴審）判例集未登載（2017WLJPCA05186002）。

定した執行決定のある仲裁判断」（民執22条の6号の2）については、民事執行法35条2項を類推適用すべきである。その場合、異議事由は、確定判決については、口頭弁論終結時後に生じたものに限られるのに対し、真正仲裁判断については、仲裁判断時ではなく、審理終結時が仲裁判断の既判力の基準時となるので（⇨第5章**7**(3)(**g**)）、異議事由は、審理終結時後に生じたものに限られると解される[145]。

　和解的仲裁判断については、和解内容に基づき仲裁判断がされるので、和解成立時が基準になると解するのが妥当であり[146]、異議事由はその後に生じたものに限られよう。

(イ)　執行決定手続において異議事由を主張できるか

　債務者は、請求異議の訴えにより、仲裁判断で示された請求権の存在・内容についての異議を主張し、執行力の排除を求めることができるが、請求異議の訴えではなく、仲裁判断の執行決定手続において、仲裁判断後の弁済等による請求権の消滅事由を抗弁として提出できるか否かという問題がある。

(i)　旧法下の判例・学説

　この問題は、旧法下から議論されているが、肯定説と否定説とに分かれている。判例は旧法下のものであるが、肯定するものと否定するものとがあり[147]、学説は、審理事項は、取消事由の存否等に限られるという制度趣旨や執行判決手続の遅延を理由に否定するものがあるが[148]、訴訟経済の観点から肯定するのが多数説[149]であった。

---

(145)　東京地判平28・7・13判時2320号64頁は、「確定した執行決定のある仲裁判断」は、民事執行法35条2項の「確定判決」に含まれ、同項の「口頭弁論の終結後」との文言は、仲裁判断の既判力の基準時である「仲裁判断がされた後」と読み替えることになる旨を判示するが、妥当ではない。

(146)　訴訟上の和解について、鈴木正裕＝青山善充編『注釈民事訴訟法(4)』（有斐閣、1997）488頁〔山本和彦〕は、和解締結時を基準時とする。これに対し古田・和解的仲裁判断44頁は、当事者間で和解が成立した時または38条決定の申立てがされた時とする。

(147)　肯定するものとして、東京地判昭34・4・30下民集10巻4号886頁、東京地判昭34・10・23下民集10巻10号2232頁。否定するものとして、神戸地判平5・9・29判時1517号128頁がある。

(148)　小山・仲裁263頁、河野・仲裁563頁。

(149)　青山・仲裁734頁、青山＝松浦・論点342頁〔高橋宏志〕、中野貞一郎『民事執行法〔新訂4版〕』（青林書院、2000）182頁等。

(ii) 現行法下の議論

これに対し、現行法下においては、旧法下における執行判決手続から執行決定手続に改められたため、請求異議訴訟と等価性のない執行決定手続では請求異議事由を提出できないことや、決定手続による簡易迅速な執行決定の妨げとなることを理由に否定する見解がある[150]。他方、仲裁法下での執行決定手続は、旧法下の判決手続の機能を引き継いだものであり、手続の略式化ではなく、口頭弁論または当事者双方が立ち会うことができる審尋の期日を経なければ、仲裁判断の執行決定の申立てについての決定をすることができず、かかる決定に対しては、即時抗告をすることができるので、（46条10項による44条5項、8項の準用）、当事者に実質的な手続保障が十分に配慮されていることから、否定説の指摘は妥当せず、執行決定手続で請求異議事由を抗弁として主張することが許されるとする肯定説がある[151]。

(iii) 憲法32条、82条との関係

仲裁法は、旧法下の執行判決手続を執行決定手続に改めたが、前述のように、旧法下の判決手続の機能を引き継いだ当事者に実質的な手続保障が十分に配慮されているものであるから、執行決定手続において請求異議事由を主張することができるとする肯定説が妥当であろう。執行決定手続において主張したが認められなかった請求異議事由については、既判力をもってその不存在が確定し、その事由を主張して、請求異議の訴えを提起することはできないと解されよう[152]。

他方、最高裁判例によれば、裁判所が当事者の意思如何にかかわらず終局的に事実を確定し当事者の主張する実体的権利義務の存否を確定することを

---

(150)　理論と実務389頁〔三木浩一発言〕、中野＝下村・民執194－195頁。

(151)　小島＝猪股・仲裁560－561頁、安達・執行決定70－71頁等。

(152)　小島＝猪股・仲裁561頁参照。これに対し、小島＝高桑・注釈仲裁277頁〔高田裕成〕は、決定手続のため、遮断効を否定する。また、安達・執行決定70－71頁は、判決手続から変更された決定手続における不服申立制度が被申立人にとって不利益となることを考慮して、執行決定手続において請求異議事由を主張するか、請求異議の訴えを提起するかについては、被申立人の選択に委ねることができるという立場をとる。これに対し、猪股・請求異議136頁は、執行決定手続で主張することができた請求異議事由を主張して、請求異議の訴えを提起することは許されないという立場をとる。旧法下において失権効をとる見解として、青山・仲裁734頁等がある。

目的とする純然たる訴訟事件についての裁判は、憲法32条（裁判を受ける権利の保障）、82条（裁判の対審・判決の公開の保障）の下、公開の法廷における対審および判決によってなされなければならないとされる。

　この判例法理によれば、判決手続ではない決定手続においては、仲裁判断成立後の弁済等による実体法上の請求権の消滅事由である請求異議事由について裁判することができないとも解されるが、前述したように、執行の相手方となる債務者の手続保障にも十分な配慮がされている執行決定手続が、この憲法の要請に答えるものと評価することができるとするならば、執行決定手続において、債務者は請求異議事由を主張することができ、主張したにもかかわらず排斥された請求異議事由については、既判力をもってその事由の不存在が確定すると解することになろう（⇨ **1**(**9**)(**g**)(イ)）。

(iv)　**請求異議事由の存否と仲裁合意**

　また、執行決定手続において、仲裁判断成立後の弁済等による請求権の消滅事由が請求異議事由として主張される場合、その異議事由の存否が仲裁合意の対象である場合には、仲裁廷による判断がされるまで裁判所はそれを審理、判断することができない。その場合、請求異議訴訟において異議事由の存否が仲裁合意の対象となっているときと同様に、民事執行法36条を類推適用して執行停止の裁判を求めることができると解すべきであろう（⇨第2章 **7**(**2**)(**f**)）。

第 7 章

国 際 仲 裁

1　問題の所在

　仲裁に関するあらゆる要素が一国に集中している場合、外国法の適用は問題とならないが、当事者の国籍、仲裁地、仲裁合意の対象となる紛争等何らかの要素が複数の法秩序に関係している場合には、外国法の適用が問題となる。また、外国仲裁判断の承認・執行という問題もある。本章では、これらの問題を含め国際仲裁の場合に生じる諸問題を取り上げる。

2　仲裁と国家の関係

(1)　仲裁地と仲裁手続法

　国家は紛争の終局的解決手続として訴訟とそれに代替する仲裁の2つの制度を設けている。当事者が訴訟に代えて仲裁を選択する場合、仲裁手続には仲裁法が適用され、裁判所が仲裁手続に関し援助、監督し、仲裁法が定める手続準則に従った仲裁手続による仲裁判断には確定判決と同等の効力が与えられ、それにより紛争の終局的解決が図られることになる。

　国際仲裁においては、現在、国際的に広くモデル法採用国を含め諸外国において仲裁地国の仲裁法が仲裁手続に適用されるという仲裁地法主義（seat theory）に則った法秩序が形成されている。古くは、当事者が仲裁地法とは別に仲裁手続法を選択、合意することができるという当事者自治を認める手続法主義（procedural theory）を採用する国もあったが、現在ではこの主義を採る国はないとされる[1]。この意味で、国際仲裁において、仲裁は仲裁地国の法秩序に組み込まれた紛争解決手続と見ることができよう[2]。このこと

（1）　Wolf NYC Commentary 63. See Haas & Kahlert NYC Commentary 1586.

から、仲裁判断の国籍は仲裁地国であるとも言えよう。

　これに対し、仲裁人は国家の裁判所と違い、紛争の解決を仲裁合意という当事者の合意により授権されており、国家法からいかなる授権も受けていない以上、仲裁判断を仲裁地の国家法秩序に組み入れることはできず、仲裁判断は如何なる法秩序にも属さない単なる私的行為・法的事実であると考えるべきであるという見解がある[3]。これは、従前から主張されているフランスの判例・学説の立場、すなわち、国際仲裁は仲裁地国の支配を受けず仲裁地法に連結されないという非属地主義（delocalisation theory）[4]の立場と軌を一にするものであると解される。

　確かに、仲裁人に紛争の解決を委ねる当事者の授権は、当事者の私的合意に基づくものであるが、当事者の授権に基づき実施される仲裁手続は仲裁地国の仲裁法に服し、仲裁地国の仲裁法に従ってなされた仲裁判断は、当事者がそれに服するとした私的行為である性質を有することに加え、仲裁地国によって判決と同等の効力が付与される。また、仲裁地国で効力を有することを前提に他国でもその効力が認められるので（モデル法36条1項(a)(v)、仲裁法45条2項7号、NY条約5条1項(e)）、その意味で仲裁判断は仲裁地国の法秩序に組み込まれた法的存在ということができ、単なる私的行為とまでは言えないであろう。

(2)　仲裁地と仲裁手続実施地

　このように国際仲裁において仲裁地は、仲裁と国家法秩序とを連結する概念（法的概念）となるが、これに加え、実際に口頭審理や仲裁廷の評議等が実施される地（仲裁手続実施地）としての概念（物理的概念）を有する。

　モデル法に準拠する仲裁法28条3項は、当事者間に別段の合意がない限り、仲裁地にかかわらず、適当と認めるいかなる場所においても、仲裁手続

（2）　この仲裁が国家法秩序へ組み込まれた紛争解決手続であると主張とする見解として、道垣内・国際仲裁82頁、中野俊一郎「国際仲裁と国家法秩序の関係」国際110巻1号（2011）63頁がある。
（3）　横溝大「紛争処理における私的自治」国際私法年報15号（2013）114頁、119頁。
（4）　この仲裁地法主義と非属地主義の対立に関しては、Redfern and Hunter on International Arbitration 171-185を参照。

を実施することができる旨を定めている。したがって、この規定は、原則として、仲裁手続は仲裁地で実施することを要求するが、たとえば、仲裁人が複数の国に所在するような場合、仲裁人間の評議を仲裁地のみで行われなければならないとすると、手続の遅延、過大な費用の支出を招くことにもなるので、これを避けるために仲裁地以外の地で仲裁手続を実施することを許容している。

(3)　仲裁地を定めない仲裁合意は無効か

　当事者が仲裁合意を締結する場合、仲裁による紛争の解決を定めておけば、それ以外の、仲裁地の定め、仲裁人の選任方法、仲裁手続に関する定め等は、仲裁合意の任意的事項であり、仲裁合意の成立要件とはならないと解される（⇨第2章3(c)）。

　国際仲裁において、実務上、当事者が単に仲裁により紛争を解決する旨だけを合意している場合、仲裁が仲裁地法に連結されず、仲裁手続に適用される仲裁法が定まらず、仲裁人の選任を含め仲裁手続の実施が困難になるという問題が生じる。このような場合、仲裁廷は、当事者から付託された紛争の解決のため、審理し仲裁判断をする上で仲裁手続を仲裁法に連結させる必要があるので、仲裁地を決定する権限を当事者から授権されていると見ることができよう。したがって、仲裁地の決定には、仲裁人の選任が必要となるが、仲裁人の選任ができない場合は、当事者の申立てにより、裁判所が仲裁人を選任することになる[5]。

（5）　仲裁人の選任について、わが国の場合、仲裁法8条1項により、当事者は、仲裁地が日本国内となる可能性があり、かつ、申立人または被申立人の普通裁判籍（最後の住所により定まるものを除く）の所在地が日本国内にあるときは、仲裁人の選任を裁判所に求めることができる。仲裁地が日本国内となる可能性の意味については、当事者間で仲裁合意があるにもかかわらず、仲裁人の選任手続が進まず、仲裁手続が頓挫を来たすのを防ぐという8条の趣旨に照らし、仲裁地が日本国内となる可能性が全くない場合を除き、かかる可能性は肯定されると解すべきである。この点に関し、仲裁コンメ24頁、理論と実務99頁〔近藤昌昭発言〕を参照。わが国の裁判所に仲裁人の選任を求める場合、その申立ては、当事者の数が2人の場合、仲裁人の数が1人または3人であるときに必要となる裁判所による仲裁人の選任を定めており（8条1項2号、17条2項、3項）、仲裁人の数について当事者間に合意がない場合、条文上、17条2項、3項による申立てができないことになるが、そのような場合であっても、8条の規定の趣旨から、裁判所は、仲裁人の数を決定した上で、仲裁人を選任すべきである。

3　NY 条約の適用関係

⑴　条約の解釈

　NY 条約の適用をめぐっては、その解釈が問題となる。条約の解釈に関しては、条約法に関するウィーン条約（Vienna Convention on the Law of Treaties）が定める条約の解釈に関する31条から32条までは、慣習国際法であり[6]、NY 条約もこの条約の解釈規定に従って解釈することになる。

　条約法に関するウィーン条約（条約法条約）の解釈に関する一般的規則を定める31条によれば、第1に、条約は誠実に解釈されなければならず、第2に、条約中の用語は通常の意味に従って解釈されるべきであり、第3に、用語の通常の意味は、抽象的ではなく、条約の文脈により、かつ、条約の趣旨および目的に照らして決定されなければならない[7]。この31条は、文理解釈、体系的解釈、目的論的解釈のすべてを統合しようとする規定であり、これらの解釈手法の相互関係は定められていないとされる[8]。

　次いで、解釈の補足的な手段を定める32条によれば、31条に基づいてもなお意味があいまいであったり不明瞭な場合、あるいは、その結果が明らかに常識に反したり不合理である場合、条約の準備作業および条約締結の際の諸事情を含む補足的手段を用いて解釈することができるとされる。

⑵　NY 条約の趣旨・目的

　外国仲裁判断の承認・執行に関する多数国間条約としては、NY 条約より前に作成されたものとして、国際連盟の主催の下に締結された2つの条約、すなわち、ジュネーヴ議定書およびジュネーヴ条約がある。NY 条約は、仲裁判断の執行要件を緩和するなどの点でジュネーヴ条約の不備を改善し、国際取引から生じた紛争を訴訟ではなく仲裁により解決する場合における仲裁判断の執行力を国際的に保障することにより国際取引の実務の要請に応えるとともに、その発展に寄与することを目的とする[9]。そのため、国際取引か

（6）　酒井ほか・国際法276頁〔濵本正太郎〕。See Wolff NYC Commentary 20; Haas & Kahlert NYC Commentary 1577.
（7）　波多野理望＝小川芳彦編『国際法講義〔新版増補〕』（有斐閣、2002）65頁〔広部和也〕参照。
（8）　酒井ほか・国際法286頁〔濵本正太郎〕。

ら生じる紛争を解決する仲裁判断の承認・執行および仲裁判断の基礎となる仲裁合意の承認を促進するための条約として作成されたものである。

⑶　NY条約とその他の条約との適用関係

⒜　NY条約とジュネーヴ議定書、ジュネーヴ条約との適用関係

NY条約7条2項は、「1923年のジュネーヴ議定書及び1927年の外国仲裁判断の執行に関するジュネーヴ条約は、締約国がこの条約により拘束される時から、及びその限度において、それらの国の間で効力を失うものとする」と規定しているので、NY条約とジュネーヴ議定書およびジュネーヴ条約との適用関係については、NY条約がこれらに優先することになる。

⒝　NY条約とジュネーヴ議定書、ジュネーヴ条約以外の条約との適用関係

㋐　学説・判例

ジュネーヴ議定書およびジュネーヴ条約以外の条約との関係については、NY条約7条1項前段が「この条約の規定は、締約国が締結する仲裁判断の承認及び執行に関する多数国間又は二国間の合意の効力に影響を及ぼすものではな」いと規定し、外国仲裁判断の承認・執行に関し、この規定の趣旨や起草過程での議論を根拠に、NY条約よりも一層自由な要件を定めている範囲においてのみ他の条約が適用されるとする見解[10]をはじめ、NY条約の規定との要件の緩厳を基準に他の条約との適用関係を決するという見解[11]等が主張されている[12]。

しかし、NY条約7条1項をこのように解する文理上の根拠はなく、また、NY条約の規定と他の条約の規定とを比較していずれの要件が緩やかであるかは必ずしも明らかとは言えず、妥当ではない。

また、判例においては、NY条約7条1項は、同条約の締約国が仲裁判断の承認・執行に関する他の条約を締結している場合には、NY条約と当該他の条約との関係がいわば一般法と特別法の関係にあるものとして、当該他の条約を適用することを規定したものと解する立場がある[13]。

（9）　阿川・NY条約（上）18−19頁参照。
（10）　阿川・NY条約（下）49頁、東京地判平7・6・19判タ919号252頁等。
（11）　松浦・外国仲裁判断224頁。
（12）　小島＝猪股・仲裁646−651頁。

　しかし、国際法上、特別法優位の原則により、多数国間条約の当事国である特定の国が更に同一の事項に関する条約（特別条約）を締結する場合、特別条約が一般条約としての多数国間条約に別段の規定がない限り、優先適用されることは明らかであるが[14]、特別条約が一般条約より先に締結されている場合、この原則が妥当するかは疑問である。また、NY条約7条1項の文理上、特別法優位の原則を定めたと解することはできない。したがって、この判例の見解には疑問がある[15]。

(イ)　**NY条約とその発効前に締結された条約との適用関係**

　NY条約7条1項前段は「この条約の規定は、締約国が締結する仲裁判断の承認及び執行に関する多数国間又は二国間の合意の効力に影響を及ぼすものではな」いと規定している。したがって、まず、NY条約発効前に締結した条約との関係について、NY条約は、この規定により、同一の事項に関する相前後する条約について後の条約が優先適用されるという後法優位の原則[16]を否定している[17]。

　したがって、外国仲裁判断の承認・執行に関し、NY条約とその発効前に締結された条約との適用関係については、同条約の締約国の合意の内容如何によるが、通常、仲裁判断の承認・執行を促進することを意図していると解されるので、同条約がNY条約の適用を排除していない限り、NY条約の規定によらなければ、承認・執行要件を具備しない場合には、NY条約が適用され、反対に、NY条約の発効前に締結された条約によらなければ、承認・執行要件を具備しない場合は、7条1項後段の「仲裁判断が援用される国の法令又は条約により認められる方法及び限度で関係当事者が仲裁判断を利用

---

(13)　大阪地決平23・3・25判時2122号106頁、東京地判平5・7・20判時1494号126頁、横浜地判平11・8・25判時1707号146頁。

(14)　国際法辞典656頁〔坂元茂樹〕。

(15)　判例は、NY条約と日中貿易協定との適用関係が問題となった事案において、日中貿易協定が適用されるとするものであるが、後者は1974年に発効し、前者のNY条約については、わが国は1961年6月に加入し、同年9月からその効力が生じており、中国は、1987年1月に加入し、同年4月からその効力が生じており、日中貿易協定はNY条約発効前に締結され発効している。

(16)　国際法辞典246 − 247頁〔柴田明穂〕。

(17)　See Haas & Kahlert NYC Commentary 1760.

するいかなる権利をも奪うものではない」との規定により、同条約が適用されると解されよう[18]。また、いずれの条約によっても、承認・執行要件を具備する場合は、いずれの条約によることもできると解されよう。

⑷　NY条約とその発効後に締結された条約との適用関係

NY条約とその発効後に締結された条約との適用関係については、NY条約7条1項前段は規定していない。この場合も、同条約の締約国の合意の内容如何によるが、同条約に別段の合意がない限り、通常、後法優位の原則が妥当し、同条約が適用されると解される[19]。

⑷　NY条約と国内法との適用関係

わが国では、条約は、批准または加入した後、公布によって自動的に国内的効力を有し、国内法秩序に組み入れられるという一般的受容方式を採っているので、NY条約は、わが国で国内的効力を有する[20]。また、NY条約は、自動執行性を備えた条約であり、立法技術上の要請からも国内立法措置を講じる必要のない条約であるので、わが国の裁判所において直接裁判規範として適用される[21]。法律との効力順位については、条約の成立には国会の承認が必要とされ、憲法98条2項の趣旨から見て、条約が法律に優位すると解されているので[22]、裁判所は、NY条約が適用される事案については仲裁法ではなくNY条約を適用することになると考えられる[23]。

また、NY条約7条1項後段の規定により、仲裁判断がNY条約の適用を受ける場合であっても、NY条約以外の国内法による仲裁判断の承認・執行

---

(18)　See Haas & Kahlert NYC Commentary 1760. これに対し、高桑・国際商事仲裁171頁は、NY条約が締約国間で効力を生じているにもかかわらず、締約国で二国間条約の適用について特に問題としていないならば、二国間条約の適用については従前と同様に解し、二国間条約がNY条約に優先するという暗黙の合意が存在すると解されるべきであるという。同旨、野村・外国仲裁判断37頁。

(19)　高桑・国際商事仲裁171頁参照。See also Haas & Kahlert NYC Commentary 1760; Wolf NYC Commentary 485.

(20)　酒井ほか・国際法389頁〔濱本正太郎〕。

(21)　曽野裕夫「CISGの締結手続と国内的実施」国際私法年報12号（2010）6頁、谷内正太郎「国際法規の国内的実施」山本草二還暦『国際法と国内法──国際公益の展開──』（勁草書房、2008）113-117頁参照。

(22)　佐藤・憲法89頁参照。

が可能となる。

⑸　NY条約の適用範囲

⒜　仲裁判断の適用範囲

㋐　仲裁判断地とは何か

NY条約は他の国の領域内でなされた仲裁判断を適用対象とする（1条1項前段）。仲裁判断がなされた地（仲裁判断地）とは何か。実際に仲裁人が仲裁判断書に署名する地は、仲裁人の便宜等で仲裁判断書の署名地が決まることになり、また、仲裁廷が3人の仲裁人から構成される場合、3人の仲裁人の署名地が複数の異なる地になることがあり、仲裁判断書の署名地を仲裁判断地とすることは妥当でない。このことから、NY条約の解釈として一般に、仲裁人が仲裁判断書に署名した地ではなく、仲裁地と同義であると解されている[24]。

㋑　非内国仲裁判断とは何か

また、NY条約1条1項後段は、「この条約は、また、仲裁判断の承認及び執行が求められる国において内国判断と認められない判断についても適用する」と規定する。この規定は、外国仲裁判断と内国仲裁判断を当事者が選択した仲裁手続準拠法によって区別していたオーストリア、ベルギー、旧西ドイツ、フランス、イタリア、オランダ、スウェーデンおよびスイスの大陸法系の8か国の提案を受けて追加されたものである[25]。しかし、現在では、このような仲裁手続準拠法について当事者自治を認める手続法主義により仲裁手続準拠法によって仲裁判断の国籍を決するという考え方をとる国はなく、

---

(23)　小島＝高桑・注釈仲裁266頁〔高桑昭〕参照。これに対し、三木浩一「判批」民事執行・保全判例百選〔別冊ジュリ177号〕（2005）21頁は、直接的にはNY条約の実施法規としての性格を有する仲裁法を適用し、NY条約は仲裁法と抵触がある範囲で優先適用されるという。また堤龍弥「判批」JCA60巻7号（2013）8－9頁は、「条約が法律に優先する」との解釈には必ずしも固執することなく、端的に、仲裁法が適用されると解することも理論的には可能ではないかという。

(24)　Wolf NYC Commentary 56.　実際に仲裁人が仲裁判断書に署名した地が仲裁判断地となると判断した著名な英国貴族院判例としてHiscox v. Outhwaite, ［1991］3 ALL E. R. 641があるが、その後、この判例は、英国1996年仲裁法によって改められた。

(25)　Albert Jan van den Berg, When Is an Arbitral Award Nondomestic Under the New York Convention of 1958, 6 Pace Law Review（1985）32-40.

これら8か国においても、仲裁判断の国籍は仲裁地によって決するという考え方が採用されているので、NY条約1条1項後段は死文化したものと解することになる[26]。しかし、仲裁判断の承認・執行の促進というNY条約の趣旨・目的に照らし、それに適合する範囲内で非内国仲裁判断の範囲を拡張する解釈をとる余地はあろう[27]。

　米国はNY条約を実施するため国内法を制定しているが、そのための連邦仲裁法202条は、専ら米国人（法人の場合、米国において法人格が付与され、または、米国内に主たる事務所を有するものが米国人となる）間の法律関係から生じた仲裁合意または仲裁判断は、当該法律関係が外国に所在する財産に関する場合、外国における履行もしくは執行が予想される場合、または、その他外国と何らかの合理的な関係を有する場合を除き、NY条約の適用を受けないと定め、この規定により、米国の裁判所は、仲裁地が米国に所在する外国の要素を含む仲裁合意、仲裁判断に対しNY条約を適用している[28]。

　また、NY条約1条1項前段と後段との適用関係については、非内国仲裁判断についても適用すると定める後段の文言からも明らかであるが、NY条約の作成過程の議論から仲裁判断地が法廷地国以外の国にある場合、それが法廷地法上非内国仲裁判断に当たらないときであっても、NY条約の適用を受けることになる[29]。

　(ウ)　留 保 宣 言

　また、NY条約1条3項は、締約国が他の締約国の領域においてされた仲裁判断の承認・執行についてのみNY条約を適用する旨の相互主義の原則に基づく留保宣言および自国の国内法により商事と認められる法律関係から生じる紛争についてのみNY条約を適用する旨の留保宣言をすることができると定める。わが国は前者の留保宣言をしているので、仲裁判断地がNY条約の締約国以外の国に所在する場合、仲裁判断の承認・執行にNY条約は適用されない。

---

(26)　Wolff NYC Commentary 63.

(27)　See Haas & Kahlert NYC Commentary 1587.

(28)　Id.

(29)　UNCITRAL NYC Guide 39-40; Wolff NYC Commentary 67; van den Berg NYC 24.

(b)　仲裁合意の適用範囲

　NY条約は、仲裁判断の承認・執行のみならず、仲裁合意を承認すること
を目的としている。後者について定める2条については、当初、仲裁合意の
方式および仲裁合意の承認に関する規定は、NY条約とは別の議定書
（protocol）に委ねることになっていたが、NY条約作成のためにニューヨー
クの国際連合本部で開催された国際商事仲裁会議（United Nations Conference
on International Commercial Arbitration）の最終段階で急遽追加された経緯が
ある。そのため、NY条約2条は、仲裁合意の適用範囲について規定を置か
ず[30]、その適用範囲が問題となる。

(ア)　1条類推適用説

　この問題に関し、NY条約2条3項は、仲裁判断の適用範囲を定めた1条
と整合的に解釈すべきであるとして、1条を仲裁合意に類推適用すべきであ
るという立場をとる判例があり、また学説もこの見解を支持するものがあ
る[31]。この見解によれば、仲裁地が他の国に所在する場合、仲裁合意はNY
条約の適用を受ける。また、NY条約の締約国がNY条1条3項の規定に従
い、他の締約国でなされた仲裁判断の承認・執行についてのみNY条約を適
用する旨を相互主義の原則に基づき宣言をしている場合、仲裁合意は、仲裁
地が他の締約国に所在するときにのみNY条約の適用を受けることになる。
これと同様に、商事と認められる法律関係から生じる紛争についてのみNY
条約を適用する旨の宣言をしている場合には、仲裁合意は、紛争が商事法律
関係から生じるものであるときにのみNY条約の適用を受けることになる。

　仲裁地が法廷地に所在する場合、および、仲裁地が未定の場合、NY条約
1条を類推適用する余地はないが、NY条約は、国際商事仲裁において仲裁
合意の承認および仲裁判断の承認・執行を促進することを目的として、その
ため仲裁合意に関しては、仲裁合意の方式に統一的ルールを定めている（NY
条約2条2項）。したがって、仲裁合意の承認が求められる締約国で仲裁合意
がその国の国内法により無効となる一方、他の締約国で同一の仲裁合意に基

---

(30)　van den Berg 56.

(31)　van den Berg NYC 56-60; NYC Global Commentary 41-42. See Wolf NYC
　　　Commentary 99. また、高杉・準拠法78-80頁を参照。

づく仲裁判断が有効となるような事態を避け、訴訟と仲裁が競合しないよう、NY 条約の締約国の裁判所は、仲裁合意を構成する要素に国際性があるときは、仲裁合意に NY 条約を適用し、NY 条約 2 条 3 項に基づき仲裁合意を承認すべきであるとする見解が主張されている[32]。

(イ) 無 制 約 説

これに対し、NY 条約作成のための国際商事仲裁会議において、イスラエル代表が、締約国は、一定の状況において NY 条約 2 条を適用しないことができる一般的留保条項を入れることを提案したが、この提案は採用されなかった経緯を踏まえ、NY 条約 2 条は、適用範囲について何らの制約も加えていないという見解や、NY 条約は、ジュネーヴ議定書と異なり、仲裁合意の当事者がそれぞれ異なる締約国の裁判権に服することを要求していないことから、このような制約はなく一般的に適用されるという見解、さらには、NY 条約は、2 条の適用を受ける仲裁合意の適用範囲について地理的制約を課す意図を有していなかったという見解もある[33]。この見解と同様に、わが国においても、それぞれ異なる締約国の裁判権に服する当事者間の仲裁合意を承認することを定めたジュネーヴ議定書の継承者である NY 条約において（NY 条約 7 条 2 項）、あえて明文の限定を置いていない以上、文言どおり、締約国は、無条件で NY 条約 2 条を適用することになるという見解[34]がある。

(ウ) 仲裁判断の承認・執行の局面との整合性を図る解釈が妥当か

このように、仲裁合意の適用範囲に関する解釈をめぐっては見解が分かれている。仲裁判断の承認・執行が求められる NY 条約の締約国の裁判所は、2 条 2 項の書面要件を適用して仲裁合意が方式要件を具備しているか否かを判断することになるが（仲裁判断の承認・執行の局面において 2 条 2 項の書面要件が適用されることについては⇨ 4(4)(c)）、その一方で、仲裁合意の承認が求められる NY 条約の締約国の裁判所が 2 条 2 項の書面要件を適用せずに判断する場合、NY 条約の締約国間で仲裁合意の成否に関し不均衡な法律関係が

---

(32) van den Berg NYC 61-71. これ以外の見解については、中村達也「ニューヨーク条約の問題点とその改正について」国際118巻 2 号（2019）82-83頁を参照。
(33) UNCITRAL NYC Guide 40.
(34) 道垣内・国際仲裁94頁。

生じ得ることになる。

　すなわち、前述した1条類推適用説が指摘しているように、本案訴訟が提起されたNY条約の締約国の裁判所が被告の妨訴抗弁に対し、自国の国内法を適用して仲裁合意が書面要件を具備しないと判断し、その結果、訴訟手続が進み、本案判決がされる一方、同一の紛争について被告が仲裁手続を開始し、その結果、仲裁判断がなされ、他のNY条約の締約国の裁判所が、仲裁合意が2条2項の書面要件を具備しているとして仲裁判断の効力を承認するという事態が生じ得るが、かかる事態は、仲裁判断の承認・執行の促進というNY条約の目的に明らかに反することになる。

　したがって、仲裁合意の承認を求められるNY条約の締約国の裁判所は、仲裁地が外国、内国のいずれにあっても、また、相互主義、商事関係について留保宣言をしている否にかかわらず、さらに仲裁地が未定であっても、NY条約の締約国でNY条約に基づき仲裁判断の承認・執行が求められる可能性が否定されない限り、NY条約2条を適用すべきである[35]。

(6)　NY条約7条1項によるNY条約以外の条約、国内法の適用

(a)　NY条約7条1項と仲裁合意の承認

　NY条約7条1項後段は、この条約の規定は、「仲裁判断が援用される国の法令又は条約により認められる方法及び限度で関係当事者が仲裁判断を利用するいかなる権利をも奪うものではない」と規定する。この規定について、仲裁判断の承認・執行のみならず、仲裁合意の承認にも適用されるか否かという問題がある。

　前述したように、NY条約2条は、当初、NY条約作成のために開催された国際商事仲裁会議の最終段階で急遽追加されたことから、NY条約7条1項が意図的に仲裁合意について明記しなかったとは解されない[36]。

　また、仲裁合意を承認する局面において、NY条約2条が要求する書面要件を具備せず、仲裁合意の効力が認められず、その一方で、同一の仲裁合意

---

(35)　わが国の判例において、仲裁合意に基づく妨訴抗弁の主張に対し、NY条約2条を適用し、あるいは、以下で述べるNY条約7条1項後段により国内法を適用する旨を明示して判断したものは見当たらない。

(36)　See van den Berg NYC 87

に基づく仲裁判断の承認・執行の局面においては、NY条約7条1項により国内法が適用され、同法が要求する書面要件を具備し、仲裁合意の効力が認められ、仲裁判断が承認・執行されるという不均衡な法律関係が生じることを避けるべきであることから、仲裁合意について7条1項後段を類推適用することがNY条約の趣旨・目的に照らし妥当な解釈であり、国際的に広く支持されている[37]。

　このことは、UNCITRAL（国際連合国際商取引法委員会）が、「2006年7月7日にUNCITRALの第39会期において採択された1958年6月10日にニューヨークで成立した外国仲裁判断の承認及び執行に関する条約2条2項及び7条1項の解釈に関する勧告（Recommendation regarding the interpretation of article II, paragraph 2 and article VII, paragraph 1, of the Convention of the Recognition and Enforcement of Foreign Arbitral Awards, done in New York, 10 June 1958, adopted by the United Nations Commission on International Trade Law on 7 July 2006 at its thirty-ninth session）」において、NY条約2条2項は、そこに規定されている事情が網羅的でないことを認識して適用すべきことと併せて、NY条約7条1項後段は、利害関係を有する当事者が、仲裁合意が援用される国の法令または条約に基づき、仲裁合意の有効性の承認を求める権利を利用することを認めるように適用すべきであることを勧告し、この点を明らかにしていることからも支持することができる[38]。したがって、訴訟手続において被告は、NY条約ではなく、仲裁法に基づき訴えの却下を求めることができる。

(b)　関係当事者の意義

　NY条約7条1項後段は、この条約の規定は、仲裁判断が援用される国の法令または条約により認められる方法および限度で「関係当事者」が仲裁判断を利用するいかなる権利をも奪うものではないと規定し、関係当事者は、

---

(37)　See van den Berg NYC 87; ICCA NYC Guide 44; Wolff NYC Commentary 489.
(38)　なお、この解釈勧告について、UNCITRALは、国際取引法に関する条約の統一的解釈の確保を任務の1つとしており、この解釈勧告は、NY条約締約国に対し説得的性質を有するものであると主張しているが（U. N. Doc. A/61/17（2006）, para. 178）、拘束的性質を有するものではない。この点に関し、酒井ほか・国際法283－284頁〔濱本正太郎〕を参照。

仲裁判断の承認・執行および仲裁合意の承認を求める当事者に限られるの
か、あるいは、それを拒む当事者も含まれるのかという問題がある。仲裁判
断の承認・執行および仲裁合意の承認を促進させるという NY 条約の趣旨・
目的に照らし、関係当事者は、仲裁判断の承認・執行および仲裁合意の承認
を求める当事者に限られると解されよう[39]。

(c)　当事者の主張の要否

　NY 条約 7 条 1 項後段の規定の解釈として、NY 条約以外の条約、国内法
の規定については、裁判所は、この後段の規定に基づき、当事者がその適用
を主張した場合にのみ、それを適用するのか、あるいは、職権で適用するの
か、という問題がある。7 条 1 項後段は「関係当事者が仲裁判断を利用する
いかなる権利をも奪うものではない」と規定し、この規定の文言からは、当
事者が主張した場合に限り、適用するとも解される。

　この問題については NY 条約に定めはなく、NY 条約 3 条の規定により締
約国の法廷地法によることになる[40]。古くからの法諺が「我に事実を語れ、
されば汝に法を与えん」と述べているように、法の解釈・適用は裁判所が責
任を負うことになるので[41]、裁判所は、当事者の主張がなくても、NY 条約
7 条 1 項後段の規定を適用しなければならないとするのが支配的な見解であ
るとされる[42]。

(d)　NY 条約の規定とそれ以外の条約、国内法の規定を併せて適用するこ
との可否

　NY 条約 7 条 1 項後段の規定により、NY 条約の規定とそれ以外の条約、
国内法の規定を併せて適用することできるか否かという問題もある。

　否定説は、NY 条約以外の条約、国内法の規定を NY 条約の規定と併せて
適用することは、各法規範が相互依存の関係にある規定から包括的に構成さ
れていることと相容れず、法的安定性を欠き、また適用関係に矛盾が生じ
る可能性があると指摘し、7 条 1 項後段は、いわゆる、いいとこ取り（cherry

---

(39)　See Wolff NYC Commentary 486.
(40)　See Wolff NYC Commentary 487; NYC Global Commentary 450.
(41)　伊藤・民訴320頁。
(42)　Wolff NYC Commentary 487.

picking）を許容していないという[43]。これに対し、肯定説は、統一的ルール
の適用という目的より、仲裁判断の承認・執行および仲裁合意の承認を促進
するという目的を優先させるべきであるといい[44]、見解が対立している。

　確かにNY条約は、統一的ルールの適用を目的としているが、その一方
で、仲裁判断の承認・執行とともに仲裁合意の承認を促進することを目的と
し、後者の目的を実現するために設けられた7条1項後段の趣旨[45]に鑑みる
と、NY条約以外の条約、国内法が別段の定めをしていない限り、適用関係
に矛盾が生じず、整合し得る範囲でNY条約以外の条約、国内法の規定を
NY条約の規定と併せて適用することは許容されると解される。

4　準　拠　法

⑴　仲裁合意の準拠法

⒜　問題の所在

　仲裁合意の成立・効力が問題となる場合、仲裁合意を構成する当事者の国
籍や仲裁地等の要素が複数の法秩序に関係しているときには、仲裁合意の準
拠法の決定が問題となる。

　仲裁合意に基づく妨訴抗弁が主張されたときに、訴えを却下するか、手続
を中止するかなど、仲裁合意の訴訟法上の効果については、手続問題として
法廷地法によるとするのが判例・通説の立場である[46]。他方、仲裁合意に基
づく妨訴抗弁による訴訟排除効の及ぶ範囲については、これも訴訟法上の問
題として考え、「手続は法廷地法による」の原則に従い、法廷地法によると
する見解があるが[47]、仲裁と訴訟は相互補完的機能を有し、仲裁合意の消極
的効力の範囲（訴訟排除効の範囲）と仲裁合意の積極的効力の範囲（仲裁に付

⑷　van den Berg NYC 86, 180; Wolff NYC Commentary 116, 155, 494; NYC Global
　　Commentary 448-450.
⑷　NYC Global Commentary 48-49; Comparative International Commercial
　　Arbitration 698; Haas & Kahlert NYC Commentary 1625-1626; Fouchard Gaillard
　　Goldman on International Commercial Arbitration137.
⑷　See Wolff NYC Commentary 451-452, van den Berg NYC 82-83.
⑷　青山・判批171頁。
⑷　吉野正三郎「判批」判タ819号（1993）79頁。

されるべき紛争の範囲）とは、表裏一体の関係に立つべきであるから、同一の仲裁合意の準拠法によって決せられるべきである[48]。

(b)　仲裁法が定める抵触規則

仲裁法は、仲裁合意の準拠法について一般的な規定を置いていないが、仲裁判断の取消事由、承認・執行拒絶事由として、「仲裁合意が、当事者が合意により仲裁合意に適用すべきものとして指定した法令（当該指定がないときは、日本の法令）によれば、当事者の行為能力の制限以外の事由により、その効力を有しないこと」（44条1項2号）、「仲裁合意が、当事者が合意により仲裁合意に適用すべきものとして指定した法令（当該指定がないときは、仲裁地が属する国の法令）によれば、当事者の行為能力の制限以外の事由により、その効力を有しないこと」（45条2項2号、46条8号）をそれぞれ挙げており、仲裁合意の準拠法は、当事者自治、仲裁地という2段階連結によることを定めている。したがって、仲裁判断の取消しおよび承認・執行の局面において仲裁合意の成立・効力が問題となった場合、この抵触規則によって準拠法が決定されることになる。

仲裁合意の成立・効力は、これら以外に、妨訴抗弁の局面、当事者が裁判所に仲裁人の選任や証拠調べ等の援助を求める局面においても問題となり得るが、この場合、準拠法の決定に関する規定は定められておらず、その決定は解釈問題となる。

(c)　判例・学説

この問題に関し、妨訴抗弁の局面において、判例・学説の多くは、当事者自治の原則を認めるが、この決定方法については、見解が分かれる。判例は、当事者間の合意を基礎とする紛争解決手段としての仲裁の本質に鑑み、法律行為の抵触規則を定める通則法7条（法例7条1項）によるとし[49]、学

---

(48)　最判平9・9・4民集51巻8号3657頁、青山・判批174頁参照。
(49)　最判平9・9・4民集51巻8号3657頁、東京地決平成19・8・28判時1991号89頁、東京地判平23・3・10判タ1358号236頁、東京地判平26・10・17判タ1413号271頁、東京地判平27・1・28判時 2258号100頁等。もっとも、東京高判平22・12・21判時2112号36頁は、黙示の合意も認められない場合、法例7条2項による行為地法ではなく、仲裁法44条1項2号、45条2項2号の規定の趣旨に鑑み仲裁地法によるとしたが、法例7条を適用しながら2項の行為地法に連結しないのは適用の一貫性を欠き妥当でない。

説も、判例と同様に、法律行為に適用される通則法（法例）によるとする国際私法説が従来からの通説である[50]。

　これ以外の主な学説として、仲裁合意は、訴訟排除効を有し、和解とは違い実体的権利義務関係を確定するものでないので、法例7条の適用を受けず、仲裁合意の準拠法決定は、国際民事訴訟法（国際的民事訴訟を規律する手続法）の立場から決すべきであるが、この問題に関する規定が欠缺しているので、これを条理（法の欠缺がある場合、裁判の基準となるもの）により補うという条理説がある[51]。また、NY条約2条の適用を受ける仲裁合意の妨訴抗弁の局面においては、仲裁判断の承認・執行拒絶事由として仲裁合意が有効でないことを挙げる5条1項(a)が定める仲裁合意の抵触規則が妨訴抗弁の局面でも適用されるとするNY条約説があり[52]、現行法の下では、仲裁法が、NY条約5条1項(a)と同様に、仲裁判断の取消事由、承認・執行拒絶事由を定める44条1項2号、45条2項2号において、仲裁合意の抵触規則を定めているので、NY条約説と同様に、これを妨訴抗弁の局面でも適用すべきであるとする仲裁法説がある[53]。

　これらはいずれも当事者の合意による準拠法の指定を認めるが、仲裁合意が手続に関する法律関係に関する行為であり、当事者が仲裁合意の準拠法を指定することは稀であるから当事者自治を認める理由は乏しく、仲裁合意と最も密接に関係のある仲裁地法へ客観連結させるべきであるとする仲裁地法説もある[54]。

(d)　**NY条約、仲裁法の整合的解釈によるのが妥当か**

　このように見解が分かれるが、条理説が説くように、仲裁合意は、訴訟排

---

(50)　高杉・準拠法68頁。

(51)　西谷祐子「判批」判タ977号（1998）30頁、櫻田嘉章「判批」民商78巻6号（1978）855頁。

(52)　道垣内正人・判評480号（1999）30-31頁、高杉・準拠法83頁等。

(53)　山本＝山田・ADR仲裁378-379頁、中野・準拠法69頁、道垣内正人「仲裁合意」谷口＝鈴木・国際仲裁109-110頁等。

(54)　高桑・国際商事仲裁100-105頁。また、仲裁条項を抵触法上、独立した法律関係とは認めず、仲裁条項の準拠法は主契約の準拠法によるとする立場として、高橋宏司「判批」45リマークス（2012〈下〉）124-125頁がある。

4　準　拠　法

331

除効を有する点で実体的権利義務を形成する法律行為とは性質を異にし、妨訴抗弁の局面においては、わが国の裁判所の管轄権を排除する効果を有する点で外国の裁判所を指定する専属的管轄合意と共通しており、わが国の国際民事訴訟法上の問題として処理することになる。

　仲裁合意の成立・効力の問題に関しては、仲裁合意が仲裁手続を実施するための基礎となることから手続上の合意と見ることができるが、仲裁を自国の司法制度に組み入れた仲裁地国が仲裁地法を適用して独自に決すべき問題であるとまでは言い難く、実体契約と同様に、当事者自治を認めるのが当事者の合意を基礎とする紛争解決手続である仲裁制度の趣旨に合致していると解されるので、法律行為に関する通則法の規定によるべきであろう[55]。

　しかし、以下の理由により、NY条約、仲裁法が仲裁判断の取消し、承認・執行の局面において定めている仲裁合意の抵触規則を妨訴抗弁の局面においても通則法に代えて適用すべきであると解される。

　まず、仲裁判断の取消し、承認・執行の局面において適用される抵触規則を妨訴抗弁の局面において適用するのが法体系上整合的であり一貫している。また、これと異なる抵触規則を適用する場合、仲裁判断の取消し、承認・執行の局面とで仲裁合意の成立・効力についての判断が食い違い、当事者の権利救済が阻まれてしまうことにもなりかねないので、妨訴抗弁の局面においても同一の抵触規則を適用すべきである。このことは、仲裁手続において仲裁廷は、仲裁判断が取り消されないようにするため、仲裁法44条1項2号の抵触規則により自己の仲裁権限の有無について判断すべきであるから[56]、妨訴抗弁の局面において、裁判所も、仲裁廷の判断と食い違いが生じないよう、仲裁法44条1項2号の抵触規則を適用すべきであることからも肯定されよう。

　たとえば、妨訴抗弁の局面において、通則法8条を適用して仲裁合意に最も密接な関係がある地の法（最密接関係地法）としてA国法を適用して、仲

---

(55)　国際裁判管轄合意についても、その有効性判断は、通則法7条、8条によって決定される準拠法により判断されるとする。この点に関し、コンメンタール民訴Ⅰ639頁、澤木＝道垣内・国際私法305頁、条解民訴67頁〔新堂幸司＝高橋宏志＝高田裕成〕を参照。
(56)　See UNCITRAL Analytical Commentary, Art. 16, para. 3.

裁地が外国にある仲裁合意の成立を認めて訴えを却下したところ、その後仲裁手続が進み、仲裁判断がなされたが、その執行の局面において、NY条約5条1項(a)または仲裁法45条2項2号の抵触規則により、仲裁地法であるB国法を適用して仲裁合意の成立が認められないとして仲裁判断の執行を拒絶する場合、当事者は仲裁、訴訟いずれの解決手続も利用することができないことになる。また、仲裁地が日本国内にある場合も、妨訴抗弁の局面において、通則法8条を適用して最密接関係地法としてC国法を適用して、仲裁地が日本国内にある仲裁合意の成立を認めて訴えを却下したところ、その後仲裁手続が進み、仲裁廷が、仲裁判断の取消しの局面において裁判所が適用する仲裁法44条1項2号の抵触規則により日本法を適用して仲裁合意の成立が認められないとして仲裁手続の終了決定（23条4項2号）をした場合、当事者は仲裁、訴訟いずれの解決手続も利用することができないことになる。

　したがって、妨訴抗弁の局面においても、仲裁判断の取消し、承認・執行の局面において適用される抵触規則を適用し、第1段階として当事者の合意した法、第2段階として仲裁地法を適用すべきであると考える。また、仲裁人の選任や証拠調べ等の援助の局面においても、判断を一致させるため、仲裁法44条1項2号の抵触規則を適用すべきである。もっとも、通則法による場合であっても、第1段階として当事者の合意した法、第2段階として最密接関係地法となり、通常、仲裁合意に基づき仲裁手続が実施される地である仲裁地が最密接関係地となるので[57]、結論において両者に違いは生じない。

(e)　黙示の意思の探求と客観的連結

　国際私法説やNY条約説によれば、仲裁合意の準拠法について明示の合意がない場合であっても、黙示の意思を探求することになるが、判例は、仲裁条項を定める契約（主契約）準拠法の明示的選択がなかった事案において、法例7条1項（通則法7条）を適用して仲裁地法を当事者の黙示的選択と認めたものがあるが[58]、仲裁地国と当事者が明示的に選択した主契約準拠法の所属国が同一である事案において、通則法7条1項を適用して主契約準拠法を仲裁合意準拠法と認めるものが多い[59]。

---

(57)　高杉・準拠法88頁、本間ほか・国際民事手続240頁〔中野俊一郎〕参照。

　学説は、主契約準拠法が明示的に選択されていない場合、仲裁地法による
とする見解があるが[60]、これを否定する見解もある[61]。これに対し、主契約
準拠法が明示的に選択されている場合、原則として、主契約準拠法を仲裁合
意準拠法と認める見解があるが[62]、仲裁地国が主契約準拠法の所属国と異な
るときは、仲裁地法を黙示の合意とする見解[63]もある。

　黙示の合意は、仮定的な意思（当事者が法を選択する現実の意思を有してい
なかったが、その当時の客観的な諸事情から、仮に準拠法が問題とされていれば
選択していたであろうと考えられるものを当事者の意思とする）ではなく現実の
意思であり、契約書中に仲裁合意準拠法が明記されているような明示の合意
がなくても、それ以外の事情から準拠法を選択した当事者の意思が推認され
る場合に認められるべきものである。主契約準拠法について明示の合意があ
る場合において、仲裁条項が主契約の一条項として規定されているときは、
通常、仲裁地の如何にかかわらず、主契約準拠法を仲裁合意準拠法とする黙
示の意思を推認することができよう。

　これに対し主契約準拠法が明示的に合意されていない場合、仲裁地は、仲
裁合意に基づき仲裁手続が実施される地であり、その地の仲裁法が仲裁手続
に適用されるが、仲裁合意は仲裁手続程に仲裁地との関係は強くなく、仲裁
地の選択をもって、仲裁地法を仲裁合意準拠法に選択する意思があったもの
と推認することはできないように思われる。とりわけ、いずれの当事者が仲

---

(58)　最判平9・9・4民集51巻8号3657頁、東京地判平成30・6・29判例集未登載（2018WL
　　JPCA06298004）等。また、東京地判令3・4・15判例集未登載（2021WLJPCA04158005）
　　は、英国法を仲裁手続準拠法をとし、シンガポールを仲裁地とする当事者の合意から、
　　英国法を仲裁合意の準拠法とする旨の黙示の合意を認めている。この場合、仲裁地は、
　　仲裁手続が実施される物理的な場所を指すものと解釈することになろう（⇨ 4(13)(b)）。
(59)　東京地決平成19・8・28判時1991号89頁、東京地判平23・3・10・判タ1358号236頁、
　　東京地判平成27・1・28判時2258号100頁、東京地判令元・6・17判例集未登載
　　（2019WLJPCA06178003）等。
(60)　中野・判批167頁、森下・判批302頁等。
(61)　道垣内正人「仲裁合意」谷口＝鈴木・国際仲裁112－113頁等。
(62)　山本＝山田・ADR仲裁379頁、道垣内正人「仲裁合意」谷口＝鈴木・国際仲裁112頁、
　　高杉直「仲裁合意の準拠法・再論」JCA68巻1号15－16頁等。
(63)　中野・判批167頁、森下・判批302頁等。

334

裁を申し立てるかによって仲裁地が異なるクロス式仲裁条項の場合には、仲裁地法を仲裁合意準拠法とする当事者の黙示の意思は推認し得ないと考える。

したがって、この場合、当事者の黙示の意思を推認し得る他の特別な事情が認められない限り、黙示の合意は認定し得ず、仲裁合意準拠法は、客観的連結によることになる。その場合、国際私法説によれば、最密接関係地法、NY条約説、仲裁法説によれば、仲裁地法が仲裁合意準拠法となる。最密接関係地は、前述したように、通常、仲裁合意に基づき仲裁手続が実施される仲裁地となる。仲裁地が未定の場合には、国際私法説によれば、諸般の事情を考慮して最密接関係地法を認定することになるが、NY条約説、仲裁法説による場合も、条理により同様に最密接関係地法を認定することになると解される。その場合、通常、仲裁合意の対象となる法律関係の準拠法が仲裁合意準拠法となろう[64]。

(f) 仲裁合意の準拠法の適用範囲

以上のようにして定まる仲裁合意の準拠法は、仲裁合意の成立に関しては、意思表示の合致、意思表示の瑕疵等の問題に適用され、仲裁合意の効力に関しては、その効力が及ぶ客観的範囲・主観的範囲、解除・失効等の問題に適用される。また、仲裁合意準拠法はこれらの問題とともにその解釈に適用される[65]。

したがって、仲裁合意の効力の主観的範囲に関し、仲裁合意を含む契約の当事者が仲裁合意を援用する権利を第三者に付与したか否かは、仲裁合意の効力の問題として、仲裁合意の効力の準拠法により判断される。また、禁反言の法理により仲裁合意の効力が仲裁合意を締結していない者に及ぶか否かという問題についても、仲裁合意の効力の準拠法により決せられよう。

これに対し、法人格否認の法理の準拠法については、一律に決することはできず、場合に応じて考えていく必要があり、子会社が親会社に完全に支配

(64) 山本=山田・ADR仲裁379-380頁、中野俊一郎「仲裁合意の準拠法」小島=高桑・注釈60頁参照。
(65) 澤木敬郎（中野俊一郎・補訂）「仲裁契約及び仲裁可能性の準拠法」松浦=青山・論点374頁、高杉・準拠法90-92頁参照。仲裁合意の解釈について、仲裁合意準拠法によるとする近時の判例として、東京地判平26・10・17判タ1413号271頁がある。

され、業務の混同等により法人格が形骸化しているような場合、子会社が締結した仲裁合意の効力が親会社に及ぶか否かは、相手方の外観信頼の保護の必要から、仲裁合意の効力の準拠法によることになろう[66]。

(2)　仲裁合意の分離独立性の準拠法

仲裁合意の分離独立性については、仲裁地が日本国内にある場合、仲裁法13条6項が適用されるが、それ以外の場合、解釈問題となる。判例は仲裁合意の準拠法によるとし、学説も同じ見解に立つものがある[67]。これに対し、分離独立性は仲裁を望まない当事者が主契約の瑕疵を主張することにより仲裁手続が停滞することを防ぐものであるから、特殊な手続関係規定として、仲裁手続準拠法の適用範囲に含めて考えることもできるという見解がある[68]。

確かに、分離独立性は、仲裁手続において機能し、仲裁法はモデル法に準拠し、仲裁地が日本国内にある仲裁合意の分離独立性は、13条6項により判断されるので、仲裁地国が決すべき仲裁手続の問題と性質決定していると解することもできよう。他方、分離独立性は、仲裁手続のみならず、訴訟手続における妨訴抗弁の局面においても機能するものであるから、仲裁手続の問題に限定されるものではなく、仲裁地国が仲裁手続に関する固有の問題として独自に決すべき問題であるとまでは言い難いように思われる。したがって、主たる契約の不成立、無効、失効が仲裁合意の成立、効力にどのような影響を及ぼすかという問題の性質から、仲裁合意の成立・効力の問題と性質決定し、仲裁合意の準拠法によるとするのがより妥当であろう。

(3)　仲裁人契約の準拠法

国際仲裁の場合、仲裁人契約の準拠法が問題となるが、その性質上、仲裁合意と同様に、通則法によるとする見解がある[69]。

仲裁人契約は、仲裁人に仲裁事務を委託する契約ではあるが、それに基づき、仲裁人が仲裁判断をし、それによって紛争を終局的に解決するための仲裁手続の基礎となる契約であり、仲裁手続に密接に関係する契約であるか

---

(66)　江頭・会社法42頁、注釈国際私法 I 165頁〔西谷祐子〕参照。
(67)　横浜地判平11・8・25判時1707号146頁、東京地判平26・10・17判タ1413号271頁、東京地判平27・1・28判時2258号100頁、高杉・準拠法89頁。
(68)　本間ほか・国際民事手続242頁〔中野俊一郎〕。

ら、仲裁人契約については、仲裁を自国の司法制度に組み入れた仲裁地国が
決すべき問題であるとも解される。また、仲裁法は、仲裁人契約に関し、仲
裁地が日本国内にある場合、仲裁人の任務終了を定める仲裁法21条、仲裁人
の報酬について定める仲裁法47条等が適用されるとしており、仲裁人契約に
ついては、仲裁手続の問題として性質決定していると解することもできよう。

　したがって、仲裁人契約の準拠法は、仲裁地法と解するのがより妥当であ
ると考えられるが、実体法上の契約に適用される契約法理が妥当する問題、
たとえば、仲裁人契約の成立に関する問題については、実体法上の契約と同
様に、通則法を適用して準拠法を決定することになると考える。

⑷　仲裁合意の方式の準拠法

⒜　学説・判例

　仲裁合意の方式については、従来からの通説によれば、実体契約に適用さ
れる通則法10条により、仲裁合意の準拠法と仲裁合意の締結地法の選択的適
用によるとされてきた[70]。判例もこの見解に立つものがあるが[71]、学説は、
仲裁地法説、法廷地法説等が主張されている[72]。

⒝　NY条約2条2項の適用

　NY条約2条は、1項で書面による仲裁合意を承認し、2項で仲裁合意の
書面要件を定め、3項で仲裁合意に基づく妨訴抗弁について定めており、
NY条約の締約国であるわが国の裁判所は、NY条約2条の適用対象となる
仲裁合意については、この2条2項の書面要件を具備する仲裁合意を承認

---

(69)　高杉・ウィーン売買条約313頁。また、小山・仲裁128頁は、仲裁人契約により仲裁
　　人が負う義務が、手続を主宰して裁断を下すことを内容とし、この義務の発生は手続上
　　の効果には当たらず、むしろ、実体法上の効果の性質を有するので、仲裁人契約の準拠
　　法を探求する手法は仲裁契約の準拠法を探求する手法と同じであるという。諸外国にお
　　いて、当事者自治を認め、当事者間の合意がない場合、最密接関係地法（通常は仲裁地
　　法）とする見解として、Comparative International Commercial Arbitration 278、
　　Klaus Lionnet, The Arbitrator's Contract, 15⑵ Arbitration International (1999) 169
　　がある。
(70)　本間ほか・国際民事手続243頁〔中野俊一郎〕。
(71)　東京高判平22・12・21判時2112号36頁、東京地判平25・8・23判タ1417号243頁等。
(72)　学説・判例の詳細については、中村達也「仲裁合意の方式に関する諸問題」最先端
　　技術関連法研究19号（2020）21-23頁を参照。

し、被告の申立てにより訴えを却下することになると考える[73]。

(c) NY条約２条２項と５条１項(a)との関係

NY条約２条において、締約国の裁判所が仲裁合意の効力を認める条件として、仲裁合意に一定の書面性を要求し、この書面性は、仲裁判断の承認・執行の局面でも適用されるか否かという問題がある。この問題について、NY条約５条１項(a)は２条を言及しており、また、締約国において、仲裁合意の承認の局面では仲裁合意が２条２項の書面要件を具備しないとして承認されない一方、同一の仲裁合意に基づく仲裁判断の承認・執行の局面では５条１項(a)の抵触規則により決定される準拠法上、方式要件を含め仲裁合意が有効であると判断することは、両者を整合的に解釈するというNY条約の目的に反することになり、NY条約２条２項が定める書面要件は５条の仲裁判断の承認・執行の局面でも適用されると解すべきである[74]。

(d) NY条約２条２項と国内法の適用

また、NY条約が、締約国に対し、２条２項の書面要件より厳しい要件を定める国内法の適用を許容していないことは広く認められている一方、それより緩い要件を定める国内法の適用を許容しているか否かについては、学説・判例とも見解が分かれているが[75]、NY条約は、２条２項において仲裁合意の方式について統一的ルールを定めている、換言すれば、締約国に対し、国内法により２条２項の書面要件より厳しい要件を課すこと、および、それより緩い要件を課すことを許容しないという最高限度・最低限度のルー

---

(73) NY条約は、「当事者の一方の請求により、仲裁に付託すべきことを当事者に命じなければならない」と定めるが、この規定の趣旨は、裁判所が妨訴抗弁を認めて本案について審理しないことであり、妨訴抗弁による訴訟手続の中止、訴えの却下等、訴訟法上の効果については法廷地法によるものと解される。この点については、Wolff NYC Commentary 195-196を参照。また、NY条約７条１項後段の規定による国内法の適用については、３(6)を参照。

(74) See NYC Global Commentary 205-206; van den Berg NYC 286. 英国仲裁判断に基づく執行判決請求事件においてNY条約に従い強制執行を許可した東京地判平13・6・20判例集未登載（2001WLJPCA06200008）は、仲裁合意の方式要件に関しNY条約２条２項を適用せず、また、NY条約７条１項後段の規定の適用に関しても何ら言及せず、仲裁合意の準拠法である英国法を適用している。

(75) See Wolff NYC Commentary 115; NYC Global Commentary 46-47; ICCA NYC Guide 43; U. N. Doc. A/CN. 9/WG. II/WP. 139 (2005), paras. 28, 29.

ル（maximum and minimum rule）、すなわち、書面要件の必要かつ十分な条件を定めていると解すべきである[76]。

　したがって仲裁合意が2条2項の書面要件を具備せず、国内法によりそれを具備する場合には、7条1項後段の規定により国内法により仲裁合意は承認されることになる。

　その場合、NY条約2条の枠内で国内法によって定まる書面要件だけを援用し、それとNY条約の規定を併せて適用することができるか否かという問題があるが、前述したように、これは肯定できると解され、妨訴抗弁の局面において、NY条約2条2項の書面要件より緩い国内法によって定まる要件をNY条約2条3項の規定と併せて適用し得ると解される。

(e)　国内法による準拠法の決定ルール

　NY条約2条の適用を受けない仲裁合意の方式については、準拠法の決定が問題となる。また、NY条約7条1項後段の規定により国内法が適用される場合も、仲裁合意の方式の準拠法の決定が問題となる。準拠法の規定は、妨訴抗弁の局面や仲裁人の選任等の援助の局面以外にも仲裁判断の取消しおよび承認・執行の局面において問題となる。

　仲裁法は13条2項から5項までの規定において、仲裁合意に要求される書面要件を明文で定め、これらの規定は仲裁地が日本国内にある場合に適用されるものとしているので（3条1項）、仲裁地が日本国内にある仲裁合意の方式については、仲裁法13条2項から5項までの規定が適用されることになるが、仲裁地が日本国内にない場合については、解釈問題となる。

　仲裁合意の成立・効力の問題とは異なり、仲裁法13条5項が定めているように、仲裁合意の方式は、仲裁手続に関する問題でもあり、また、仲裁法は、モデル法に準拠し、仲裁地が日本国内にある仲裁合意は、仲裁法13条2項ないし5項の方式要件を具備しなければ効力を生じないとしていることから、仲裁地国が決すべき仲裁手続の問題と性質決定するのがより妥当であろう。この場合、妨訴抗弁等の局面において仲裁地が定まっていないときは、いず

---

(76)　See van den Berg NYC 178-180; Wolff NYC Commentary 115-116; Haas &
　　　 Kahlert NYC Commentary 1627.

れの局面においても、法廷地であるわが国の利害に関係する問題であるから、法廷地法であるわが国の仲裁法13条2項ないし5項の規定によるべきであろう。

(5)　仲裁合意の許容性の準拠法

不特定の法律関係から生じる紛争や将来生じる紛争について仲裁合意をすることが禁止されるか否かという仲裁合意の許容性の問題については、国際裁判管轄合意の場合と同様に、法廷地法によるという見解もあるが[77]、NY条約2条1項が、書面要件に加え、一定の法律関係に関する紛争を対象とする仲裁合意を承認する旨を定めているので、NY条約2条の適用対象となる仲裁合意については、この要件を具備しなければならない。

NY条約2条の適用を受けない仲裁合意の許容性については、準拠法の決定が問題となる。また、NY条約7条1項後段の規定により国内法が適用される場合も、準拠法の決定が問題となるが、仲裁合意の許容性は、当事者の利益保護の問題であるから、法廷地法ではなく、仲裁合意の成立の問題として当事者自治を認める仲裁合意の準拠法によるべきである[78]。

(6)　当事者能力・仲裁合意締結能力の準拠法

(a)　当事者能力の準拠法

仲裁における当事者能力については、学説上議論されていないが、当事者能力は、仲裁合意の主体となり、仲裁判断の効力を受ける一般的資格であるから、仲裁手続上の問題であり、仲裁を訴訟に代替する紛争の終局的解決手続として自国の司法制度に組み入れた国家である仲裁地国が決すべき問題である。したがって、仲裁地法を適用して判断すべきであると考える。

仲裁地がわが国にある場合、当事者能力に関し仲裁法に規定が置かれていないので、条理によることになるが、国際的事案であっても、この問題に関し国家が訴訟に代替する紛争解決手続として法認した仲裁を自国の訴訟と別

---

(77)　道垣内正人「仲裁合意」谷口＝鈴木・国際仲裁86頁。国際管轄合意については、法廷地法である民事訴訟法3条の7第2項が一定の法律関係に基づくことを要件として定めている。

(78)　小島＝高桑・注解仲裁221頁〔澤木敏郎〕、川上太郎「仲裁」国際私法講座〔第3巻〕』（有斐閣、1964）858頁等参照。

異に扱う理由はないので、訴訟における当事者能力を有するものが仲裁においても当事者能力を有するものと解される。

　訴訟における当事者能力の準拠法をめぐっては従来から学説・判例の見解は分かれているが[79]、民事訴訟法28条は、当事者能力は、この法律に特別の定めがある場合を除き、民法その他の法令に従う、と定め、権利能力を有する者が当事者能力を有すると定めており、権利能力の準拠法は、当事者の本国法（法人については設立準拠法）となるので、この準拠法上、権利能力が認められる場合、仲裁地がわが国にある仲裁において当事者能力が認められることになる。また、準拠法上、権利能力のない社団・財団であっても代表者・管理人の定めがあるものは、当事者能力が認められることになるので（民訴29条）、仲裁の場合も同様に解されよう。

　この問題に関し、外国法人が当事者能力を有するには、民法35条が定める認許が必要であるか否かが問題となる。この規定は、外国法人がその設立準拠法上権利能力を有しても、わが国において当然、法的主体として存続し活動させるわけにはゆかず、外国法人がわが国において法人として活動する場合の国家的監督の点から、権利主体としての承認を必要とするという趣旨であると解され、手続上、訴訟、仲裁において当事者となることができる当事者能力の有無は、民法35条の認許とは別の観点から決すべきであろう[80]。

(b)　仲裁合意締結能力の準拠法

　仲裁合意締結能力の準拠法については、従来からの通説によれば、当事者の属人法（法人については従属法）によるとされる[81]。これに対し、仲裁法に仲裁合意締結能力に関する規定はなく、管轄合意を含む訴訟能力一般の規定を準用することができるとし、民事訴訟法28条の類推の結果、通則法4条に

---

(79)　青山善充「外国人の当事者能力および訴訟能力」澤木敬郎＝青山善充編『国際民事訴訟法の理論』（有斐閣、1987）201頁以下、高桑昭「当事者能力」高桑＝道垣内・国際民訴163頁以下参照。

(80)　東京高判昭49・10・20高民集27巻7号989頁、高桑昭「判批」昭和50年度重判解（1976）229頁。

(81)　小島＝猪股・仲裁617頁、澤木敬郎（中野俊一郎・補訂）「仲裁契約及び仲裁可能性の準拠法」松浦＝青山・論点374頁。また、判例として、最判昭50・7・15民集29巻6号1061頁がある。

より、当事者の本国法（法人の場合には条理により設立準拠法）によるとする
見解がある[82]。

　しかし、仲裁合意の締結には、実体法上の契約と同様に、意思能力のほか、
行為能力が必要であるが、訴訟能力までは要しないと解され、この考え方
は、国際的事案においても妥当しよう。したがって、通則法4条を適用して
当事者の本国法と決定すべきである（法人については設立準拠法）[83]。

(7)　仲裁合意上の地位の移転の準拠法

　包括承継人、特定承継人に仲裁合意の効力が及ぶか否か、すなわち、承継
人に権利義務が移転する場合、仲裁合意上の地位も移転するか否か、これを
決するための準拠法の決定が問題となる。

(a)　包括承継人

(ア)　相　　続

　相続の場合、被相続人が締結していた仲裁合意上の地位も相続されるかど
うかという問題がある。被相続人が有していた個々の実体的権利義務と併せ
て仲裁合意上の地位のような手続的権利義務が相続されるかいう相続財産の
構成の問題である。相続財産の構成の問題に適用すべき準拠法については、
見解が分かれるが、配分的適用説による場合、仲裁合意上の地位が相続人へ
移転の対象となるものか否かは、相続準拠法である被相続人の本国法（通則
法36条）により決せられる。その場合、仲裁合意上の地位は、一般的に移転
可能なものでなければならないが、この移転可能性については、仲裁合意の
効力の問題であり、仲裁合意の準拠法により決せられることになる[84]。

　したがって、仲裁合意の準拠法上、仲裁合意が移転可能であることを前提
に仲裁合意上の地位が相続準拠法上被相続人への移転の対象となっている場
合、仲裁合意上の地位は被相続人に移転することになる。当事者が仲裁合意
上の地位の移転を禁じる合意をしている場合、その効力は仲裁合意の準拠法
により決せられ、かかる当事者の合意の効力が肯定されるときは、仲裁合意

(82)　道垣内正人「仲裁合意」谷口＝鈴木・国際商事仲裁103-104頁。
(83)　小山・仲裁42頁、高桑・国際商事仲裁99頁、本間ほか・国際民事手続244頁〔中野俊一郎〕参照。
(84)　注釈国際私法II194-200頁〔林貴美〕参照。

上の地位は相続によって被相続人に移転することはないと解される。

(イ) 会社の合併

会社の合併の場合も、合併に伴い仲裁合意上の地位が合併によって設立された法人または合併後に存続する法人に移転するか。これも、相続の場合と同様に、合併に伴う財産や債務と併せて仲裁合意上の地位が移転するか否かという問題であり、財産や債務の移転について、移転自体を決めるのは、各当事会社の従属法であるが、移転の可否・要件は、各々の準拠法によるとされる[85]。

したがって、合併による仲裁合意上の地位の移転についても、各当事会社の従属法によることになり、その前提として、仲裁合意が移転可能なものでなければならないが、この問題については、仲裁合意の準拠法によるものと解される。

(b) 特定承継人

(ア) 債 権 譲 渡

わが国においてはほとんど議論されていないが[86]、諸外国においては見解が多岐に分かれ、仲裁合意の準拠法による立場と主契約の準拠法による立場が最も支持されているとされる[87]。

債権の存否・内容に関する紛争を対象とする仲裁合意は、債権の権利行使を制限する債権の属性をなすものと解する立場に依拠すれば、仲裁合意上の地位が債権の譲渡と併せて譲渡されるか否かは、債権の効力の準拠法によるとする見解を導くことができよう。しかし、仲裁合意が主契約と常に不可分一体の関係があるとまでは言えず、したがって、両者の譲渡に関しては別個

---

(85) 注釈国際私法 I 167頁〔西谷祐子〕。

(86) 小島＝高桑・注解仲裁222頁〔澤木敏郎〕は、債権譲渡の準拠法については、債権自体の準拠法が通説であり、この説が仲裁合意上の地位にも妥当すると考えれば、仲裁合意の準拠法によるべきであるという。

(87) Ivan Chuprunov, Chapter I: The Arbitration Agreement and Arbitrability: Effects of Contractual Assignment on an Arbitration Clause – Substantive and Private International Law Perspectives, in Christian Klausegger, Peter Klein, et al. (eds), Austrian Yearbook on International Arbitration 2012 (Manz'sche Verlags – und Universitätsbuchhandlung 2012) 55.

に準拠法を決定すべきであり、債権譲渡に伴い仲裁合意上の地位が譲受人に移転するか否かは、仲裁合意自体の問題として、仲裁合意の効力の準拠法によるべきである。

⑷　その他保険代位、代位弁済、破産手続等の場合

債権譲渡以外の保険代位、代位弁済等の局面においても、仲裁合意上の地位が保険者、代位弁済者等に移転するか否かは、仲裁合意の効力の問題であるから、仲裁合意の効力の準拠法によることになろう。

破産手続における破産者が破産前に締結した仲裁合意上の地位が破産管財人に移転するか否かについては、破産手続開始地法によるとする見解があるが[88]。破産手続開始決定により破産者が締結した仲裁合意上の地位が破産管財人に移転するかという問題であるから、仲裁合意の効力の問題として性質決定し、仲裁合意の準拠法によると解されよう[89]。

また、仲裁合意が手形面に記載されている場合、仲裁合意の効力が手形の譲受人に及ぶか否かは、手形法上の効力の問題であると解され、仲裁合意の効力の問題ではなく、手形行為の効力の問題と性質決定し[90]、手形法90条1項により支払地法によることになろう。

⑻　仲裁可能性の準拠法

仲裁可能性（紛争の性質に着目して、仲裁により解決することができる紛争であるか否か）の準拠法は、仲裁合意の対象となる紛争について訴えが提起された訴訟手続において裁判所が仲裁可能性の有無を判断する局面のほか、仲裁判断の取消手続、執行決定手続等において裁判所が仲裁可能性の有無を判断する局面において問題となる。

⒜　学　　説

この問題をめぐっては見解が多岐に分かれている[91]。学説は、法廷地法

---

(88)　長田・判批299頁。

(89)　中村・論点351-353頁参照。この見解に立つわが国の学説として、高杉直「判批」ジュリ1493号（2016）117頁がある。

(90)　東京地判平8・9・12判時1590号140頁は、手形行為の効力についての準拠法が日本法である事案において、「手形行為の効力とは、手形行為から生ずる一切の権利義務の内容すなわち債務の発生事由、内容、性質、消滅原因、保全要件等を総称するものとされる」と判示する。

説[92]、仲裁地法説[93]、仲裁地法と法廷地法を累積的に適用する説[94]、仲裁地が日本国内にある場合には仲裁法13条1項を適用し、それ以外の場合には、実体関係の準拠法と仲裁地法の選択的適用とする説[95]等がある。外国においても、諸説があるが、法廷地法説が広く支持され、裁判例の多くも法廷地法により判断しているとされる[96]。

(b)　仲裁可能性は何を問題とするか

(ア)　仲裁地国が決すべき手続上の問題

仲裁可能性は、紛争の性質に着目して仲裁により解決することができる紛争であるか否かという問題である。換言すれば、紛争の性質上、当事者が仲裁廷に付託し、かかる付託を受けた仲裁廷が仲裁判断をすることができる紛争であるか否かという問題であるので、これは自国で仲裁を訴訟に並ぶ紛争解決手続として司法制度に組み入れて仲裁制度を法認した仲裁地国が決すべき手続上の問題であると解すべきである[97]。したがって、仲裁地国で仲裁可能性を有する紛争について訴えが提起されたときは、裁判所は訴えを却下すべきである。

また、わが国の仲裁法は、モデル法に準拠し、仲裁地が日本国内にある場合に適用されるのを原則とし、仲裁地が日本国内にあるときは、仲裁法13条1項の要件を具備しなければ仲裁による紛争の解決を禁じていることからも、仲裁可能性の有無は仲裁地国が決すべき仲裁手続に関する問題と性質決定していると解することができよう[98]。仲裁地が未定の場合は、その時点で仲裁可能性の有無の判断は要しない。

(91)　高橋・仲裁適格13頁。また、NY条約2条1項に関しても学説、判例は多岐にわたる。この点に関し、西岡・仲裁適格56−58頁を参照。
(92)　道垣内正人「仲裁合意」谷口＝鈴木・国際仲裁90頁、藤下・附則4条10頁、高橋・仲裁適格14頁、出井＝宮岡・仲裁80頁等。
(93)　中野・準拠法71頁、高桑・渉外的仲裁1602−1604頁、西岡・仲裁適格58−60頁。
(94)　山本＝山田・ADR仲裁381頁。
(95)　黄軔霆「特許紛争の仲裁適格性とその準拠法」帝塚山法学10号（2005）90頁。
(96)　Comparative International Commercial Arbitration 191; van den Berg NYC 153.
(97)　See Comparative Law of International Arbitration 288.
(98)　中野・準拠法71頁は、仲裁法13条は仲裁地が内国にある場合に適用されるので、これとのバランスから仲裁地を連結点とするのが適当であろうという。

(イ)　法廷地国の公序維持と仲裁可能性

仲裁法44条1項7号は、「仲裁手続における申立てが、日本の法令によれば、仲裁合意の対象とすることができない紛争に関するものであること」を仲裁判断の取消事由に挙げる。また、仲裁法45条2項8号は、「仲裁手続における申立てが、日本の法令によれば、仲裁合意の対象とすることができない紛争に関するものであること」を仲裁判断の承認拒絶事由に挙げ、この事由は、仲裁判断の執行拒絶事由となる（46条8項）。

仲裁法44条、45条はモデル法34条、36条にそれぞれ対応し、他方、モデル法34条2項が定める取消事由、36条1項が定める承認・執行拒絶事由は、NY条約5条が定める承認・執行拒絶事由に準拠している。NY条約5条2項(a)は、「紛争の対象である事項がその国の法令により仲裁による解決が不可能であること」を仲裁判断の承認・執行拒絶事由に挙げ、仲裁法44条1項7号、45条2項8号はこれと実質的に同じ内容を定める。

このNY条約が定める承認・執行拒絶事由の意義について、5条2項(a)の仲裁可能性は、公序の一部を構成するものと解されているが[99]、同項(b)の公序とは異なり、仲裁判断の結果にかかわらず、法廷地国の公序維持の観点から、仲裁による解決を禁じ、自国の裁判所が管轄権を行使すべき紛争については、仲裁可能性を禁じることになると解される[100]。したがって、仲裁法44条1項7号、45条2項8号の解釈としても、これと同様に解すべきである。

その場合、法廷地国が国際商事紛争の解決手段として仲裁制度を法認している以上、この制度を維持、確保する利益を考慮する必要があり、かかる考慮をした上でも、仲裁による解決を禁じ、自国の裁判所が管轄権を行使すべき事項に関する仲裁判断については、それを取り消し、その承認・執行を拒

---

(99)　van den Berg NYC 360.

(100)　Wolff NYC Commentary 393-394は、仲裁判断の承認・執行地国の裁判所が自国の公益を守るために設けられた規定であり、公序の観点から自国の公益を保護するため、紛争の性質上、仲裁廷の管轄権を否定し自国の裁判所の専属的管轄権に置くべき事項に関する仲裁判断の承認・執行を拒絶するための規定であるという。また、Wolff NYC Commentary 398-399は、近時の傾向として、国際仲裁に対する信頼が高まり、国家が仲裁可能性を否定して自国の裁判所に管轄権を専属させる事項は極めて少なくなってきていると指摘する。

絶することになると考える。また、仲裁判断の取消し、承認・執行の局面のみならず、妨訴抗弁等の局面においても、仲裁による解決を禁じ、自国の裁判所が管轄権を行使すべき紛争について訴えが提起されたときは、その紛争が仲裁合意の対象であっても、妨訴抗弁を認めて訴えを却下することはない。

　したがって、公序維持の観点から、たとえば、仲裁法附則4条により、わが国で労務を提供する労働者と事業者との間で締結された雇用契約中の仲裁条項は、仲裁地が内国、外国のいずれにある場合であっても、無効となり、労働者と事業者との間の個別労働関係紛争については、仲裁による解決が禁じられ、わが国の裁判所が管轄権を行使することになる（⇨**4**(**9**)(**a**)）。また、わが国の破産法に基づく破産手続において、破産債権の存否、額に関する紛争については、破産者と債権者との間で締結された仲裁合意の対象であっても、仲裁手続が破産手続開始前に係属していない場合、破産債権査定決定手続によることになり、破産債権に関する仲裁合意は失効するという見解があるが、この見解によれば、仲裁による解決は禁じられ、裁判所が管轄権を行使することになる（⇨第2章**7**(**4**)(**h**)(ウ)(ii)）。

　このように、仲裁可能性は、どのような紛争について仲裁による解決を禁じるかという仲裁地国が決すべき手続上の問題であり、仲裁地法に準拠するが、それと同時に、仲裁判断の取消し、承認・執行や仲裁合意に基づく妨訴抗弁の局面において、自国の公序維持の観点から、仲裁による解決を禁じ、自国の裁判所が管轄権を行使すべき事項については、仲裁可能性が否定され、それによりかかる仲裁判断および仲裁合意の効力は否定されることになる。

　したがって、妨訴抗弁の局面において、裁判所は、仲裁地が日本国内にある場合、仲裁法13条1項を適用して、仲裁合意の対象となる紛争が仲裁可能性を有しているか否かを判断する。その場合、仲裁法13条1項は、和解可能性の有無を基準に仲裁可能性の有無を判断するとし、当事者が紛争の対象となる権利関係ないし法律関係について自由に処分し得る場合、かかる紛争について和解可能性があり、その結果、仲裁可能性が肯定されることになると解される。そして、当事者が紛争の対象となる権利関係ないし法律関係について自由に処分し得るか否かは、かかる権利関係ないし法律関係を支配する

法によることになると考えられる[101]。したがって、たとえば、当事者がわが国の独禁法違反の存否に関する紛争を仲裁に付託した場合、わが国の独禁法が当事者に対し独禁法違反の存否について和解することを禁じているか否かによって仲裁可能性の有無が判断されることになる（⇨第2章**2**(6)(c)）。また、仲裁に付託された紛争が外国の競争法違反の存否である場合には、当該外国競争法が、当事者がその違反の存否について和解することを禁じているときは、和解可能性が否定されるので、その結果、仲裁可能性も否定されることになる。

　このようにして仲裁合意の対象となる紛争が仲裁可能性を有しないと判断される場合、訴えは却下されない。これとは反対に、仲裁可能性を有すると判断される場合には、かかる紛争が、わが国の公序維持の観点から、仲裁可能性を否定し、裁判所が管轄権を行使すべきであるか否かを基準に訴えは却下されるか否かが決せられる。そして、前述したように、公序維持の観点から、わが国で労務を提供する労働者と事業者との個別労働関係紛争やわが国の破産法に基づく破産手続における破産債権の存否・額に関する紛争については、仲裁による解決が禁じられ、裁判所が管轄権を行使することになると解すれば、訴えは却下されない。この場合、仲裁法13条1項の「法令に別段の定めがある場合」に該当すると解することができよう。なお、仲裁地が日本国内にある仲裁手続においても、仲裁廷はこれと同様に判断することになる（⇨**4**(11)(a)）。

　これに対し、仲裁地が日本国内にない場合、裁判所は、仲裁地法を適用して、仲裁合意の対象となる紛争が仲裁可能性を有しているか否かを判断し、それが肯定されるときは、仲裁地が日本国内にある場合と同様に、かかる紛争が、わが国の公序維持の観点から、仲裁可能性を否定し、裁判所が管轄権を行使すべきものであるか否かを基準に妨訴抗弁を認めて訴えを却下するか否かを決することになる。

　仲裁判断の取消しの局面においても、裁判所は、妨訴抗弁の局面における場合と同様に、仲裁法13条1項を適用して、仲裁合意の対象となる紛争が和

（101）　高橋・仲裁適格14頁、川上・仲裁858頁参照。

解可能性を有しているか否かを基準に仲裁可能性の有無を判断し、それにより仲裁可能性が肯定されるときは、かかる紛争が、わが国の公序維持の観点から、仲裁可能性を否定し、裁判所が管轄権を行使すべきものであるか否かを基準に仲裁判断を取り消すか否かを決することになる。

　また、仲裁判断の承認・執行の局面においては、裁判所は、仲裁地が日本国内にある場合、仲裁判断の取消しの局面における場合と同様に判断して仲裁判断の承認・執行の可否を決することになり、仲裁地が日本国内にない場合には、仲裁地法上、仲裁合意の対象である紛争が仲裁可能性を有しているか否かを判断し、それが肯定されるときは、かかる紛争が、わが国の公序維持の観点から、仲裁可能性を否定し、裁判所が管轄権を行使すべきものであるか否かを基準に仲裁判断の承認・執行を拒絶すべきか否かを決することになる。

(c)　法廷地法として仲裁法13条1項を適用することの問題点

　わが国の法廷地法説は、仲裁可能性は、どのような紛争について国家裁判所に紛争解決を独占させるかという国家の司法政策の根幹に関わる問題である[102]、あるいは、本来であれば管轄権を有する自国の裁判所の管轄権を排除して仲裁による解決を許容し得るか否かという問題であり、公序に関わる問題であるとして[103]、仲裁可能性の有無の判断は仲裁法13条1項の規定によるとするが[104]、以下の理由から、仲裁法13条1項の規定により仲裁可能性の有無を判断することは妥当でないと考える。

　仲裁法13条1項の規定によれば、和解可能性の有無はその実体関係の準拠法により判断され、その結果、実体関係の準拠法上、和解可能性が肯定（否定）され、仲裁可能性も肯定（否定）される場合があるが、かかる仲裁可能性の肯否は、わが国の裁判所が仲裁による解決を禁じ、管轄権を行使して判

(102)　高橋・仲裁適格14頁。藤下・附則4条10頁参照。
(103)　道垣内「仲裁合意」谷口＝鈴木・国際仲裁90－91頁、96－97頁。
(104)　高橋・仲裁適格15頁は、仲裁可能性の準拠法が日本法となる場合、その内容は、仲裁法13条1項が原則を定め、同規定は仲裁地が日本にある事案で適用されるが、それ以外の事案では準用されるという。道垣内「仲裁合意」谷口＝鈴木・国際仲裁96頁も同旨か。

断すべきか否かの問題とは関係しないからである。たとえば、外国競争法に
基づく請求について、当該外国競争法上、和解可能性が肯定（否定）される
結果、わが国において仲裁可能性が肯定（否定）され、わが国の裁判所の管
轄権が排除される（排除されない）としても、わが国の経済秩序に影響はな
く、わが国の裁判所が仲裁による解決を禁じ、管轄権を行使して判断すべき
か否かの問題とは関係しない。したがって、仲裁法13条1項を適用すること
は妥当でない。

　また、法廷地法説は、仮に仲裁可能性を外国法に基づき肯定し、妨訴抗弁
を認めたとしても、その結果下される仲裁判断は自国法の下で仲裁可能性が
なければ承認されないことになると指摘する[105]。しかし、法廷地法上、仲
裁可能性が否定され、仲裁地法上、仲裁可能性が肯定される場合、法廷地の
裁判所と仲裁地の仲裁廷の両者の管轄権が積極的に抵触し、逆に、法廷地法
上、仲裁可能性が肯定され、仲裁地法上、仲裁可能性が否定される場合、両
者の管轄権が消極的に抵触するという問題が生じることからも、仲裁地法に
よるべきであり、法廷地法説は妥当ではないと考える[106]。

(9)　仲裁法附則3条・4条の適用関係

(a)　附　則　4　条

(ア)　判例・学説

　仲裁可能性に関し、仲裁法附則4条は、「将来において生ずる個別労働関
係紛争（個別労働関係紛争の解決の促進に関する法律第1条に規定する個別労働
関係紛争をいう。）を対象とするものは、無効とする」と定める。個別労働関
係紛争の解決の促進に関する法律1条は「労働条件その他労働関係に関する
事項についての個々の労働者と事業主との間の紛争（労働者の募集及び採用
に関する事項についての個々の求職者と事業主との間の紛争を含む）」を個
別労働関係紛争と定義する。訴訟手続において仲裁合意に基づく妨訴抗弁が
提出された場合、この適用関係が問題となる。

　判例は、1件しか見当たらないが、東京地判平23・2・15判タ1350号189

---

(105)　高橋・仲裁適格14頁。
(106)　See Comparative Law of International Arbitration 288.

頁が、仲裁合意が仲裁法施行前に成立したものと認定して附則4条の適用を否定したが、傍論として、附則4条の適用範囲に関し、「仲裁地や手続をすべて米国のものとする本件仲裁合意に、同条は適用されないものと解される」と判示し、附則4条は、仲裁地が日本国内にない場合には、適用されない旨の判断を示したように解される。

　学説は、附則4条は仲裁合意の効力の問題であり、仲裁法3条1項により、仲裁地が日本国内にある場合に適用されるという見解[107]、その場合、仲裁地が外国にあるときは、外国仲裁地法上、弱者保護が十分でないときは、公序条項によりその適用を排除し日本法を適用するという見解[108]、通則法12条を仲裁合意に類推する見解[109]、仲裁地の如何にかかわらず、個別労働関係紛争の解決の促進に関する法律の適用範囲と同様に、少なくとも労務提供地・労働者の住所・事業主の住所または雇用に関係する事務所の以上いずれもが外国にある場合を除き、附則4条が適用されるという見解[110]、附則4条は仲裁可能性の準拠法である法廷地法として適用されるが、附則4条の地理的射程は労務提供地が日本にある場合に限定されるという見解[111]等がある。

　(イ)　**附則4条の目的——労働者の裁判所へのアクセスを確保するための特則**

　附則4条は、仲裁法立案時の検討過程における議論によれば、わが国で労務を提供する労働者と事業主との間で将来生じ得る個別労働関係紛争の解決について、労働者に対しかかる紛争を常にわが国の裁判所で解決する途を保障するために設けられた強行性の強い規定であると解されるので[112]、かかる労働者の保護は仲裁地が日本国内にある場合に限定する理由はなく、仲裁

---

(107)　小島＝高桑・注釈仲裁305頁〔山川隆一〕。

(108)　中野・準拠法72頁。

(109)　注釈国際私法 I 280頁〔高杉直〕、山本＝山田・ADR仲裁380－381頁、藤原淳美「外国企業との間の雇用契約と個別労働紛争仲裁——インターウォーブン・インク事件・東京地判平成16.1.26労判868号90頁を素材として——」季労220号（2008）122－123頁。

(110)　道垣内正人「仲裁合意」谷口＝鈴木・国際仲裁94－95頁。

(111)　高橋・仲裁適格15頁。

(112)　藤下・附則4条6頁参照。

地が未定の場合、労働者の負担がより深刻となる仲裁地が外国にある場合も労働者を同様に保護すべきことは明らかである。したがって、附則4条は、仲裁地の如何にかかわらず日本国内において労務を提供する労働者が仲裁合意の当事者となる場合、適用されると解することになる。

　㈡　**労務提供地が日本国内にない場合にも適用があるか**

　また、労働者の労務提供地が日本国内にない場合であっても、国際裁判管轄法制における労働者を保護するわが国の法政策に照らすと、附則4条の適用の余地があると解される。すなわち、国際裁判管轄法制によれば、将来の個別労働関係民事紛争[113]を対象とする管轄合意は、原則として専属性を否定するとともに、労働契約終了時にされ、かつ、その時における労務提供地がある国の裁判所を指定するものに限り、その効力を有する旨が定められ（民訴法3条の7第6項）、この規定は、労務提供地を含め個別労働関係と日本との関連性を要求していない。したがって、労務提供地はもとより、労働者の住所、事業主の住所・雇用に関係する事務所が日本にあるか否かにかかわらず、雇用時に締結された管轄合意は無効とされ、労働者にとって便宜な地での訴訟を確保するための労働者保護政策がとられていると解される。

　労働者にとって便宜な地での訴訟を阻止することになる点で仲裁合意が管轄合意と共通する面があると解されるので、附則4条は、個別労働関係と日本との間の関連性の如何にかかわらず、適用されるべきであると考える。たとえば、日本法人の外国に所在する支店に雇用されている外国人と日本法人との間の雇用契約中の東京地方裁判所を指定する専属的管轄合意は民事訴訟法上無効となるが、仲裁地を東京とする仲裁条項も、仲裁法上無効となり、この場合、仲裁廷は、事業主が仲裁手続を開始しても、仲裁権限を有しないとして仲裁手続の終了決定をすることになる[114]。

（113）　個別労働関係民事紛争とは、労働契約の存否その他の労働関係に関する事項について個々の労働者と事業主との間に生じた民事に関する紛争をいい（民訴3条の4第2項）、附則4条と異なり、労働者の募集及び採用に関する事項についての個々の求職者と事業主との間の紛争を含まないが、概ね、附則4条が定める個別労働関係紛争と同じであるといえよう。

(b) 附則 3 条

(ア) 学　　説

附則 3 条に関しても、附則 4 条と同様に、仲裁法 3 条により仲裁地が日本国内にある場合に適用され、仲裁地が外国にある場合、外国仲裁地法上、弱者保護が十分でないときは、公序条項によりその適用を排除し日本法を適用するという見解[115]、日本を仲裁地とする仲裁に加え、消費者保護という趣旨に鑑み、日本に居住する消費者が当事者となっている消費者契約をめぐる紛争を対象としているという見解[116]等に分かれている。

(イ) 附則 3 条の目的——消費者の裁判所へのアクセスを確保するための特則

附則 3 条についても、附則 4 条と同様に、日本に居住する消費者に対し常にわが国の裁判所で紛争を解決する途を保障することを目的とする強行性の強い規定であり、仲裁地の如何にかかわらず、適用されるべきであると解される。

(ウ) 消費者が日本に居住しない場合にも適用があるか

また、消費者が日本国内に居住しない場合であっても、附則 4 条と同様に、国際裁判管轄法制における消費者を保護するわが国の法政策に照らすと、附則 3 条の適用の余地があると解される。すなわち、国際裁判管轄法制によれば、将来において生じる消費者契約に関する紛争を対象とする管轄合意は、原則として専属性を否定するとともに、消費者契約締結時に消費者が住所を有していた国の裁判所に訴えを提起することができる旨を定めたものに限り、その効力が認められる旨が定められ（民訴 3 条の 7 第 5 項）、この規定は、消費者の住所等を含め消費者契約と日本との関連性を要求していな

---

(114)　道垣内正人「仲裁合意」谷口＝鈴木・国際仲裁94頁は、附則 4 条は労働者保護という公序に基づく政策であり、それは日本の公序であって、国際的に妥当すべき正義とまでは言えないので、個別労働関係が日本と一定の関連性があることを要し、個別労働関係紛争の解決の促進に関する法律の適用範囲と同様に、少なくとも労務提供地・労働者の住所・事業主の住所または雇用に関係する事務所の以上いずれもが外国にある場合を除き、附則 4 条が適用されるという解釈をとるべきであるという。

(115)　中野・準拠法71－72頁。

(116)　道垣内・準拠法261頁。

い。したがって、消費者が日本に居住するか否かにかかわらず、消費者契約時に締結された消費者の住所地国以外の国を指定する管轄合意は無効とされ、消費者にとって便宜な地での訴訟を確保するための消費者保護政策がとられていると解される。

　消費者にとって便宜な地での訴訟を阻止することになる点で仲裁合意が管轄合意と共通する面があると解されるので、附則3条は、消費者契約と日本との間の関連性の如何にかかわらず、適用されるべきであると考える。たとえば、日本法人と外国に居住する消費者との契約中の東京地方裁判所を専属的管轄合意は民事訴訟法上無効となるが、仲裁地を東京とする仲裁条項についても、この条項に基づき日本法人が消費者を相手に仲裁を申し立てたとき、消費者は、附則3条により消費者が仲裁合意を解除することができ、その場合、仲裁廷は仲裁手続の終了決定をすることになる。

⑽　離婚・離縁紛争の仲裁可能性を否定する仲裁法13条1項の適用関係

　仲裁法13条1項は、離婚・離縁紛争の仲裁可能性を否定する。したがって、仲裁地が日本国内にある場合、仲裁可能性は否定されることは明らかである。これに対し仲裁地が日本国内にない場合、この適用の有無が問題となる。

　仲裁地の如何にかかわらず、法廷地法として適用されるとする見解がある[117]。離婚・離縁紛争については、仲裁法13条1項が仲裁可能性を否定したのは、わが国では提訴前に家事調停が前置され（家事257条）、また訴訟手続の中でも家庭裁判所調査官が活用されるなど独特の訴訟手続がとられているところから、政策的な考慮に基づき裁判所の判断権を集中したものと解されている[118]。この規定の趣旨・目的に鑑みると、離婚・離縁の紛争を除外する13条1項の規定は、わが国の公序維持の観点から、わが国の裁判所が管轄権を有する限り、仲裁地の如何にかかわらず、仲裁による解決を禁じるべき程の強い法政策を体現したものであるとまでは解されないように思われる。したがって、仲裁地がわが国にある場合に限り、適用されるべきである。たとえば、仲裁地法が、離婚紛争について仲裁可能性を認めている場合に

（117）　山本＝山田・ADR仲裁381－382頁
（118）　山本＝山田・ADR仲裁312頁。

は、仲裁法13条１項により仲裁可能性が否定されることはないと考える。

⑾　仲裁手続における準拠法の決定

⒜　仲裁合意の成立・効力等

　訴訟手続のみならず仲裁手続においても、仲裁合意の成立・効力等が争われることがある。その場合、仲裁が訴訟に代替する国家が法認した紛争解決手続であり、妨訴抗弁等における裁判所の判断と齟齬が生じないように、裁判所が適用する判断基準と同一の基準を適用すべきである（仲裁可能性については⇨4⑻⒝㈠）。このほか、たとえば、仲裁合意の成立・効力が争われている場合、仲裁廷は、仲裁法44条１項２号の抵触規則を適用して判断すべきである（⇨4⑴⒟）。また、仲裁合意締結能力の有無が争われている場合には、通則法４条を適用して判断することになる（⇨4⑹⒝）。

⒝　仲裁判断の準拠法

㈠　仲裁法36条は渉外的法律関係だけを対象とするか

　仲裁廷が仲裁判断において準拠すべき規範については、仲裁法が36条において明文の規定を置いている。この規定はモデル法28条に対応して定められたものである。

　モデル法28条は国際商事仲裁を適用対象としているので、仲裁法36条も、国際的要素を含まない法律関係には適用がないとも解されようが、そうではないと解しても、当事者が国際的要素を含まない法律関係に外国法を適用することを合意する場合、日本の強行法規を潜脱することはできず、それに反しない範囲内で適用されることになるので、いずれの立場によっても結論において違いは生じないと考える⁽¹¹⁹⁾。また、仲裁法36条３項、４項の適用については、その性質上、国際的要素を含む法律関係（渉外的法律関係）に限らない（⇨第5章3）。

㈡　仲裁法36条は契約以外の法律関係も対象とするか

　仲裁法36条１項は、「仲裁廷が仲裁判断において準拠すべき法は、当事者

---

(119)　国際私法は渉外的法律関係だけを対象とする立場（渉外的法律関係説）と、いかなる法律関係も国際私法により準拠法を常に決定しなければならない立場（法律関係全般説）とがあるが、仲裁法36条は後者に立ったものと解する立場として、小島＝高桑・注釈仲裁〔道垣内正人〕211頁がある。同旨、山本＝山田・ADR仲裁383頁。

が合意により定めるところによる」と規定し、この規定の文言から、行為能力、物権、不法行為等、契約以外の法律関係についてもこの規定が適用されると解する見解がある[120]。これに対し、通則法上、当事者自治が認められていない行為能力（通則法 4 条）や物権（同13条）等の法律関係について仲裁で当事者自治を認めると、訴訟との間で齟齬が生じてしまうことになり、また、取引秩序が混乱し、不当な仲裁判断がされてしまうことになると指摘して、36条は契約問題についての準拠法決定規定であると解すべきであるという見解がある[121]。

　仲裁法が準拠したモデル法28条も、同 1 項で、「仲裁廷は、当事者が紛争の実体に適用すべきものとして選択した法の規範に従って紛争を解決しなければならない」と規定し、この文言からは、契約以外の法律関係についても適用対象としていると解する余地があるが、モデル法の作成過程において、この点について議論されていない。

　モデル法は、NY 条約およびUNCITRAL 仲裁規則の規定を考慮に入れて作成された経緯がある[122]。UNCITRALが1976年に作成したUNCITRAL 仲裁規則も33条で、モデル法と同様に、仲裁廷は、当事者が紛争の実体に適用すべきものとして指定した法を適用しなければならないと規定する。この33条が適用対象とする法律関係についても作成過程で特に議論されていないが、この規定が作成される過程において、1961年国際商事仲裁に関する欧州条約（European Convention on International Commercial Arbitration） 7 条、国際連合欧州経済委員会が1966年に作成した仲裁規則（ECE Arbitration Rules）38条等が参照されたほか、ハーグ国際私法会議が1955年に作成した国際動産売買の準拠法に関する条約（Hague Convention on the Law Applicable to International Sale of Goods） 2 条を模範として条文が作成された経緯がある[123]。

　このような経緯に鑑みると、モデル法28条およびUNCITRAL1976年仲裁

（120）　山本＝山田・ADR仲裁383頁、高杉・実体準拠法604頁。

（121）　澤木＝道垣内・国際私法378頁。

（122）　U. N. Doc. A/CN. 9/207 (1981), para. 2.

（123）　U. N. Doc. A/CN. 9/112/Add. 1 (1975), Commentary on article 28.

規則33条のいずれも、契約関係を念頭に作成された準拠法規定であると解され[124]、モデル法に準拠するわが国の仲裁法もこの点を考慮して解釈すべきである。

その場合、仲裁法の立法過程において、仲裁法36条が契約以外の法律関係を対象としているか否かについては、議論されていないので、モデル法28条に準拠する仲裁法36条の解釈としては、仲裁法に明文の規定がない以上、契約以外の法律関係については適用がないと解すべきであろう。

このように解する場合、契約以外の法律関係について準拠法を如何に決定すべきかが問題となるが、仲裁が訴訟に代替する紛争解決手続であり、仲裁が仲裁地国の司法制度に訴訟に代替する紛争解決手続として組み込まれた制度であることから、訴訟の場合に適用される国際私法である通則法の規定を仲裁に類推適用することが妥当である[125]。

　㈡　**当事者による非国家法の指定の可否**

仲裁法36条1項は、「仲裁廷が仲裁判断において準拠すべき法は、当事者が合意により定めるところによる。この場合において、一の国の法令が定められたときは、反対の意思が明示された場合を除き、当該定めは、抵触する内外の法令の適用関係を定めるその国の法令ではなく、事案に直接適用されるその国の法令を定めたものとみなす」と規定する。この規定はモデル法28条1項に対応し、それと実質的に同じ内容を定める。

モデル法28条1項は、仲裁廷は、当事者が選択した法の規範（rules of law）を適用しなければならない旨を定めている。ここにいう法の規範とは、国家法に限らず、未発効の条約、統一規則等を含む国家法以外の規範を含む概念であり、また、契約を幾つかの単位法律関係に分けて別々の準拠法を指定する分割指定も許容する[126]。したがって、仲裁法36条1項が定める「法」とは、法律の規定その他の規範を指すと解することになる[127]。たとえば、私法統一国際協会いわゆるユニドロワ（International Institute for the Unification

(124)　高桑・国際商事仲裁374頁は、UNCITRAL仲裁規則33条は、契約以外の法律関係について適用されるべき法の決定には触れていないと見るべきであるという。
(125)　澤木＝道垣内・国際私法378頁参照。
(126)　UNCITRAL History and Commentary 766-768.

of Private Law（UNIDROIT））が作成したUNIDROIT国際商事契約原則2016（UNIDROIT Principles of International Commercial Contracts 2016）を当事者は契約の準拠法として合意することができる。

この点はわが国の訴訟の場合と異なる。わが国の訴訟の場合、裁判所が適用する通則法７条は、法律行為の成立・効力は、当事者が当該法律行為の当時に選択した地の法によると定めているので、当事者は準拠法として国家法以外の規範を選択することはできない。もっとも、実際には、当事者が準拠法を合意する場合、国家法以外の法の規範を選択することはほとんどない。

また、仲裁法36条１項は、当事者がある国の法を指定した場合、反対の意思が明示されない限り、国際私法ではなく、実質法を定めたものとみなされる旨を定めているので、当事者による反対の意思が明示された場合には、仲裁廷は、当事者が指定した国の国際私法により準拠法を決定することになる。この点も、通則法にはこのような規定はなく、わが国の訴訟の場合と異なる。

㈣　当事者による指定がない場合

当事者による準拠法の指定がない場合、紛争に最も密接な関係がある国の法が準拠法となる（36条２項）。これはモデル法28条２項に対応するが、仲裁廷が抵触規則によって準拠法を決定するモデル法の規定とは異なる。その趣旨は、紛争との関連性を要件として適用すべき法を直接決定する方が、当事者の予測可能性と法的安定性の確保により資するなどと考えられることにある(128)。

㈤　衡平と善による判断

仲裁法36条３項は、「仲裁廷は、当事者双方の明示された求めがあるときは、前２項の規定にかかわらず、衡平と善により判断するものとする」と規定する。この規定は、モデル法28条３項に対応するものである。

(127)　仲裁コンメ199頁、高杉・実体準拠法608頁。これに対し、国家法以外の規範は、網羅的な法体系ではなく、解釈・適用が蓄積されていないという問題点を指摘し、このような当事者の指定は、実質法的指定に過ぎないと解すべきであるという見解として、高桑・渉外的仲裁1608－1609頁、道垣内・準拠法265頁がある。
(128)　仲裁コンメ201頁。

モデル法28条3項は、仲裁廷は、全当事者の明示の授権がある場合に限り、衡平と善（ex aequo et bono）により、または友誼的仲裁人（amiable compositeur）として判断すると規定するが、モデル法は、衡平と善による仲裁と友誼的仲裁の両者を区別するものではなく、判断に適用される規範が具体的な準拠法によらないでなされる仲裁を指す[129]。その場合、判断に適用される規範の内容は必ずしも明らかでなく、紛争解決の結果の予測可能性、法的安定性に問題があり、実際に当事者が衡平と善による仲裁、友誼的仲裁を選択することはほとんどなく、法による仲裁が一般的である。

(カ)　**慣習の考慮**

以上の規定に加え、仲裁法36条4項は、仲裁廷は、契約に従って判断し、慣習を考慮しなければならない旨を定める。これはモデル法28条4項に対応した規定である。

前者については、当然のことではあるが、仲裁廷は当事者が合意した契約の条項に従って判断しなければならないことを確認的に定めている。後者の慣習については、仲裁廷は、慣習を考慮して契約を解釈することになるが、契約準拠法の強行規定に反する場合には、慣習は考慮されない。また、慣習が、当事者が合意した契約の条項に反する場合も、当事者の意思を優先させるべきであるから、考慮されないと解される[130]。なお、モデル法が国際商事仲裁を対象としていることから、商慣習としているのに対し、仲裁法は仲裁一般を対象としているため、慣習としている。

(c)　**ウィーン売買条約の適用関係**

(ア)　**問題の所在**

国際物品売買契約に適用される条約として、「国際物品売買契約に関する国際連合条約（United Nations Convention on Contracts for the International Sale of Goods）」（平成20年条約第8号）通称、ウィーン売買条約がある。同条約の適用に関しては、同条約自体が地理的適用範囲を明文で規定している。すなわち、同条約1条(1)は、同条約は、異なる国に営業所を有する当事者間

(129)　高桑・国際商事仲裁376頁。
(130)　See Roth UNCITRAL 1523-1524.

の物品売買契約について、①これらの国がいずれも締約国である場合（（a））、②国際私法の準則によれば締約国の法が導かれる場合（（b））、適用されるとする。したがって、裁判所はこの適用要件に基づき、同条約の適用の有無を決することになる。これに対し仲裁の場合、仲裁廷は、これを適用して同条約の適用の有無を決するのか否かについては、仲裁廷の判断は一致していない。仲裁廷も同条約1条(1)を適用する立場と仲裁地法の仲裁法が定める準拠法決定ルールに従うという立場とに分かれる(131)。

　(イ)　学　　説

　仲裁廷は、裁判所と違い国家の司法機関ではないので、ウィーン売買条約1条(1)に拘束されず、仲裁地国の仲裁法が定める抵触規則に従い準拠法を決定し、その結果、ウィーン売買条約が適用されることがあるとするのが多数説であるとされる(132)。これに対し、国家機関でない仲裁廷は、ウィーン売買条約に直接に拘束されないが、日本の法制上、形式的効力において条約が国内の法律に優先する以上、ウィーン売買条約がその適用関係を優先的に決定すべきであるから、仲裁法36条ではなく、ウィーン売買条約1条(1)を適用し、条約の適用要件を満たす事案に対して、条約を適用しなければならないという見解が主張されている(133)。

　(ウ)　いずれの見解が妥当か

　ウィーン売買条約は、わが国の裁判所において直接裁判規範として適用され、憲法98条2項の趣旨から、条約が国内の法律に優位すると解されているので、ウィーン売買条約1条(1)が通則法7条以下に優先して適用されることになる。しかし、仲裁廷が同条約1条(1)を適用するかどうかについては、国内法の問題ではなく、同条約自体が決すべき問題であると考える。したがって、日本の法制上、ウィーン売買条約が国内の法律に優位することから、仲裁廷も、裁判所と同様に、仲裁法36条によるのではなく、同条約1条(1)を適用することにはならないと解される。

　同条約は、たとえば、45条(3)の規定（買主が契約違反についての救済を求め

(131)　中村・論点465-469頁。
(132)　高杉・ウィーン売買条約303頁、314頁。
(133)　同上312頁。

る場合には、裁判所または仲裁廷は、売主に対して猶予期間を与えることができない）に見られるように、仲裁における適用を予定しているが、同条約がどのような場合に仲裁に適用されるかについては、同条約は何らの定めもしていない⁽¹³⁴⁾。したがって、条約の解釈問題として、同条約の趣旨・目的に照らして決することになる。

ウィーン売買条約を作成したUNCITRALは、モデル法において、仲裁廷が従うべき実体判断の準拠法について、28条1項で、仲裁に対し、訴訟と同一のルールを強制するのではなく、当事者の私的自治を最大限許容し、当事者に対し、非国家法の選択を許し、訴訟では実現できない事案に即した柔軟な紛争解決手続の利用を認めたものと解される。また、28条3項で、衡平と善によることをも当事者に許している。さらに、実務においては、当事者が直接指定しない場合であっても、仲裁機関の仲裁規則を合意することによって、当事者が紛争の解決を委ねた仲裁廷がその規則の定める準拠法の決定方法に従って準拠法を決定するという、当事者が間接的に準拠法を指定することが広く実務で行われている。

このような仲裁制度に対し広範な当事者自治を許容するUNCITRALの考え方に鑑みれば、これを否定してまでも、法の統一を図るため、同条約の適用を仲裁に強制することを同条約が意図したものとは解されない。

この当事者自治については、同条約は6条により当事者に対し同条約の適用を排除することを認めており、実際上、仲裁において同条約を適用したとしても弊害がないと指摘されるが⁽¹³⁵⁾、仲裁において、このような排除合意により同条約の適用を排した上で当事者自治を認めるのではなく、当事者に直接的かつ明白な当事者自治を認めることが同条約の趣旨・目的に合致していると解される。

したがって、同条約の適用に関しては、仲裁廷は、同条約1条(1)を適用す

---

(134) これに対し、わが国が締約国となっている条約として、たとえば、国際航空運送についてのある規則の統一に関する条約（平成15年条約第6号）通称、モントリオール条約は、34条3項で「仲裁人又は仲裁裁判所は、この条約を適用する」と定める。したがって、仲裁地がわが国にある仲裁において、仲裁廷は、裁判所と同様に、同条約1条を適用して同条約の適用範囲に入る事案について、同条約を適用することになる。
(135) 高杉・ウィーン売買条約312頁。

る義務はなく、仲裁法36条に基づき準拠法を決定することになると考える。その場合、当事者がウィーン売買条約を契約の準拠法として合意しているときは、同条約が適用される。また、当事者がウィーン売買条約の締約国法を準拠法として合意している場合には、その国の国内実質法の適用を意図する当事者の意思が推認されるときは、その実質法が準拠法となる。これに対し、そのような意思が推認されない場合は、準拠法国の実質法相互間の適用関係を定める同条約1条(1)によって決せられ、その結果、同条約が適用されるときは、準拠法国の国内実質法ではなく同条約が適用されることになると解される。

⑿　絶対的強行法規の適用問題

⒜　仲裁廷による絶対的強行法規の適用

国際仲裁においては、訴訟の場合と同様に、本案判断の準拠法とは別に、絶対的強行法規の適用が問題となる。一般に、絶対的強行法規は、法規の趣旨・目的に示された強行性ないし公権力性により準拠法の如何にかかわらず適用される法規のことをいい、強行的適用法規、渉外実質法、介入規範等とも呼ばれるが[136]、絶対的強行法規が関係する事案において、仲裁廷はそれを適用して判断することになるのかという問題がある。

仲裁可能性との関係では、法廷地国の裁判所は、公序維持の観点から仲裁可能性を否定することがあるが、絶対的強行法規が適用される事案であっても、仲裁可能性が否定されるわけではない[137]。たとえば、代表的な例として、米国では、反トラスト法上の請求について仲裁可能性が肯定されている[138]。

この問題に関する先行研究を見ると、絶対的強行法規が、当事者が選択した契約準拠法所属国のものである場合、仲裁地国のものである場合、それ以外のものである場合の3つの場合に分けて考察するものが多い[139]。以下ではこの3つの場合に分けて検討する。

㈠　当事者が選択した契約準拠法所属国の絶対的強行法規の適用の可否

仲裁が当事者の合意に基づく紛争解決手段であることから、仲裁廷は、当

（136）　注釈国際私法Ⅰ36頁〔横溝大〕参照。
（137）　See Wolff NYC Commentary 399-400.
（138）　Mitsubishi Motors Corp. v. Soler Chrysler-Plymouth, Inc., 473 U. S. 614 1985.

事者が選択した契約準拠法を適用して判断することになるので、絶対的強行法規についても、当事者が選択した契約準拠法所属国のものを適用し、それ以外のものは適用しないという当事者自治を強調する立場が伝統的見解である[140]。

　当事者が選択した契約準拠法所属国が事件と無関係な場合、たとえば、契約関係が米国と無関係であるが、当事者が中立的、便宜的観点からニューヨーク州法を準拠法に選択した場合、契約関係が米国市場に何らの効果も及ばず、米国が自国の反トラスト法を適用する利益を有さず[141]、米国裁判所が反トラスト法を適用することはないので、仲裁廷も米国反トラスト法を適用する余地がないと解される。また、そもそも絶対的強行法規は、各国家がその社会的・経済的政策の実現を目的として定めた法規であり、抵触法体系が前提とする等価性・互換性のある私法上の法規とは異なり抵触法体系の埒外にある法規であると解され[142]、当事者が選択した準拠法によって準拠法所属国の絶対的強行法規が適用されるという見解は首肯し難い。

　前述したように、仲裁法36条は、契約の成立・効力に適用される法を決定する抵触規則であると解されるので、この規定によって絶対的強行法規の適用は定まらないと考える。また、この36条の規定以外に仲裁廷が本案に適用

(139)　E. g., Yves Derains, Public Policy and the Law Applicable to the Dispute in International Arbitration, in Pieter Sanders (ed), Comparative Arbitration Practice and Public Policy in Arbitration, ICCA Congress Series, Volume 3 (ICCA & Kluwer Law International 1987) 228; Hochstrasser Mandatory Rules 57; George George A. Bermann, Mandatory Rules of Law in International Arbitration, in Franco Ferrari and Stefan Kröll (eds), Conflict of Laws in International Arbitration (2011) 325; Fouchard Gaillard Goldman on International Commercial Arbitration 849; Born International Commercial Arbitration 2916-2925.
(140)　Hochstrasser Mandatory Rules 58-60. Born International Commercial Arbitration 2908. See, e. g., Fouchard Gaillard Goldman on International Commercial Arbitration 849; Comparative International Commercial Arbitration 420; Mayer Mandatory Rules 280-281. また、わが国の学説として、横溝大「国際商事仲裁と公益——強行的適用法規の取扱いを中心に」社会科学研究69巻1号（2018）136頁がある。
(141)　西谷・絶対的強行法規47-48頁参照。
(142)　西谷・絶対的強行法規46-47頁参照。

すべき法規に関する規定は存しないので、絶対的強行法規の適用が問題となる。

(イ)　当事者が選択した契約準拠法所属国以外の国の絶対的強行法規の適用の可否

(ⅰ)　学　　説

仲裁廷が当事者が選択した契約準拠法所属国以外の国の絶対的強行法規を適用することを肯定する見解があるが、その根拠について、仲裁廷は仲裁判断が執行し得るよう紛争を効果的に解決することを任務としており、仲裁判断の執行地国の絶対的強行法規の不適用により仲裁判断の執行が公序違反を理由に拒絶されると考えられる場合、それを適用する義務がある(143)、あるいは、仲裁人は、主に当事者に対し任務を負うが、それと同時に、仲裁を訴訟と同等に紛争解決手段として認め、競争法といった絶対的強行法規が仲裁人によって尊重、適用されることを前提に絶対的強行法規に関する事項について仲裁可能性を許容した法体系に対しても広く任務を負っており、また、絶対的強行法規の適用を回避する当事者の共犯者とならないためにも、絶対的強行法規は、仲裁合意がなければ、それを制定した国の裁判所によって適用されるのであるから、かかる任務を十分に認識してそれを適用すべきである(144)、などの見解が示されている(145)。

(ⅱ)　当事者の授権に基づく絶対的強行法規の適用

前述したように、当事者が契約準拠法を選択した場合、仲裁廷は、当事者自治の観点から、その選択した準拠法所属国の絶対的強行法規を適用することは妥当でないが、その一方で、仲裁は訴訟と違い、当事者が合意に基づき紛争の解決を仲裁廷に付託し、かかる付託に基づき仲裁廷が仲裁判断をして

---

(143)　Hochstrasser Mandatory Rules 86; Stavros Brekoulakis, Part I Fundamental Observations and Applicable Law, Chapter 2 – On Arbitrability: Persisting Misconceptions and New Areas of Concern, in Mistelis & Brekoulakis Arbitrability 32.

(144)　Radicati di Brozolo Competition Law 20-23. See Hochstrasser Mandatory Rules 84.

(145)　諸外国の学説については、中村・仲裁可能性50-51頁を参照。また、わが国の学説として、中野・国際独禁111頁は、国際仲裁において仲裁廷は契約準拠法でない第三国の強行法規を紛争の終局的解決に必要な限りで考慮できるという見解が妥当であるという。

紛争の終局的な解決を図る手続であるから、当事者は、合意により、当事者間の争いについて、絶対的強行法規を適用して判断する権限を仲裁廷に付与することができると解される。

したがって、かかる権限を付与された仲裁廷は、当事者間に契約準拠法を選択する合意があるか否かにかかわらず、また、その絶対的強行法規が当事者が選択した契約準拠法所属国の法規であるか否かにもかかわらず、仲裁地法上、仲裁可能性が認められる限り、絶対的強行法規を適用して仲裁判断をすることになると考える[146]。

(iii) 国家裁判所の管轄権を排除する当事者の意思に基づく絶対的強行法規の適用

これに対し、当事者が絶対的強行法規を適用して判断する権限を仲裁廷に付与する合意をしていない場合において、当事者の一方がその適用を主張し、相手方がそれに対し異議を述べるときは、仲裁廷は当事者の一方が事案に適用すべきと主張する絶対的強行法規を適用することになるかが問題となる。

前述したように、仲裁廷は仲裁判断の執行を確保するために絶対的強行法規を適用する義務があるという見解があるが、仲裁判断の執行地国を必ずしも予測することができないという問題がある。また、そもそも仲裁廷が当事者に対し執行が拒絶されない仲裁判断をする義務までをも負っているとは解されない[147]。

この問題は、仲裁が当事者の合意に基づく訴訟に代わる紛争解決手続であるという仲裁の制度趣旨から、次のように考えることができよう。

すなわち、仲裁は訴訟に代わる紛争解決手続であり、仲裁合意は、すべての国家の裁判所の管轄権を排除し、仲裁廷に独占的に管轄権を与える合意で

---

(146)　See Born International Commercial Arbitration 2910.
(147)　仲裁規則レベルでは、たとえば、ICC2021年仲裁規則42条は、仲裁廷は、仲裁判断が確実に法律上執行可能であるように万全を尽くさなければならないと定めるが、この規定は、仲裁廷に仲裁判断の執行を保証させるものではない。この点に関し、Eric Schwartz and Yves Derains, Guide to the ICC Rues of Arbitration（Kluwer Law International 2nd ed. 2005）385-386を参照。また、この問題に関し、高杉・ウィーン売買条約313頁は、仲裁人契約上、仲裁人は仲裁地で有効な仲裁判断を下す義務を負うのが通常であるという。

あり、当事者間で仲裁合意の対象となる絶対的強行法規が適用される紛争が生じた場合、かかる紛争について、国家の裁判所により、仲裁可能性が否定されない限り、仲裁が訴訟に代替する唯一の紛争の終局的解決手続となる。この仲裁が訴訟に代替するという仲裁の制度趣旨に鑑みると、当事者は、仲裁合意に基づきその対象となる絶対的強行法規に基づく請求の当否を仲裁廷に付託することができ、かかる付託を受けた仲裁廷は、仲裁地法上、仲裁可能性が認められる限り、当事者間にその適用の可否について争いがあるときであっても、当事者の一方がその適用を主張する絶対的強行法規を制定した国の裁判所に代わって、その裁判所がそれを適用して判断するのと同様に、それを適用して判断することになると考えるべきである[148]。

　したがって、たとえば、当事者が契約に関連して米国反トラスト法上の請求を行う場合、当事者間にこの請求を対象とする仲裁合意がないときは、通常米国の裁判所に提訴することになるが、かかる仲裁合意があるときには、裁判所の管轄権は排除され、仲裁が唯一の紛争解決手続となり、仲裁廷は反トラスト法上の請求について、仲裁地法上仲裁可能性が認められる限り、当事者が選択した契約準拠法の如何にかかわらず、米国反トラスト法を適用して紛争を解決することになる。

　訴訟の場合、当事者の管轄合意に基づき裁判所が管轄権を行使するときであっても、裁判所は自国の国際私法の準則に従い絶対的強行法規の適用の有無を判断するのに対し、仲裁の場合には、仲裁廷は、当事者から付託された絶対的強行法規に基づく請求の当否について、その法規を適用して判断することになり、仲裁廷が絶対的強行法規を適用する根拠は当事者の意思に依拠するものであると考える。

　学説上、仲裁の場合にも、仲裁廷が絶対的強行法規を適用するか否かを決するための基準について提案されているが[149]、仲裁廷による絶対的強行法規の適用が当事者の意思に基づくものであると解する限り、仲裁廷は、この

---

(148)　See Rau Mandatory Rules 52-54.
(149)　See Laurence Shore, Applying Mandatory Rules of Law in International Commercial Arbitration, in George A. Bermann and Loukas A. Mistelis (eds), Mandatory Rules in International Arbitration (Juris 2011) 135-142.

ような基準による絶対的強行法規の適用の有無を決する必要はなく、絶対的強行法規を制定した国の裁判所に代わって、その裁判所と同様に、その法規を適用することになると考える。

　もっとも、絶対的強行法規の適用が仲裁地国の公序に反する場合には、それを適用した仲裁判断は仲裁地法上効力を有せず、公序違反を理由に取り消されることになる[150]。したがって、仲裁廷は、実施された仲裁手続が無駄とならないよう、仲裁判断の実効性の観点から、当事者に対しこの点を示唆、指摘すべきであろう。

　また、前述したように、絶対的強行法規を制定した国家は、仲裁廷がそれを適用して判断することを前提に仲裁可能性を認めており、絶対的強行法規を適用することは仲裁廷に課せられた任務であるいう見解がある。確かに絶対的強行法規を制定した国は、仲裁廷がそれを適用することを前提に仲裁可能性を認めたと解されようが、そのように解したとしても、仲裁廷は、絶対的強行法規を制定した国の公序を維持、確保することまでをも任務として負っているとは解されず、かかる仲裁廷の任務を根拠として絶対的強行法規の適用を導くことはできず、仲裁廷による絶対的強行法規の適用は、訴訟に代えて仲裁を選択した当事者の意思に求めることが妥当であると考える[151]。

　(ウ)　仲裁地国の絶対的強行法規の適用の可否

　また、仲裁は、訴訟と法廷地との関係に比べて仲裁地との関係が強くないが、仲裁廷は、仲裁地法の許容する範囲内で仲裁手続を実施するのであるから、仲裁地法が仲裁廷に対しその国の絶対的強行法規の適用を要求する場

---

(150)　たとえば、仲裁地がわが国にある仲裁手続において、仲裁廷が懲罰的損害賠償請求権を認める絶対的強行法規を適用して実際に生じた損害の賠償に加え懲罰的損害賠償を命じた仲裁判断は、懲罰的損害賠償を命じた米国裁判所の判決の効力を公序違反を理由に否定した最判平9・7・11民集51巻6号2573頁、最判令3・5・25民集75巻6号2935頁によれば、事案の内国関連性が十分に高い場合、懲罰的損害賠償としての金員の支払いを命じた部分は、わが国の公序に反し取り消されることになろう。

(151)　また、絶対的強行法規の内容・性質によっては、輸出禁止法規のように、契約の履行を不能とする場合には、仲裁廷は、この法規を事実として考慮し、契約準拠法上、不可抗力事由に当たると判断することもできよう。この点に関し、Fouchard Gaillard Goldman on International Commercial Arbitration 85; Mayer Mandatory Rules 281を参照。

合、それを適用する義務があるという見解が主張されている(152)。

　仲裁は仲裁地国の司法制度に組み込まれた訴訟と並ぶ紛争の終局的な紛争解決手続であり、仲裁廷は、仲裁地国の裁判所と同様に、仲裁地国の公序維持のため仲裁地国の絶対的強行法規を適用する義務があると解する余地もあろう。しかし、前述したように、仲裁廷は、当事者の紛争を仲裁に付託する意思に基づき、絶対的強行法規を制定した国の裁判所に代わって、その裁判所と同様に、それを適用して判断する権限を有するとともに、かかる権限を行使する義務を負っていると解され、仲裁廷は絶対的強行法規の制定国が仲裁地国であるか否かにかかわらず、いずれの国であってもそれを適用して判断することになると考える。

　もっとも、国際仲裁においては、仲裁地が当事者にとって中立的な第三国に指定されることがあり、そのような場合、前述したように、契約準拠法所属国の絶対的強行法規の適用における場合と同様に、通常、仲裁地は事件と無関係であり、仲裁地国の絶対的強行法規が適用されることはない(153)。

　㈣　**当事者が絶対的強行法規の適用を主張しない場合における適用の可否**

　これに対し、いずれの当事者も絶対的強行法規の適用を主張しない場合、仲裁廷は職権でそれを適用して判断すべきか。この問題に関し、絶対的強行法規の性質上、仲裁廷は当事者の主張がなくても職権で絶対的強行法規を適用する義務があるという見解が主張されている(154)。また、絶対的強行法規を制定した国家は、仲裁廷がそれを適用して判断することを前提に仲裁可能性を認めており、絶対的強行法規を適用することは仲裁廷に課せられた任務であり、当事者がその適用を主張しなくても、仲裁廷が自ら絶対的強行法規を適用する義務を負っているという見解がある(155)。しかし、前述したよう

(152)　Born International Commercial Arbitration 2919. See Rau Mandatory Rules 330-331.

(153)　See Born International Commercial Arbitration 2919-2920.

(154)　Born International Commercial Arbitration 2929-2930. See Marc Blessing, Mandatory Rules of Law versus Party Autonomy in International Arbitration, 14(4) Journal of International Arbitration (1997) 35-38. But see Audley Sheppard, Mandatory Rules in International Commercial Arbitration, 18 (1-2) American Review of International Arbitration (2007) 144.

に、仲裁廷は、絶対的強行法規を制定した国の公序を維持、確保することまでをも任務として負っておらず、仲裁廷が職権でそれを適用する義務はない。

　もっとも、仲裁廷は、仲裁判断の執行地を確実に予測することが不可能であるとしても、その可能性のある国または仲裁地国が事案と関係し、その国の絶対的強行法規の適用があると認められる場合には、それを適用しないことにより仲裁判断の執行が拒絶され、あるいは、仲裁判断が取り消され、実施された仲裁手続が無駄となってしまうおそれがある。したがって、かかる場合には仲裁廷は、仲裁判断の実効性の確保という観点から、当事者が絶対的強行法規の適用を主張しない場合であっても、当事者に対しその適用を示唆、指摘すべきであろう(156)。

(オ)　絶対的強行法規の適用を排除する当事者の合意の可否

　実際に生じることはまずないように思われるが、当事者が合意により仲裁廷による絶対的強行法規の適用を排除することができるか否かという問題があり、このような合意は、絶対的強行法規の性質上許容されないという見解がある(157)。

　仲裁廷は当事者間の紛争について当事者の付託に基づき審理、仲裁判断することを任務とするため、それに従わざるを得ないとしても、前述したように、絶対的強行法規を制定した国は、仲裁手続でそれが適用されることを前提に自国の管轄権を放棄し仲裁可能性を許容したと解されるので、絶対的強行法規の適用を排除する合意は、その制定国法上、公序に反し、無効となろう（⇨4(12)(b)(イ)(ⅰ)）。

(b)　妨訴抗弁における問題

(ア)　問題の所在

　また、訴訟手続において原告が法廷地国の絶対的強行法規、たとえば、競

---

(155)　Radicati di Brozolo Competition Law 22.

(156)　See De Ly, Friedman & Radicati di Brozolo, International Law Association International Commercial Arbitration Committee Report and Recommendations on "Ascertaining the Contents of the Applicable Law in International Arbitration", 26(2) Arbitration International (2010) 216-217.

(157)　Born International Commercial Arbitration 2915.

争法に基づく請求を行い、被告が仲裁合意に基づき妨訴抗弁を主張した場合や、被告が法廷地国の競争法に基づき契約が無効であると主張するとともに、仲裁合意に基づき妨訴抗弁を主張した場合、裁判所は、自国の絶対的強行法規の確実、適切な適用を確保するため、かかる紛争が仲裁合意の客観的範囲に含まれ、かつ、仲裁可能性を有するときであっても、仲裁合意を無効とし、妨訴抗弁の主張を斥けるべきか否かという問題がある。

　この問題は絶対的強行法規に基づく請求が仲裁可能性を有することを前提とする。すなわち、仲裁可能性の準拠法上、仲裁に付託された紛争が仲裁可能性を有しない、たとえば、原告による法廷地国の絶対的強行法規である競争法に基づく請求に対し、被告が仲裁地が外国にある仲裁合意に基づき妨訴抗弁を主張したのに対し、原告が仲裁可能性を争った場合、かかる紛争の仲裁可能性が仲裁地法上否定されるときは、裁判所が、仲裁可能性がないことを理由に妨訴抗弁の主張を斥けることになる。仲裁地法上、仲裁可能性が肯定される場合には、次に、法廷地国が自国の絶対的強行法規の適用に関し、公序維持の観点から仲裁による解決を禁じ、自国の裁判所に管轄権を行使させるべきであるとして仲裁可能性を否定するときは、妨訴抗弁を斥けることになる。これに対し、仲裁可能性を肯定するときは、法廷地国の裁判所が自国の絶対的強行法規を適用するため、仲裁合意の効力を否定すべきであるか否かが問題となる。

　この問題を扱った判例はわが国では見当たらず、学説もほとんど議論されていないが[158]、諸外国においては判例、学説上議論が展開されている[159]。

(イ)　仲裁合意の承認と公序維持との関係

　この問題は、国家が訴訟に代わる紛争の終局的解決手段として法認する仲裁制度との関係において、法廷地国の法政策が体現された絶対的強行法規の確実、適切な適用を何処まで貫徹すべきかという問題であると考える。

---

(158)　仲裁合意の効力を肯定する立場を示すものとして、中野・国際独禁112頁がある。道垣内正人「仲裁合意」谷口＝鈴木・国際仲裁92頁は、仲裁合意によって絶対的強行法規の適用を免れようとするような場合、その仲裁合意を有効と認めない可能性があるのかが問題となると指摘する。
(159)　中村・仲裁可能性61–69頁。

(i)　当事者が絶対的強行法規の適用を排除、回避することを意図している場合

　まず、当事者が法廷地国の絶対的強行法規の適用を排除、回避することを意図していることが明らかであるとき、たとえば、当事者が法廷地国の絶対的強行法規の適用を排除する合意をしているようなときは、このような当事者の意思を実現するためにかかる合意の効力を認めることは絶対的強行法規の適用により実現する法廷地国の法政策を害するものであり、かかる合意は公序に反し無効と解すべきであろう(160)。

(ii)　仲裁廷が絶対的強行法規を適用することが明らかである場合

　次に、仲裁廷が法廷地の絶対的強行法規を適用することが明らかである場合、たとえば、当事者双方が仲裁合意においてかかる法規に基づく原告の請求の当否の判断を仲裁廷に委ねることを明示的に合意している場合、仲裁廷は、当事者から付託された紛争である法廷地国の絶対的強行法規に基づく原告の請求の当否についてその法規を適用して判断することになり、これにより法廷地国の絶対的強行法規に体現された法廷地国の法政策は仲裁によって実現されることが期待できるので、仲裁合意に基づく妨訴抗弁の主張を認め、訴えを却下すべきであろう。

(iii)　仲裁廷が絶対的強行法規を適用することが明らかでない場合

　前述したように、仲裁合意が、絶対的強行法規が適用される紛争を対象としている場合、仲裁廷は、その絶対的強行法規を適用すべきであるが、仲裁廷が法廷地国の絶対的強行法規を適用することが明らかでない場合、裁判所は、自国の絶対的強行法規の確実、適切な適用を確保するため、仲裁合意を無効として管轄権を行使することも考えられるが、その一方で、仲裁制度を法認し仲裁合意の効力を認めている以上、仲裁により紛争の終局的解決を図る当事者の利益を考慮する必要があり、両者の利益を衡量して決すべきであろう。

　その場合、絶対的強行法規の公益性の度合いよって、仲裁合意の効力を認

---

(160)　管轄合意について、横溝大「外国裁判所を指定する専属的管轄合意と強行的適用法規」曹時70巻11号（2018）3009頁、手塚裕之「管轄権に関する合意（応訴管轄を含む）」別冊NBL138号（2012）74頁等。

め、仲裁判断の承認・執行の段階で仲裁判断が公序に反するか否かを審査することで足りる場合もあろうが[161]、そうでない場合には、仲裁廷が法廷地国の絶対的強行法規を適用せずそれ以外の外国法規を適用するときであっても、仲裁判断が法廷地国の公序に反しないと一応認められるときには、仲裁合意の効力を認め、訴えを却下することになろう[162]。その場合、法廷地国の絶対的強行法規を適用した場合と仲裁廷が準拠すると推測される外国法規を適用した場合との適用結果を比較し、両者に実質的な違いがあるか否か、かかる違いがある場合に外国法規の適用結果が法廷地国の公序に反することになるか否かを見た上で、仲裁合意の効力を認めて訴えを却下すべきか否かを判断することになる[163]。また、仲裁廷が法廷地国の絶対的強行法規を適用しないことが明らかな場合も、これと同様に処理することになろう。

　以上のことは、仲裁地が法廷地国内にある場合にも妥当しよう。

　㋫　**仲裁判断と公序審査**

　法廷地国の絶対的強行法規が適用される事案において、仲裁地が外国にあ

---

(161)　仲裁廷が絶対的強行法規を適用する可能性を排除し得ない限り、仲裁合意の効力を認めるべきであるという見解として、Stefan Michael Kröll, Part II Substantive Rules on Arbitration, Chapter 16 – The "Arbitrability" of Disputes Arising from Commercial Representation, in Mistelis & Brekoulakis Arbitrability 340 がある。

(162)　See Jan Kleinheisterkamp, Overriding Mandatory Laws in International Arbitration, 67(4) International & Comparative Law Quarterly (2018) 926.

(163)　管轄合意に関し、東京高判平29・10・25判例集未登載（2017WLJPCA10256010）は、米国ミシガン州の裁判所を指定する専属的管轄合意があるにもかかわらず、当事者の一方が日本の独禁法24条に基づく差止請求等を求めた事案において、「一定の訴訟事件について、日本の絶対的強行法規の適用を排斥する結果を生じさせる国際的専属裁判管轄の合意が『はなはだしく不合理で公序法に違反する』と解し、かつ、日本の独禁法が絶対的強行法規に当たると解する立場を採るとしても、そのような理由により当該合意が無効となるのは、単に当該合意における専属管轄裁判所において、日本の独禁法が適用されないというだけでなく、当該訴訟で主張される事実について、当該専属管轄裁判所が準拠する全ての関連法規範を適用した場合の具体的な適用結果が、日本の裁判所が準拠する独禁法を含む全ての関連法規範を適用した場合の具体的な適用結果との比較において、独禁法に係る日本の公序維持の観点からみて容認し難いほど乖離したものとなるような場合に限られると解するのが相当である」と判示している。原審である東京地判平28・10・6金商1515号42頁もこれとほぼ同じ判断を示している。米国の判例においてもこれと同様のアプローチをとるものがある。この点に関しては、中村・仲裁可能性67－68頁を参照。

る仲裁廷がそれを適用しなかった場合、仲裁判断の取消手続における実体的
公序審査の場合と同様に、仲裁判断の効力を認めることが法廷地国の公序に
反するか否かを決することになる。その結果、仲裁判断が法廷地国の公序に
反するときは、仲裁判断の効力を認めず、法廷地国の公序を維持、確保する
ことになる。また、仲裁廷が法廷地国の絶対的強行法規を適用したが、それ
を誤って解釈、適用し、仲裁判断が法廷地国の公序に反する場合も、その効
力は否定される。これに対し、仲裁廷がそれを適用したが正しくなく、仲裁
廷の解釈・適用が裁判所のものと食い違っている場合には、仲裁判断の終局
性を維持、確保する利益との比較衡量において仲裁判断の効力を認めること
が法廷地国の公序に反するか否かを決することになる（第6章1(9)(f)(イ)）。

　したがって、たとえば、原告が独禁法違反による損害賠償を求めてわが国
の裁判所に提訴したのに対し、裁判所が被告の仲裁合意に基づく妨訴抗弁を
認めて訴えを却下した後、原告が仲裁手続を開始し、仲裁廷が独禁法違反を
認めず原告の請求を棄却する仲裁判断を行ったが、その後、原告が仲裁廷に
よる独禁法の解釈・適用が正しくないとして、わが国の裁判所に再訴した場
合、裁判所は、仲裁判断の終局性の利益を考慮しても、仲裁判断がわが国の
公序良俗に反すると認めるときは、仲裁判断の効力を認めず、仲裁合意を無
効として原告の請求の当否を審理、判断し、わが国の公序を維持、確保する
ことになる(164)。また、原告がライセンス契約に基づくライセンス料の支払
いを求めてわが国の裁判所に提訴し、被告が独禁法違反を理由に契約の無効
を主張するとともに仲裁合意に基づき妨訴抗弁を主張し、裁判所が訴えを却
下した後、原告が仲裁手続を開始し、仲裁廷が独禁法違反を認めず原告の請
求を認容する仲裁判断を行ったが、仲裁廷の解釈・適用が正しくなく、仲裁
判断の終局性の利益を考慮しても、仲裁判断がわが国の公序良俗に反すると
認められる場合には、わが国で仲裁判断の効力は認められない。したがって、
被告がわが国に財産を有していても、原告による仲裁判断に基づく執行決定
の申立ては棄却されることになる。しかし、被告がわが国以外の国に財産を
有している場合、その国において仲裁判断は執行される可能性があるが、わ

(164)　See Wolff NYC Commentary 401.

が国の裁判所が仲裁合意の効力を否定して専属的な管轄権を有しない限り、これを防ぐことはできない。

　以上のことは、仲裁地が法廷地国内にある場合にも妥当しよう。

⒀　仲裁手続の準拠法

⒜　仲裁地法説と当事者自治説

　国際仲裁においては、仲裁手続の開始から、仲裁人の選任、仲裁廷による審理を経て仲裁判断までの一連の手続およびその手続に関し裁判所が行う手続に関する諸問題に適用される法が問題となる。これが仲裁手続の準拠法の問題である。わが国では、手続の属地性を重視して仲裁地法へ客観連結する考え方（仲裁地法説）もあったが、当事者の合意を基礎とする紛争解決手続である仲裁の特質に鑑み、当事者が合意により仲裁手続準拠法を選択することができるという考え方（当事者自治説）が通説であった[165]。

⒝　仲裁地法が仲裁手続に適用される

　わが国の仲裁法は、仲裁地国の仲裁法が仲裁手続に適用されるとする仲裁地法主義を採用したモデル法に準拠して制定された結果、モデル法と同様に、仲裁地が日本国内にある場合に適用することを原則として定め（3条）、仲裁地が日本国内にある仲裁手続にはわが国の仲裁法が適用される。また、仲裁法45条2項6号は、「仲裁廷の構成又は仲裁手続が、仲裁地が属する国の法令の規定（その法令の公の秩序に関しない規定に関する事項について当事者間に合意があるときは、当該合意）に違反するものであったこと」を仲裁判断の承認拒絶事由として規定し、仲裁手続が仲裁地法に服することを前提としている。

　したがって、仲裁法の制定により、わが国は仲裁手続準拠法について仲裁地法説をとることになったと解される。また、現在、国際的に広くモデル法採用国を含め諸外国において仲裁地法主義を採用した立法がされており、仲裁手続準拠法に関し当事者自治を認める国はないとされる[166]。しかし、当事者は、仲裁地の選択を通じて仲裁手続準拠法を選択することができるの

---

(165)　小島＝猪股・仲裁631頁。

(166)　Wolf NYC Commentary 63.

で、当事者自治が否定されたとは言えない。また、当事者が仲裁地を選択することにより、仲裁地法が適用されるが、当事者は、仲裁法の強行規定に反しない限り、仲裁手続の準則を自由に取り決めることができる。わが国の仲裁法26条1項も、仲裁廷が従うべき仲裁手続の準則について、仲裁法の公序に関する規定に反しない限り、当事者が合意により定めることができる旨を規定している。

　実際に当事者が仲裁手続準拠法を合意により決めることは稀ではあるが、このような合意がされている場合には、当事者の意思解釈の問題となる。その場合、当事者の意思として、通常、仲裁手続はその準拠法に服することになり、また、当事者が仲裁手続準拠法と併せてその所属国と異なる国に所在する仲裁地を合意している場合には、口頭審理等の手続が実施される物理的な場所を仲裁地として指定したものと解することになろう[167]。

　(c)　**仲裁地の決定**

　このように、国際仲裁において仲裁地法が仲裁手続準拠法となるので、仲裁地の選択が重要となり、当事者は仲裁合意において仲裁地を合意しておくべきであるが、仲裁地が選択されていない場合、当事者が選択した仲裁規則に仲裁地の決定ルールが規定されているときは、それにより仲裁地が決まる。当事者が選択した仲裁規則にも仲裁地の決定ルールが定められていない場合、仲裁地はどのように決せられるかが問題となる。

　わが国の仲裁法は28条2項で仲裁廷が当事者の利便その他の紛争に関する事情を考慮して仲裁地を定めると規定するが、この28条2項は仲裁地が日本国内にある場合に適用されるので、そもそも仲裁地が決まっていなければ、この規定は適用されない。しかし、当事者が仲裁合意に基づき紛争の解決を委ねた仲裁廷がその解決のため事件を審理し仲裁判断をする上で仲裁手続を仲裁法に連結させる必要があるので、仲裁廷は、当事者から仲裁地を決定す

---

(167)　Braes of Doune Wind Farm (Scotland) Ltd v. Alfred McaLpine Business Services Ltd [2008] EWHC 426 (TCC) (13 March 2008) は、当事者がスコットランドのグラスゴーを仲裁地 (seat of arbitration) として、仲裁手続準拠法を英国法とする合意をしていた事案において、仲裁地は、仲裁手続が実施される物理的な場所を指すものと解釈した。

る権限を授権されていると解すべきである（⇨**2**(3)）。

5　国際仲裁代理

　弁護士法72条により、弁護士でない者が報酬を得る目的で仲裁手続の代理を業とすることはできないが、国際仲裁手続に関しては、外国弁護士による法律事務の取扱いに関する特別措置法（外弁法）により、外国弁護士および外国法事務弁護士は、代理を行うことができる。この国際仲裁代理は、1996年改正により、国際仲裁代理の規定が整備されたが、令和2年の改正により、日本政府によるわが国の国際仲裁の活性化に向けた取組の一環として、国際仲裁代理の範囲を拡大するとともに、国際調停代理の規定が整備された（⇨第 1 章**8**(2)(b)(イ)）。

　まず、外弁法は 2 条11号において、国際仲裁事件を定義する。すなわち、民事に関する仲裁事件であって、「イ　当事者の全部又は一部が外国に住所又は主たる事務所若しくは本店を有する者であるもの（当事者の全部又は一部の発行済株式（議決権のあるものに限る。）又は出資の総数又は総額の100分の50を超える数又は額の株式（議決権のあるものに限る。）又は持分を有する者その他これと同等のものとして法務省令で定める者が外国に住所又は主たる事務所若しくは本店を有する者であるものを含む。）」、「ロ　仲裁廷が仲裁判断において準拠すべき法（当事者が合意により定めたものに限る。）が日本法以外の法であるもの」、または「ハ　外国を仲裁地とするもの」のいずれかに該当する場合、国際仲裁事件となる。

　上記イに関しては、従前の規定によれば、当事者が外国企業の子会社である日本法人間の場合、国際仲裁事件とならず、代理人の選択が狭いとして紛争当事者が日本を仲裁地とすることを避ける傾向があるという問題があったため、これを改めたものである[168]。

　上記ロに関しては、当事者間の合意で準拠法を日本法以外の法と定めた場合においても、国際仲裁事件となるが、当事者間に準拠法について合意があ

---

(168)　川副万代＝豊澤悠希「令和 2 年外弁法改正について〜国際仲裁代理・国際調停代理を中心に〜」JCA68巻 1 号（2021） 5 頁。

る場合に限定している。これは、当事者間に準拠法について合意がない場合、仲裁法36条2項により、紛争に最も密接な関係がある国の法が準拠法となるが、準拠法が仲裁手続中に決定され、代理の可否の判断についての予見可能性が必ずしも担保されていないという問題があるためである[169]。

　外国法事務弁護士の代理については、外弁法5条の3第1号が、外国法事務弁護士は、「国際仲裁事件の手続（当該手続の進行中に仲裁人が試み、又は当事者間で行われる和解の手続を含む。）及び当該国際仲裁事件に係る仲裁合意の対象とされた民事上の紛争に関する調停の手続（あつせんの手続を含み、民間事業者によって実施されるものに限る。）（以下「国際仲裁事件の手続等」という。）」についての代理を行うことができると定め、仲裁手続のみならず、仲裁開始の前後を問わず、調停手続の代理も認めている[170]。また、外国弁護士の代理については、58条の2において、「外国弁護士（外国法事務弁護士である者を除く。）であつて外国において当該外国弁護士となる資格を基礎として法律事務を行う業務に従事している者（国内において雇用されて外国法に関する知識に基づいて労務の提供を行つている者を除く。）は、弁護士法第72条の規定にかかわらず、その外国において依頼され又は受任した国際仲裁事件の手続等についての代理を行うことができる。」と定めている。

6　国際仲裁手続

(1)　仲裁人の国籍

　裁判所が仲裁人を選任する場合、仲裁人の選任は裁判所の裁量に委ねられているが、裁判所は、当事者の合意により定められた仲裁人の要件、選任される者の公正性および独立性のほか、単独仲裁人または第三仲裁人を選任する場合、当事者双方の国籍と異なる国籍を有する者を選任することが適当かどうかに配慮しなければならない（17条6項）。この国籍に関する配慮事項

---

(169)　同上6頁。
(170)　同上6頁。また、令和2年の改正により、仲裁手続に先立ち調停を実施する場合に限らず、外国法事務弁護士等が国際調停事件の手続（あっせんの手続を含み、民間事業者によって実施されるものに限る）を代理することができることになった（外弁法2条11号の2、5条の3第2号、58条の2）。

を定める理由は、国際仲裁においては外観上の中立性を確保するため、単独仲裁人、第三仲裁人の国籍が当事者の国籍と異なる第三国籍であることが重要となるからであり、実務上、機関仲裁においては、通常、単独仲裁人、第三仲裁人は、当事者の国籍と異なる国籍を有する者が選任されている[171]。

(2)　言　　語

　国際仲裁においては、仲裁手続で使用する言語の決定が問題となる。この言語について仲裁法は30条で規定する。仲裁手続において使用する言語およびその言語を使用して行うべき手続は、当事者が合意により定めるところによる（30条1項）。実務上、当事者が仲裁条項において仲裁手続で使用する言語を合意している場合があり、その場合、当事者が合意した言語が仲裁手続において使用されることになる。当事者間に言語について合意がないときは、仲裁廷が、仲裁手続において使用する言語およびその言語を使用して行うべき手続を定める（同2項）。

　言語についての当事者間の合意または仲裁廷の決定において、定められた言語を使用して行うべき手続についての定めがないときは、口頭による手続、当事者が行う書面による陳述または通知、仲裁廷が行う書面による決定（仲裁判断を含む）または通知は、その言語を使用して行うことになる（同3項）。また、仲裁廷は、すべての証拠書類について、当事者間の合意または仲裁廷の決定により定められた言語（翻訳文について使用すべき言語の定めがある場合にあっては、当該言語）による翻訳文を添付することを命じることができる（同4項）。仲裁法30条は、モデル法22条に対応し、それと実質的に同じ内容を定める。

(3)　裁判所がする送達

　国際仲裁において、外国に所在する名宛人に対し書面で通知する場合、通知の事実の確実な証明のため、配達を証明する資料を得ることができる国際

---

(171)　たとえば、ICC2021年仲裁規則13条5項は、「仲裁裁判所が単独仲裁人または仲裁廷の長を選任する場合、単独仲裁人または仲裁廷の長の国籍は、当事者の国籍以外のものでなければならない。ただし、適当な状況が存在し、仲裁裁判所が定めた期間内にいずれの当事者も反対しない場合、単独仲裁人または仲裁廷の長をいずれかの当事者が国籍を有する国から選ぶことができる」と規定する。

宅配便（クーリエ便）等が利用されることが多いが、名宛人が不在、受領拒絶等により配達ができないときは、発信人は裁判所に対し送達の申立てをすることができる（12条2項）。

　外国においてすべき送達は、裁判長がその国の管轄官庁またはその国に駐在する日本の大使、公使もしくは領事に嘱託してすることになり（民訴108条）、実務上、名宛国との司法共助に関する合意に基づき行われる。これには、多数国間条約として、「民事訴訟手続に関する条約」（昭和45年条約第6号）、同条約の送達に関する第1章の規定を改正することを目的として作成された「民事又は商事に関する裁判上及び裁判外の文書の外国における送達及び告知に関する条約」（昭和46年条約第7号）がある。

⑷　審理計画・予定の策定

　仲裁法は、審理計画・予定の策定に関する規定を置いていないが、当事者が選択する仲裁規則の多くが、仲裁廷がその構成後、当事者と協議して審理計画・予定を策定することを求めており、通常、主張書面、証拠書類の提出回数・期限、証拠開示の手続・期間、証人尋問の予定等が定められる。審理手続は、策定された審理計画・予定に従って計画的に進む。

　証拠調べに関しても、モデル法に準拠する仲裁法は26条3項以外に規定を置いていない。また、一般に、仲裁機関の仲裁規則においても、詳細な規定が置かれておらず、当事者が仲裁条項で詳細を取り決めることもなく、その場合、具体的にどのような手続や方法で証拠調べを行うかについては、仲裁廷の裁量により決せられることになる（26条2項、3項）。

　国際仲裁では、仲裁廷を構成する仲裁人、当事者の代理人の出身地がそれぞれ異なる法域であることが多く、また、法域によって、訴訟における証拠調べの準則が異なる。一般に、英米法系の法域においては、広範な証拠開示が認められているのに対し、大陸法系の法域においては、当事者が自ら所持する証拠を提出するのが原則であり、広範な証拠開示手続はなく、このような相違があることも影響して、国際仲裁では証拠調べをどのように行うかが問題となる。

　この問題について、国際法曹協会（International Bar Association(IBA)）が、英米法、大陸法といった多様な法体系のバックグランドを持つ者が共通に利

用することができるために作成した「国際仲裁証拠調べ規則（IBA Rules on the Taking of Evidence in International Arbitration)」が使用されることが多い。同規則は1999年に公表され、2010年に大幅に改正された後、2021年2月に2020年改正規則が公表されている。この規則は、それを利用することについて、当事者が合意または仲裁廷が決定した場合、審理手続における証拠調べに適用され、それに拘束されることになるが、実務上、この規則をガイドラインとして事案に応じて、かかる拘束を受けずに柔軟に利用することが多い。

7　国際仲裁の場合に問題となる仲裁判断の取消事由

国際仲裁の場合、仲裁判断の取消事由に関し主に以下の点が問題となる。これらは、仲裁判断の承認・執行手続においても同様に問題となる。

(1)　仲裁手続で使用される言語と手続保障

国際仲裁では通知に使用される言語が問題となる。仲裁手続で使用される言語は、当事者が合意により定めることができ、かかる合意がない場合は、仲裁廷が定めることになるが（30条）、当事者が理解できない言語で通知がされた場合、仲裁法44条1項3号が要求する必要な通知の有無、具体的には、了知可能性、適時性が問題となる（⇨第6章1(9)(b)(ウ)(i)）。

当事者が合意した言語による通知を受けた場合、その言語が当事者にとって外国語であり、その言語により通知の内容を理解することができないときであっても、当事者の合意に基づくものであり、また、翻訳によりその内容を理解することができるので、了知可能性を否定することはできないと解する余地があろうが、仲裁手続の開始を知らせる通知の場合には、かかる通知の重要性に鑑みると、通知の記載その他の事情から当事者が仲裁申立てを受けたという事実を認識、理解できるものでなければならないと解すべきである[172]。

当事者間に使用言語について合意がない場合には、通常、仲裁廷がそれを

---

(172)　See Qingdao Free Trade Zone Genius Int'l Trading Co. Ltd. v. P & S Int'l, Inc. No. 08-1292-HU, 2009 WL 2997184 (D. Or. Sept. 16, 2009); UK No. 110, Zavod Ekran OAO v. Magneco Metrel UK Ltd, High Court of Justice, Queen's Bench Division, Commercial Court, Case No. CL-2016-000720, 1 September 2017, Yearbook Commercial Arbitration 2018 - Volume XLIII 576.

決めることになる。それまでの間、通知は当事者にとって外国語であっても英語のような理解し易い言語による、あるいは、翻訳を添付することが望ましいが、この場合も、当事者が受け取った通知が当事者にとって外国語であり、その言語により通知の内容を理解することができないときであっても、翻訳によりその内容を理解することができるので、了知可能性を否定することはできないと解する余地があろう。しかし、当事者間に合意がある場合と同様に、仲裁手続の開始を知らせる通知については、通知の記載その他の事情から当事者が仲裁申立てを受けたという事実を認識、理解できるものでなければならないと解すべきである。また、仲裁廷が使用言語を決定した後においては、その言語が当事者にとって外国語であり、通知の内容を理解するため翻訳が必要となっても、了知可能性が否定されることはない。

　いずれの場合も、当事者が通知の内容を理解し、仲裁人の選任、攻撃防御の準備をするための時間的余裕が確保されなければならず、これを懈怠した場合は、3号の取消事由となる。

(2)　仲裁廷による実体準拠法の適用違反

　仲裁廷が当事者の合意した実体準拠法を適用しなかった場合、仲裁手続違反を取消事由とする仲裁法44条1項6号による仲裁判断の取消しが問題となる。

(a)　仲裁廷が当事者の合意した準拠法を適用しなかった場合

　仲裁廷が誤って当事者の合意した準拠法を適用しなかった場合、通常、そのようなことは生じないが、仲裁判断の終局性の観点から、仲裁判断は取り消されるべきではない。しかし、仲裁廷がそれを無視して適用しなかった場合には、仲裁法44条1項6号により、仲裁判断の結論に影響を与えた蓋然性が認められる限り、仲裁判断は取り消されるべきであると考える[173]。また、仲裁廷が当事者の合意した準拠法を適用したが、それを誤って解釈、適用し、あるいは、それを正しく解釈、適用しなかった場合であっても、仲裁判

---

(173)　高杉・準拠法違反59頁参照。See also Arbitration in Germany 483. また、理論と実務115頁〔中野俊一郎発言〕、山本＝山田・ADR仲裁385頁、小島＝猪股・仲裁514頁を参照。これに対し、小島＝高桑・注釈仲裁211頁〔柏木昇〕は、仲裁廷が当事者の準拠法の指定に従わなかった場合であっても仲裁判断の取消事由にはならないという。

断の実質的再審査禁止の原則からそれを理由に仲裁判断が取り消されることはないと考える[174]。

　なお、仲裁廷が当事者の合意した実体準拠法を適用しない場合、仲裁廷が仲裁権限を逸脱し、仲裁判断が、仲裁申立ての範囲を超える事項に関する判断を含むものと解する場合には、仲裁法44条1項5号の取消事由にもなる[175]。

(b)　仲裁廷が決定した最密接関係地法が正しくない場合

　当事者間に準拠法について合意がない場合、仲裁廷は最密接関係地法を決定し、それを適用して判断しなければならないが（36条2項）、仲裁廷がこの最密接関係地法の探求をせず、全く事案に関係のない国の法を適用するといった恣意的な法適用をした場合、本号に違反することは明らかである。

　これに対し、仲裁廷が最密接関係地法を探求した結果、ある国の法を準拠法として決定し、それに基づいて仲裁判断をした場合、この仲裁廷が決定した最密接関係地法が正しくなかったとき、すなわち、裁判所の判断と食い違うときに、本号の違反となるか否かについては、本来適用されるべき法規範が適用されなかったという意味で6号の手続違反に当たるとしてこれを肯定する見解[176]がある。

　しかし、これは、紛争に最も密接な関係があるのはいずれの国の法であるかという36条2項の法の解釈・適用の問題であって、仲裁廷が解釈、適用した結果である準拠法が、裁判所が解釈、適用した結果である準拠法と異なるときであっても、仲裁廷が準拠法である実体法を正しく解釈、適用せず仲裁判断をした場合と同様に、裁判所が仲裁廷の判断を実質的に審査し、その結果、仲裁判断を取り消すことは許されないと解すべきであると考える[177]。

(3)　実体的公序審査

(ア)　外国法の適用が公序違反となる場合

　仲裁判断が公序良俗に反するときは、仲裁判断は取り消される（44条1項

---

(174)　山本＝山田・ADR仲裁385頁参照。See Arbitration in Germany 483.

(175)　See Wolff NYC Commentary Wolff 334; UNCITRAL Digest 157.

(176)　山本＝山田・ADR仲裁385頁。また、山本・ADR479−483頁参照。

(177)　See Arbitration in Germany 483. 小島＝猪股・仲裁法515頁、高杉・準拠法違反59頁、理論と実務115−116頁〔中野俊一郎発言〕。

8号）。この公序違反について、国際的事案においては、仲裁廷は裁判所と同様、仲裁判断において準拠すべき法（実体準拠法）を決定し（36条）、仲裁判断をすることになるので、仲裁手続においても外国法が実体準拠法となることがある。その場合、仲裁廷による外国法の適用結果がわが国の強行法規に反する場合であっても、それを理由に仲裁判断の効力を否定すべきではなく、わが国の法秩序の基本を害することになる場合にのみ仲裁判断の効力を否定すべきである。

　公序審査は、外国判決の場合と同様に、外国法の適用結果の異常性と事案の内国関連性の度合いの両者を考慮して行うことになる。たとえば、仲裁廷が懲罰的損害賠償請求権を認める外国法規を適用して実際に生じた損害の賠償に加え、制裁と抑止のための懲罰的損害賠償を命じた仲裁判断は、事案の内国関連性が十分に高い場合、外国判決の場合と同様に、懲罰的損害賠償としての金員の支払いを命じた部分は、わが国の公序良俗に反し取り消されることになるが(178)、外国企業同士の外国での紛争のような、わが国との関連性がほとんどない事案においては、適用結果の異常性を考慮しても、わが国の公序良俗に反せず仲裁判断の効力が否定されることはない。

⑷　公序維持と仲裁判断の終局性との関係

　仲裁廷の判断が裁判所の判断と食い違い、その判断によれば、公序良俗に反する場合、仲裁判断は取り消されることになるか（⇨第6章1⑼⒡⑷⒤）。

　たとえば、賭博行為が外国で行われ、わが国との関連性が低く、仲裁廷がかかる賭博資金の貸付金の返還を命じた仲裁判断の効力を認めることがわが国の公序良俗に反しない場合、仲裁廷が貸付金を賭博資金ではないと事実認定して当該貸付金の返還を命じたときであっても、仲裁判断を取り消す必要はない。これに対し、内国関連性がある限度以上になり、賭博資金の貸付金の返還を命じた仲裁判断の効力を認めることがわが国の公序良俗に反する場合には、仲裁廷が貸付金を賭博資金ではないと誤って事実認定して当該貸付金の返還を命じたときは、仲裁判断を取り消すべきである。しかし、仲裁廷に過誤がないが、裁判所の事実認定と食い違う場合には、公序侵害の重大性

(178)　最判平9・7・11民集51巻6号2573頁、最判令3・5・25民集75巻6号2935頁。

を考慮し仲裁判断が害する実体的法秩序を維持、確保する利益と国家が法認した紛争を終局的に解決する仲裁制度を維持、確保する利益の両者を比較衡量し、前者の利益が後者の利益より大きいと認められるときは、仲裁判断を取り消すべきである。

　また、反公序性が著しく強い契約、たとえば、殺人請負契約を有効とする仲裁判断は、内国関連性の度合いに関係なく公序良俗に反しその効力は認められず、仲裁判断がこれに該当する事実が認められないとしてかかる契約を有効とした場合、仲裁判断が害する法秩序の重大性から、仲裁判断の終局性の利益はかかる秩序維持の利益に譲らざるを得ず、仲裁廷の判断が裁判所の事実認定と食い違い、無効とすべき契約を有効と判断しているときは、仲裁判断は取り消されるべきである[179]。

8　外国仲裁判断の承認・執行

(1)　法　　　源

　仲裁法は、仲裁判断は、仲裁地が日本国内にあるかどうかを問わず、確定判決と同一の効力を有し、仲裁判断に基づく民事執行をするには、裁判所の執行決定を要すると定める（45条1項）。したがって、仲裁地が外国にある仲裁判断（外国仲裁判断）についても、仲裁地が日本国内にある仲裁判断（内国仲裁判断）と同様に、承認・執行拒絶事由により承認・執行が拒絶される場合を除き、わが国で効力が認められ、執行決定がされる（45条、46条）。

　また、外国仲裁判断の承認・執行に関しては、仲裁法とは別に、わが国が締約国となっている多数国間条約として、外国仲裁判断の執行に関するジュネーヴ条約、NY条約がある。多数国間条約のほか、わが国が締結している二国間条約の中で規定されているものがある。たとえば、日米友好通商航海条約は4条2項において、仲裁合意に基づく仲裁判断の執行を保障するための規定を置いている。また、投資紛争に関する仲裁については、ICSID条約がある。

---

(179)　贈収賄等を目的とする契約の違法性の存否を判断した仲裁判断の実体的公序審査に関する諸外国の判例において、仲裁判断の終局性を考慮するものがある。この点に関しては中村・論点76頁以下参照。

(2)　NY条約以外の条約との適用関係

　NY条約7条2項の規定により、NY条約がジュネーヴ条約に優先することになる。わが国は、NY条約1条3項に基づき、締約国が他の締約国の領域においてされた仲裁判断の承認・執行についてのみNY条約を適用する旨を相互主義の原則に基づき宣言しているので、仲裁判断地がNY条約の締約国以外の国に所在する場合、仲裁判断の承認・執行にNY条約は適用されないが、NY条約の締約国は、現在160か国以上に上り、過去にはジュネーヴ条約を適用して英国仲裁判断の執行を許可した例があるが[180]、現在では、ジュネーヴ条約が外国仲裁判断の執行に適用されることはない。

　ジュネーヴ条約以外の条約との適用関係については、NY条約発効前に締結した条約がNY条約の適用を排除していない限り、NY条約の規定によらなければ、承認・執行要件を具備しない場合には、NY条約が適用され、反対に、NY条約発効前に締結した条約によらなければ、承認・執行要件を具備しない場合は、7条1項後段の規定により、同条約が適用される。また、いずれの条約によっても承認・執行要件を具備する場合は、いずれの条約によることもできる。NY条約とその発効後に締結された条約との適用関係については、NY条約7条1項前段は規定していないので、後法優位の原則により、同条約に別段の規定がない限り、同条約が適用されると解される（⇨**3**(3)(b))[181]。

(3)　国内法（仲裁法）の適用

　NY条約7条1項後段の規定により、仲裁判断がNY条約の適用を受ける場合であっても、国内法である仲裁法46条による仲裁判断の執行が可能となる（⇨**3**(4))。また、NY条約は160か国以上の国が締約国となっているので、わが国における外国仲裁判断の承認・執行にNY条約が適用されないケースはほとんどないが、仲裁地国がNY条約の非締約国である場合、たとえば、わが国との間で国際取引の多い台湾の仲裁判断はNY条約の適用を受けないので、この場合には、仲裁法46条の規定により執行決定の申立てをすることになる。

（180）　東京地判昭34・8・20下民10巻8号1711頁。

(4) 日中貿易協定の適用関係

　わが国は1961年 6 月に NY 条約に加入し、同年 9 月からその効力が生じており、中国は1987年 1 月に加入し、同年 4 月からその効力が生じている。両国とも、加入に際し、同条約 1 条 3 項前段に基づきその適用を締約国でなされた仲裁判断に限る旨の宣言をしている。他方、わが国と中国との間には、日中貿易協定が締結され、1974年 6 月に発効し、同協定が、「日本国の法人又は自然人と中華人民共和国の外国貿易機構との間に締結された商事契約から又はこれに関連して生ずる紛争」（同協定 8 条 1 項）についての仲裁判断に関し、両締約国は、「その執行が求められる国の法律が定める条件に従い、関係機関によって、これを執行する義務を負う」（同 4 項）と規定しているので、日中貿易協定が対象とする仲裁判断のわが国での承認・執行については、NY 条約と日中貿易協定の両者の適用関係が問題となる。実際、この問題を扱った裁判例が幾つか公表されている（⇨ **3** (3) (b) (ア)）。

　両者の適用関係については、日中貿易協定が、NY 条約が両国について発効する前に締結され、発効しており、前述したように、日中貿易協定がNY 条約の適用を排除していないので、日中貿易協定、NY 条約のいずれを適用するかが問題となる。日中貿易協定による場合、同協定 8 条 4 項が規定する「その執行が求められる国の法律」について、国内法である仲裁法によるの

---

(181)　仲裁判断の承認・執行に関する規定を含む二国間条約として、NY 条約が両国間で発効する前に締結され発効しているものとして、1953年の日米友好通商航海条約のほか、1963年の日英通商航海条約、1974年の日中貿易協定等がある。名古屋地一宮支昭62・2・26判時1232号138頁は、NY 条約の適用については何ら言及することなく、日米友好通商航海条約 4 条 2 項を適用して米国仲裁判断の執行を許可している。日英通商航海条約24条は、両国がジュネーヴ議定書およびジュネーヴ条約を「修正し若しくは補足する多数国間の協定の規定」に拘束される旨のみを規定している。東京地判平13・6・20判例集未登載（2001WLJPCA06200008）は、同24条は、NY 条約に規定された義務を両国が負うことを確認したに留まるなどとして、NY 条約を適用して英国仲裁判断の執行を許可している。日中貿易協定については、以下の(4)で取り上げる。これに対し、NY 条約が両国間で発効した後に締結され、発効している二国間条約として、1970年のブルガリアとの通商航海条約、1976年のハンガリーとの通商航海条約、1980年のポーランドとの通商航海条約等があり、これらの条約は原則としてNY 条約に優先して適用されることになる。わが国が締結している仲裁判断の承認・執行に関する規定を含む二国間条約については、小島＝高桑・注解仲裁303－337頁〔高桑昭〕を参照。

か、それともNY条約発効後は同条約によるのか、その解釈が問題となる。国内法によるとする判例の立場もあるが[182]、NY条約は国内法に優位する裁判規範としてわが国の裁判所において適用され、日中貿易協定には、特定の国内法の規定を適用するとの特別の規定が置かれていないので、NY条約がこれに当たると解すべきである[183]。したがって、日中貿易協定とNY条約のいずれによることも可能であるが、前者による場合もNY条約が適用されることになる。

(5) NY条約に基づく外国仲裁判断の承認・執行

(a) 外国仲裁判断の執行と承認の意義

外国仲裁判断に基づき強制執行をするためには、内国仲裁判断と同様に、仲裁判断だけでは債務名義とはならず、確定した執行決定のある仲裁判断が必要となる（民執22条6号の2）。NY条約の適用を受ける仲裁判断については、執行を求める当事者は、NY条約3条により適用される日本の手続法規である仲裁法46条に基づき、NY条約4条が定める書類を提出し、執行決定の申立てをすることになる。

外国仲裁判断の承認の意義については、訴訟手続において、裁判所がNY条約5条の承認拒絶事由によりその効力を認めることをいうほか、裁判所は、当事者の申立てに対し、NY条約5条の承認拒絶事由により当事者の権利義務ないし法律関係の存否・内容を確定した仲裁判断の効力を認める裁判をいう[184]。

(b) NY条約の適用対象となる仲裁判断とは何か

(ア) NY条約1条2項が定める仲裁判断

NY条約1条2項は、「『仲裁判断』とは、各事案ごとに選定された仲裁人によつてされた判断のほか、当事者から付託を受けた常設仲裁機関がした判断を含むものとする」と定め、事件毎に選任された仲裁人による仲裁判断のみならず、常設仲裁機関（permanent arbitral bodies）による仲裁判断も適用対象とする。この規定は、NY条約作成のため国連本部で開催された国際商

---

(182) 大阪地決平23・3・25判時2122号106頁、東京地判平5・7・20判時1494号126頁。

(183) 高桑・国際商事仲裁172頁、野村・外国仲裁判断43-44頁参照。

(184) Redfern and Hunter on International Arbitration 611; Wolf NYC Commentary 6.

事仲裁会議において、当時、旧ソ連、旧チェコスロバキアにおいて常設仲裁機関が多く存在していることから、旧チェコスロバキアが常設仲裁機関による仲裁判断を明記することを提案し、その必要性について疑問が呈されたが、最終的に採用されたものである[185]。

　国際商事仲裁会議における議論の経緯によれば、事案ごとに選任された仲裁人による仲裁判断とは、アド・ホック仲裁の場合を、常設仲裁機関による仲裁判断とは、機関仲裁による場合をそれぞれ指し、また、後者の機関仲裁による場合、当事者の自由な意思による仲裁付託が確保されている限り、当事者に仲裁人の選任権が与えられず、仲裁機関において常設されている仲裁廷による仲裁判断であっても、NY条約の適用を妨げることにはならないと解される[186]。

　しかし、NY条約は、仲裁判断の概念が各国で共通しておらず、これを定義することが困難なため定義していない[187]。したがって、NY条約の適用を受け、NY条約に基づく承認・執行の対象となる仲裁判断とは何か、この問題は、NY条約の解釈問題となる。

(イ)　NY条約の趣旨・目的に照らした解釈

　NY条約も他の条約と同様に、国内法に依拠するのではなく、条約の解釈に関する一般的規則に従い、自律的解釈（autonomous interpretation）によることになる[188]。学説は、法廷地法説、仲裁地法説のほか、法廷地法と仲裁地法を重畳的に適用する見解等に分かれるが[189]、法廷地法に係らしめる見解は、NY条約の統一的な解釈に反し妥当ではない。

　NY条約は、仲裁地が外国に所在する仲裁判断の内国における承認・執行について定めるものであるから、仲裁判断の概念が仲裁地国で共通していないことを所与の前提とし、仲裁地法上、仲裁判断の資格を有するものを前提

---

(185)　U. N. Doc., E/CONF. 26/SR. 8 (1958).
(186)　中村達也「仲裁判断の概念——ニューヨーク条約の適用を受ける仲裁判断ととは何か」比較法制研究41号（2018）26－28頁。
(187)　Wolff NYC Commentary 31-32.
(188)　ICCA NYC Guide 13; Wolff NYC Commentary 33.
(189)　Wolff NYC Commentary 32-33.

として、これに加え、NY条約の趣旨・目的に照らし、その対象となる仲裁判断を自ら決していると解すべきである。その場合、NY条約は、国際取引から生じた紛争を訴訟ではなく仲裁により解決する場合における仲裁判断の執行力を国際的に保障することを目的とするものであるから、この目的に照らして考えるに、当事者が訴訟に代えて国際取引から生じる具体的な権利義務関係ないし法律関係に関する争いの解決を合意により委ねた公正な第三者が手続保障が確保された手続を経て行った終局的な判断ということができよう。仲裁地国で仲裁判断の資格が与えられる場合であっても、NY条約の趣旨・目的に照らし、それと相容れないものは、NY条約の適用を受けないものとなる。

(ウ)　NY条約の適用対象となる仲裁判断

(i)　一部仲裁判断

仲裁廷は当事者から付託された紛争の全部、すなわち、仲裁申立人の請求の全部について終局的な判断をすることを任務とするが、このいわば全部仲裁判断に対し、当事者が仲裁廷に付託した紛争の一部、すなわち、仲裁申立人の請求の一部について仲裁廷が終局的に判断したものもNY条約の適用対象となる[190]。実務上、一部仲裁判断（partial award）と呼ばれることがあるが[191]、仲裁廷の判断がNY条約の適用対象となるか否かは、呼称や形式に関係なく、その内容、性質によって判断すべきであり[192]、諸外国の判例も、同じ見解に立っている[193]。

(ii)　中間的判断

仲裁廷が仲裁申立人の請求について判断する上で必要不可欠でその前提となる当事者間の紛争について判断する中間的判断は、NY条約の適用対象となるか。仲裁廷が仲裁申立人の請求についての仲裁判断に先立ち審理手続の

（190）　Wolff NYC Commentary 46; Comparative Law of International Arbitration 819. See also UNCITRAL NYC Guide 12.
（191）　ICCA NYC Guide 17-18.
（192）　Wolff NYC Commentary 34; Fouchard Gaillard Goldman on International Commercial Arbitration 737.
（193）　UNCITRAL Guide 16.

途中で前提問題に関する判断を示す中間的判断には、仲裁権限の有無についての判断のほか、審理を損害論と責任論を分け先に責任の有無だけを仲裁廷が判断するものや本案の判断基準となる準拠法の決定等、実体に関わる判断があるが、これら仲裁廷による中間的判断がNY条約の適用対象となるか否かが問題となる。

　まず、仲裁廷による仲裁権限の有無についての中間的判断については、NY条約の適用を否定する見解と肯定する見解とがある[194]。前者は、かかる判断は本案についての仲裁判断をするための前提となる判断に過ぎず、本案についての仲裁判断と別個に承認・執行の対象とはならないことを根拠とする[195]。これに対し後者は、仲裁廷が紛争の一面であっても、それを終局的に判断する限り、仲裁判断として認めるべきであるから、このような限定的な解釈は妥当ではないという[196]。

　判例は、コロンビア最高裁判所が、NY条約は1条1項において、仲裁判断は当事者間の紛争から生じたものでなければならないと定めているので、本案についての判断ではない単に仲裁権限についての判断はNY条約の適用を受ける仲裁判断ではないとの判断を示しているが[197]、NY条約の適用対象となる立場を示す判例もある。たとえば、ドイツのハンブルク高等裁判所は、仲裁権限を肯定する判断とともにそれまでに要した仲裁費用の負担割合に関する判断を示した仲裁判断は、仲裁廷による終局的かつ当事者を拘束する判断であるからNY条約に基づき承認・執行し得る旨の判断を示し[198]、また、

---

(194)　Born International Commercial Arbitration 3183; UNCITRAL NYC Guide 15.

(195)　Fouchard Gaillard Goldman on International Commercial Arbitration 739.

(196)　Di Pietro NYC Award 152.

(197)　Colombia No. 3, Merck & Co., Merck Frosst Canada Inc., Frosst Laboratories Inc. v. Tecnoquímicas SA, Corte Suprema de Justicia, 26 January 1999 and 1 March 1999, Yearbook Commercial Arbitration XXVI (2001) 759-760. See UNCITRAL NYC Guide 15.

(198)　OLG Hamburg, 14 March 2006, 6 Sch 11/05. また、OLG Hamburg, 18 January 2007, III ZB 35/06もこれと同様に、仲裁廷が仲裁権限を肯定する判断とともにそれまでに要した仲裁費用の負担割合に関する判断を示した仲裁判断は、同一の問題について仲裁廷が更に判断をするものではない仲裁廷による終局的な判断であり、かかる仲裁判断の承認・執行を拒絶することは、当事者の救済を奪うことになると判示している。

オーストラリアのクイーンズランド州最高裁判所控訴裁判所部も、仲裁権限を否定する判断とともにそれまでに要した仲裁費用の負担割合に関する判断を示した仲裁判断の執行に関し、本案についての判断でないことがNY条約の適用を受け得る仲裁判断であるか否かとは関係しない旨の判断を示している[199]。

このように見解は分かれるが、仲裁権限の有無についての判断は、本案と違い、当事者の仲裁合意により仲裁廷に付託された紛争について判断するものではないが、一般に仲裁廷には自己の仲裁権限の有無について判断する権限（仲裁権限判断権（Competence/Competence））が認められており[200]、この権限は仲裁合意に由来するものである。そして、この権限の下、仲裁廷が当事者から付託された紛争である本案の判断の前提としてそれに必要不可欠な問題を終局的に判断するものである[201]。また、仲裁権限を肯定する判断は、本案についての仲裁判断により示される場合、仲裁判断の一部を構成するものであるから、本案とは切り離しそれとは別に判断が示される場合であっても、これ自体を仲裁判断と観念することができるのではないかと考えられる[202]。したがって、仲裁廷が仲裁権限を否定する場合を含め、仲裁権限の有無についての紛争を仲裁廷が終局的に判断している限り、かかる判断はNY条約の適用対象となると解されよう。

また、このことは、NY条約が仲裁判断の承認・執行拒絶事由として、仲裁合意が有効でないことを挙げていることからも是認し得ると考える（NY条約5条1項(a)）。すなわち、仲裁権限を肯定する仲裁判断は、仲裁権限を肯定する判断を含む本案についての仲裁判断と同様に、NY条約の締約国において、仲裁合意が有効でなく仲裁廷が仲裁権限を有しないと判断される場合、その承認・執行が拒絶されることになる（同5条1項(a)、(c)）。これに対

(199)　Australia No. 19, Austin John Montague v. Commonwealth Development Corporation, Supreme Court of Queensland, Court of Appeal Division, Appeal No. 8159 of 1999, DC No. 29 of 1999, 27 June 2000, Yearbook Commercial Arbitration XXVI (2001) 749.
(200)　See Redfern and Hunter on International Arbitration 339-340.
(201)　See Wolff NYC Commentary 378.
(202)　See Born International Commercial Arbitration 1192. See also Di Pietro NYC Award 150; Fouchard Gaillard Goldman on International Commercial Arbitration 739.

し、仲裁権限を否定する仲裁判断については、この5条1項(a)、(c)の適用対象ではなく、承認・執行拒絶事由が問題となる。この問題について、5条1項(c)が、「判断が、仲裁付託の条項に定められていない紛争若しくはその条項の範囲内にない紛争に関するものであること」を承認・執行拒絶事由と定め、これは、仲裁廷が仲裁権限を有しないにもかかわらずそれを肯定した場合であるが、仲裁廷が仲裁権限を有するにもかかわらずそれを否定した場合も、この承認・執行拒絶事由に当たると解する余地がないではなく、この規定を類推適用することが考えられる[203]。

次に、仲裁権限の有無についての紛争ではなく、審理を損害論と責任論の2段階に分け先に責任の有無だけを仲裁廷が判断する中間的判断や本案の判断基準となる準拠法の決定等、本案について判断する上でその前提となる当事者間の紛争について判断する実体に関わる中間的判断についてはどうか。

判例は、イタリア破棄院が、仲裁廷が権利の存否についての中間的判断とその数額についての仲裁判断の2つの仲裁判断をした事件において、NY条約に基づく仲裁判断の執行に関し、傍論として、前者の中間的判断もNY条約の適用対象となり、NY条約に基づき承認・執行し得る旨の立場を示している[204]。

これらの中間的判断についても、仲裁判断の前提問題についての判断ではあるが、この前提問題についての紛争は仲裁合意の対象であり、仲裁廷に付託された紛争であると解されるので、仲裁廷が仲裁申立人の請求についての仲裁判断に先立ち別に終局的に判断する場合であっても、NY条約の適用対象となると解すべきである[205]。

---

(203)　See Stefan Kroll, Recourse against Negative Decisions on Jurisdiction, 20(1) Arbitration International (2004) 68-69.

(204)　Italy No. 144, WTB – Walter Thosti Boswau Bauaktiengesellschaft v. Costruire Coop. srl, Corte di Cassazione, 6426, 7 June 1995, Yearbook Commercial Arbitration XXII (1997) 732. また、カリフォルニア州北部地区連邦地方裁判所は、Hyosung (America) Inc. v. Tranax Techologies Inc., No. C 10-0793 VRW, 2010 WL 1853764 (N. D. Cal. May 6, 2010) において、仲裁廷の2段階審理による責任論に関する韓国仲裁判断に対し、NY条約の適用の有無に関し当事者間に争いがなかったが、理由を示さずNY条約を適用している。

(iii) 暫定保全措置命令

仲裁廷による暫定保全措置命令は、NY条約の適用対象となるか。この問題に関する支配的な見解は、仲裁廷の判断の形式に係わらず、暫定保全措置を命じる仲裁廷の判断は、仲裁廷が付託された紛争を終局的に判断するものではなくあくまでも本案についての仲裁判断がなされるまでの間の暫定的なものであることを理由にNY条約の適用対象とはならないという[206]。

これに対し、仲裁廷が命じる暫定保全措置の対象事項は、NY条約1条1項の当事者間の紛争に関するものであると解することができ、また、暫定的性質を有する判断を執行することに障害はなく、暫定保全措置命令をNY条約に基づき執行することは国際仲裁の効力を大いに高めることに繋がるといい、暫定保全措置命令は、仲裁地で仲裁判断の資格を有する限り、NY条約に基づき執行されるという見解がある[207]。また、本案についての判断を仲裁手続の形成（organization）に関する判断以外のすべての判断であると解するならば、暫定保全措置もまた、本案についての判断に当たり、また、判断の終局性を本案について裁判所の審査に服さないことであると解するならば、暫定保全措置が限られた期間に対し発令されるという事実からNY条約の適用を受ける仲裁判断から除外されることにはならず、NY条約は暫定保全措置命令に適用があるとの見解もある[208]。

判例は、オーストラリアのクイーンズランド州最高裁判所が、NY条約1条1項が定める当事者間の「紛争（differences）」は、仲裁に付託された紛争

---

(205)　See Wolff NYC Commentary 46, 378-379; Di Pietro NYC Award 150; ICCA NYC Guide 18. See UNCITRAL NYC Guide 12; Born International Commercial Arbitration 3184.

(206)　Wolff NYC Commentary 47; Di Pietro NYC Award 155-156; ICCA NYC Guide 18; Comparative International Commercial Arbitration 635; Comparative Law of International Arbitration 546.

(207)　Albert Jan van den Berg, The Application of the New York Convention by the Courts, in Albert Jan van den Berg (ed), Improving the Efficiency of Arbitration Agreements and Awards: 40 Years of Application of the New York Convention, ICCA Congress Series, Volume 9 (Kluwer Law International 1999) 29.

(208)　Wolff NYC Commentary 380. See Born International Commercial Arbitration 3180.

を解決しない暫定的（interlocutory）または手続上の（procedural）指示（direction）または命令（order）に関するものというよりもむしろ、当事者によって付託された紛争の対象事項をはっきりと言及しており、また、暫定的または手続上の指示または命令は、当事者間の紛争の結果として直接になされたものではなく、NY条約1条1項が定める当事者間の紛争「から生じた（arising out of）」という表現を非常に広く解したとしても、NY条約の適用対象とはならないと判断するとともに、仲裁廷が仲裁判断をするまでの間、暫定的に当事者に命じた一定の事業活動の禁止等を命じた判断は、当事者の権利義務関係を終局的に解決する判断ではなく、暫定的であり、仲裁廷により取消し・変更等がされ得るものであり、NY条約の適用対象とはならない旨の判断を示している[209]。

　このように見解は分かれるが、前述したように、NY条約は、訴訟に代替する仲裁により仲裁廷が当事者の具体的は権利義務関係ないし法律関係に関する紛争について終局的に判断した仲裁判断の執行力を国際的に保障することを目的として作成された条約である。このことは、NY条約2条が、仲裁合意の対象となる紛争について本案訴訟の裁判所の管轄権が排除される旨を明記していることからも言えよう。したがって、仲裁判断の実効性を確保するための裁判所の保全処分に相当する仲裁廷の判断は、当事者が保全請求権の存否についての紛争の解決を仲裁廷に委ね、仲裁廷の判断に従うという合意に基づき仲裁廷が終局的に判断するものであっても、権利関係ないし法律関係を確定する判断とは異なり、NY条約の適用を受けないと解すべきであろう[210]。

(iv)　手続命令・指示

　実務上、仲裁廷は、仲裁手続において、審理予定、文書提出、証人の出頭、証拠許容性等に関する手続命令・指示を行うが、この命令・指示は、当事者

---

(209)　Australia No. 11, Resort Condominiums International Inc. v. Ray Bolwell and Resort Condominiums, Pty. Ltd., Supreme Court of Queensland, 389, 29 October 1993, Yearbook Commercial Arbitration XX (1995) 628, 636-637.

(210)　See Comparative Law of International Arbitration 546. わが国の学説して、野村秀敏「仲裁廷による暫定・保全措置とニューヨーク条約（2・完）」専法125号（2015）103-104頁も否定説に立つ。

の請求について終局的に判断するものではなくNY条約の適用対象とはならないと解される[211]。上記クイーンズランド州最高裁判所による判例も、暫定的に当事者に命じた一定の事業活動の禁止等のほか、仲裁手続への証人の出頭等、証拠方法に関する措置等を命じた判断は、当事者の権利義務関係を終局的に解決する判断ではないことを理由にNY条約の適用対象とはなり得ないとの判断を示している。

(v) 和解的仲裁判断

仲裁手続において当事者間で和解が成立した場合、仲裁廷がその内容に基づき仲裁判断をすることがある。この和解的仲裁判断（consent award）について、NY条約の作成のために開催された国際商事仲裁会議において、オーストリア代表がNY条約の適用対象となることを明記することを提案したが[212]、これは採用されず、NY条約は、和解的仲裁判断について規定を置いていない。また、この問題について判断を示した判例もないとされる[213]。和解そのものがNY条約の適用対象とならないことは明らかであるが、仲裁手続において当事者間で成立した和解の内容に基づく仲裁判断がNY条約の適用対象となることを肯定するのが支配的な見解である[214]。

前述したように、NY条約の作成時において、和解的仲裁判断がNY条約の適用対象となることを明記する提案がされたことからも窺えるように、実務上、仲裁手続において当事者間で成立した和解に基づき仲裁廷が仲裁判断をすることが行われてきており、かかる仲裁判断についてもその執行力を国際的に保障することが国際取引の発展に寄与するというNY条約の目的と整

(211) See Wolff NYC Commentary 44; Born International Commercial Arbitration 3172-3173. See Di Pietro NYC Award 155; ICCA NYC Guide 18; Pietro & Platte NYC Commentary 35.

(212) U. N. Doc. E/CONF. 26/L26（1958）. See U. N. Doc. E/2822（1956）, pp. 7, 10. See also Wolff, NYC Commentary 51.

(213) UNCITRAL NYC Guide 17. もっとも、Clinique La Prairie, S. A. v. Ritz Carlton Hotel Co., LLC, No. 07 Civ. 4038（PAC）, 2009 WL 884671（S. D. N. Y. March 27, 2009）は、スイスを仲裁地とする仲裁廷による当事者の和解に基づく仲裁判断が終局的でかつ当事者を拘束するものであるとしてその確認の申立てを認めている。

(214) Di Pietro NYC Award 156-160; Wolff NYC Commentary 50; UNCITRAL NYC Guide 18.

合することになることから、和解的仲裁判断も NY 条約の適用対象となると
解するのが妥当であろう。したがって、仲裁地法上、和解的仲裁判断が仲裁
廷が本案について判断した仲裁判断（真正仲裁判断）と同じ効力が認められ
ている場合には、かかる仲裁判断は NY 条約の締約国において NY 条約に基
づき承認・執行されることになると解される。

　仲裁手続中の和解ではなく、当事者が調停を試み、その結果、和解が成立
し、かかる和解に執行力を付与するため、当事者が調停人を仲裁人に選任
し、仲裁人が和解の内容を仲裁判断とする場合、かかる仲裁判断は NY 条約
の適用対象となるか。この問題に関し否定する見解と肯定する見解とがあ
る[215]。前者は、仲裁廷に紛争を付託するには、仲裁人選任時に紛争が存在
していることが必要であり、仲裁人選任時に当事者間で和解が成立している
場合には、仲裁人に付託すべきものはなく、当事者による仲裁人の選任は無
効であり、仲裁廷は仲裁判断を行う権限を有しないという[216]。これに対し、
後者の肯定説は、NY 条約 1 条 1 項は、NY 条約が当事者間の紛争から生じ
た仲裁判断の承認・執行について適用すると定め、紛争が何時の時点で存在
していなければならないかについては明示しておらず、この文言を柔軟に解
釈し調停により解決された紛争から生じた仲裁判断も NY 条約の適用対象と
解することができるという[217]。

(215)　Edna Sussman, The New York Convention through a Mediation Prism, 15(4) Dispute Resolution Magazine (2009) 12-13.

(216)　Christopher Newmark & Richard Hill, Can a Mediated Settlement Become an Enforceable Arbitration Award?, 16(1) Arbitration International (2000) 83; Yaraslau Kryvoi & Dmitry Davydenko, Consent Awards in International Arbitration: From Settlement to Enforcement, 40 Brooklyn Journal of International Law (2015) 863-867. この否定説に立つ論者は、当事者が調停手続を開始する前に仲裁人を選任することにより NY 条約の適用を受ける仲裁判断となるという。この点に関し、たとえば、Newmark & Hill, id, p. 69 を参照。この問題に関する近時の判例として、米国連邦第 9 巡回区控訴裁判所は、Castro v. Tri Marine Fish Co. LLC, 921 F. 3d 766 (9th Cir. 2019) において、NY 条約の適用を受ける仲裁判断となるには、仲裁人に付する紛争が存在していることが必要である旨の判断を示している。

(217)　Harold I. Abramson, Mining Mediation Rules for Representation Opportunities and Obstacles, 15(1) American Review of International Arbitration (2004) 108; Ellen E. Deason, Procedural Rules for Complimentary Systems of Litigation and Mediation-Worldwide, 80 Notre Dame Law Review (2005) 553, n. 173.

　否定説は、紛争の存在を問題とするが、紛争の存在は、仲裁判断による和解合意の終局的解決を求める当事者の意思に求めることができ、和解条件に関し具体的な意見の対立がない場合であっても、当事者が紛争の蒸返しを未然に防ぐため和解の内容に基づく仲裁判断を求めるときには、紛争性を肯定することができると解する余地があり（⇨第4章**11**(**2**)(**c**)）、このように解すれば、仲裁人選任前に当事者間で成立した和解の内容に基づく仲裁判断は、仲裁手続中に成立した和解に基づく仲裁判断と同様に、NY条約の適用を受けることになる[218]。

（218）　この問題に関し、UNCITRALは、調停による国際的和解合意に執行力を付与するため、2018年の第51会期において「調停による国際的和解合意に関する国際連合条約案（draft of United Nations Convention on International Settlement Agreements Resulting from Mediation）を確定するとともに、2002年UNCITRAL国際商事調停モデル法を改正する国際商事調停および調停による国際的和解合意に関する2018年UNCITRALモデル法（UNCITRAL Model Law on International Commercial Mediation and International Settlement Agreements Resulting from Mediation, 2018（amending the UNCITRAL Model Law on International Commercial Conciliation, 2002））を採択し、同条約案については、2018年12月の国連総会で採択され、その後、同条約、通称シンガポール調停条約（Singapore Convention on Mediation）は、2020年9月12日に発効している。現在、シンガポール、サウジアラビア、エクアドル等、数か国が締約国となっている（UNCITRAL, https://uncitral. un. org/en/texts/mediation/conventions/international_settlement_agreements/status（last visited 29 October 2021））。同条約および同モデル法によれば、仲裁判断として記録され執行し得る和解合意（settlement agreements that have been recorded and are enforceable as an arbitral award）は適用対象から外れており（同条約1条3項(b)、同モデル法16条3項(b)）、これはNY条約との抵触を避けるためであるとされる（Nadja Alexander and Shouyu Chong (eds), The Singapore Convention on Mediation: A Commentary, Global Trends in Dispute Resolution, Volume 8（Kluwer Law International 2019）30-31）。したがって、仲裁人選任前に成立した和解に基づく仲裁判断がNY条約の適用対象となると解する場合には、同条約および同モデル法の適用対象となる調停により成立した和解合意については、それに基づき仲裁判断がされたときは、同条約および同モデル法の適用対象とはならないと解することになろう。なお、国際調停の実効性を確保し、国際調停の活性化を図ることがわが国の国際仲裁の活性化に資するものとの考え方から、法制審議会仲裁法制部会において、仲裁法の改正とともに、将来、シンガポール調停条約を締結する可能性を視野に入れて、同条約の規律との整合性に配慮しつつ、調停による和解合意の執行決定等に関する規律の創設について検討が進められてきたが、令和4年2月8日に同部会ウェブサイトに掲載された情報によれば、令和4年2月4日に開催された第18回会議において、「調停による和解合意に執行力を付与し得る制度の創設等に関する要綱案」が決定されている（⇨第1章**8**(**2**)(**b**)(**イ**)）。

(vi)　仲裁鑑定

仲裁に類似しているが、これと区別されるものとして仲裁鑑定がある。一般に、仲裁が法律関係の争いを解決する制度であるのに対し、仲裁鑑定は、法律関係の前提となる事実を確定する制度である。また、第三者による契約の補充、適応も広義では仲裁鑑定と呼ばれることがある（⇨第2章 **9(5)(a)**）。

この広義の仲裁鑑定による仲裁鑑定人の裁定が、NY条約の適用対象となるか否かという問題について、訴訟に代替する手続においてなされた仲裁判断のみがNY条約の適用対象となり、仲裁鑑定は、NY条約による承認・執行の対象となる仲裁判断の資格を有さないという見解がある[219]。しかし、事実の確定に関する仲裁鑑定については、法律関係の争いでなくても、公正な第三者により手続保障が確保された手続を経てなされた裁定により当事者の紛争が終局的に解決されるものである限り、NY条約の適用対象に含めることができよう。また、契約の補充、適応については、紛争性が問題となるが、この点については、和解に基づく仲裁判断について述べたことと同様に、紛争性を肯定する余地があり、このように解すれば、事実を確定する仲裁鑑定と同様に、かかる仲裁鑑定もNY条約の適用対象になると解されよう。したがって、仲裁法地上、仲裁判断の資格を有するものは、NY条約によって承認・執行されると考える。

(c)　仲裁判断の承認・執行拒絶事由と裁判所の裁量的判断権

NY条約5条は、裁判所は、同条が定める承認・執行拒絶事由がある場合に限り、仲裁判断の承認・執行を拒絶することができると定め、裁判所に裁量的判断権が与えられている[220]。この裁量的判断の基準については、承認・執行拒絶事由が認められる場合であっても、仲裁判断の効力を否定すべき正当な理由があるか否かという規範的基準により決すべきである。

(d)　禁反言の法理

また、NY条約は、禁反言の法理について言及していないが、この法理はNY条約に内在していると解されている[221]。したがって、当事者が手続違反

---

(219)　Pietro & Platte NYC Commentary 51-52; Haas & Kahlert NYC Commentary 1610; Di Pietro NYC Award 144-145.

(220)　中村・論点382頁の脚注(9)参照。

について適時に異議を述べなかった場合、それが公益保護ではなく当事者の利益保護に関わるものである限り、異議権を喪失することになり、手続違反によって承認・執行が拒絶されることはない[222]。

(e)　仲裁判断の承認・執行拒絶事由

NY条約は5条において、仲裁判断の承認・執行拒絶事由を定める。すなわち、仲裁合意の無効（NY条約5条1項(a)）、手続保障違反（同1項(b)）、仲裁合意・仲裁申立ての範囲の逸脱（同1項(c)）仲裁廷の構成・仲裁手続の違反（同1項(d)）、仲裁判断の取消し等（同1項(e)）仲裁可能性の欠缺（同2項(a)）、公序違反（同2項(b)）の7つを承認・執行拒絶事由として限定列挙し、これらの事由がある場合、裁判所は仲裁判断の承認・執行を拒絶することができるとする。

このNY条約が定める承認・執行拒絶事由は、モデル法36条1項が定める承認・執行拒絶事由が準拠するものである。また、以下で示すように、仲裁法45条2項が定める仲裁判断の承認・執行拒絶事由は、若干の違いを除き、モデル法36条1項が定めるものと実質的に同じである。さらに、仲裁法44条1項が定める取消事由は、仲裁法45条2項が定める仲裁判断の承認・執行拒絶事由（7号の仲裁判断の取消し等の事由を除く）と実質的に同じ内容を定めている。

NY条約が定める仲裁判断の承認・執行拒絶事由とモデル法、仲裁法がそれぞれ定める仲裁判断の承認・執行拒絶事由、取消事由の比較を表にすると以下のようになる。

NY条約が定める仲裁判断の承認・執行拒絶事由		モデル法		仲裁法	
		承認・執行拒絶事由	取消事由	承認・執行拒絶事由	取消事由
仲裁合意の無効	5条1項(a)	○（36条1項(a)(i)）	○（34条2項(a)(i)）	○（45条2項1号・2号）	○（44条1項1号・2号）
手続保障違反	5条1項(b)	○（36条1項(a)(ii)）	○（34条2項(a)(ii)）	△（45条2項3号・4号）	△（44条1項3号・4号）

---

(221)　Wolff NYC Commentary 266-270; Haas & Kahlert NYC Commentary 1706.

(222)　See Wolff NYC Commentary 270; Haas & Kahlert NYC Commentary 1754.

NY条約が定める仲裁判断の承認・執行拒絶事由		モデル法		仲裁法	
		承認・執行拒絶事由	取消事由	承認・執行拒絶事由	取消事由
仲裁合意・仲裁申立ての範囲の逸脱	5条1項(c)	○（36条1項(a)(iii)）	○（34条2項(a)(iii)）	○（45条2項5号）	○（44条1項5号）
仲裁廷の構成・仲裁手続の違反	5条1項(d)	○（36条1項(a)(iv)）	△（34条2項(a)(iv)）	△（45条2項6号）	△（44条1項6号）
仲裁判断の取消し等	5条1項(e)	○（36条1項(a)(v)）		△（45条2項7号）	
仲裁可能性の欠缺	5条2項(a)	○（36条1項(b)(i)）	○（34条2項(b)(i)）	○（45条2項8号）	○（44条1項7号）
公序違反	5条2項(b)	○（36条1項(b)(ii)）	○（34条2項(b)(ii)）	○（45条2項9号）	○（44条1項8号）

○：NY条約の規定と実質的に同じ。
△：NY条約の規定と実質的に異なる。

したがって、NY条約が定める承認・執行拒絶事由のうち、仲裁法44条1項が定める取消事由と実質的に同じものについては、重複を避けるため、取消事由各号についての考察に譲り（⇨第6章1(9)）、以下では、それ以外の問題について取り上げる。

(ア)　**手続保障違反（5条1項(b)）**

(i)　**判 断 基 準**

NY条約5条1項(b)は、「判断が不利益に援用される当事者が、仲裁人の選定若しくは仲裁手続について適当な通告を受けなかつたこと又はその他の理由により防禦することが不可能であつたこと」を承認・執行拒絶事由として定める。この規定は、モデル法36条1項(a)(ii)が準拠する。この規定については、手続保障違反となるか否かを判断する基準が問題となる。

NY条約の起草過程でニュージーランド代表が仲裁地法を適用して判断すべき旨を提案したが、それは採用されず、NY条約はこの点について規定を設けなかったという経緯がある[223]。

仲裁判断の承認・執行地国の裁判所は、自国の法廷地法を適用すべきであるというのが一般的な見解であるとされるが[224]、NY条約は仲裁判断の承

---

(223)　Wolf NYC Commentary 294.

認・執行の促進のための統一的ルールを確立することを目的とするものであるから、NY条約に国内法に準拠する旨の規定がない限り、国内法に依拠すべきではなく、NY条約自身が国際仲裁において遵守されるべき仲裁手続の基本原則を自律的に決すべきである[(225)]。その場合、現在、多くの国が採用しているモデル法の18条が定める仲裁手続の基本原則、すなわち、当事者は平等に扱われなければならず、各当事者は、その主張・立証を行う十分な機会を与えられなければならない、という原則は、モデル法を採用していない多くの国においても、国際仲裁に適用される仲裁法に採用されてきているので、この原則に照らして判断すべきであろう[(226)]。

(ii)　仲裁法の承認・執行拒絶事由、取消事由との違い

　この規定に対応する仲裁法45条2項3号は、「当事者が、仲裁人の選任手続又は仲裁手続において、仲裁地が属する国の法令の規定（その法令の公の秩序に関しない規定に関する事項について当事者間に合意があるときは、当該合意）により必要とされる通知を受けなかったこと」を、同4号は、「当事者が、仲裁手続において防御することが不可能であったこと」を、それぞれ承認・執行拒絶事由として定める。また、仲裁法44条1項3号は、「申立人が、仲裁人の選任手続又は仲裁手続において、日本の法令（その法令の公の秩序に関しない規定に関する事項について当事者間に合意があるときは、当該合意）により必要とされる通知を受けなかったこと」を、同4号は、「申立人が仲裁手続において防御することが不可能であったこと」を、それぞれ取消事由として定める。

　前者の仲裁人の選任手続・仲裁手続における通知について、仲裁法が準拠するモデル法は、NY条約と同じ規律をするが（モデル法36条1項(a)(ii)、34条2項(a)(ii)）仲裁法は、NY条約の規律と異なり、仲裁地法に従った通知を要求する。これに対し、後者の防御不能については、モデル法、NY条約と異ならない。

---

(224)　Haas & Kahlert NYC Commentary 1714.
(225)　See Born International Commercial Arbitration 3834.
(226)　See id; NYC Global Commentary 240.

　したがって、前者については、判断基準は仲裁地法となり、仲裁法45条2項3号の規律は、NY条約5条1項(d)のものと異なるが、仲裁法44条1項3号の解釈については、NY条約の自律的解釈と異なるべきではない。

　⑷　**仲裁廷の構成・仲裁手続の違反（5条1項(d)）**

　⒤　**仲裁地法に服さない当事者自治**

　NY条約5条1項(d)は、「仲裁機関の構成又は仲裁手続が、当事者の合意に従っていなかつたこと又は、そのような合意がなかつたときは、仲裁が行なわれた国の法令に従つていなかつたこと」を承認・執行拒絶事由として規定する。この規定によれば、まず、仲裁廷の構成または仲裁手続について当事者間に合意がある場合、その合意に従っていなかったことが承認・執行拒絶事由となり、当事者間にかかる合意がない場合には、仲裁地法の規定に従っていなかったことが承認・執行拒絶事由となる。

　したがって、このNY条約の規定の文言によれば、NY条約は、仲裁地法の規定に関係なく、仲裁地法の強行規定に反していても、当事者は、仲裁廷の構成、仲裁手続について自由に合意することができ、このように解するのが一般的な見解である[227]。

　(ii)　**仲裁法の承認・執行拒絶事由、取消事由との違い**

　これに対し、NY条約5条1項(d)に対応する仲裁法45条2項6号は、NY条約の規定と異なり、「仲裁廷の構成又は仲裁手続が、仲裁地が属する国の法令の規定（その法令の公の秩序に関しない規定に関する事項について当事者間に合意があるときは、当該合意）に違反するものであったこと」を承認・執行拒絶事由として規定する。仲裁法44条1項6号も、これと同様に、「仲裁廷の構成又は仲裁手続が、日本の法令（その法令の公の秩序に関しない規定に関する事項について当事者間に合意があるときは、当該合意）に違反するものであったこと」を取消事由として定める。また、この仲裁法の規定に対応するモデル法34条2項(a)(iv)も、NY条約の規定とは異なり、仲裁法の規定と同じ規律をしているが、承認・執行拒絶事由については、モデル法36条

(227)　Wolf NYC Commentary 345; NYC Global Commentary 286; Haas & Kahlert NYC Commentary 1732.

1項(a)(iv)は、NY条約5条1項(d)と同じ規律をしている。

　したがって、仲裁法は、NY条約と異なり、当事者は、仲裁廷の構成、仲裁手続について仲裁地法の強行規定に反しない範囲で合意することができることを前提とする。このように両者の規定に違いがあるが、外国仲裁判断の承認・執行において、違いは生じないであろう。以下場合を分けて見る。

　第1に、仲裁廷の構成または仲裁手続が当事者の合意に従い、当事者の合意が仲裁地法の強行規定に反する場合、NY条約5条1項(d)により仲裁判断の承認・執行が拒絶されることはない。また、仲裁法による場合も、仲裁法45条2項6号により仲裁判断の承認・執行が拒絶されることはない。

　しかし、仲裁判断が仲裁地国の裁判所により取り消されると、仲裁判断の承認・執行は、NY条約5条1項(e)、仲裁法45条2項7号に基づき、原則として、仲裁判断の承認・執行は拒絶されることになる（⇨ 8(5)(e)(エ)）。また、この場合、NY条約5条1項(b)、仲裁法45条2項3号、4号の手続保障違反、NY条約5条2項(b)、仲裁法45条2項9号の手続的公序違反を理由に承認・執行が拒絶されることもある。

　第2に、仲裁廷の構成または仲裁手続が当事者の合意に従い、当事者の合意が仲裁地法の強行規定に反しない場合には、NY条約5条1項(d)、仲裁法45条2項6号のいずれによっても仲裁判断の承認・執行は拒絶されることはない。

　第3に、仲裁廷の構成または仲裁手続が当事者の合意に従わず、当事者の合意が仲裁地法の強行規定に反する場合、NY条約5条1項(d)の承認・執行拒絶事由となり、仲裁判断の承認・執行は拒絶されるべきか否かが問題となる。

　仲裁廷の構成または仲裁手続が当事者の合意に従っていたとした場合、仲裁判断の承認・執行がNY条約5条1項(b)の手続保障違反、同2項(b)の手続的公序違反を理由に拒絶されていた蓋然性が認められるときは、このような当事者の合意を認めるべきでないから、承認・執行地国の裁判所は、裁量的判断権を行使して、仲裁廷の構成または仲裁手続がかかる合意に従っていなかったとしても、NY条約5条1項(d)の承認・執行拒絶事由を理由に仲裁判断の承認・執行を拒絶すべきではない。

　これに対し、仲裁法による場合、仲裁法45条2項6号の承認・執行拒絶事由とはならない。

　第4に、仲裁廷の構成または仲裁手続が当事者の合意に従わず、当事者の合意が仲裁地法の強行規定に反しない場合、仲裁判断は、NY条約5条1項(d)、仲裁法45条2項6号の承認・執行拒絶事由となる。また、仲裁判断が仲裁地国の裁判所により取り消されると、仲裁判断の承認・執行地国の裁判所は、仲裁判断の取消しを承認・執行拒絶事由とするNY条約5条1項(e)、仲裁法45条2項7号に基づき、原則として、仲裁判断の承認・執行を拒絶することになる。さらに、この場合、NY条約5条1項(b)、仲裁法45条2項3号、4号の手続保障違反、NY条約5条2項(b)、仲裁法45条2項9号の手続的公序違反を理由に承認・執行が拒絶されることもある。

(ウ)　**仲裁判断が、まだ当事者を拘束するものとなるに至っていないこと(5条1項(e))**

(i)　**ジュネーヴ条約の規定を改めたものである**

　NY条約5条1項(e)は、「判断が、まだ当事者を拘束するものとなるに至つていないこと」を承認・執行拒絶事由として定める。この「まだ当事者を拘束するものに至っていない（has not yet become binding）」とはどういう意味か。この意味が問題となる。

　この規定が置かれた経緯を見ると、NY条約作成前のジュネーヴ条約は、仲裁判断の承認・執行のためには、仲裁判断がその判断がされた国で確定したこと（final）を要求し、その意味について、仲裁判断に対する異議、控訴もしくは上告をすることができるとき（このような手続形式が存在する場合）、または、仲裁判断の効力を争うための手続が係属中であることが証明されたときは、仲裁判断は確定したものとは認められないと定めていた（ジュネーヴ条約1条2項(d)）。このようにジュネーヴ条約は、仲裁判断が仲裁地国で確定していること（final）を要求し、仲裁判断の承認・執行のために仲裁判断地国の執行許可および執行地国の執行許可の2つが必要となる、いわゆる二重の執行許可（double exequatur）を必要とし、執行要件が厳しいという問題があった。NY条約はこの二重の執行許可を排除するため、「確定している（final）」を「拘束するもの（binding）」に改めたとされる[228]。

(ii)　NY条約の自律的解釈

　しかし、NY条約は、「仲裁判断が当事者を拘束するものとなる」とはどういう意味か、これを定義せず、その解釈が問題となるが、この問題に関し見解は分かれている。諸外国の判例の多くは、仲裁判断の拘束力は仲裁手続上の問題であるから仲裁地法により判断するという立場をとっているとされ[229]、学説もこれを支持するものがある[230]。

　NY条約5条1項(e)は、仲裁判断の取消し・停止と併せて、仲裁判断が、まだ当事者を拘束するものとなるに至っていないことを承認・執行拒絶事由に挙げ、前者については、「判断がされた国もしくはその判断の基礎となった法令の属する国の権限のある機関」が取消し・停止の権限を有する機関と定め、取消し・停止については、その権限を有する機関が所在する国の国内法が適用されることは明らかである。他方、「まだ当事者を拘束するものとなるに至っていないこと」については、これに適用される国内法が定められておらず、また、その意味が国内法上明らかであるとは必ずしも言えない。

　したがって、仲裁判断の承認・執行の促進のための統一的ルールを確立するというNY条約の目的に鑑みると、この問題については、国内法に依拠すべきでなく、NY条約が自律的に決すべき事項であると解すべきである[231]。

(iii)　「仲裁判断が当事者を拘束するものとなる」の意味

　その場合、NY条約は、仲裁判断の取消しまたは停止が、その権限のある機関に対し申し立てられている場合、執行地国の裁判所に対し、仲裁判断の執行についての決定を延期する権限を認めているので（NY条約6条）、ジュネーヴ条約の規律とは異なり、仲裁判断の取消しまたは停止の申立てがされていることが仲裁判断の承認・執行拒絶事由とはならない。なお、NY条約が定める仲裁判断の停止については、取消しと異なり、その意味が必ずしも明らかではないが、裁判所により停止の決定がされた場合を指すと解されて

---

(228)　van den Berg NYC 337.
(229)　Wolf NYC Commentary 373.
(230)　Haas & Kahlert NYC Commentary 1738; NYC Global Commentary 313. 小島＝高桑・注解仲裁383頁〔岩崎一生＝高桑昭〕。
(231)　See van den Berg NYC 341-342.

いる[232]。わが国においては、このような当事者が仲裁判断の効力を一時的に停止することを裁判所に求める手続は設けられていないが、このような手続が設けられている国において仲裁判断の効力が一時的に停止されたときは、それが承認・執行拒絶事由となる。

これに対し、仲裁手続法（通常は、仲裁地法となる）上、仲裁判断に不服の当事者に対し上訴審が用意されている場合には、当事者が上訴することにより、当事者が付託した紛争について上訴審が仲裁廷に代わって審理、裁判し、それによって紛争は終局的に解決されることになる。したがって、当事者による上訴の可能性がある限り、当事者の仲裁合意に基づき付託された紛争が仲裁により終局的に解決されていない状態となり、仲裁判断は、承認・執行することはできず、この場合、仲裁判断は、まだ当事者を拘束するものとなるに至っていないと解することになろう。裁判所に対する上訴審のほか、仲裁手続において上訴審が定められている場合は、それが上訴審となる。

(ⅳ)　仲裁法45条2項7号との違い

仲裁法45条2項7号は、「仲裁地が属する国（仲裁手続に適用された法令が仲裁地が属する国以外の国の法令である場合にあっては、当該国）の法令によれば、仲裁判断が確定していないこと」を承認・執行拒絶事由とし、NY条約、モデル法が定める承認・執行拒絶事由である「判断が、まだ当事者を拘束するものとなるに至っていないこと」と異なる。すなわち、仲裁判断が「確定していないこと」と定めるほか、その判断を仲裁手続準拠法（通常は、仲裁地法となる）によるとし、NY条約の規律と異なる。

㈢　仲裁判断が取り消されたこと（5条1項(e)）

(ⅰ)　判例・学説

NY条約5条1項(e)は、「判断がされた国若しくはその判断の基礎となつた法令の属する国の権限のある機関により、取り消されたこと」を承認・執行拒絶事由に挙げ、仲裁判断の取消しが承認・執行拒絶事由となる。

NY条約締約国において、この規定に基づき仲裁地国で取り消された仲裁判断の執行を拒絶した判例がある一方で、その執行を許可した判例がある。

---

(232)　NYC Global Commentary 342.

　また、フランスにおいては、国際仲裁判断は、如何なる国家法秩序にも融合せず、その効力は承認・執行地国によって確定されるという、超国家的仲裁判断（a-national award）を承認するという立場をとっており、NY条約7条1項後段の規定により、仲裁判断の取消しを承認・執行拒絶事由としない国内法に基づき仲裁地国で取り消された仲裁判断の執行が許可されている(233)。

　仲裁地国で取り消された仲裁判断の執行を拒絶する判例には、取消しの効果が当然自国にも及ぶとする立場をとるものがあり(234)、他方、かかる執行を許可する判例には、仲裁判断を取り消した外国判決が自国で承認することができるか否かを裁判所の裁量的判断の基準とし、それが肯定される場合、執行が拒絶され、それが否定される場合には、他の執行拒絶事由により執行が拒絶されない限り、仲裁判断の執行を許可するという立場をとるものがある(235)。

　わが国の学説においても、仲裁地国で仲裁判断が取り消された場合、仲裁判断の効力は仲裁手続法上、当然に消滅し、外国判決と同様に、承認適格性を有しないという見解がある(236)。

(ii)　裁量的判断の基準

　仲裁判断が仲裁地国で取り消された場合、仲裁地法上、仲裁判断の効力は消滅するが、そもそもこのような仲裁地法上、効力を有しない仲裁判断は、NY条約の承認の対象となるのか否かが問題となるが、NY条約は、仲裁判

---

(233)　諸外国の判例状況については、中村・論点431−446頁を参照。

(234)　ドイツの判例として、Germany No.51, Not indicated v. Not indicated, Oberlandesgericht Rostock, 28 October 1999, Yearbook Commercial Arbitration XXV (2000) 717; Yearbook Commercial Arbitration XXVI (2001) 327 がある。

(235)　米国の判例として、TermoRio S. A. E. S. P. v. Electranta S. P., 487 F. 3d 928 (D. C. Cir. 2007)、Corporacion Mexicana de Mantenimiento Integral, S. de R. L. de C. V. v. Pemex-Exploracion y Produccion, 962 F. Supp. 2d 642 (S. D. N. Y. 2013)、Thai-Lao Lignite (Thailand) Co., Ltd. v. Government of Lao People's Democratic Republic, 997 F. Supp. 2d 214 (S. D. N. Y. 2014) 、オランダの判例として、Decision of the Amsterdam Court of Appeal Rendered on April 28 2009 in Case No. 200. 005. 269/01 "Yukos Capital S. A. R. L. vs. OAO Rosneft", Stockholm International Arbitration Review (2009) 219、英国の判例として、Malicorp Ltd v. Egypt, 2015 WL 685376 (2015)、Yukos Capaital Sarl v. OJSC Oil Co Rosneft, 2014 WL 2957872 (2014) がある。

(236)　小山・仲裁250頁、川上・仲裁863頁等。

断の取消しを承認・執行拒絶事由として定めているので、仲裁手続の準拠法
所属国（通常、仲裁地国となる）で取り消され、その効力を失った仲裁判断
であっても、NY条約上、承認・執行の対象となる。

　次に、仲裁判断の承認・執行地国の裁判所は、仲裁判断が取り消されても、
その承認・執行を拒絶しないことができるので、裁判所の裁量的判断の基準
が問題となる。この問題に関し、執行判決付外国判決について、外国裁判所
の再審判決により強制執行の不許を求める場合、債務者は、請求異議訴訟を
提起し、裁判所は、その再審判決について、民事訴訟法118条の要件具備を
判定することになるとされる[237]。これと同様に、仲裁判断が外国裁判所に
より取り消されたとしても、その判決が民事訴訟法118条の承認要件を具備
しない場合は、仲裁判断の承認・執行を拒絶すべきではないとも解される。

　しかし、この見解に依拠すると、その承認要件が国によって異なり、また、
かかる制度を有しない国もあり、外国裁判所で取り消された仲裁判断が、あ
る国で5条1項(e)に基づき承認・執行が拒絶される一方で、別の国では取消
判決が承認要件を具備せず効力を有しない結果、仲裁判断の承認・執行が許
可されるという判断の齟齬が生じ、NY条約が目的とする仲裁判断の統一的
処理に反することになるので[238]、承認・執行地国が定める外国判決の承認
要件を具備するか否かを基準に仲裁判断の承認・執行の可否を決するのは、
妥当ではない。しかし、その一方で、たとえば、公正、独立が保障されてい
ない裁判所によって仲裁判断が取り消された場合、その判決の効力を認める
ことは手続的正義に反することになり、公序違反を理由にその効力を認める
べきではない。また、仲裁判断の取消しは、NY条約5条1項(e)が定める国
の権限のある機関によってされなければならない。

　したがって、取消判決が手続的公序と裁判管轄権の2つの承認要件を具備
する場合、仲裁判断の承認・執行を拒絶すべきであり、反対に、それを具備
しない場合には、仲裁判断の取消しを理由にその承認・執行を拒絶すべきで
はないと解すべきである。

（237）　中野＝下村・民執193頁。
（238）　Albert Jan van den berg, Enforcement of Arbitral Awards Annulled in Russian,
　　27(2) Journal of International Arbitration（2010）193.

(f)　仲裁判断の承認・執行のために必要な書類（申立要件）

(ア)　仲裁判断の認証・証明、仲裁合意の証明

　NY条約に基づき仲裁判断の承認・執行を求める当事者は、仲裁判断およびその基礎となる仲裁合意の存在を証明するため、正当に認証された仲裁判断の原本または正当に証明されたその謄本および仲裁合意の原本または正当に証明されたその謄本を裁判所に提出しなければならない（NY条約4条1項）。認証（authentication）とは、仲裁判断書の署名の真正を証明することを、証明（certification）とは、仲裁判断書、仲裁合意書の写しがその原本と同一である旨の証明をそれぞれ指す[239]。

　この認証、証明については、いずれの国の法に従って行われなければならないかという問題がある。ジュネーヴ条約4条が仲裁地法によると定めていたが、NY条約は、この問題について規定を置かず、仲裁地法によるとする立場、承認・執行地法によるとする立場、仲裁地法と承認・執行地法の選択を認める立場とに見解は分かれている[240]。この問題は、仲裁判断の承認・執行の可否に係る手続上の問題であるから、承認・執行地国が決すべき問題ではあるが[241]、かといって、承認・執行地法に従った認証、証明までをも要求する必要はなく、仲裁地法に従った認証、証明でも構わないと解されよう[242]。機関仲裁の場合、仲裁機関が仲裁判断の証明を行うことが多いとされる[243]。

(イ)　仲裁判断・仲裁合意の翻訳文

　また、仲裁判断または仲裁合意が仲裁判断の承認・執行地国の公用語で作成されていない場合には、公用語への翻訳文を提出しなければならず、翻訳文は、公のもしくは宣誓した翻訳者または外交官もしくは領事官による証明を受けたものでなければならない（NY条約4条2項）。この場合、公のもしくは宣誓した翻訳者または外交官もしくは領事官による証明の対象が問題と

---

(239)　Wolf NYC Commentary 217.
(240)　Haas & Kahlert NYC Commentary 1687-1688.
(241)　See Haas & Kahlert NYC Commentary 1688.
(242)　See Wolf NYC Commentary 218.
(243)　Wolf NYC Commentary 219.

なるが、その目的に照らすと、翻訳の正確性を証明しなければならないと解されよう[244]。また、外交官等の所在地国は、仲裁判断の承認・執行地国に限らず、仲裁地国でも構わないと解されている[245]。

(ウ)　判　　　例

判例は、NY条約4条が定める正当に認証された仲裁判断の原本について、仲裁地国である中国の外交部領事司による認証がこれに当たるとしたものがある[246]。正当に証明された仲裁判断の謄本については、仲裁地国である中国の駐日領事官による証明がこれに当たるとしたものがある[247]。また、正当に証明された仲裁合意の謄本について、仲裁地国でない執行申立人の所在地国であるデンマークの公証役場公証人による証明がこれに当たるとしたものがある[248]。他方、仲裁判断、仲裁合意の翻訳文の証明についても、仲裁地国でない執行申立人の所属地国である英国の駐日領事官による証明がこれに当たるとしたものがある[249]。

(g)　仲裁判断の取消しの申立てと執行についての決定の延期

NY条約6条は、「判断の取消し又は停止が、第5条1項(e)に掲げる権限のある機関に対し申し立てられている場合において、判断が援用されている機関は、適当と認めるときは、判断の執行についての決定を延期することができ、かつ、判断の執行を求めている当事者の申立てがあるときは、相当な保障を立てることを相手方に命ずることができる」と定める。

これは、NY条約は5条1項(e)で仲裁判断の取消し・停止を承認・執行拒絶事由として定めているので、取消・停止手続が係属中の場合、裁判所は、

---

(244)　See NYC Global Commentary 195-196.
(245)　Wolf NYC Commentary 228.
(246)　東京地判平6・1・27判タ853号266頁。また、仲裁判断、仲裁合意の翻訳文の証明も同機関によるものが提出されている。
(247)　横浜地判平11・8・25判時1707号146頁。
(248)　東京地判平13・6・20判例集未登載（2001WLJPCA06200008）。
(249)　大阪地判昭58・4・22判時1090号146頁。このほか、東京地判平6・1・27判タ853号266頁は、仲裁地国である中国の外交部領事司によるものが、横浜地判平11・8・25判時1707号146頁は、仲裁地国である中国の駐日領事官によるものが、東京地判平13・6・20判例集未登載（2001WLJPCA06200008）は、仲裁地国である英国の駐日領事官によるものが、それぞれ、これに当たるとした。

その結果を待って執行許否の決定をすることができるとしたものである。ま
た保障は、執行申立人に対し執行不能の危険を担保し、執行を容易にすると
ともに、執行被申立人による取消・停止手続の引延しを防止する機能を有す
る(250)。

　NY条約は、「適当と認めるときは」、仲裁判断の執行についての決定を延
期することができると定めるだけで、その判断の具体的基準については定め
ず、裁判所の裁量的判断に委ねている。諸外国の判例は、仲裁判断取消しの
蓋然性のほか、取消手続に要する時間、当事者が被る困難等の諸事情を考慮
して衡量的に判断しているが、基本的な考え方としては、仲裁判断が取り消
される（されない）ことが明らかである場合を除き、延期の許否が問題とな
り、これは執行申立人と執行被申立人との間で対立する私益に関わる問題で
あるから、執行決定の延期により執行申立人が被る可能性のある損害や不利
益、困難が、執行決定後の仲裁判断取消しにより執行被申立人が被る可能性
のあるものを上回るかどうかという衡量的判断によって延期の許否を決すべ
きであろう(251)。

　また、前述したように、裁判所は、執行申立人の申立てにより、相当な保
障を立てることを相手方に命じ得るが、これについても、NY条約は具体的
な判断基準については定めず、裁判所の裁量的判断に委ねている。

　保障は、執行不能の危険を担保するものであるから、執行についての決定
が延期されても、執行の対象となる執行被申立人の財産状態が悪化しないこ
とが明らかである場合を除き、保障の提供が必要となり、保障額について
は、諸外国の判例は、仲裁判断で確定した請求金額の全部とするものと、仲
裁判断取消しの蓋然性等の諸事情を考慮して減額するものとがあるが、仲裁
判断の執行の促進というNY条約の目的に照らすと、仲裁判断で確定した請
求金額の全部をカバーするものを原則とすべきであろう(252)。保障の提供方

(250)　See UNCITRAL NYC Guide 280.
(251)　See Gerald W. Ghikas, A Principled Approach to Adjourning the Decision to
　　　Enforce Under the Model Law and the New York Convention, 22(1) Arbitration
　　　International (2006) 64-69. 諸外国の判例については、NYC Global Commentary 419-
　　　433を参照。

法については、準用規定は置かれていないが、訴訟費用の担保に関する民事訴訟法76条が定める供託等によることになろう。

この規定はモデル法36条2項に採用され、仲裁法46条3項も、これと実質的に同じ内容の規定を置いているが、審理の無駄を避けるため、「執行についての決定の延期」ではなく「執行決定手続の中止」と定める[253]。

(h)　仲裁判断の執行決定が確定した後に仲裁判断が取り消された場合

前述したように、仲裁判断の執行決定を求める申立てを受けたわが国の裁判所は、NY条約6条に基づき、仲裁判断の取消しが外国裁判所に申し立てられている場合、仲裁判断の執行決定手続を中止することができるが、裁判所が、執行決定手続を中止せず、仲裁判断の執行決定をし、それが確定した後に仲裁判断が外国裁判所で取り消された場合、執行決定の効力如何が問題となる。

この場合、仲裁判断の強制執行の不許を求める債務者は、請求異議訴訟を提起し、裁判所は、外国裁判所による仲裁判断の取消しによって承認・執行を拒絶すべきか否かという問題と同様に、取消判決が、手続的公序と裁判管轄権の2つの承認要件を具備するか否かを審査し、判定することになると解される。

(6)　仲裁法に基づく外国仲裁判断の承認・執行

(a)　NY条約の規定と実質的にほぼ同じ

NY条約の適用を受けない外国仲裁判断については、仲裁法45条、46条によることになる。前述したように、仲裁法45条、46条が準拠するモデル法35条、36条は、NY条約4条ないし6条に準拠するので、NY条約と実質的に同じ内容を定めている仲裁法の規定は、NY条約と同様に解釈すべきである（⇨ **8**(5)(e)）。

(b)　仲裁判断の執行のために必要な書類（申立要件）

仲裁法は、仲裁判断書の写し、その写しが仲裁判断書と同一である旨の証

---

(252)　See Wolf NYC Commentary 472. 諸外国の判例については、NYC Global Commentary 434-441を参照。

(253)　仲裁コンメ272頁。

明文書および仲裁判断書が日本語で作成されていない場合にはその翻訳文を
提出しなければならないと規定する（46条2項）。

　なお、国際仲裁の活性化の一環として、この翻訳文については、翻訳のた
めの時間と費用を要し、迅速な手続の妨げとなるため、仲裁判断書の全部ま
たは一部について日本語による翻訳文の提出を要しないものとすることがで
きるための法改正が進められている。また、仲裁判断の取消手続等の仲裁関
係事件手続において、外国語で作成された文書を提出して書証の申出をする
場合（民訴219条）、翻訳文を添付することを要しないものとすることができ
る法改正も進められている（⇨第1章8(2)(b)(イ)）。

　仲裁合意の写しの提出を不要とするなどNY条約による場合と比べて申立
要件が緩いので、NY条約の適用を受ける外国仲裁判断の承認・執行につい
ても、NY条約7条1項後段の規定により、NY条約ではなく、仲裁法45条、
46条によることができる。また、NY条約による場合であっても、NY条約
4条ではなく、仲裁法46条2項によることもできよう。

(7)　外国執行判決による外国仲裁判断の執行

　仲裁地国の裁判所が仲裁判断の執行を許可する判決をした場合、この判決
に基づきわが国で執行を求めることができるか否かという問題がある。

　判例は、東京地判昭44・9・6判時586号73頁が、アメリカ仲裁協会の仲
裁判断を確認する米国カリフォルニア州裁判所判決について、外国判決の承
認要件を審査した上で、同判決に基づいて強制執行をすることを許可した。
学説も、米国法上、仲裁判断上の訴訟原因は確認判決中に溶解して消滅し、
米国での州際的な仲裁判断の執行は、確認判決の執行によること等から、こ
の判決を支持するものがある[254]。また、仲裁地国において訴訟事件として
審理した上で執行判決を付与したのであれば、わが国において審理を繰り返
す必要はなく、外国判決に基づいて執行を認めてよいとし、外国執行判決に
よるか、外国仲裁判断の執行によるかは、当事者の選択に委ねてよいとする
見解もある[255]。

---

(254)　西賢「判批」昭和45年度重判解（1971）214頁、中野＝下村・民執206頁等。
(255)　小島＝猪股・仲裁、松浦・外国仲裁判断238頁等。

　これに対し、仲裁判断の執行判決はあくまでも仲裁地国において強制執行することを認許する裁判であり、それを外国が承認・執行することには意味がないこと等を理由に、外国裁判所の執行判決についての執行判決（民執24条）を求めることは許されないという見解もある[256]。

　仲裁判断の執行判決は、その内国において仲裁判断に基づき強制執行をするために必要なものであって、外国での強制執行を目的としたものではない。米国においては、内国で仲裁判断に基づく強制執行をするためには、裁判所で仲裁判断を確認する判決を取得しなければならず、その場合、仲裁判断は、確認判決に転換され、確認判決に基づき強制執行がされることになる。諸外国における判例は必ずしも一致していないが、多くの国の裁判所は、このような外国執行判決の効力は仲裁地国における属地的のものであり、内国における効力を否定しているとされる[257]。

　このような執行判決の目的・意義に鑑みると、外国仲裁判断の執行において、仲裁地国の裁判所の執行判決を考慮すべきものではないと解されよう。もっとも、外国仲裁判断の執行に関しわが国が寛容な態度をとり、仲裁判断の執行判決であっても、民事執行法24条の「外国裁判所の判決」に当たるという立場をとるならば、NY条約7条1項後段の類推適用により、当事者は、仲裁判断の執行のために、その執行を許可する外国裁判所の判決を援用し、それに基づく執行判決を求めることができよう[258]。

9　投資協定仲裁とNY条約

(1)　問題の所在

　各国は、自国の投資家とその投資財産を投資受入国による差別的扱いや違法な収用等から保護するため、1950年代末から二国間投資協定（BIT（Bilateral Investment Treaty））および多国間投資協定（MIT（Multilateral Investment Treaty））を締結してきた。その後、対外投資の拡大等を受けて、その数は

---

(256)　山本＝山田・ADR仲裁389頁。同旨、中野俊一郎「仲裁判断を確認する外国判決の執行」JCA57巻8号（2010）6頁。

(257)　Wolf NYC Commentary 41.

(258)　See van den Berg NYC 349.

1990年代に飛躍的に増加し、現在、３千以上（投資規律を含む自由貿易協定等を含む）に上っている。国際投資協定（IIA（International Investment Agreement））には、投資規律を含む経済連携協定（EPA（Economic Partnership Agreement)/FTA（Free Trade Agreement））、投資の規律を含むエネルギー憲章条約（ECT（Energy Charter Treaty））等もある（ECTは、1998年に発効、日本は1995年に署名、2002年に批准）。わが国は、50以上の投資関連協定（投資協定および投資規律を含む経済連携協定（EPA/FTA））を締結している(259)。

　投資協定は、公正衡平待遇義務、違法収用禁止、特定措置の履行要求の禁止等に関し定めるほか、投資協定の中には、投資家と投資受入国との投資をめぐる紛争を仲裁により解決するための仲裁条項が規定されている。すなわち、投資受入国と投資家との間の投資紛争は、投資家の申立てにより、仲裁により解決する旨が規定されており、投資家が投資受入国を相手に仲裁を申し立てることによって両者間で仲裁合意が成立し、投資紛争の解決は仲裁により終局的に解決されることになる。この投資協定に基づく仲裁の累計事件数は現在１千件以上に上る(260)。

　投資協定に基づく仲裁（投資協定仲裁）として、国家と他の国家の国民との間の投資紛争の解決に関する条約、通称、投資紛争解決条約（ICSID条約）に基づき設立された投資紛争解決国際センターによる仲裁のほか、同条約の適用を受けない仲裁に適用されるICSID追加的利用制度規則（Additional Facility Rules）による仲裁、UNCITRAL仲裁規則によるアド・ホック仲裁等が投資協定中の仲裁条項に定められている。

　ICSID条約に基づく仲裁の場合、同条約の各締約国は、同条約に基づきなされた仲裁判断を拘束力のあるものとして承認し、その仲裁判断を自国の確定判決とみなして、その仲裁判断で課せられた金銭上の義務をその領域内において執行する義務を負っている（ICSID条約54条１項前段）。また、ICSID条約に基づく仲裁判断の執行は、判決の強制執行に関する法令に従って行わ

(259)　経済産業省『2021年版不公正貿易報告書』（第III部 経済連携協定・投資協定 第５章（投資））585頁。
(260)　UNCTAD, IIA Issues Note, Issue 2, July 2020.

れるが（同54条3項）、これらの規定は、国家の強制執行からの免除に関する
同条約締約国の現行法令に影響を及ぼさない（同55条）。

　同条約に基づかない仲裁、たとえば、ICSID追加的利用制度規則による仲
裁やUNCITRAL仲裁規則による仲裁の場合、NY条約の適用を受け、NY条
約により仲裁判断が承認・執行されるか否かという問題がある。また、
ICSID条約に基づく仲裁の場合も、投資紛争において非金銭上の義務を命じ
る仲裁判断がなされる場合やICSID条約の非締約国で仲裁判断を執行する
場合には、同条約による執行はできず、それに代わってNY条約による執行
の可否が問題となる。

⑵　投資協定仲裁の性質

⒜　国際法仲裁と国内法仲裁

　ICSID条約に基づく仲裁の場合、仲裁手続は同条約に基づき行われ、当事
者は仲裁判断の取消しを国家の裁判所に提起することはできず（ICSID条約
53条1項）、仲裁判断は執行手続まで国内法による支配を受けることはない。
これに対し、ICSID条約に基づかない投資協定仲裁は、ICSID追加的利用制
度規則やUNCITRAL仲裁規則に基づき仲裁手続が行われるが、その場合、
投資協定上、仲裁手続が国内法に服する仲裁（国内法仲裁）であるのか、あ
るいは、ICDID条約に基づく仲裁と同様に、仲裁手続が国内法に服さない
国際法上の仲裁（国際法仲裁）であるのかという問題がある。

⒝　投資協定が定めるICSID条約に基づく仲裁以外の仲裁は国内法仲裁
　　か

　この問題について、国家間の合意に基づく仲裁手続という点に
おいて共通の性質を有するイラン－米国請求仲裁廷（Iran-US Claims
Tribunal)[261]の場合と同様に、条約の解釈問題となる[262]。その場合、条約法
に関するウィーン条約（条約法条約）31条が定める解釈基準によることにな
り、投資協定の文言、文脈から客観的に解釈することができる場合、それに
よることになるが、そのような文理解釈、体系的解釈ができない場合には、
投資協定の趣旨・目的に照らした目的論的解釈によることになる。

　ICSID条約に基づく仲裁が、仲裁人の選任（ICSID条約37条から40条まで）
のみならず、仲裁人の忌避（同57条、58条）、仲裁判断の取消し（同52条）といっ

た仲裁手続に必要な援助・監督を行う機能を自ら備えており、国家の裁判所の援助・監督を必要としない自己完結型の仲裁手続を提供しているのに対し、ICSID追加的利用制度規則やUNCITRAL仲裁規則による仲裁の場合、仲裁人の選任・忌避の手続は置かれているが、仲裁判断の取消手続については、ICSID条約に基づく仲裁と違い、自ら備えていない。仲裁判断の取消しは、モデル法が定めているように、不利な仲裁判断を受けた当事者の権利として、仲裁制度に標準的に備えられた制度であるから、投資協定の締約国が同協定中に別段の定めをしていない限り、取消制度のない仲裁手続を投資紛争の解決手段として定めたものとは解されないであろう。したがって、ICSID条約の適用を受けないICSID追加的利用制度規則やUNCITRAL仲裁規則による仲裁については、仲裁地国の裁判所に仲裁判断の取消しを求めることが

(261)　この仲裁の概要は次のとおりである。すなわち、1979年のイラン革命によってイランの米国大使館が過激派学生により占拠され、これに対し米国がイランの資産凍結等の対抗措置を講じ、その後この両者間の紛争はアルジェリアの仲介によって解決された。その両国の合意は、1981年1月19日の2つのアルジェリア宣言（一般的宣言と請求解決宣言）によって行われたが、このうち、請求解決宣言において、両国間の紛争（貸金、契約、収用その他財産権上の措置をめぐる米国人、イラン人から相手国に対する請求および反対請求、両国間の物品売買・役務提供契約上の請求、一般的宣言の解釈・履行をめぐる紛争）をオランダを仲裁地とするUNCITRAL仲裁規則による仲裁によって解決する旨の合意がされ、この両国の合意によって設立された紛争解決機関がイラン－米国請求仲裁廷である。この仲裁が創設された背景・経緯等の概要については、たとえば、Jacomijn J. van Hof, Commentary on the UNCITRAL Arbitration Rules The Application by the Iran-U.S. Claims Tribunal 1-6 (Kluwer Law and Taxation Publishers 1991) を参照。
(262)　イラン－米国請求仲裁廷が国際法仲裁であるか、オランダ仲裁法の適用を受ける国内法仲裁であるか否かについては見解が分かれているが、David D. Caron, The Nature of the Iran-United States Claims Tribunal and the Evolving Structure of International Dispute Resolution, 84(1) American Journal of International Law (1990) 137-151 は、条約法に関するウィーン条約31条1項が定める解釈基準に依拠しつつ、同条3項(b)が規定する条約締結後の当事者の慣行、表明をも考慮して詳細に検討を加えた結果、国内法仲裁であるとの見解を示す。これに対し、William T. Lake and Jane Tucker Dana, Judicial Review of Awards of the Iran-United States Claims Tribunal: Are the Tribunal's Awards Dutch?, 16(3) Law and Policy in International Business (1984) 773-780は、この仲裁廷を創設した当事国の目的に照らし、国際商事仲裁廷ではなく、むしろ国際司法裁判所と同様に、国際法によって創設された国内法の支配を受けない裁判機関であるとの見解を示す。

できる、国内法に服する仲裁（国内法仲裁）であると解することになる。

(3) 投資協定仲裁判断はNY条約の適用を受けるか

(a) 国家の主権的行為に関する仲裁判断のNY条約適用の可否

ICSID条約に基づかない投資協定仲裁が国内法仲裁である場合、次に、投資協定仲裁に基づく仲裁判断（投資協定仲裁判断）は、NY条約の適用を受けるか否かという問題がある[263]。

すなわち、投資協定に基づく仲裁の場合、企業間の仲裁の場合と異なり、仲裁判断は国家の主権的行為に関するものになるという性質がある。このような仲裁判断がNY条約の適用を受けることについて、諸外国においては特に議論はなく、これを当然の前提としているようであるが、わが国ではこれを否定する見解が主張されている[264]。

(ア) NY条約の立法過程における議論

NY条約の立法過程における議論を見る限り、NY条約が国家の主権的行為に関する仲裁判断を対象としているか否かについは、明らかであるとは言

---

(263) この問題とは別に、投資協定は、投資家と投資受入国との投資紛争の解決のために投資家が選択することができる仲裁として、ICSID条約に基づく仲裁と並んで、ICSID追加的利用制度規則やUNCITRAL仲裁規則による仲裁を選択肢として挙げており、投資協定締約国が、これら国内法に基づく仲裁判断についてもNY条約を適用し、自国で仲裁判断を承認・執行することに同意した上で投資協定を締結していると解する余地があろう。ICSID追加的利用制度規則による仲裁の場合には、同規則別表C仲裁規則19条は、仲裁判断が、NY条約に基づき執行されることを意図して、仲裁地をNY条約の締約国に限定している。したがって、ICSID追加的利用制度規則による仲裁を国内法仲裁の選択肢と挙げている投資協定締約国は、少なくともこの規則に基づく仲裁判断についてはNY条約を適用することに同意していると解されよう。また、日・ミャンマー投資協定18条13項は、仲裁は、紛争当事者が別段の合意をする場合を除くほか、NY条約の当事国において行う旨を定めているが、濱本正太郎「投資条約仲裁」谷口＝鈴木・国際仲裁528頁は、同協定に基づく「UNCITRAL仲裁がシンガポールを仲裁地とする場合、日本・ミャンマー間ではNY条約の適用につき合意があるため、同条約は適用される（参照、条約法条約41条1項(b)）」という。同旨、小川和茂「仲裁判断の承認・執行」谷口＝鈴木・国際仲裁436頁。このような締約国間の黙示の合意ではなく、投資協定、たとえば、旧ドイツと旧ソ連との1989年6月13日の投資協定10条4項後段は、仲裁判断が同条約の適用を受ける旨を明文で規定している。

(264) 道垣内・投資仲裁93頁。また、David W. Rivkinほか「FTA/投資協定と国際仲裁（上）」JCA53巻9号（2006）77頁〔小寺彰発言〕は、ニューヨーク条約の適用対象は、国家の私法的行為に関する紛争に限られる旨の見解を示しているようである。

えない。

　すなわち、NY条約は1条1項において、「自然人であると法人であるとを問わず、当事者の間の紛争から生じた判断の承認及び執行について適用する」と規定しているが、まず、ここにいう「法人」に「国家」が含まれるかどうかという問題について、国連経済社会理事会が設置した特別委員会が1955年3月15日に作成し、同理事会が1955年5月20日に採択した「外国仲裁判断の承認及び執行に関する条約案」に対し、同委員会の構成員であったベルギー代表は、私法的行為を行う公共企業体（public enterprises）や公共事業体（public utilities）を法人であるとみなす旨を規定すべきであると提案したが、同委員会は、このような規定は余分で、本報告書の中で言及するだけで十分であるとの見解を示した[265]。

　また、特別委員会は、条約案は国家間の仲裁を取り扱わない旨を明言しており[266]、その後、1958年5月20日から6月10日までの期間、NY条約の作成のためにニューヨークの国連本部で開催された国際商事仲裁会議において、イタリア代表は、「法人」という用語を使用することによって、国際司法裁判所に付託される国家間の紛争に同条約が援用されることにならないか懸念を示したのに対し、議長は、特別委員会が条約案を作成した際そのような意図はなかったものと考える、と答えている[267]。

　したがって、少なくとも、NY条約は私法的行為を行う国家が「法人」に含まれることを前提としていたように解される[268]。また、NY条約が国家間の紛争を適用対象としていないことも明らかである。しかし、NY条約の立法過程においてこれ以上のことは議論されていない。

　⑷　**諸外国の学説・判例**

　この問題について、NY条約の立法過程の議論を参照しつつ、国家は私法的行為を行う場合に限られるとする見解がある[269]。また、この見解に立った判例として、オランダ控訴院は、フランス企業と旧ユーゴスラビア政府と

(265)　U. N. Doc. E/2704（1955）, para. 24.
(266)　U. N. Doc. E/2704（1955）, para. 17.
(267)　U. N. Doc. E/Conf. 26/SR. 16（1958）, p. 5.
(268)　See van den Berg NYC 279.

の鉄道敷設契約をめぐる紛争の仲裁判断がNY条約の適用を受けるかどうか
という問題について、NY条約の立法過程の議論によれば、国家も私法的行
為を行っている限り、NY条約1条1項の「法人」に含まれるとし、本件で
は鉄道敷設契約の締結が国家の主権的行為には当たらないので、仲裁判断が
条約の適用を受けるとの判断を示した[270]。

㈡　NY条約の目的論解釈

この問題も条約の解釈問題となるが、NY条約の立法過程によれば、国家
間の紛争をNY条約の適用対象としないことは明らかである。これに対し、
国家の主権的行為に関する投資紛争については、NY条約の作成当時、投資
家である私人と投資受入国である国家との投資紛争の解決に仲裁が利用され
ておらず、NY条約がかかる仲裁を想定していなかったとしても、仲裁判断
の執行力を国際的に保障することにより国際取引の発展に寄与するという
NY条約の目的に照らすと、今日、企業の国際的活動が進展する中、外国投
資から生じる紛争の仲裁による円滑な解決により外国投資の発展に寄与する
こともNY条約の目的の1つであると解され、投資紛争をNY条約の適用対
象から除外すべき解釈は妥当でない。

したがって、外国投資において、国家の私法的行為、主権的行為、いずれ
であっても、それによって損害を被ったと主張する投資家と投資受入国との
間の紛争を解決する仲裁判断にNY条約が適用されることになると解され
る[271]。

また、NY条約が国家の主権的行為に関する投資協定仲裁判断を適用対象
としていると解される場合であっても、NY条約は、1条3項において、適

---

(269) Paolo Contini, International Commercial Arbitration: The United Nations
Convention on the Recognition and Enforcement of Foreign Arbitral Awards, 8(3)
American Journal of Comparative law (1959) 294; Lionello Cappelli-Perciballi,
Application of the New York Convention of 1958 to Disputes between States and
between State Entities and Private Individuals: The Problem of Sovereign Immunity,
12(1) International Lawyer (1978) 198-199; Albert Jan van den Berg, The New York
Arbitration Convention and State Immunity, in Karl-Heinz Böckstiegel (ed), Acts of
States and Arbitration (Carl Heymanns Verlag 1997) 42-44.
(270) Hague Court of Appeal, September 2, 1972, SEEE v. Yugoslavia, Yearbook
Commercial Arbitration I (1976) 197.

用範囲に関し、承認・執行国の国内法により商事と認められる法律関係から
生じる紛争についてのみNY条約を適用するという、商事法律関係について
の留保宣言を締約国に認めており、投資紛争がここにいう商事紛争に当たら
ない場合には、投資協定仲裁判断がNY条約の適用を受けないことになる。
この点は、各国の国内法の規定如何によることになるが[272]、少なくともモ
デル法上は、投資紛争は商事紛争に当たると解される[273]。

(b) 国際法仲裁による仲裁判断はNY条約の適用を受けるか

ICSID条約に基づく仲裁の場合、同条約の締約国は、同条約54条1項に基
づき、同条約に基づきなされた仲裁判断を拘束力のあるものとして承認し、
その仲裁判断を自国の確定判決とみなして、その仲裁判断で課せられた金銭
上の義務をその領域内において執行する義務を負っており、仲裁判断の執行
は同条約上保障されている。しかし、前述したように、投資紛争において非
金銭上の義務を命じる仲裁判断がなされる場合やICSID条約の非締約国で
仲裁判断を執行する場合には、同条約による執行はできず、それに代わって

---

(271) See Wolff NYC Commentary 74. 高杉・投資仲裁61−62頁参照。また、濱本「投
　　資条約仲裁」谷口≒鈴木・国際仲裁528頁は、「現在、数多くの投資条約が当該条約に基
　　づき仲裁判断にNY条約の適用が可能であることを前提としていることから、条約法条
　　約31条3項(a)ないし(b)にいう『後の合意』が成立していると主張して、NY条約の適用
　　を根拠づけることが考えられる」という。これに対し、投資協定仲裁判断へのNY条約
　　の適用を否定する見解に立つ道垣内・投資仲裁99頁、101−103頁は、日本の仲裁法上の
　　仲裁付託適格性は、当事者が和解をすることができる民事・商事の事件について認めら
　　れることになり、日本から見れば、これがNY条約の適用対象を限定することになる、
　　NY条約の作成当時、未だ主権免除について制限免除主義は国際法上主流とはなってお
　　らず、国家が私人との間の紛争について私人に訴えられるということがない以上、仲裁
　　合意の対象としてそのような紛争を含めるという発想は稀有であったこと等を理由とし
　　て挙げる。

(272) 濱本正太郎「投資条約仲裁」谷口＝鈴木・国際仲裁529頁は、投資紛争に関する仲
　　裁判断の商事性を否定した米国の判例を紹介する。

(273) モデル法は、1条1項の脚注2において、「『商事』という用語は、契約関係に
　　あるかどうかを問わず、商事的性格を有するすべての関係から生じる事項を含むように広
　　く解釈しなければなら」ないとし、「投資」は商事的性格を有する関係に含まれるとする。
　　モデル法を採用するカナダのブリティッシュ・コロンビア州の判例として、この注記に
　　依拠して投資協定仲裁が商事仲裁に当たるとして同州の国際商事仲裁法の適用を認めた
　　United Mexican States v. Metalclad Corp., 2001 BCSC 1529, British Columbia Supreme
　　Court; October 31, 2001がある。

NY条約による執行の可否が問題となる。

(ア)　**学説・判例**

　この問題についても、NY条約の適用を肯定する立場と否定する立場とがあるが、多数説は、NY条約の適用を肯定する[274]。

　肯定説は、NY条約1条1項は仲裁判断を国内法に基づくものに限定せず、また、仲裁判断の承認・執行拒絶事由を定める5条1項(d)も、当事者の選択を国内法に限定していないという[275]。これに対し、否定説は、NY条約の立法過程の議論によれば、5条1項(d)は、準拠法を言及していないが、同項(a)は仲裁合意の準拠法を定めており、仲裁合意が国内法の支配を受けるならば、仲裁手続も国内法の支配を受けることになり、国際商事仲裁会議に出席した各国の代表の大方の意見は、1項(d)で準拠法を言及する必要はないというものであり、また、条文の構成・文言からも、確かに、NY条約1条1項が仲裁判断が国内法に基づかなければならないとは定めていないが、NY条約5条1項(a)、(e)の規定によれば、NY条約は、仲裁判断が国内法に基づくことを前提としており、仲裁手続に関し「法的真空（legal vacuum）」が存在することはあり得ず、この点からもNY条約が国内法に基づく仲裁判断に限定していることは明らかであるという[276]。

　この国際法仲裁による仲裁判断に対するNY適用の有無について判断を示した判例として、米国連邦第9巡回区控訴裁判所は、イラン－米国請求仲裁廷による仲裁判断の米国における執行に関し、NY条約の解釈として、1条は手続法を一切言及しておらず、また仲裁手続が国内法に基づかなくても、5条1項には手続保障、公序の安全装置があり、当事者が国内法仲裁を選択しない場合、単に5条1項(a)、(e)を援用することができないだけであるとして、同仲裁判断がNY条約の適用対象となる旨の判断を示している[277]。

(274)　高杉・投資仲裁59-60頁。
(275)　Aida B. Avanessian, Iran-United States Claims Tribunal in Action (Graham & Trotman/Martinus Nijhoff 1993) 297.
(276)　van den Berg NYC 34-40; Comparative Law of International Arbitration 813-817.
(277)　Ministry of Defense of Islamic Republic of Iran v. Gould Inc., 887 F.2d 1356, 1364-1365 (9th Cir. 1989).

⑷　肯定説が妥当か

このようにNY条約の適用の有無をめぐって見解は対立するが、NY条約の文言上、適用範囲を国内法に基づく仲裁判断に限定しているとは解されず、また、国際投資紛争の解決手続という点において、国際法仲裁と国内法仲裁に本質的な違いはなく、NY条約の趣旨・目的に照らしても、前者をNY条約の適用から排除すべき解釈は妥当ではない[278]。

⑷　投資協定仲裁判断はNY条約に基づきわが国で承認・執行されるか

わが国が締結している投資協定において仲裁による投資紛争の解決が定められているものがあるが、その場合、投資受入国であるわが国の主権的行為によって損害を被ったと主張する外国投資家とわが国との投資紛争の仲裁において、外国投資家の請求が認容された場合、仲裁判断がICSID条約に基づくものであるときは、同条約に従い仲裁判断の取消しの申立て等により執行が停止される場合を除き（ICSID条約50条2項、51条4項、52条5項、53条1項）、同条約の締約国は、仲裁判断を拘束力のあるものとして承認し、自国の確定判決とみなし、その判断が課す金銭上の義務をその領域において執行しなければならないので（同54条1項）、わが国において、ICSID条約に基づく仲裁判断は、「確定判決と同一の効力を有するもの」として債務名義になると解される（民執22条7号）。

他方、ICSID条約に基づく仲裁以外の国内法仲裁の場合には、仲裁判断の承認・執行にはNY条約が適用され、裁判所は、NY条約5条が定める承認・

---

(278)　Gabrielle Kaufmann-Kohler, Michele Potestà, Can the Mauritius Convention serve as a model for the reform of Investor-State arbitration in connection with the introduction of a permanent investment tribunal or an appeal mechanism? : Analysis and roadmap, CIDS-Geneva Center for International Dispute Settlement (2016), https://uncitral. un. org/sites/uncitral. un. org/files/media-documents/uncitral/en/cids_research_paper_mauritius. pdf（last visited 29 October 2021）57-58 が指摘するように、国際法仲裁に基づく仲裁判断がNY条約に基づき承認・執行されるかという問題は、従前多くの議論を呼んだが、現在、ICSID仲裁に基づく仲裁判断がNY条約により承認・執行されることに争いはなく、判例も国際法仲裁に基づく仲裁判断に対しNY条約が適用されるとの立場を示しているという。See van den Berg NYC 99; Christoph H. Schreuer, The ICSID Convention: A Commentary（Cambridge University Press 2nd ed. 2009）1138.

執行拒絶事由に基づき承認・執行の可否を決定することになる。このうち、NY条約5条2項(a)は、「紛争の対象である事項がその国の法令により仲裁による解決が不可能なものであること」を承認・執行拒絶事由として定めるが、この仲裁可能性の欠缺の意義については、仲裁可能性が公序の一部を構成し、自国の公序維持の観点から、仲裁による解決を禁じ、自国の裁判所が管轄権を行使すべき事項に関する仲裁判断である場合には、裁判所は仲裁可能性の欠缺を理由に承認・執行を拒絶することとなると解される（⇨4(8)(b)(イ)）。投資協定仲裁判断について、わが国が締結する投資協定が仲裁条項においてICSID条約に基づく仲裁による国際法仲裁と並んで国内法仲裁を仲裁の選択肢として挙げ、投資家との紛争を仲裁により終局的に解決することを定めている場合、わが国は、投資協定仲裁が対象とする紛争について仲裁による解決を許容しているものと解されるので、仲裁地国で仲裁可能性が否定されない限り、仲裁可能性の欠缺を理由に承認・執行が拒絶されることはないと考える。また、投資協定仲裁判断がNY条約の適用対象でない場合には、仲裁法に基づき承認・執行を求めることになる。その場合、外国仲裁判断の承認・執行に関し、仲裁法45条、46条は、NY条約4条ないし6条に準拠するものであるから、NY条約が適用される場合と同様に、投資協定仲裁判断は、承認・執行の対象となり、承認・執行の可否が決せられることになる。

　仲裁判断の執行決定を求める申立てが認容され、確定した執行決定のある仲裁判断は債務名義となる（民保22条6号の2）。なお、国や地方公共団体に対する強制執行については、行政財産（国財3条2項、自治238条4項）については強制執行をすることは許されないが、普通財産（国財3条3項、自治238条4項）については強制執行をすることが許され、行政財産以外の動産、債権、金銭について強制執行が許されると解するのが多数説であるとされる[279]。

---

(279)　村重慶一「国家賠償訴訟の審理・判決・和解・執行」村重慶一編『現代裁判法大系(27)〔国家賠償〕』（新日本法規出版、1998）329頁。また、中野＝下村・民執673頁は、普通財産についても、一般公衆の福利を害する差押えは避けなければならないという。

事 項 索 引

判 例 索 引

著者紹介

中村達也（なかむら・たつや）

国士舘大学法学部教授

〔主要著書〕

『国際商事仲裁入門』（中央経済社、2001年）

『仲裁法なるほどQ&A』（中央経済社、2004年）

『国際取引紛争——仲裁・調停・交渉——』（三省堂、2012年）

『仲裁法の論点』（成文堂、2017年）

『国際取引紛争——紛争解決の基本ルール——［第3版］』（成文堂、2019年）

仲裁法概説

2022年5月1日　初版第1刷発行

著　者　中　村　達　也

発行者　阿　部　成　一

〒162-0041 東京都新宿区早稲田鶴巻町514

発行所　株式会社　成　文　堂

電話 03（3203）9201（代）　　FAX 03（3203）9206

http://www.seibundoh.co.jp

製版・印刷・製本　惠友印刷　　　　　　検印省略

定価（本体3,300円＋税）